Georg Patiss

Die glorreichen Geheimnisse unseres Herrn Jesu Christi

Nach der Lehre des heiligen Thomas von Aquin

Georg Patiss

Die glorreichen Geheimnisse unseres Herrn Jesu Christi
Nach der Lehre des heiligen Thomas von Aquin

ISBN/EAN: 9783743435315

Hergestellt in Europa, USA, Kanada, Australien, Japan

Cover: Foto ©Lupo / pixelio.de

Weitere Bücher finden Sie auf **www.hansebooks.com**

Die

glorreichen Geheimnisse

unseres

Herrn Jesu Christi

nach der Lehre

des heiligen Thomas von Aquin

dargestellt.

— — · · —

Von

Georg Patiß,

Priester der Gesellschaft Jesu.

Innsbruck.

Druck und Verlag von Fel. Rauch.

1896.

Vorwort.

Gott hat, um den menschlichen Willen, ohne seine Freiheit zu schmälern, zum Streben nach dem ewigen Heile zu bewegen, an denselben drei Hebel angesetzt, drei Gattungen von Wahrheiten geoffenbart; Wahrheiten, die Furcht erregen; andere Wahrheiten, die Hoffnung erwecken, und Wahrheiten, welche geeignet sind, Liebe zu entzünden. Zu den Wahrheiten, welche Hoffnung erwecken, gehören in besonderer Weise jene, welche uns über die glorreichen Geheimnisse unseres Herrn Jesu Christi belehren; weil uns die Mittel geboten sind, an demselben theilzunehmen, und mit unserm göttlichen Erlöser den ewigen Sieg und Triumph in der himmlischen Seligkeit zu feiern.

Diese erhebenden Wahrheiten legt uns nun der heilige Thomas von Aquin in seinem Werke: Summa totius Theologiae P. III. qq. 54.—59. mit seiner gewohnten Schärfe und Gründlichkeit dar, daß seine Arbeit die Grundlage zu jeder weiteren Erwägung und Betrachtung bildet.

In der vorliegenden Erklärung seines Werkes ist nun der Versuch gemacht worden, seine Lehre mit betreffenden andern Schrift- und Väterstellen zu erläutern, und deren Sinn dem Verständnisse auch der gewöhnlichen Gläubigen nahe zu bringen. Zu diesem Behufe sind die Quästionen in eben so viele Bücher und Hauptstücke, und die Artikel in eben so viele Abschnitte abgetheilt, die Fragen aber in bestimmte Sätze umgewandelt worden. Weil auch die verschiedenen Einwendungen gegen die vorgetragenen Lehren dazu dienen, durch deren Widerlegungen über die Lehren

selbst größeres Licht zu verbreiten; so wurde es für zweckmäß
gehalten, auch dieselben nicht unbeachtet zu lassen.

Die Stellen der heiligen Väter und Lehrer sind in diese
Werke, wie in allen früheren Werken des Verfassers, so ang
führt, wie sie in den Sammlungen ihrer Werke sich finden, u
auch von anderen Schriftstellern von jeher angeführt worden sin

Diese glorreichen Geheimnisse des Herrn stehen mit unser
Verklärung und Seligkeit in engster Verbindung. Darum mußt
sie mit einander behandelt werden. Es waren darum an
Wiederholungen mancher Schrift= und Väterstellen nothwendig, i
sie in ihrem vielfachen Inhalte zu verschiedenen Beweisen diente

Diese Bearbeitung wurde unternommen, weil es an Büche
welche dem christlichen Volke diese großen Geheimnisse näh
erklären, keinen Ueberfluß zu geben scheint; weil diese Wah
heiten uns selbst unser eigenes letztes Ziel und Ende vor Aug
halten; und weil deren gründlichere Kenntniß für unser ewig
Heil von größtem Einflusse sein kann.

Möge Gott durch die Verdienste und durch die Fürbit
des englischen Lehrers seinen reichen Segen dazu geben!

Erstes Buch.

Christus in seiner glorreichen Auferstehung.

„Es gibt keine Weisheit, es gibt keine Klugheit, es gibt keinen Rath wider den Herrn;"[1] und: „Der Rath des Herrn bleibt in Ewigkeit."[2] Den weltbekannten und schlagendsten Beweis für diese Wahrheit haben die Feinde Christi, des Herrn, geliefert, der allen Feinden Gottes und seiner heiligen Kirche zur immerwährenden Warnung sein sollte.

Die Juden haben oft wider den Herrn Rath gehalten, und sind immer zu Schanden geworden; sie haben es oft versucht, ihren Rath auch auszuführen, und sind jedes Mal desto ärger zu Schanden geworden; und als ihnen endlich gestattet worden ist, ihren Rath wirklich auszuführen, sind sie erst recht zu Schanden geworden, vor der ganzen Welt und auf weltewige Zeiten zu Schanden geworden, und haben eben damit den Rath Gottes ausgeführt, womit sie denselben verhindern, und unmöglich machen wollten.

„Die Pharisäer haben Rath gehalten, wie sie ihn in einer Rede fangen könnten;"[3] sind aber selbst in ihrer Rede gefangen, und als Heuchler entlarvt worden.[4] „Sie hielten einen Rath wider ihn, wie sie ihn um's Leben bringen könnten;"[5] aber die nach dem Rathe Gottes hiezu bestimmte Zeit war noch nicht

---

[1] Prov. c. XXI. v. 30.   [2] Psalm. XXXII. v. 11.   [3] Matth. XXII v. 15.   [4] Ibid. v. 16.—23.   [5] Ibid. c. XII. v. 14.

Patiß. Die glorreichen Geheimnisse.   1

gekommen, und der Herr fuhr fort, zu lehre
wirken, um sein Reich auf Erden zu gründ
dern wollten; wie Gott in der Weissagung des
seinen Rath angekündet hatte:[1] „Sieh! m
auserwählt habe, mein Geliebter, an dem me
gefallen hat. Ich will meinen Geist auf ihn l
den Heiden das Recht verkünden. Er wird
schreien, noch wird Jemand seine Stimme au
Das zerknickte Rohr wird er nicht zerbrechen,
Docht nicht auslöschen, bis er das Recht
hat; und die Heiden werden auf seinen Na
letzt „versammelten sich die vornehmsten P
des Volkes in dem Vorhofe des Hohenpri
hieß; und sie hielten Rath, wie sie Jesum
und tödten könnten. Sie sagten aber: Ni
mit nicht etwa ein Aufruhr unter dem V
wollten ihren gottesmörderischen Plan „
und unter der Menge des Volkes, das v
Osterfeste in Jerusalem zusammenströmte,
Anhänger des Herrn gab, kein Aufseher
schluß sollte durch einen schändlichen Kau
schändlicheren Verrath und mit offener Ge
werden, wie der Herr zu ihnen gesproch
Mörder seid ihr ausgezogen mit Schwerte
mich zu fangen."[4] Was sie heimlich be
genen verhandelt, und in der Nacht vollbra
allen Völkern der Erde offenkundig werden
Schmach bedecken, welche von keiner Zeit
werden könnte.

Es war ihnen zwar gestattet, ihrem
führen, weil es im Rathe Gottes so besch
jetzt und nach der ganzen Größe ihres Ha
zu verwirklichen; weil im Rathe Gottes
Maß bestimmt war, um durch ihre Handl
Werk der Menschenerlösung zu vollbringe

---

[1] Isai. c. XLII. v. 1.—8.   [2] Matth. c.
c. XXVI. v. 3. 4. 5.   [4] Ibid. v. 55.

tören, und vernichten wollten, das sollten sie durch die rasende Arbeit ihrer Bosheit herstellen, und für immer befestigen.

Sie haben Alles gethan, um Christum und dessen ganzes Erlösungswerk für immer aus der Welt zu schaffen, und mit Hilfe der Geister des Abgrundes in erfinderischer Grausamkeit alle List und Gewalt in Bewegung gesetzt, um ihre Absicht zu erreichen. Es sollte ihrer Wuth voller Lauf gelassen werden, wie Christus bei seiner Gefangennehmung ihnen erklärt hat: „Täglich war ich bei euch im Tempel, und ihr habet die Hände nicht wider mich ausgestreckt; aber das ist eure Stunde und die Macht der Finsterniß."¹) Sie haben den Herrn wie einen Räuber und Mörder gefangen genommen, gebunden, und gefesselt von einem Richterstuhle zum andern geschleppt, als Gotteslästerer, Volksaufwiegler, Majestätsverbrecher angeklagt, selbst zum Tode verurtheilt, den Heiden überliefert, und von diesen die aller= schimpflichste und schmerzlichste Todesart, die Kreuzigung, gefor= dert. „Christus ist um schlechten Preis geschätzt, von dem Jünger verkauft, auf das Schmachvollste gefangen genommen, gefesselt, mit Backenstreichen geschlagen, gegeißelt, von falschen Zeugen angeklagt, als des Todes schuldig verurtheilt, vor Pilatus vieler Verbrechen beschuldiget, von Herodes verspottet, mit einem weißen Kleide angethan, einem Mörder nachgesetzt, ungerecht verur= theilt, mit einem Purpurlappen umgeben, mit Dornen ge= krönt, mit einem Rohre auf's Haupt geschlagen, seiner Kleider beraubt, mit dem Kreuze beladen, gekreuziget, gelästert, mit Essig getränkt, nachdem er den Geist aufgegeben, an der Seite durchbohrt, in's Grab gelegt worden."²) Was Menschenbos= heit und Höllenwuth an Schmach und Pein erfinden konnte, wurde an dem Gottmenschen verübt. Der Hoherath und das Volk der Juden, die höchste heidnische Obrigkeit des Landes haben den Herrn zwischen zwei Missethätern, als wäre er der ärgste gewesen, am Holze der Schande getödtet, und zwar vor den Juden und Heiden, die aus allen Welttheilen zum Oster= feste gekommen waren; und nun lag er im Grabe. Seine Jünger waren zerstreut, seine Anhänger haben sich verborgen, und Nie= mand wagte es mehr, sich für ihn zu erklären.³) Es schien Alles

---

¹) Luc. c. XXII. v. 53.		²) Hugo a S. Vict. De propriet. rerum Libr. IV. c. 3.		³) Joann. c. VII. v. 13., c. IX. v. 22.

mit ihm für immer ein Ende zu haben. Aber das war in
Rathschlusse Gottes eben das, Himmel und Erde erschütternde
große Versöhnungsopfer, welches die Welt erlöst hat, und die
Feinde des Herrn waren die Schlächter desselben, wußten aber
in ihrer verstockten Bosheit schuldbarer Weise nicht, was sie
thaten.

War nun der Haß der Juden gesättiget, und ihre Wut
befriediget? Sie hatten gar wohl verstanden, was der Herr
mit den Worten gesagt hatte: „Löset diesen Tempel auf, und
in drei Tagen werde ich ihn wieder aufrichten;"[1] obwohl sie
dieselben vor dem Gerichte zu einer Anklage über eine Lästerung
gegen ihr Heiligthum gemacht hatten. Denn „des andern Tages, der auf den Rüsttag folgt, (am Sabbattage) versammelte
sich die Hohenpriester und Pharisäer bei Pilatus, und sprachen
Herr! wir haben uns erinnert, daß jener Verführer, als er noch
lebte, gesagt habe: Nach drei Tagen werde ich wieder auferstehen. Befiehl also, daß man das Grab bis auf den dritten
Tag bewache; damit nicht etwa seine Jünger kommen, ihn stehlen
und dem Volke sagen: Er ist von den Todten auferstanden
und so der letzte Irrthum ärger würde, als der erste. Pilatus
sprach zu ihnen: Ihr habet eine Wache, gehet, haltet Wache
wie es euch gut dünkt."[2] Sie kannten die Weissagung und
die Verheißung des Herrn in Bezug auf seine Auferstehung am
dritten Tage nach seinem Tode; sie waren überzeugt, daß die
Welt an ihn glauben müßte, wenn sie dahin gebracht würde
die verheißene Auferstehung für wahr zu halten; sie waren aber
auch überzeugt, daß die Welt sein ganzes Werk als Irrthum
und Täuschung, ihn selbst aber als einen Betrüger ansehen müßte
wenn ihr bewiesen würde, daß er nicht auferstanden sei, wie
denn auch der heilige Paulus sagt: „Ist Christus nicht auferstanden, so ist vergeblich unsere Predigt, vergeblich ist auch
euer Glaube. — Ihr seid noch in euern Sünden. Es sind also
auch die in Christo Entschlafenen verloren. Wenn wir aber
nur in diesem Leben auf Christus hoffen, dann sind wir elender
als alle Menschen."[3] Die Hohenpriester und Pharisäer sahen
endlich auch voraus, daß die Welt, wenn sie an Christus und

[1] Ibid. c. II. v. 19. [2] Matth. c. XXVII. v. 62.—66. [3] I. Cor.
c. XV. v. 14. 17. 18. 19.

n dessen Auferstehung glauben würde, ihre gottesmörderisch) Bosheit und Grausamkeit verdammen müßte. Daher lag ihnen Alles daran, den Glauben an die Auferstehung Christi zu verhindern, und dahin ging nun all ihr Bestreben.

Sie hatten nicht den mindesten Zweifel, daß Christus wahrhaft und wirklich gestorben sei; denn dieß verbürgte ihnen die Soldatentreue. Sie hatten Pilatus gebeten, die Gekreuzigten noch rechtzeitig vor dem Anbruche des großen Sabbatstages durch Beinbrechen tödten zu lassen; damit deren Leichname weggeschafft werden könnten, wie es im Gesetze vorgeschrieben war.[1] „Die Juden also, damit die Körper am Sabbate nicht am Kreuze blieben, weil es der Rüsttag war, (denn jener Sabbat war ein großes Fest), baten den Pilatus, daß ihre Beine gebrochen, und sie abgenommen werden möchten. Es kamen also Soldaten, und zerbrachen die Beine des Ersten und des Andern, der mit ihm gekreuziget worden war. Als sie aber zu Jesus kamen, so zerbrachen sie, wie sie sahen, daß er schon gestorben sei, seine Beine nicht; sondern Einer von den Soldaten öffnete seine Seite mit einer Lanze, und sogleich kam Blut und Wasser heraus.“[2] Die Soldaten hatten den Befehl, die Gekreuzigten vollends zu tödten, damit die Leichname weggeschafft werden könnten, und waren für ihren Tod verantwortlich. Den Tod des Herrn bezeugte den Juden auch eben dieser Lanzenstich, welcher von dem Soldaten durch das Herz des Erlösers geführt wurde, um die Gewißheit zu erlangen, daß er jedenfalls todt sei. Den Tod des Herrn bezeugten den Juden ebenso der Hauptmann der Soldaten und Pilatus selbst; denn als Joseph von Arimathäa von Pilatus den Leichnam des Herrn begehrte, „wunderte sich dieser, daß er schon verschieden sei. Und er ließ den Hauptmann kommen, und fragte ihn, ob er schon todt sei. Und da er es von dem Hauptmann erfahren hatte, schenkte er dem Joseph den Leichnam.“[3] Den Tod des Herrn bewies den Juden endlich das Begräbniß desselben; denn „Joseph kaufte Leinwand, nahm ihn ab, wickelte ihn in die Leinwand, und legte ihn in ein Grab, das in einen Felsen gehauen war, und wälzte einen Stein vor die Thüre des Grabes.“[4] Die Juden aber über-

---

[1] Deut. c. XXI. v. 22. 23. [2] Joann. c. XIX. v. 31.—35. [3] Marc. c. XV. v. 44. 45. [4] Ibid. v. 46.

zeugten sich überdieß noch, daß der Leichnam des Herrn wirklich
im Grabe lag; denn sie gingen hin, verwahrten das Grab mit
Wächtern, und versiegelten den Stein." [1] So ist der Tod des
Herrn eine von den Feinden selbst bezeugte unwidersprechliche
Thatsache; für uns aber tritt überdieß noch das Zeugniß des
Joseph von Arimathäa, des Nicodemus und jener Augenzeugen
hinzu, von welchen das heilige Evangelium sagt: „Die Weiber
aber, welche mit ihm aus Galiläa gekommen waren, folgten (bei
dem Begräbnisse) nach, schauten das Grab, und wie sein Leich=
nam hineingelegt wurde." [2] Zu diesen Augenzeugen gehörte
auch der heilige Apostel Johannes, der von sich selbst betheuert:
„Der dieß gesehen hat, legt Zeugniß davon ab, und sein Zeug=
niß ist wahrhaftig; und er weiß, daß er Wahres sagt; damit
auch ihr glaubet." [3]

Auf diese Weise haben nun die Feinde den Herrn getödtet,
seinen Tod unwiderleglich bewiesen, und Alles gethan, um jeden
Betrug hinsichtlich seines Todes und seiner Auferstehung un=
möglich zu machen. Denn das Grab des Herrn war in den
Felsen gehauen, folglich von allen Seiten unzugänglich; die ein=
zige Oeffnung des Grabes war mit einem Steine verschlossen,
„der sehr groß war," [4] daß die Frauen, welche am Ostermorgen
zum Grabe gingen, um den Leichnam des Herrn zu salben, auf
dem Wege zu einander sprachen: „Wer wird uns den Stein
von der Thüre des Grabes wegwälzen?" [5] Der Stein war mit
dem obrigkeitlichen Amtssiegel versehen, das Niemand zu ver=
letzen gewagt hätte. Ueberdieß waren Wächter aufgestellt, um
das Ganze gegen jeden Angriff bei Tag und bei Nacht bis in
den dritten Tag zu schützen, und in Sicherheit zu stellen. Ist
der Herr nun dennoch auferstanden, und seine Auferstehung eben
so unwidersprechlich erwiesen, wie sein Tod; so haben seine Feinde
wieder, ganz ihrem Willen und ihrer Absicht entgegen, die för=
derlichsten Handlangerdienste für den Glauben an dieselbe ge=
leistet. „Es gibt keine Weisheit, es gibt keine Klugheit, es gibt
keinen Rath wider den Herrn." Christus, der Herr, aber ist
wirklich und wahrhaft auferstanden.

[1] Matth. c. XXVII. v. 66.   [2] Luc. c. XXIII. v. 55.   [3] Joann. XIX.
v. 35.   [4] Marc. c. XVI. v. 4.   [5] Ibid. v. 3.

Erstes Hauptstük.

Die Auferstehung Christi.

Ueber die Auferstehung Christi müssen wir erwägen, wie nothwendig sie gewesen, zu welcher Zeit sie geschehen, ob der Herr der Erste auferstanden, und ob er aus eigener Macht auferstanden sei. Diese Erwägungen werden uns über dieses große Geheimniß viel Licht verschaffen, und unsere Herzen mit Trost und Freude erfüllen.

Erster Abschnitt.

Christus mußte auferstehen.[1]

In allen Werken nach außen ist Gott durchaus unabhängig und frei. Wer oder was könnte ihn zu Etwas nöthingen, oder zwingen? Daher kann es für Gott in Bezug auf all' sein Wirken in der Schöpfung, Erlösung, Heiligung und Beseligung, in der Erhaltung, Ordnung, Regierung und Leitung geschöpflicher Wesen, in der Austheilung und Entziehung seiner Gnaden und Gaben kein Muß, keine Nöthigung, keinen Zwang geben. So hat Mardochäus um die Rettung Israels gesleht: „Herr, Herr, allmächtiger König! denn in deine Gewalt ist Alles gelegt, und

---

[1] S. Thom. P. III. q. 53. a. 1.

Niemand ist, der deinem Willen widerstehen kann."[1]) So spricht Salomon im Buche der Weisheit zu Gott: „Große Kraft ist allzeit bei dir allein; und wer könnte der Macht deines Armes widerstehen?"[2]) So sagt auch der Psalmist: „Unser Gott ist im Himmel; er hat Alles, was immer er gewollt, gethan."[3]) Der Phrophet Jsaias stellt die Frage: „Wer half dem Geiste des Herrn, oder wer war sein Rathgeber, und unterwies ihn? Wen fragte er um Rath, daß er ihn belehrete, daß er ihn lehrete den Weg der Gerechtigkeit, und. ihm Einsicht gäbe, und ihm den Weg der Klugheit zeigete?"[4]) Gott kann in seinen äußern Werken weder in Hinsicht auf seine Erkenntniß, noch in Bezug auf seine Macht, noch auch, was seinen Willen betrifft, irgend einen nöthigenden Einfluß erleiden. Wie kann und darf nun gesagt werden: Christus mußte von den Todten auferstehen?

Gott thut nach außen nichts, was er nicht in seinem In= nern vorher gedacht, gewollt, berathen, und beschlossen hat; denn dieß fordert die Vernunft, und Gott ist die höchste Vernunft. Ist nun Etwas im Rathschlusse Gottes einmal festgesetzt, so muß es auch geschehen; nicht weil es an sich nothwendig wäre, oder weil Gott durch dasselbe, oder durch irgend etwas Anderes dazu genöthiget werden könnte, sondern einzig deßhalb, weil er es frei gewollt, und so beschlossen hat, und in der Ausführung seines Rathschlusses von Niemanden und durch nichts gehindert werden kann, selbst dann nicht, wenn die Ausführung vermittelst willensfreier Wesen, wie es die Engel und die Menschen sind, geschehen müßte. So haben wir gesehen, daß Gott die Erlö= sung des Menschengeschlechtes vermittelst der Feinde des Erlösers durchgeführt hat, ohne deren Willensfreiheit im Mindesten zu beschränken; ja, eben dadurch, daß er sie vollkommen frei walten ließ. Gott sieht in seiner Allwissenheit auch alle Handlungen der freien Geschöpfe voraus, und weiß sie in seiner Weisheit so in seine Rathschläge zu verflechten, daß er immer und un= fehlbar seine Absichten erreicht, wie entgegengesetzt auch die Hand= lungen und Absichten der Geschöpfe sein mögen, nach seinem Worte: „Ich will wachen über mein Wort, daß ich es aus

---

[1]) Esther. c. XIII. v. 9.   [2]) Sap. c. XI. v. 22.   [3]) Psalm CXIII. v. 3.
[4]) Isai. c. XL. v. 13. 14.

führe."[1] War nun die Auferſtehung Chriſti, des Herrn, von den Todten im ewigen Rathſchluſſe feſtgeſetzt, ſo mußte ſie trotz aller Gegenwehr ſeiner Feinde, und ſogar unter deren mit ent= gegengeſetzter Abſicht geleiſteten Mitwirkung, thatſächlich ſtattfinden; indem ſie Gott mit vollſter Freiheit Alles aufbieten ließ, um dieſelbe zu verhindern. „Gott läßt es zu, daß die Gottloſen böſe handeln, um aus ihren böſen Thaten Gutes zu bewirken."[2] Woher wiſſen wir aber, daß die Auferſtehung des Herrn in dem ewigen Rathſchluſſe Gottes feſtgeſetzt worden ſei?

Wenn Gott in den Weiſſagungen Etwas vorherverkündet, das in der Zukunft eintreffen ſoll; ſo beweist dieß, daß daſſelbe in ſeinem ewigen Rathſchluſſe vorausgeſehen worden ſei, es mag ſich um Perſonen, oder um Thatſachen, oder um Ereigniſſe han= deln. Nun aber iſt die Auferſtehung des Herrn in den Weiſ= ſagungen vorherverkündet worden. Denn in dem fünfzehnten Pſalme wird der Meſſias alſo zum himmliſchen Vater redend aufgeführt: „Es freut ſich mein Herz, und es frohlockt meine Zunge, und mein Fleiſch wird ruhen in der Hoffnung; denn du wirſt meine Seele nicht in der Hölle (d. i. in der Unterwelt) laſſen, und deinen Heiligen nicht die Verweſung zu ſehen geben. Du thuſt mir kund den Weg des Lebens, wirſt mir Freude geben vollauf durch dein Angeſicht, Wonne zu deiner Rechten ewiglich."[3] Dieſe Worte bezieht der heilige Petrus ausdrücklich auf Chriſtus und auf deſſen Auferſtehung.[4] Ebenſo gibt der heilige Paulus dieſen Worten dieſelbe Erklärung, und zwar mit ſolchem Nachdrucke, daß ſie keine andere Auslegung zulaſſen.[5] Auch die heilige Kirche verſteht dieſe Worte in demſelben Sinne, und wendet ſie in ihrer Liturgie in der gleichen Bedeutung an.[6] Es läßt überdieß ſelbſt der Inhalt dieſes Pſalmes keine andere Deutung zu, und das ganze Alterthum hat ihn ſo verſtanden.

Der gerechte Job ſprach in ſeinen Leiden:[7] „Ich weiß, daß mein Erlöſer lebt, und ich werde am jüngſten Tage auf= erſtehen, und werde wieder umgeben werden mit meiner Haut, und werde in meinem Fleiſche meinen Gott ſchauen."[8] Der

---

[1] Jerom. c. I. v. 12.   [2] S. Ambros. Super Apoc. c. IX.   [3] Psalm. XV. v. 9. 10. 11.   [4] Act. Apost. c. II. v. 24.—29.   [5] Ibid. c. XIII. v. 30.—38.   [6] Vide Offic. Sabbato Sancto.   [7] Vide etiam Psalm. III., Psalm. XXIX. et Psalm. CXXXVIII.   [8] Job. c. XIX. v. 25. 26.

heilige Dulder tröstete sich mit der Hoffnung auf seine Aufer=
stehung; diese Hoffnung aber gründete er auf das Leben seines
Erlösers, und unter diesem Leben konnte er nur das Leben des
Erlösers nach seiner Auferstehung verstehen, weil nur auf seiner
Auferstehung die Hoffnung auf unsere Auferstehung beruht, wie
der heilige Paulus lehrt: „Ist Christus nicht auferstanden, so
ist euer Glaube vergeblich."[1] Dieser Glaube lebte auch in den
sieben machabäischen Brüdern und in deren bewunderungswür=
digen Mutter, ermuthigte, und tröstete sie in ihrer Marter und
in ihrem Tode für das göttliche Gesetz; und das ist ein Beweis,
daß der Glaube an die Auferstehung des göttlichen Erlösers,
wie sie in den Weissagungen angekündet war, so auch in der
Ueberlieferung und in den Herzen, wenn auch noch nicht ent=
wickelt und ausgesprochen, wurzelte.

Denn der Glaube an die volle Erlösung schloß den Glauben
an die eigene Auferstehung, und der Glaube an die eigene Auf=
erstehung schloß den Glauben an die Auferstehung des Erlösers
in sich. Die volle Erlösung aber forderte auch die Vernichtung
des Todes, wie der heilige Paulus schreibt: „Hierauf ist das
Ende, wenn er (Christus) das Reich Gott und dem Vater über=
geben, und jede Herrschaft, und Macht, und Gewalt vernichtet
hat. Er muß aber herrschen, bis er alle Feinde unter seine
Füße gelegt haben wird. Der letzte Feind aber, der vernichtet
wird, ist der Tod; denn Alles hat er seinen Füßen unterworfen."[2]
Wenn alle Herrschaft der Sünde, des Fleisches, der Welt, des
Teufels und des Todes über die Menschheit vernichtet, und die
von ihren Feinden befreite Menschheit dem himmlischen Vater
zurückgegeben sein wird, dann wird auch die Erlösung derselben
vollbracht sein. Es ist aber undenkbar, daß der Erlöser von
den Feinden selbst unter der Gewalt der Feinde bleiben sollte.
Daher mußte er den Tod durch seine Auferstehung überwinden,
wie dieß auch der Prophet Isaias unter dem Bilde des Berges
Sion und eines von Gott bereiteten Freudenmahles auf dem=
selben vorhergesagt hat: „Der Herr der Heerschaaren bereitet
allen Völkern auf diesem Berge ein Mahl von fetten Speisen,
ein Mahl von Wein, von markigem Fette, von geläutertem Weine.

---

[1] I. Cor. c. XV. v. 17.   [2] Ibid. v. 24. 25. 26.

Auf diesem Berge zerreißt der Herr alle Bande, womit alle
Völker gefesselt waren, und das Netz, das über alle Nationen
gesponnen war. Er verschlingt den Tod auf ewig; und Gott,
der Herr, wischt ab die Thränen von jedem Antlitze, und nimmt
die Schmach seines Volkes von der ganzen Erde; denn der Herr
hat es geredet."[1] Mit diesen Worten hat der Prophet die Auf=
erstehung der Todten und die ewige Seligkeit der Gerechten ver=
kündet, wie der heilige Paulus denselben diesen Sinn und diese
Bedeutung beilegt, indem er schreibt: „Wenn aber dieses Sterb=
liche die Unsterblichkeit angezogen hat, dann wird das Wort er=
füllt werden, das geschrieben steht: Verschlungen ist der Tod im
Siege.[2] Tod! wo ist dein Sieg?"[3] Er hat aber die Aufer=
stehung des Herrn als die Ursache und als die Bedingniß dieser
allgemeinen Auferstehung vorangestellt, und vorausgesetzt.

Endlich berief sich der Herr selbst auf die Weissagungen
über sein Leiden und über seine Auferstehung in seinem Ge=
spräche mit den zwei Jüngern auf dem Wege nach Emmaus, indem
er sie über ihre Verwirrung und Traurigkeit tadelte, und zu ihnen
sprach: „O ihr Unverständigen und von langsamer Fassungs=
kraft, um Alles zu glauben, was die Propheten gesprochen haben!
Mußte nicht Christus dieß leiden, und so in seine Herrlichkeit
eingehen? Und er fing an von Moses und allen Propheten,
und legte ihnen aus, was in der ganzen Schrift von ihm ge=
schrieben steht."[4] Er sprach auch zu seinen Aposteln, denen er
im Speisesaale zu Jerusalem an demselben Tage nach seiner Auf=
erstehung Abends erschien: „Das sind die Worte, die ich zu
euch geredet habe, als ich noch bei euch war, daß Alles erfüllt
werden müsse, was im Gesetze Moses, und in den Propheten,
und in den Psalmen von mir geschrieben steht. Dann schloß
er ihnen den Sinn auf, auf daß sie die Schrift verstünden. Und
er sprach zu ihnen: Also steht es geschrieben, und also mußte
Christus leiden, und am dritten Tage von den Todten aufer=
stehen."[5]

Er hat endlich ausdrücklich erklärt: „Darum liebt mich der
Vater, weil ich mein Leben hingebe, um es wieder zu nehmen.

[1] Isai. c. XXV. v. 6.—9. [2] In loc. cit. [3] I. Cor. c. XV.
v. 54. 55. [4] Luc. c. XXIV. v. 25. 28. [5] Ibid v. 44.—47.

— Diesen Auftrag habe ich von meinem Vater empfangen."[1] Es unterliegt also keinem Zweifel, daß die Auferstehung Christi von den Todten den Propheten von Gott geoffenbart, und von diesen in ihren Weissagungen vorherverkündet, und somit in dem ewigen Rathschlusse Gottes festgesetzt, und bestimmt worden sei. Der Rathschluß Gottes aber mußte ausgeführt, und die Weissagungen mußten erfüllt werden; denn es steht geschrieben: „Gott ist nicht, wie ein Mensch, daß er lüge: und nicht, wie eines Menschen Sohn, daß er sich ändere. Er hat es also gesagt, und wird er es nicht thun? er hat es gesprochen, und wird er es nicht erfüllen?"[2] Demnach mußte also Christus, der Herr, in dem bezeichneten Sinne von den Todten auferstehen.

Der heilige Apostel Paulus leitet die Nothwendigkeit der Auferstehung des Herrn von seiner Gottheit her. Er schreibt: „Der erste Mensch, Adam, ward zu einer lebendigen Seele, der letzte Adam (Christus) ward zu einem lebendig machenden Geiste. Das Geistige ist aber nicht das Erste, sondern das Thierische. Der erste Mensch aus Erde ist irdisch, der zweite Mensch vom Himmel ist himmlisch. Wie der Irdische, so auch die Irdischen, und wie der Himmlische, so auch die Himmlischen."[3] Von dem ersten Augenblicke der Menschwerdung an war die menschliche Natur Christi mit der göttlichen Natur in der Einen göttlichen Person vereiniget, und gebührte, wie der Seele, so auch dem Leibe des Herrn die göttliche Verklärung und Seligkeit. Der Leib hätte nun alle Eigenschaften und Vorzüge der Verklärung und Seligkeiten auch thatsächlich besitzen sollen; aber diese wurden durch ein fortwährendes Wunder zurückgehalten, um ein durchaus menschliches Leben führen, leiden, und sterben zu können, und sollten sich erst nach der Auferstehung in denselben ergießen, und über denselben verbreiten. Wenn nun der Apostel dem ersten Adam Christum, den zweiten Adam, dem Stammvater der Menschen im Reiche der Natur den Stammvater im Reiche der Gnade und im Reiche der Glorie gegenüberstellt, um die Verschiedenheit zwischen Beiden hervorzuheben; so bezeichnet er folgende Unterschiede. Der erste Adam erhielt von Gott bei

---

[1] Joann. c. X. v. 17. 18. [2] Num. c. XXIII. v. 19. [3] I. Cor. c. XV. v. 45.—48.

seiner Erschaffung eine lebendige Seele,[1] welche zwar das Leben
des Leibes sein sollte, aber dieses Leben nicht erhalten konnte;
sondern dazu waren viele und verschiedene Nahrungs= und Schutz=
mittel nothwendig. Die Seele Christi aber war nicht bloß das
Leben seines Leibes, sondern hatte in ihrer Vereinigung mit der
Gottheit auch die Kraft, das Leben des Leibes zu erhalten, und
zu bewahren, wie der Herr selbst erklärt hat: „Niemand nimmt
es (mein Leben) von mir, sondern ich gebe es von mir selbst
hin; und ich habe Macht, es hinzugeben, und ich habe Macht,
es wieder zu nehmen."[2] „Der erste Mensch aus Erde ist irdisch,"
sein Leib muß von der Erde erhalten werden, ist allen Einflüssen
derselben ausgesetzt, und muß wieder zur Erde zurückkehren; „der
zweite Mensch vom Himmel ist himmlisch", sein Leib ist aus der
reinsten und heiligsten Jungfrau vom heiligen Geiste gebildet,
mit der göttlichen Natur vereiniget, der Leib des Sohnes Gottes,
und von ihm untrennbar in Ewigkeit. Er kann also, nachdem
der Zweck seines zeitlichen Lebens erfüllt ist, nicht verwesen,
nicht zur Erde werden; denn dieß verträgt sich nicht mit der
göttlichen Person und mit der göttlichen Natur. Diese Folge=
rung liegt in den Worten des Apostels,[3] welcher noch die Be=
merkung und die Mahnung hinzufügt: „Wie der Irdische, so
auch die Irdischen, und wie der Himmlische, so auch die Him=
lischen. Gleichwie wir also das Bild des Irdischen getragen
haben, so lasset uns auch das Bild des Himmlischen tragen."[4]
Vorher hat der Apostel von der Auferstehung Christi und von
unserer leiblichen Auferstehung geredet; hier überträgt er jetzt
das Leibliche auf das Geistige, und mahnt, das Sündhafte, den
Tod der Seele, und was damit verbunden ist, abzulegen, wie
er auch anderswo sagt: „Ihr aber habet Christum nicht so
kennen gelernt (daß ihr lebet, wie die Heiden), wenn anders
ihr ihn gehört, und euch durch ihn habet belehren lassen, so
wie die Wahrheit in Jesus ist; daß ihr in Ansehung des vorigen
Wandels ableget den alten Menschen, welcher nach den Lüsten
des Irrthums verdorben ist. Erneuert euch aber im Geiste
eures Gemüthes, und ziehet den neuen Menschen an, der nach)

---

[1] Gen. c. II. v. 7.   [2] Joann. c. X. v. 18.   [3] Vide Corn. a
Lap. in h. l.   [4] I. Cor. c. XV. v. 48. 49.

Gott geschaffen ist in Gerechtigkeit und wahrhafter Heiligkeit."[1] Ist der Mensch so vom Tode der Sünde auferstanden, dann lebt er ein himmlisches Leben, und kann mit demselben Apostel sagen: „Unser Wandel ist im Himmel."[2] Der Gerechtfertigte muß aber auch dafür sorgen, daß er dieses neue Leben bewahre, und nicht mehr den Tod der Sünde sterbe, wie von dem glor-reichen Leben des Herrn geschrieben steht: „Wir wissen, daß Christus, nachdem er von den Todten auferstanden ist, nicht mehr stirbt, der Tod nicht mehr über ihn herrschen wird. Denn da er der Sünde gestorben, ist er einmal gestorben, und da er lebt, lebt er für Gott. Also sollet auch ihr dafür halten, daß ihr zwar der Sünde abgestorben seiet, für Gott aber lebet in Christus Jesus, unserem Herrn. Darum lasset die Sünde nicht herrschen in eurem sterblichen Leibe, so daß ihr seinen Gelüsten gehorchet, noch gebet eure Glieder der Sünde hin als Werkzeuge der Ungerechtigkeit, sondern gebet euch Gott als Lebendiggewor-dene von den Todten, und eure Glieder Gott als Werkzeuge der Gerechtigkeit."[3] Dieß ist um so mehr unsere Pflicht, weil wir wissen, daß auch unsere Leiber auferstehen werden, und ver-klärt werden sollen.

Ein Schriftausleger erklärt die Worte des Apostels: „Wie wir einst im Unglauben und in Sünden als irdische, an die Erde geheftete und thierische, nach Art der unvernünftigen Thiere, dem irdischen und sündhaften Adam ähnliche Menschen gelebt haben; so sollen wir, wiedergeboren in Christus, und von ihm zur Gemeinschaft des unsterblichen Lebens und der Herrlichkeit berufen, aus allen Kräften darnach streben, und uns sehnen, und folglich das Bild des himmlischen Christus an uns tragen, um hier ein himmlisches Leben zu beginnen; nämlich erstens, daß wir gleich ihm dem Leiden unzugänglich,[4] d. i. unverwirr-bar im Glücke und im Unglücke; zweitens verklärt,[5] wie Christus, daß vor Allen unsere guten Werke leuchten; drittens behende,[6] gleich Christo, zu den Werken der Liebe, des Gehorsams und anderer Tugenden; viertens fein[7] seien, wie Christus, d. h., daß wir durch Gebet und Betrachtung den Himmel durchdringen,

---

[1] Ephes. c. IV. v. 20.—25.		[2] Philipp. c. III. v. 20.		[3] Rom. c. VI. v. 9.—14.		[4] Impassibiles.		[5] Clari.		[6] Agiles.		[7] Subtiles.

im Geiste von der Erde zum Himmlischen uns erheben, mit den Heiligen uns verbinden, und mit Gott vereinigen."[1] Der heilige Cyrillus sagt: „Wie wir das Bild des Irdischen tragen, so sollen wir das Bild des Himmlischen tragen; das Bild des Irdischen nennt der Apostel die Geneigtheit, zu sündigen, und den Tod, welcher daraus entsteht; als das Bild des Himmlischen, d. i. Christi, bezeichnet er die Beharrlichkeit in der Heiligkeit und die Rückkehr und Erneuerung vom Tode und aus der Verwesung zum Leben und zur Unsterblichkeit."[2] Ausführlicher spricht darüber der heilige Bernardus also: „Es gibt zwei Menschen, einen alten und einen neuen. Adam ist der alte, Christus der neue. Jener ist irdisch, dieser himmlisch; das Bild des Ersteren ist das Alte, das Bild des Letzteren das Neue. Es gibt aber ein dreifaches Altes, und hinwider ein dreifaches Neues; denn es gibt ein Altes im Herzen, im Munde, am Leibe, und in diesen Dingen haben wir auf dreifache Weise gesündiget: mit Gedanken, Worten und Werken. Im Herzen sind die fleischlichen und weltlichen Begierlichkeiten, d. i., die Liebe des Fleisches und die Liebe der Welt. Im Munde ist ein doppeltes Altes: die Anmaßung und die Verkleinerung. Ebenso sind am Leibe zweifache Laster und Verbrechen. Dieses Alles ist das Bild des alten Menschen, und dieses Alles muß an uns erneuert werden." Das dreifache Neue aber ist „die Weisheit, welche im Herzen wohnt, die Wahrheit, welche im Munde wohnt, die Gerechtigkeit, welche im Leibe wohnt."[3]

Wegen dieser Folgerung aus der Auferstehung des Herrn, gibt der heilige Thomas als einen der Gründe, warum Christus auferstehen mußte, auch diesen an, weil es zur Vollendung unseres Heiles nothwendig war, und schreibt:[4] „Zur Vollendung unseres Heiles; weil er, wie er dadurch, daß er Alles erduldet hat, und durch den Tod verdemüthiget worden, um uns von den Uebeln zu befreien, so auch durch die Auferstehung verherrlichet worden ist, um uns zum Guten zu befördern, nach dem Worte: Er ist unserer Sünden wegen überantwortet worden, und um unserer Rechtfertigung willen auferstanden."[5] Wer nun

---

[1] Corn. a Lap. in I. Cor. c. XV. v. 49. [2] Libr. de fide ad Theodos. imp. [3] Serm. 30. inter parvos. [4] Loc. cit. o. [5] Rom. c. IV. v. 25.

den alten Menschen nicht ausziehen, vom Tode der Sünde nicht
auferstehen, den neuen Menschen nicht anziehen, und kein neues
Leben beginnen will; der bringt sich selbst um die Früchte des
Leidens und der Auferstehung Christi, und bleibt ungeachtet
seines Erlösungswerkes unerlöst. Wie wird dann seine Aufer=
stehung am jüngsten Tage beschaffen sein? „Diejenigen, welche
über die Auferstehung spotten, weil sie meinen, dieses Fleisch
könne, weil es in Verwesung übergeht, nicht auferstehen, werden
zur Strafe auferstehen; und Gott wird ihnen zeigen, daß er,
der diese Leiber machen konnte, bevor sie waren, sie in einem Au=
genblicke wieder herstellen könne, wie sie waren." [1]

Der heilige Thomas findet einen andern Grund, daß Christus,
der Herr, auferstehen mußte, in der göttlichen Gerechtigkeit, „der
es zukommt, jene zu erhöhen, die sich um Gottes willen ernie
drigen, nach dem Worte: Die Mächtigen stürzt er vom Throne,
und erhöht die Niedrigen.[2] Weil also Christus aus Liebe und
Gehorsam gegen Gott bis zum Tode am Kreuze sich erniedriget
hat, mußte er von Gott bis zur glorreichen Auferstehung erhöht
werden. Daher wird in seiner Person gesagt: Du hast mein
Sitzen, (d. i., meine Erniedrigung und mein Leiden) erkannt (d. i.
gebilliget), und meine Auferstehung"[3], (d. i., meine Verherrlichung
in der Auferstehung)[4]. Das Wort der reinsten Jungfrau in
ihrem Magnificat ist im weitesten Sinne zu verstehen, und um=
faßt alle Zeiten. Beweise dessen sind in der Vergangenheit Saul
und David, Aman und Mardochäus, Vasthi und Esther, die
Könige Chanaans und Josue; gleichzeitig mit Maria Herodes mit
allen Sprößlingen seiner ganzen Familie, die bald nach dem Kin
dermorde zu Bethlehem ausgerottet wurden; nachher bis auf die
Gegenwart alle entthronten Kaiser, Könige und Fürsten. Denn
die ewige Weisheit spricht: „Durch mich regieren die Könige,
und verordnen die Gesetzgeber, was recht ist. Durch mich herr
schen die Fürsten, und verordnen die Gewaltigen Gerechtigkeit."[5]
Thun sie Unrecht, und erheben sie sich wider Gott; so mögen
sie die Prophetenworte des königlichen Sängers beherzigen: „Es
stehen auf die Könige der Erde, und es kommen zusammen die

[1] S. Aug. De catechis. rud. c. 27.   [2] Luc. c. I. v. 52.
[3] Psalm CXXXVIII. v. 2. Loc. cit.   [4] Ita Glossa interlin.   [5] Prov.
c. VIII. v. 16.

Fürſten wider den Herrn, und wider ſeinen Geſalbten (wider
Chriſtus). Laſſet uns zerreißen (ſagen ſie) ihre Bande, und
von uns werfen ihr Joch, (d. i., Chriſti, des Herrn, der Ge-
ſandten Gottes und der Kirche). Der im Himmel wohnt, lacht
ihrer, und der Herr ſpottet ihrer. Dann redet er zu ihnen in
ſeinem Zorne, und verwirrt ſie in ſeinem Grimme. — Du wirſt
ſie beherrſchen, (ſo ſpricht Gott, der Vater, zu Chriſtus), mit
eiſernem Scepter, und wie Töpfergeſchirr ſie zertrümmern. Und
nun, ihr Könige! verſtehet; laſſet euch weiſen, die ihr Richter
ſeid auf Erden. Dienet dem Herrn in Furcht, und frohlocket
ihm mit Zittern. Ergreifet die Zucht, daß nicht etwa zürne
der Herr, und ihr zum Untergange gehet von dem rechten Wege,
wenn in Kurzem ſein Zorn aufflammt.[1] Alle Gewaltträger
ſtehen unter der Gewalt deſſen, der geſagt hat: „Mir iſt alle
Gewalt gegeben im Himmel und auf Erden."[2] Was wird und
muß nun mit jenen geſchehen, welche ohne Gott und wider Gott
regieren, und herrſchen wollen? Was wird und muß mit den
Völkern geſchehen, welche die Bande der göttlichen Religion zerreißen, und das Joch des Herrn von ſich werfen? Auch dieſen
ſagt der heilige Geiſt: „Die Gerechtigkeit erhöht ein Volk, elend
aber macht die Völker die Sünde."[3] Das iſt das allgemeine
Walten der göttlichen Gerechtigkeit, dem ſich Niemand entziehen
kann; und Chriſtus, unſer Herr, ſelbſt hat den Ausſpruch gethan: „Wer ſich ſelbſt erhöht, der wird erniedriget werden; und
wer ſich erniedriget, der wird erhöht werden."[4] Das iſt das
unwandelbare Geſetz der Gerechtigkeit, nach welchem Gott die
Welt regiert; und: „Wer iſt, wie der Herr, der in der Höhe
wohnt, und auf das Niedrige ſchaut im Himmel und auf Erden; indem er den Geringen aufrichtet aus dem Staube, und
aus dem Kothe erhebt den Armen, daß er ihn ſetze neben die
Fürſten, neben die Fürſten ſeines Volkes."[5] „Der Herr tödtet,
und belebt, führt in die Hölle (in die Unterwelt, in's Grab,
in's Elend), und führt wieder heraus. Der Herr macht arm,
und macht reich, erniedriget, und erhöht."[6] Geſchieht dieß aber
auch nicht immer in dieſem Leben, ſo geſchieht es unfehlbar in

[1] Pſalm. II. [2] Matth. c. XXVIII. v. 18. [3] Prov. c. XIV. v. 34.
[4] Matth. c. XXIII. v. 12. [5] Pſalm. CXII. v. 5.—9. [6] I. Reg. c. II. v. 6. 7.

der Ewigkeit; und damit ſoll und kann ſich der Niedrige, der Arme, der Elende tröſten, und ermuthigen, wenn er in Erge= bung und Liebe ſein Schickſal dieſe Spanne Zeit hindurch er= trägt, um dann ewig glücklich zu ſein.

Aus dieſem Geſetze der göttlichen Gerechtigkeit hat nun der heilige Thomas den vollgiltigen Schluß gezogen, daß Chriſtus, der ſich durch den Tod unter das Leben, und durch das Grab und Hinabſteigen zur Hölle unter die Erde erniedriget hat, durch die Auferſtehung über den Tod zum Leben, und über alles Ir= diſche zur himmliſchen Verklärung und Verherrlichung erhöht werden mußte. Leiden und Tod ſind auch unſer Antheil im Leben und am Ende des Lebens; leiden, und ſterben wir, wie Chriſtus, ſo werden auch wir, wie Chriſtus, auferſtehen; und ſomit haben wir keine Urſache, über unſer Leiden zu trauern, oder unſern Tod zu fürchten, auch keine Urſache, über den Tod der Unſrigen betrübt zu ſein. So tröſtete der heilige Paulus die Gläubigen, indem er an die Philipper ſchrieb: „Unſer Wandel aber iſt im Himmel, woher wir auch den Heiland er= warten, unſern Herrn Jeſum Chriſtum, welcher den Leib unſerer Niedrigkeit umgeſtalten wird, daß er gleichgeſtaltet ſei dem Leibe ſeiner Herrlichkeit nach der Kraft, durch welche er ſich auch Alles unterwerfen kann;"[1] und an die Theſſalonicher: „Wir wollen euch aber, Brüder! nicht in Unwiſſenheit laſſen über die Ent= ſchlafenen, daß ihr nicht betrübt ſeiet, wie die Uebrigen, welche keine Hoffnung haben. Denn wenn wir glauben, daß Jeſus geſtorben, und auferſtanden ſei; ſo wird Gott auch diejenigen, welche in Jeſus entſchlafen ſind, mit ihm herzuführen"[2] (d. i., von den Todten auferwecken). „Und ſo werden wir immerdar mit dem Herrn ſein. So tröſtet denn einander mit dieſen Worten."[3]

Chriſtus mußte von den Todten auferſtehen, ſagt der heilige Thomas weiter,[4] „um uns im Glauben zu unterweiſen; weil durch ſeine Auferſtehung unſer Glaube an die Gottheit Chriſti geſtärkt worden iſt, da er, wie im zweiten Briefe an die Co rinther geſagt iſt, obwohl er aus Schwachheit gekreuziget worden

---

[1] Philipp. c. III. v. 20. 21. [2] I. Theſſal. c. IV. v. 12. 13.
[3] Ibid. v. 16. 17. [4] Loc. cit.

ist, doch aus Gottes Kraft lebt;[1]) und deßhalb ist im ersten
Briefe an die Corinther gesagt: Ist Christus nicht auferstanden,
so ist unsere Predigt vergeblich, und vergeblich auch euer Glaube.[2])
Es wird auch in dem neunundzwanzigsten Psalme gesagt: Was
nützt mein Blut, (d. h., die Vergießung meines Blutes), wenn
ich zur Verwesung hinabsteige,[3]) gleichsam wie über Stufen von
Uebeln bis zur Verwesung? als wenn er sagte: Nichts. Denn
wenn ich nicht alsbald auferstehe, und mein Leib in Verwesung
übergegangen sein wird, werde ich es Niemanden verkünden, und
Niemanden gewinnen."[4]) Christus, der Herr, hat zu wieder=
holten Malen vorausgesagt, daß er von den Todten auferstehen
werde;[5]) daß er am dritten Tage nach seinem Tode auferstehen
werde;[6]) daß er aus eigener Macht auferstehen werde[7]); daß er
zum Beweise seiner göttlichen Macht und seiner Gottheit aufer=
stehen werde[8]). Er hat dieß vor seinen Jüngern, öffentlich vor
allem Volke und vor seinen Feinden vorausgesagt, wovon diese
selbst vor Pilatus Zeugniß ablegten[9]). Wäre nun Christus
nicht auferstanden, so hätte die Welt weder an seine Weissagung,
noch an seine göttliche Macht und Gottheit, noch überhaupt an
ihn glauben können. Es wäre sein ganzes Erlösungswerk frucht=
los geblieben. Nun aber „ist es die Auferstehung Christi, welche
die Menschen aus dem Abgrunde erhebt, aus dem Irdischen
emporträgt, im Erhabenen festsetzt, die Gerechten zur Vollendung
führt, die Schwankenden aufrecht erhält, die Ungläubigen ver=
dammt."[10])

Einen anderen Grund, warum Christus von den Todten
auferstehen mußte, sieht der heilige Thomas darin, daß der gött=
liche Erlöser auch die Aufgabe hatte, unsere Hoffnung zu be=
leben; denn er schreibt:[11]) „Wenn wir sehen, daß Christus, der
unser Haupt ist, aufersteht, so hoffen wir, daß auch wir auf=
erstehen werden. Deßhalb ist gesagt: Wenn von Christus ge=
prediget wird, daß er auferstanden sei; wie sagen denn Einige
aus euch, daß es keine Auferstehung der Todten gebe?[12]) Auch

---

[1]) II. Cor. c. XIII. v. 4.)   [2]) I. Cor. c. XV. v. 14.   [3]) Psalm XXIX. v. 10.
[4]) Ita exponit. Glossa interl.   [5]) Matth. c. XVII. v. 21. 22. et c. XX.
v. 18. 19.   [6]) Ibid.   [7]) Joann. c. X. v. 18.   [8]) Matth. c. II. v. 14.—22.
[9]) Matth. c. XXVII. v. 63.   [10]) S. Aug. Serm. 7. in Octav. Paschae.
[11]) Loc. cit.   [12]) I. Cor. c. XV. v. 12.

2*

bei Job wird gesagt: Ich weiß (nämlich mit der Gewißheit
des Glaubens), daß mein Erlöser (d. i. Christus) lebt (nach
der Auferstehung von den Todten), und (deßhalb) werde ich am
jüngsten Tage von der Erde auferstehen. — Diese meine Hoff=
nung ist in meinem Busen hinterlegt."[1] Der Apostel hat in
dieser Beweisführung, daß, weil Christus auferstanden ist, auch
wir auferstehen werden, die Glaubenswahrheit im Auge, welche
lehrt, daß Christus das Haupt seines mystischen Leibes, der
Kirche, ist, und daß wir, die Kinder der Kirche, Glieder dieses
Leibes, und Glieder dieses Hauptes sind, und macht daraus die
Schlußfolgerung: Ist das Haupt durch die Auferstehung neu
belebt worden, so müssen auch dessen Glieder durch die Aufer=
stehung neu belebt werden; denn ein neu belebtes Haupt ohne
dessen neu belebten Glieder ist undenkbar. Ist also Christus, unser
Haupt, von den Todten zu einem neuem Leben auferstanden, so
müssen auch wir, seine Glieder, von den Todten zu einem neuen
Leben auferstehen. „Diese Auferstehung des Fleisches, welche theils
schwer, theils gar nicht geglaubt wird, müssen wir für so ge=
wiß halten, daß es für uns nicht gewisser ist, es werde die
Sonne, wenn sie untergegangen ist, wieder aufgehen."[2] Diese
letztere Glaubenswahrheit ergibt sich nothwendig aus der ersteren,
und der Glaube an diese beiden Glaubenswahrheiten ruhte
in der Brust des heiligen Dulders Job als seine Hoffnung und
sein Trost in seinen so schweren Leiden und in seiner gänzlichen
Verlassenheit. Ohne diesen Glauben und ohne diese Hoffnung
wäre er der unglücklichste Mensch gewesen, und, da sein Aussatz
menschlicher Weise unheilbar war, ihm nichts Anderes bevorge=
standen, als der Tod. Glaubt Jemand nicht an die Aufer=
stehung, so verliert er leicht auch den Glauben an die Unsterb=
lichkeit der Seele. Denn es liegt in seiner Natur, die eine wie
die andere zu hoffen, oder zu fürchten; da die Gerechtigkeit Lohn
oder Strafe für den Leib wie für die Seele fordert. Daher
nehmen auch die heiligen Lehrer und selbst die heilige Schrift
oft den Glauben an die Auferstehung im gleichen Sinne wie
den Glauben an die Unsterblichkeit. Ein sündhaftes oder
elendes Leben aber gibt sich darüber gern einer verderblichen
Selbsttäuschung hin, und leugnet Alles. Der Mangel an

----

[1] Job. c. XIX. v. 25. 27.   [2] S. Aug. de quantit. animal c. 33.

diesem Glauben und an dieser Hoffnung oder Furcht, ist auch
die wahre und eigentliche Ursache des Selbstmordes bei Men=
schen, die bei Sinnen und bei gesundem Verstande sind, und
ihrem Leben selbst ein Ende machen. Der Mangel an diesem
Glauben und an dieser Hoffnung oder Furcht ist auch die Ur=
sache, warum Menschen, welche in Armuth und Elend schmachten,
und keine Aussicht auf eine Besserung ihrer traurigen Verhält=
nisse haben, alle Schranken der Sittlichkeit durchbrechen, vor
keinem Laster und Verbrechen zurückschrecken, und, wenn ihre
Zahl wächst, selbst den Bestand einer geordneten menschlichen
Gesellschaft bedrohen. „Die Wurzel alles guten Handelns ist
die Hoffnung auf die Auferstehung; denn die Erwartung einer
Vergeltung erhebt die Seele zur Hoffnung. Jede Seele, welche
an die Auferstehung glaubt, schont billig ihrer selbst; die aber
an die Auferstehung nicht glaubt, ist dem Verderben ausgesetzt.
Wer glaubt, daß der Leib für eine Auferstehung aufbewahrt
werde, der schont ihn, wie ein Kleid, und beschmutzt ihn nicht
durch Ungerechtigkeiten; wer aber an eine Auferstehung nicht
glaubt, der gibt sich den Gelüsten preis, und mißbraucht seinen
Leib, wie wenn er ihn nichts anginge." [1] „Da es schwer ist,
in dieser Welt, die Gerechtigkeit und Heiligkeit zu bewahren; wer
würde sich dazu verstehen, täglich wider sich selbst im Kampfe zu
ringen, wenn er sein Augenmerk nicht auf die Hoffnung der Aufer=
stehung gerichtet hielte? Nimm die Hoffnung auf die Aufer=
stehung hinweg, und es ist die ganze Bethätigung des Pflicht=
gefühles gegen Gott und gegen die Menschen vernichtet." [2] Ein
solcher glaubens= und hoffnungsloser Mensch, der nichts von
Gott, nichts vom Himmel, nichts von der Ewigkeit erwartet,
und nichts fürchtet im heillosen Wahne, mit dem letzten Hauche
seines zeitlichen Lebens werde für ihn Alles zu Ende sein, sucht
seine Befriedigung von den Gütern der Erde, wenn sie ihm auf
vernünftigem und gerechtem Wege versagt ist, mit List sich zu
verschaffen, oder mit Gewalt zu erzwingen; er wiederstelt allen
innern und äußern Gnaden Gottes, überläßt sich seinen Leiden=
schaften, achtet weder auf Wahrheit, noch Recht, noch Gesetz,

---

[1] S. Cyrill. Hieros. Catech. 18.   [2] S. Chrysost. Homil. 42. super
Matth. Op. imp.

noch Autorität, noch Strafe, und es liegt ihm nichts selbst an seinem Leben. Solche Menschen bändiget kein Kerker, kein Schwert, keine Verbannung. Wehe denen, die solche Unglückliche um den Glauben, um die Gottesfurcht, um die Religion betrogen haben, und noch viel mehr Wehe jenen, welche die Macht und die Pflicht haben, dem Uebel zu steuern, und es fortwuchern lassen, bis die ganze Gesellschaft davon durchsäuert ist! Selbst die Heiden, welche den wahren Gott und die wahre Religion nicht gekannt, haben sich Götter und Götterdienste erfunden, weil sie überzeugt waren, daß ohne Gott und Gottesfurcht kein Staatswesen mög= lich sei, und kein gesellschaftliches Leben bestehen könne. Es er= füllt sich aber auch immer das Wort des Herrn: „Deine Bosheit wird dich anklagen, und deine Entfernung von mir dich schelten. Du sollst inne werden, und einsehen, wie böse und bitter es sei, daß du den Herrn, deinen Gott, verlassen, und die Furcht vor mir nimmer bei dir ist, spricht Gott, der Herr der Heerschaaren.“[1] Unablässig forscht man in der Geschichte, lernt aber nichts von dem, was die Geschichte lehrt, und macht darum immer wieder dieselbe Geschichte: „Die immer lernen, und niemals zur Er= kenntniß der Wahrheit gelangen.“[2] Ein Ungeheuer ohne Glei= chen aber, wie die ganze Geschichte keines kennt, und das erst in unserer Zeit aufgetaucht, ist ein Staatswesen, welches sich als confessionslos, was mit religionslos und gottlos ganz gleichbe= deutend ist, erklärt hat, und als solches auch auf allen Gebieten seines Wirkens waltet. Sein ruinenvoller Untergang kann nur eine Frage der Zeit sein, und weder der Himmel, noch die Erde kann seine Wiederbelebung wünschen.

Der heilige Thomas sagt endlich,[3] daß die Auferstehung des Herrn auch darum nothwendig gewesen sei, damit die Gläubigen dadurch aufgefordert, und ermuthiget würden, ein sündenreines Leben zu beginnen, und darin zu verharren; und er beruft sich zur Bekräftigung seiner Behauptung auf die Worte des heiligen Apostels Paulus: „Gleichwie Christus von den Todten aufer= standen ist durch die Herrlichkeit des Vaters, also sollen auch wir in einem neuen Leben wandeln“;[4] und: „Wir wissen, daß

---

[1] Jerem. c. II. v. 19. [2] II. Tim. c. III. v. 7. [3] Loc. cit.
[4] Rom. c. VI. v. 4.

Christus, nachdem er von den Todten auferstanden ist, nicht mehr
stirbt, der Tod nicht mehr über ihn herrschen wird. Denn da
er der Sünde gestorben, ist er einmal gestorben; und da er lebt,
lebt er für Gott. Also sollet auch ihr dafür halten, daß ihr
zwar der Sünde abgestorben seid, für Gott aber lebet in Christus
Jesus, unserm Herrn." [1]) Die Sünde ist der Tod der Seele,
weil sie das übernatürliche Leben der Gnade, das Leben der
Kindschaft Gottes, das Leben des Kindes Gottes tödtet. Wir
waren also in der Sünde gestorben; dieser Tod der Sünde ist
durch die Taufe von uns genommen, und wir sind zum neuen
Leben der Gnade auferweckt worden. Wie daher Christus wegen
der Sünde leiblich gestorben ist, so sind wir der Sünde abge=
storben; und wie Christus leiblich auferstanden ist, so sind wir
geistig auferstanden, und sollen nun in diesem neuen Leben der
Gnade auch wandeln. Wie ferner Christus nach seiner Aufer=
stehung nicht mehr stirbt, sondern für Gott lebt; so sollen auch
wir, nachdem wir zum neuen Leben der Gnade auferweckt worden
sind, nicht mehr den Tod der Sünde sterben, sondern für Gott
leben, und in diesem Leben verharren. Das ist die Lehre, welche
wir aus der Auferstehung des Herrn erhalten; und die Beweg=
gründe, diese Lehre zu befolgen, sind wahrlich die schwerwie=
gendsten. Denn ist Christus um unserer Sünden willen gestorben,
und sind unsere Sünden die Ursache seines Todes; so sehen wir
daraus, was es den Herrn gekostet hat, uns vom Tode der Sünde
zu befreien, und wie theuer ihn unser neues Leben der Gnade
zu stehen gekommen ist. „Ist Christus", wie der Apostel sagt,
„um unserer Rechtfertigung willen auferstanden" [2]); so müssen
wir diese Rechtfertigung des Herrn und unser neues Leben über
Alles hochschätzen, und um jeden Preis bewahren, nicht mehr
sündigen. „Die Kraft der Auferstehung versetzt die Menschen in
einen engelgleichen Zustand, daß die, welche von der Erde auf=
erstanden sind, nicht mehr mit den Thieren auf der Erde, son=
dern mit den Engeln im Himmel leben." [3])

Dieß sind die Gründe, aus welchen der englische Lehrer die
Nothwendigkeit der Auferstehung des Herrn darthut. Wollte man

---

[1]) Ibid. v. 9. 10. II.   [2]) Ibid. c. IV. v. 25.   [3]) S. Hieron. in
illud: „Carnis resurrectionem".

nun dagegen mit dem heiligen Johannes Damascenus sagen:
„Die Auferstehung ist die beseelte Wiederaufrichtung dessen, was
aufgelöst worden, und zu Fall gekommen ist;"[1] und die Ein=
wendung erheben, Christus sei weder durch die Sünde zu Fall
gekommen, noch sei dessen Leib aufgelöst worden; daher sei auch
seine Auferstehung nicht nothwendig gewesen: so antwortet der
heilige Thomas: „Obwohl Christus nicht durch die Sünde zu
Fall gekommen, so ist er doch durch den Tod gefallen; denn wie die
Sünde ein Abfall von der Gerechtigkeit, so ist der Tod ein Ab=
fall vom Leben; daher kann von der Person Christi verstanden
werden, was bei Michäas gesagt ist: „Freue dich nicht, meine
Feindin (d. i., Babylon)! wenn ich gefallen bin, werde ich wieder
aufstehen.[2] Obwohl der Leib Christi nicht zur Asche aufgelöst
worden ist, so war doch die Trennung der Seele von dem Leibe
gleichfalls auch eine Auflösung."[3] Man könnte noch hinzufügen,
was der heilige Gregorius von Nyssa sagt: „Die Auferstehung
ist die Wiederversetzung unserer Natur in ihren früheren Zu=
stand."[4] Nun aber besteht unsere Natur aus dem Leibe und
aus der Seele, welche dem Leibe Sein und Leben gibt, und der
Tod versetzt durch die Trennung der Seele vom Leibe unsere
Natur in einen ganz anderen Zustand. Soll also unsere Natur
nach dem Tode wieder in ihren früheren Zustand zurückversetzt
werden, so muß die Seele wieder mit dem Leibe verbunden
werden. Dasselbe mußte also auch mit der menschlichen Natur
Christi geschehen, und Christus mußte auferstehen, um zum frü=
heren natürlichen Zustande zu gelangen.

Man könnte einwenden, wer auferstehe, der werde dadurch
zu etwas Höherem erhoben, weil Auferstehen eine Bewegung nach
oben bedeutet; der Leib Christi aber blieb nach dem Tode mit
der Gottheit vereiniget, und konnte also nicht zu etwas Höherem
erhoben werden; daher war es nicht nothwendig, daß Christus
von den Todten auferstand. Auf diesen Einwurf antwortet der
heilige Thomas: „Die Gottheit war nach dem Tode mit dem
Fleische Christi durch die persönliche Vereinigung, nicht aber
durch die Vereinigung der Natur vereiniget, wie die Seele mit

---

[1] De orthod. fide c. ult.   [2] Mich. c. VII. v. 8.   [3] Loc. cit. ad. 1.
[4] De anim. et resurrect.

dem Leibe als Form (d. i., als das Prinzip des Seins und Le=
bens) zur Herstellung der menschlichen Natur vereiniget ist; und
deßhalb ist der Leib, weil er mit der Seele vereiniget worden,
zu einem höheren Zustande der Natur, nicht aber zu einem
höheren Zustande der Person erhoben worden."¹) Diese Ant=
wort des heiligen Lehrers könnte vielleicht auf folgende Weise
klarer und verständlicher gemacht werden.   Die Gottheit Christi
war mit seinem heiligen Leibe nicht so vereiniget, daß die gött=
liche Natur, wie die Seele, das Prinzip des Seins und Lebens
des Leibes bildete, und gleichsam die Seele des Leibes war; son=
dern sie war, zwar unzertrennbar, aber unvermischt, durch die
Person mit dem Leibe und mit der Seele, mit der menschlichen
Natur vereiniget; so daß diese Eine göttliche Person zwei Na=
turen, die göttliche und menschliche, in sich vereinigte.   Dieser
Zustand ist nach dem Tode des Herrn derselbe geblieben, und
durch die Auferstehung nicht verändert worden.   In dieser Hin=
sicht ward also der Leib Christi durch die Auferstehung zu nichts
Höherem erhoben.   Aber durch die Auferstehung erhielt der Leib
Christi seine Seele, sein Lebensprinzip zurück, das er durch den
Tod verloren hatte, und wurde damit wieder zur vollkommenen
menschlichen Natur, und daher zu etwas Höherem erhoben, als
er als Leichnam besessen hatte.   Darum mußte Christus auf=
erstehen.

Eine Schwierigkeit könnte auch noch von der Seite erhoben
werden, daß Alles, was in Bezug auf die Menschheit Christi
geschehen ist, auf unser Heil abzielte.   Aber für unser Heil ge=
nügte das Leiden des Herrn, durch welches wir von der Strafe
und Schuld befreit worden sind.   Es war also nicht nothwendig,
daß Christus von den Todten auferstand.   Darauf gibt der hei=
lige Thomas die kurze Antwort: „Das Leiden Christi hat unser
Heil bewirkt, um eigentlich zu reden, in wie fern es den An=
fang und das gute Beispiel betrifft."²)   Christus, der Herr, hat
durch sein Leiden und Sterben für die Sünden der Welt die
vollste und überfließendste Genugthuung geleistet, und alle Gna=
den verdient, durch welche alle Menschen die Rechtfertigung,
Heiligung und Seligkeit erlangen können; und der Herr hat

---

¹) Loc. cit. ad 2.   ²) Loc. cit. ad 3.

uns in seinem Leiden und Sterben auch die erhabensten und vollkommensten Beispiele aller Tugendübungen hinterlassen. Aber so war wohl von seiner Seite das Erlösungswerk vollbracht, noch nicht jedoch den Menschen zugeeignet, noch nicht auf die Menschen übergegangen, noch nicht in den Menschen wirksam geworden. Dazu war vor Allem der Glaube an ihn nothwendig; um aber an ihn glauben zu können, war, wie wir uns über- zeugt haben, der Glaube an seine Auferstehung nothwendig. Da es nun ohne den Glauben an Christus kein Heil gibt, wie ge- schrieben steht: „Es ist in keinem Andern Heil; denn es ist kein anderer Name unter dem Himmel den Menschen gegeben, durch welchen wir selig werden sollen;"[1] so war zu unserm Heile nebst dem Leiden und Sterben des göttlichen Erlösers überdieß auch dessen Auferstehung von den Todten nothwendig. Zu unserem Heile war es nothwendig, daß Christus an sich Gottes Gerechtigkeit nicht bloß in der Sühnung der Sünde, wie dieß in seinem Leiden und Sterben geschehen ist, sondern auch in der Vergeltung und Belohnung des Leidens und der guten Werke zeigte, und seine Lehre: „Selig seid ihr, wenn euch die Menschen schmähen, und verfolgen, und alles Böse mit Unwahr- heit wider euch reden um meinetwillen; freut euch, und froh- locket, denn euer Lohn ist groß im Himmel;"[2] durch sein eigenes Beispiel bestätigte, was eben durch seine glorreiche Auferstehung geschah, wie der heilige Paulus bemerkt: „Der aber, welcher ein wenig unter die Engel erniedriget ward (nämlich Christus in der Menschwerdung), damit er durch Gottes Gnade für Alle den Tod verkostete, Jesum sehen wir wegen der Erleidung des Todes mit Herrlichkeit und Ehre gekrönt;"[3] und darauf hin konnte der Apostel die Gläubigen ermuthigen: „Darum, meine lieben Brüder! seiet standhaft und unbeweglich, seiet voll des Eifers im Werke des Herrn allzeit; da ihr wisset, daß eure Ar- beit nicht vergeblich ist im Herrn."[4] Ebenso schreibt der hei- lige Apostelfürst Petrus: „Lasset euch die Feuerprobe, die euch zur Prüfung widerfährt, nicht befremden, als widerfährt euch etwas Seltsames; sondern freuet euch, daß ihr mit Christus

---

[1] Act. Apost. c. IV. v. 12.   [2] Matth. c. V. v. 11. 12.   [3] Hebr. c. II. v. 9.   [4] I. Cor. c. IX. v. 58.

leidet, damit ihr auch bei der Offenbarung seiner Herrlichkeit
euch freuen, und frohlocken könnet."[1] „In allen Dingen oder
Handlungen verleiht die Hoffnung auf die Zukunft die Kraft
zum Handeln; denn wer ackert, der ackert, um zu ernten; wer
kämpft, der kämpft, um zu siegen. Nimm also die Hoffnung
auf die Auferstehung hinweg, und die Uebung aller Gottseligkeit
hat ein Ende."[2] Dieser Hoffnung bedurften die Apostel, um
unter Mühsalen und Leiden aller Art die Kirche Gottes auf
Erden zu verbreiten, und ihre Arbeit mit ihrem Blute zu be=
siegeln. Dieser Hoffnung bedurften die heiligen Märtyrer, um
gegen Kerker und Verbannung, Feuer und Wasser, Folter und
wilde Thiere, alle Qualen und den grausamsten Tod den Glau=
ben zu bewahren. Dieser Hoffnung bedürfen die Bekenner, um
alle Versuchungen von Seite der Hölle, der gottlosen Welt und
des nach allem Bösen lüsternen Fleisches zu überwinden. Dieser
Hoffnung bedürfen die jungfräulichen Seelen, um auf Erden
ein Leben zu führen, das sie den Engeln des Himmels gleich=
stellt. Dieser Hoffnung bedürfen alle Christen, wenn sie in be=
ständiger Selbstverleugnung fromm und tugendhaft leben wollen.
Um diese Hoffnung in uns zu beleben, zu stärken, und zu be=
wahren, mußte Christus auferstehen. Nachdem aber Christus
auferstanden ist, und da auch wir auferstehen werden; muß Jeder
mit dem heiligen Paulus bekennen: „Ich halte dafür, daß die
Leiden dieser Zeit nicht zu vergleichen seien mit der zukünftigen
Herrlichkeit, die an uns offenbar werden wird;"[3] und mit ihm
entschlossen sein: „Darum ermüden wir nicht; sondern, wenn
auch unser äußerer Mensch aufgerieben wird, so wird doch der
innere von Tag zu Tag erneuert. Denn unsere gegenwärtige
Trübsal, die augenblicklich und leicht ist, bewirkt eine überschwäng=
liche, ewige, Alles überwiegende Herrlichkeit in uns, die wir nicht
hinsehen auf das Sichtbare, sondern auf das Unsichtbare; denn
das Sichtbare ist zeitlich, das Unsichtbare aber ist ewig."[4] Hätten
die Armen, die Leidenden, die Gedrückten und Verfolgten diesen
Glauben und diese Hoffnung; wie würde ihr Geist sich auf=
richten, und ihr Herz getröstet sein! Wie unglücklich aber haben

---

[1] I. Petr. c. IV. 12. 13. [2] S. Chrysost. Homil. 12. in Matth.
[3] Rom. c. VIII. v. 18. [4] II. Cor. c. IV. v. 16. 17. 18.

sie sich selbst gemacht, wenn sie diese kostbaren Gaben Gottes entweder selbst von sich geworfen, oder von gottlosen Menschen sich haben rauben lassen! Für sie ist der Himmel von Erz, und die Erde von Eisen geworden.

Besitzt man den Glauben und die Hoffnung, dann erst kann man aus der göttlichen Lehre, aus dem göttlichen Gesetze des Herrn die rechte Norm und Ordnung der innern und äußern Handlungen seines Lebens schöpfen, den rechten Gebrauch der göttlichen Gnaden= und Heilsmittel vornehmen, die Tugendbei= spiele Christi nachahmen, und so seine Erlösung sich aneignen. Daher war zu unserm Heile nicht nur das Leiden und Sterben, sondern auch die Auferstehung des göttlichen Erlösers nothwendig. „Die erste und festeste Grundlage des Glaubens ist, an die Auf= erstehung Christi glauben; denn wer immer an den Urheber der Auferstehung glaubt, der glaubt auch, daß er nicht (für immer) sterben werde;"[1] und: „Die eine Auferstehung Christi dem Fleische nach bewirkt in uns eine doppelte Auferstehung, der Seelen in der Gegenwart, und der Leiber in der Zukunft."[2]

Zweiter Abschnitt.

Es war angemessen, daß Christus am dritten Tage auferstand.[3]

„Unser Erlöser hat den Tod auf sich genommen, damit wir keine Furcht vor dem Tode hätten; er hat seine Auferstehung erwiesen, damit wir Vertrauen faßten, daß auch wir auferstehen können."[4] Christus mußte auferstehen, damit wir die untrüg= liche Gewißheit hätten, daß auch wir auferstehen werden. Denn „in der Menschheit Christi ist das Fleisch, das Blut, ein Theil von Jedem aus uns; wo also mein Theil regiert, da glaube ich, daß auch ich regiere; wo mein Blut herrscht, da weiß ich, daß

---

[1] S. Ambros. de Joseph. c. 13.   [2] Richard. a. S. Vict. Serm. in die Pasch.   [3] Loc. cit. a. 2.   [4] S. Greg. M. Moral. Libr. III. c. 27.

auch ich herrsche; wo mein Fleisch verherrlichet wird, da glaube
ich, daß auch ich verherrlichet bin."[1] Daher die Glaubenswahr=
heit: „Gott hat den Herrn auferweckt, und er wird auch uns
auferwecken durch seine Macht;"[2] und: „Wenn der Geist des=
jenigen, welcher Jesum von den Todten erweckt hat, in euch
wohnt; so wird der, welcher Jesum Christum von den Todten
erweckt hat, auch eure sterblichen Leiber lebendig machen um
seines Geistes willen, der in euch wohnt,"[3] die Leiber der Ge=
rechten in Verklärung und Herrlichkeit, die Leiber der Bösen
aber, in welchen der Geist Gottes nicht wohnt, in Schmach und
Pein: „Wir werden zwar alle auferstehen, aber wir werden
nicht alle umgewandelt werden;"[4] und Christus, der Herr, selbst
hat erklärt: „Es kommt die Stunde, in der Alle, welche in den
Gräbern sind, die Stimme des Sohnes Gottes hören werden.
Und es werden hervorgehen, die Gutes gethan haben, zur Auf=
erstehung des Lebens, die aber Böses gethan haben, zur Aufer=
stehung des Gerichtes."[5] Wie aber die auferweckten Leiber der
Bösen beschaffen sein werden, darüber steht geschrieben: „Der
Herr, der Allmächtige, wird sich an ihnen rächen, wird sie heim=
suchen am Tage des Gerichtes. Er wird Feuer und Würmer
in ihr Fleisch geben, daß sie brennen, und es fühlen in Ewig=
keit."[6] Wie die Leiber der Gerechten in der Verklärung und
Herrlichkeit ihrer Seelen strahlen werden, so werden die Leiber
der Bösen die Schmach und Pein ihrer Seelen an sich tragen.
Es muß der ganze Mensch belohnt, oder gestraft werden. Daher
und in diesem Sinne das Glaubensbekenntniß: „Ich glaube an
eine Auferstehung des Fleisches."[7] Wann aber ist Christus,
der Herr, auferstanden, und wann werden wir auferstehen?

Wenn gesagt wird, Christus, der Herr, sei am dritten Tage
nach seinem Tode aus dem Grabe auferstanden; so könnten da=
gegen manche Schwierigkeiten erhoben werden. Man könnte ein=
wenden: Es ist eine Glaubenswahrheit, daß alle Menschen am
jüngsten Tage auferstehen werden. Dieser Glaube lebte im alten
Bunde; denn schon Job hat gesagt: „Ich werde am jüngsten
Tage von der Erde auferstehen;"[8] auch Martha hat von ihrem

---

[1] S. Maxim. Serm. de Pasch.   [2] I. Cor. c. VI. v. 14.   [3] Rom.
c. VIII. v. 11.   [4] I. Cor. c. XV. v. 51.   [5] Joann. c. V. v. 28. 29.
[6] Judith. c. XVI. v. 20. 21.   [7] Symb. Apost.   [8] Job. c. XIX. v. 25.

Bruder Lazarus vor dem Herrn bekannt: „Ich weiß, daß er auferſtehen werde bei der Auferſtehung am jüngſten Tage."[1]) Gott, der Herr, hat dem Propheten Ezechiel ſogar ein ſehr an= ſchauliches Bild von der künftigen Auferſtehung in einem Ge= ſichte gezeigt, wie er es ſelbſt mit folgenden Worten berichtet, und beſchreibt: „Die Hand des Herrn kam über mich, und führte mich hinaus im Geiſte des Herrn, und ließ mich nieder auf ein Feld, das voll von Gebeinen war. Und er führte mich durch ſie hindurch allenthalben ringsum; es waren ihrer aber ſehr viele auf der Oberfläche des Feldes, und ſie waren ſehr dürre. Und er ſprach zu mir: Menſchenſohn! meinſt du wohl, daß dieſe Gebeine lebendig werden? Und ich ſprach: Gott, Herr! Du weißt es. Und er ſprach zu mir: Weiſſage über dieſe Gebeine, und ſprich zu ihnen: Ihr dürren Gebeine, höret das Wort des Herrn! So ſpricht der Herr zu dieſen Gebeinen. Sieh! ich will Geiſt in euch bringen, daß ihr lebendig werdet. Ich will euch Nerven geben, und Fleiſch über euch wachſen laſſen, und euch mit Haut überziehen; und ich will euch Geiſt geben, daß ihr lebendig werdet, und ihr ſollet erfahren, daß ich der Herr bin. Und ich weiſſagte, wie er mir geboten hatte. Da ich weiſſagte, fing es an zu rauſchen, und ſieh! es regte ſich, und Gebein näherte ſich zu Gebein, jedes zu ſeinem Gliede. Und ich ſchaute, und ſieh! Nerven und Fleiſch kamen über ſie, und Haut zog ſich darüber; Geiſt hatten ſie aber noch nicht. Und er ſprach zu mir: Weiſſage zum Geiſte, weiſſage Menſchenſohn! und ſprich zum Geiſte: So ſpricht Gott, der Herr: Komm, du Geiſt! von den vier Winden, und wehe dieſe Getödteten an, daß ſie wieder lebendig werden. Und ich weiſſagte, wie er mir geboten hatte. Da fuhr der Geiſt in ſie, und ſie lebten, und ſtellten ſich auf ihre Füße, ein großes, ſehr großes Heer."[2]) Die heiligen Lehrer Juſtinus, Irenäus, Cyrillus von Jeruſalem, Auguſtinus, Baſilius, Ambroſius und Cyprianus ſehen in dieſen Worten des Propheten eine Weiſſagung der Auferſtehung der Todten am jüngſten Tage, und wenn dieſelben auch nur als Bild der Wiederherſtellung des Volkes Iſrael angeſehen werden, wie es das Nachfolgende andeutet; ſo bemerkt der heilige Hie=

---

[1]) Joann. c. XI. v. 24.   *[2]) Ezech. c. XXXVII. v. 1.—11.

ronymus, daß sie zugleich denselben Sinn haben, da man ein Sinnbild oder Gleichniß nur von wirklich bestehenden Gegen=ständen entnehmen kann.[1]) Christus selbst hat erklärt: „Das ist aber der Wille des Vaters, der mich gesendet hat, daß ich nichts von dem, was er mir gegeben hat, verliere, sondern daß ich es am jüngsten Tage auferwecke. Das ist nämlich der Wille meines Vaters, der mich gesendet hat, daß Jeder, welcher den Sohn sieht, und an ihn glaubt, das ewige Leben habe; und ich werde ihn auferwecken am jüngsten Tage."[2]) Dieselbe Wahr=heit hat auch der heilige Paulus der Welt verkündet: „Plötzlich, in einem Augenblicke, auf den letzten Schall der Posaune (näm=lich auf den Ruf Gottes zum letzten und allgemeinen Weltge=richte), denn erschallen wird die Posaune; werden die Todten unverweslich auferstehen, und wir werden verwandelt werden."[3]) Der heilige Apostel schreibt auch, daß die Heiligen des alten Bundes ebenfalls erst am Ende der Welt mit uns auferstehen werden, und sagt: „Diese Alle, obwohl durch das Zeugniß des Glaubens bewährt, haben die Verheißung, (d. i., das verheißene Gnadenreich der Kirche in der Zeit und das Himmelreich in der Ewigkeit) nicht erhalten (so daß sie vor der allgemeinen Aufer=stehung auch dem Leibe nach verklärt worden seien); weil Gott etwas Besseres für uns ausersehen hatte (nämlich die Kirche), damit sie nicht ohne uns (durch eine frühere Auferstehung) vol=lendet würden."[4]) Wollte man nun sagen, die Glieder müssen dem Haupte, und das Haupt müsse den Gliedern gleichförmig sein; und somit hätte Christus, das Haupt, auch erst bei der allgemeinen Auferstehung auferstehen sollen, oder die Menschen, die Glieder, sollten auch gleich nach dem Tode auferstehen, da=mit diese Gleichförmigkeit hergestellt würde; so hören wir auf diesen Einwand die Antwort des heiligen Thomas.

Der heilige Lehrer sagt: „Das Haupt und die Glieder sind einander gleichförmig der Natur, nicht aber der Kraft nach; denn ausgezeichneter ist die Kraft des Hauptes, als die der Glieder; und deßhalb war es, um den Vorzug der Kraft Christi zu zeigen, angemessen, daß er am dritten Tage auferstand, die Auferstehung der Andern aber bis an das Ende der Welt verschoben werde."[5])

---

[1]) Vide Corn. a Lap. in h. l.   [2]) Joann. c. VI. v. 39. 40.   [3]) I. Cor. c. XV. v. 52.   [4]) Hebr. c. XI. v. 39. 40.   [5]) Loc. cit. ad 1.

Für dieses Letztere gibt der englische Lehrer anderswo noch andere Gründe an, welche darthun, warum die Auferstehung der Todten nicht früher stattfinde, sondern bis zum Weltende verschoben werde. Er schreibt: „Wie der heilige Augustinus sagt, hat die göttliche Vorsehung es so festgesetzt, daß die größeren und schwächeren Körper durch die feineren und kräftigeren Körper regiert werden;[1] deßhalb unterliegt die ganze Materie der schwächeren Körper der Veränderung nach der Bewegung der Himmelskörper; es wäre daher gegen die Ordnung, welche die göttliche Vorsehung in den Geschöpfen festgesetzt hat, wenn die Materie der schwächeren Körper in den Zustand der Unverweslichkeit versetzt würde, so lange die Bewegung der stärkeren Körper fortdauert. Weil daher nach der Lehre des Glaubens die Auferstehung zum ewigen Leben geschieht nach dem Vorbilde Christi, der nach der Auferstehung von den Todten nicht mehr stirbt, deßhalb wird die Auferstehung der menschlichen Leiber bis an das Ende der Welt verschoben, wo die Bewegung des Himmels aufhört. — Es wird bei Job gesagt: Wenn der Mensch schläft, steht er nicht mehr auf, bis der Himmel vergeht; er wacht nicht auf, und steht von seinem Schlafe nicht auf.[2] Er redet aber vom Schlafe des Todes. Also wird die Auferstehung der Menschen bis zum Ende der Welt verschoben, wo der Himmel vergehen wird.“[3]

An dieser Stelle erklärt der heilige Thomas noch näher, warum Christus mit seiner Auferstehung nicht, wie alle Menschen, bis zum jüngsten Tage warten sollte, wiewohl die Menschen als seine Glieder ihm als ihrem Haupte gleichförmig sein müssen, und sagt: „Obwohl das Haupt mit den Gliedern mehr übereinkommt durch die Gleichförmigkeit des Ebenmaßes, welches erforderlich ist, damit es auf die Glieder Einfluß nehmen kann, als die Glieder miteinander; so besitzt das Haupt doch eine gewisse Ursächlichkeit über die Glieder, deren die Glieder entbehren, und darin unterscheiden sich die Glieder vom Haupte, und stimmen sie mit einander überein. Daher ist die Auferstehung Christi ein Vorbild unserer Auferstehung, und aus dem Glauben an

---

[1] Libr. III. de Trinit. c. 4.   [2] Supplem. P. III. q. 77. a. 1. o.
[3] Job. c. XIV. v. 12.   [4] Suppl. P. III. q. 77. a. 1. o.

dieselbe entsteht in uns die Hoffnung auf unsere Auferstehung.
Es ist aber die Auferstehung eines Gliedes Christi nicht die
Ursache der Auferstehung der andern Glieder. Deßhalb mußte
die Auferstehung Christi der Auferstehung der Andern voran=
gehen, die alle zugleich am Ende der Zeiten auferstehen müssen.
— Denn obwohl unter den Gliedern die einen würdiger, als
die andern, und dem Haupte gleichförmiger sind; so erreichen
sie doch nicht den Vorzug des Hauptes, daß sie die Ursache der
andern sein könnten. Deßhalb gebührt ihnen wegen der größeren
Gleichförmigkeit mit Christus doch nicht (das Recht), daß ihre
Auferstehung der Auferstehung der Andern vorangehen müßte."[1]
Wenn der heilige Petrus von Christus sagt, „es sei un=
möglich gewesen, daß er von der Unterwelt und vom Tode zu=
rückgehalten wurde;"[2] so könnte man gegen seine Auferstehung
am dritten Tage einwenden, wie lange Jemand todt ist, werde
er vom Tode zurückgehalten; somit scheint es, daß die Aufer=
stehung Christi nicht bis zum dritten Tage aufgeschoben, sondern
sogleich an demselben Tage hätte erfolgen sollen. Hierauf ant=
wortet der heilige Thomas: „Die Zurückhaltung bedeutet einen
Zwang. Christus wurde aber durch keinen Zwang des Todes
gebunden, und zurückgehalten, sondern war frei unter den Tod=
ten;"[3] und deßhalb ist er eine Zeit lang im Tode geblieben,
nicht gleichsam gezwungen, sondern aus eigenem Willen, wie
lange er es zur Unterweisung im Glauben für nothwendig hielt."[4]
Der Herr hatte selbst erklärt: „Ich habe Macht, (mein Leben)
hinzugeben, und ich habe Macht, es wieder zu nehmen."[5] Wie
er also ohne Zwang und aus freiem Willen sich in den Tod
hingegeben hatte, so konnte er auch von keiner Macht gezwungen
werden, im Tode zu bleiben, oder an seiner Auferstehung gehindert
werden; sondern sein Tod sowohl als auch seine Auferstehung
hingen einzig und vollkommen von seinem freien Willen ab.
Endlich könnte noch die Einwendung erhoben werden: Es
steht geschrieben: „Am ersten Tage nach dem Sabbate (d. i., am
Sonntage) kam Maria Magdalena früh, da es noch finster war,
zum Grabe, und sah den Stein vom Grabe weggewälzt."[6] Da

---

[1] Ibid. ad 1. et 2.   [2] Act. Apost. c. II. v. 24.   [3] Psalm.
LXXXVII. v. 6.   [4] Loc. cit. ad 2.   [5] Joann. c. X. v. 18.   [6] Ibid.
c. XX. v. 1.

war also der Herr schon auferstanden, und das Grab leer; denn
es steht weiter geschrieben: „Da lief sie (Magdalena nämlich)
und kam zu Simon Petrus und zu dem andern Jünger, den
Jesus lieb hatte, und sprach zu ihnen: Sie haben den Herrn
aus dem Grabe genommen, und wir wissen nicht, wohin sie ihn
gelegt haben."[1] Sie hat also den göttlichen Leichnam nicht
mehr im Grabe gefunden. Somit scheint der Herr, „da es noch
finster war," und nicht am dritten Tage auferstanden zu sein;
denn der Tag beginnt mit dem Aufgange der Sonne, Magdalena aber ist zum Grabe gekommen, bevor noch die Sonne aufgegangen war. Was ist hierauf zu antworten?

Der heilige Thomas sagt: „Christus ist um die Morgendämmerung, als der Tag anbrach, auferstanden, um anzudeuten,
daß er uns durch seine Auferstehung zum Lichte der Glorie
führe; wie er, als es schon Abend wurde, und der Tag sich zur
Finsterniß kehrte, gestorben ist, um zu zeigen, daß er durch seinen
Tod die Finsterniß der Schuld und der Strafe zerstöre."[2] Im
Leben des Herrn ist nichts ohne Bedeutung, und alle Umstände
des Ortes und der Zeit sind geheimnißvoll; denn Alles ist nach
den Rathschlüssen der göttlichen Weisheit angeordnet, die nichts
ohne Zweck und Ursache wirkt, und alle Umstände und Verhältnisse in Berechnung zieht. So geziemt es sich für die Werke
Gottes, der „Alles nach Maß, und Zahl, und Gewicht ordnet;"[3]
wenn auch gewöhnliche Menschen darüber nicht nachdenken, und
davon nichts verstehen. Der göttliche Heiland selbst hat gesagt:
„Ich bin das Licht der Welt; wer mir nachfolgt, der wandelt
nicht in der Finsterniß, sondern wird das Licht des Lebens haben."[4] Im Tode ist Christus, „die Sonne der Gerechtigkeit,"[5]
untergegangen, um die Finsternisse des Todes und der Sünde
zu besiegen, und zu überwinden; im Glanze der Auferstehung
hat er den neuen Tag der Gnade und des Heiles durch die Welt
verbreitet, und „erleuchtet als wahres Licht jeden Menschen, der
in diese Welt kommt."[6] Denn seine Auferstehung ist der Grund
des Glaubens der Welt, und der Glaube ist das Fundament
des Heiles.

---

[1] Ibid. v. 2.   [2] Loc. cit. ad 3.   [3] Sap. c. XI. v. 21.   [4] Joann.
c. VIII. v. 12.   [5] Malach. c. IV. v. 2.   [6] Joann. c. I. v. 9.

Wenn Christus auch vor dem Aufgange der Sonne aufer= standen ist, so sagt der heilige Lehrer doch, „daß er am dritten Tage auferstanden sei, wenn man den Tag für einen natür= lichen annimmt, der den Zeitraum von vierundzwanzig Stunden in sich schließt."[1] Denn der göttliche Leichnam des Herrn ist am ersten Tage von seinem Begräbnisse an, die ganze folgende Nacht, den ganzen auf diese Nacht folgenden Tag, also den ganzen zweiten Tag, und am dritten Tage von Mitternacht an bis zur Auferstehung am frühen Morgen dieses Tages im Grabe gelegen; daher schreibt der heilige Lehrer weiter: „So ist es auch klar, daß wenn er selbst in der Mitternacht auferstanden wäre, gesagt werden müßte, daß er am dritten Tage auferstanden sei, wenn man einen natürlichen Tag annimmt. Da er nun aber mit Anbruch des Tages auferstanden ist, so kann man sa= gen, daß er am dritten Tage auferstanden sei, wenn man auch den Tag als gemachten annimmt, der nämlich von der Gegen= wart der Sonne bewirkt wird; weil die Sonne schon anfing die Luft zu erleuchten. Daher wird bei Marcus gesagt, daß die Frauen zum Grabe gekommen seien, als die Sonne eben aufgegangen war.[2] Dieß steht auch in keinem Widerspruche mit dem, was Johannes sagt, nämlich daß es noch finster war, wie der heilige Augustinus bemerkt;[3] womit, wenn der Tag anbricht, die Ueberbleibsel der Finsterniß desto mehr sich ver= lieren, je mehr sich das Licht erhebt. Wenn aber bei Marcus gesagt wird: Da die Sonne eben aufgegangen war; so ist dieß nicht so zu nehmen, als wenn die Sonne schon über der Erde sichtbar gewesen wäre, sondern daß sie sehr nahe in diese Ge= genden kam."[4] Die Worte des heiligen Evangelisten Marcus verstärken noch den Beweis, daß der Herr am dritten Tage auf= erstanden sei; denn sie deuten an, daß bei der Auferstehung ein großer Theil des dritten Tages schon vergangen war. Vielleicht könnte man auch sagen, Magdalena sei mit den andern Frauen bei frühem Morgengrauen von der Stadt weggegangen, und bei dem Aufgange der Sonne bei dem Grabe angekommen.[5] Der

---

[1] Loc. cit. ad 3.   [2] Marc. c. XVI. v. 2.   [3] De consens. Evang. Libr. III. c. 24.   [4] Loc. cit.   [5] Vide Corn. a Lap. in Matth. c. XXVIII. v. 1.

heilige Augustinus erblickt in diesem Umstande der Zeit, wo der
Herr auferstanden ist, noch eine andere geheimnißvolle Bedeu=
tung, und schreibt: „Die Nacht bis zur Morgendämmerung ge=
hört zum dritten Tage; weil Gott, welcher befohlen hat, daß
aus der Finsterniß Licht leuchtete,[1] damit wir durch die Gnade
des neuen Testamentes und durch die Theilnahme an der Auf=
erstehung Christi vernähmen: „Ihr seid einst Finsterniß gewesen,
jetzt aber seid ihr Licht im Herrn;"[2] uns gewisser Maßen an=
deutet, daß der Tag von der Nacht den Anfang nimmt. Denn
wie die ersten Tage wegen des künftigen Falles des Menschen
von dem Lichte in die Nacht, so werden diese wegen der Er=
neuerung des Menschen von der Finsterniß in das Licht be=
rechnet."[3] Die Zeit vor dem ersten Sündenfalle des Menschen
war eine Zeit vom ursprünglichen Gnadenlichte, in dem der
Mensch erschaffen worden ist, in die schauerliche Nacht der Sünde,
in welche sich der Mensch hineingestürzt hat; die Zeit von dem
Zustande der Sünde bis zur vollendeten Erlösung war eine Zeit
der Erhebung aus der Finsterniß zum Lichte. Das bedeutet
nach dem heiligen Lehrer die Auferstehung des Herrn von der
Nacht in den Tag, in der Morgendämmerung. Möchte doch
nicht für so Viele die Zeit von der Taufe bis zur Todsünde
eine Zeit von dem Lichte zur Finsterniß, und möchte doch für
alle Gefallenen die Zeit vom Tode der Sünde bis zur Aufer=
stehung zum Leben der Gnade eine Zeit von der Finsterniß zum
Lichte werden!

Sind nun diese Schwierigkeiten beseitiget, so werden wir
um so klarer die Gründe erkennen, aus welchen Christus, der
Herr, am dritten Tage von den Todten auferstehen sollte. Der
erste und eigentliche Grund, warum Christus, der Herr, am
dritten Tage auferstanden, ist, wie in allen Werken Gottes nach
außen, weil er es so gewollt hat. Denn der heilige Augustinus
sagt: „Der Wille Gottes ist die Ursache alles dessen, was ist;
denn hätte der Wille Gottes eine Ursache, so gäbe es Etwas,
das dem Willen Gottes voranginge; und das zu glauben, wäre
gottlos. Der Wille Gottes ist die Ursache des Himmels und

---

[1] II. Cor. c. IV. v. 6.   [2] Ephes. c. V. v. 8.   [3] De Trinit.
Libr. IV. c. 6.

der Erde, und daher ist der Wille Gottes größer, als der Him=
mel und die Erde. Wer sagt: Warum hat Gott den Himmel
und die Erde machen wollen? der forscht nach etwas Größerem,
als der Wille Gottes ist, aber es kann nichts Größeres gefunden
werden."[1] — „Es geschieht zwar Vieles von den Bösen gegen
den Willen Gottes; er ist jedoch von solcher Weisheit und von
solcher Kraft, daß Alles, was seinem Willen entgegen zu sein
scheint, nach jenen Zielen hinstreben muß, von welchen er vor=
ausgesehen hat, daß sie gerecht seien."[2] Wie verhängnißvoll
war das „Warum?" der Schlange über das Gebot Gottes im
Paradiese für das ganze Menschengeschlecht? Schien nicht wegen
der Widersetzlichkeit des ersten Menschen gegen den Willen Gottes
das ganze Geschlecht für immer und ewig verloren zu sein, und
hat nicht Gott eben daraus die Wunder der Erlösung hervor=
gerufen? daß die heilige Kirche jubelt: „O glückliche Schuld,
welche uns einen solchen und so großen Erlöser gebracht hat?"[3]
Christus ist also am dritten Tage von den Todten auferstanden,
weil er es so gewollt hat; und diesen Willen hat er in seinem
Leben feierlich kundgethan: „Löset diesen Tempel auf, und ich
will ihn in drei Tagen wieder aufrichten. — Er aber redete von
dem Tempel seines Leibes."[4] Ist eine Gottesthat einmal in
die Erscheinung getreten, und uns bekannt geworden; so ist der
Schluß aus derselben auf den Willen Gottes berechtiget, und
nothwendig. Denn Gott thut nichts, was er nicht will.

Aus jeder offenkundigen Gottesthat muß man auch schließen,
daß Gott dieselbe vorher nach allen Seiten hin berathen habe,
wie dieß seine Weisheit fordert. Es ist die Auferstehung Christi,
die Gott gewollt hat, auch im ewigen Rathschlusse Gottes fest=
gesetzt worden, wie Christus es seinen Jüngern angekündet hat;
denn es steht geschrieben: „Nach dieser Zeit (nachdem die Jünger
darauf genügend vorbereitet waren) fing Jesus an, seinen Jün=
gern zu zeigen, daß er nach Jerusalem gehen, und von den
Aeltesten, und Schriftgelehrten, und Hohenpriestern Vieles leiden,
und getödtet werden, und am dritten Tage wieder auferstehen
müsse."[5] Auch dieser Schluß ist berechtiget und nothwendig,

---

[1] Libr. I. de Gen. contr. Manich. c. 2.   [2] Idem De civ. Dei
Libr. XXII. c. 1.   [3] Exsultet in Sabb. Sancto.   [4] Joann. c. II.
v. 19. 21.   [5] Matth. c. XVI. v. 21.

da im Plane Gottes alle Umſtände des Ortes und der Zeit,
alle Verhältniſſe zu Anderem, die Beſchaffenheiten der Perſonen
und der Sachen, alle Urſachen, Zwecke, Mittel und Wirkungen
in Betracht kommen müſſen.

Der Herr hat zu wiederholten Malen ſeine Auferſtehung
am dritten Tage vorhergeſagt: „Als ſie ſich in Galiläa auf=
hielten (Jeſus und ſeine Jünger), ſprach Jeſus zu ihnen: „Des
Menſchen Sohn wird den Händen der Menſchen überliefert wer=
den, und ſie werden ihn tödten, und am dritten Tage wird er
wieder auferſtehen.“ [1] — „Als Jeſus nach Jeruſalem hinauf=
zog, nahm er die zwölf Jünger zu ſich beiſeits, und ſprach zu
ihnen: Sieh! wir ziehen nach Jeruſalem hinauf, und des Men=
ſchen Sohn wird den Hohenprieſtern und Schriftgelehrten über=
liefert werden, und ſie werden ihn zum Tode verurtheilen; und
ſie werden ihn den Heiden überliefern, daß ſie ihn verſpotten,
und geißeln, und kreuzigen, und am dritten Tage wird er wieder
auferſtehen.“ [2] Wegen der Erfüllung dieſer Weiſſagung aber
hat die Welt an ihn geglaubt.

Was nun Gott gewollt, in ſeinem Rathſchluſſe in der Vor=
ausſicht der Zuſtimmung des menſchlichen Willens ſeines Sohnes
feſtgeſetzt, und Chriſtus, der Herr, geweiſſagt hat, mußte ge=
ſchehen, und iſt der vorangehende[3] Beweis für ſeine Aufer=
ſtehung am dritten Tage, der Glaube der Welt aber iſt der
nachfolgende[4] Beweis dafür; der erſtere beruht auf dem freien
göttlichen und menſchlichen Willen Chriſti, der letztere auf dem
freien Willen der gläubigen Welt mit Hilfe der Gnade. Die
Thatſache ſelbſt aber ſteht als Folgerung aus allem dem unum=
ſtößlich feſt; denn was Gott gewollt, und beſchloſſen, was auch
der menſchliche Wille Chriſti gewollt, und was Chriſtus vor=
hergeſagt hat, das mußte, obwohl es in ſeinen erſten Urſachen
frei war, nothwendig geſchehen, und, weßhalb die Welt geglaubt
hat, das iſt auch zweifellos geſchehen. So iſt alſo Chriſtus wirklich
und wahrhaft am dritten Tage von den Todten auferſtanden.

Das iſt nun keine Frage um die Urſache dieſes göttlichen
Willens, ſondern die Beweisführung für die Vollziehung deſſelben,

---

[1]) Ibid. c. XVIII. v. 21. 22.   [2]) Ibid. c. XX. v. 17. 18. 19.
[3]) A priori.   [4]) A posteriori.

um uns im Glauben zu erleuchten, und zu stärken. Es ist uns aber auch nicht nur erlaubt, sondern sogar sehr heilsam, nach= zuforschen, wie angemessen die göttlichen Rathschlüsse und deren Ausführungen seien, um größeres Licht und tiefere Einsicht über dieselben zu erlangen. So mögen wir nun denn auch unter= suchen, wie angemessen es gewesen, daß der göttliche Erlöser auf solche Weise am dritten Tage auferstanden sei.

Darüber gibt uns der heilige Thomas folgende Erklärung: „Die Auferstehung Christi war, wie gesagt worden ist, für un= sere Unterweisung im Glauben erforderlich. Unser Glaube aber bezieht sich sowohl auf die Gottheit, als auch auf die Mensch= heit Christi; denn es genügt nicht, das Eine ohne das Andere zu glauben. Dazu also, daß unser Glaube an seine Gottheit gestärkt würde, mußte er bald auferstehen, und seine Aufer= stehung nicht bis an's Ende der Welt verschoben werden; dazu aber, daß unser Glaube an seine Menschheit gestärkt würde, mußte ein gewisser Zeitraum zwischen seinem Tode und seiner Aufer= stehung sein. Denn wenn er sogleich nach seinem Tode aufer= standen wäre, hätte es den Anschein haben können, daß er nicht wahrhaft gestorben, und folglich auch nicht wahrhaft auferstanden sei. Um aber die Wahrheit seines Todes darzuthun, genügte es, daß seine Auferstehung bis in den dritten Tag verschoben wurde; weil es nicht zu geschehen pflegt, daß innerhalb dieser Zeit an einem Menschen, der gestorben zu sein scheint, da er noch lebt, nicht einige Zeichen des Lebens erscheinen."[1]) Wir haben aber schon früher die unwidersprechlichsten Beweise für den Tod des Herrn kennen gelernt, welche vollkommen hinge= reicht hätten, dessen wahrhafte Auferstehung darzuthun, wenn diese auch sogleich nach dem Tode erfolgt wäre.

Der Tod des Herrn befestiget unsern Glauben an seine Menschheit, da er nur als Mensch sterben konnte; die Aufer= stehung des Herrn stärkt unsern Glauben an seine Gottheit, da er nur als Gott aus eigener Macht seine Menschheit vom Tode zum Leben zurückführen konnte. Der Glaube an beide Wahr= heiten aber ist zum Heile nothwendig; denn wäre Christus nicht wahrer Mensch gewesen, so hätte er das Erlösungsopfer am

---

[1]) Loc. cit. o.

Kreuze nicht vollbringen können; und wäre er nicht wahrer Gott gewesen, so hätte er seinem Leiden und Sterben nicht das genug= thuende Verdienst und den versöhnenden Werth verleihen können. Ohne den Glauben an diese beiden Wahrheiten könnten wir also weder an Christus als unsern Erlöser, noch an sein Werk als unsere Erlösung glauben. „Es ist aber kein anderer Name unter dem Himmel den Menschen gegeben, in dem wir selig werden sollen;“[1] und: „Durch diesen wird Jeder gerechtfertiget, der glaubt.“[2] Daher schreibt auch der heilige Augustinus: „Wer in gottloser Neuerung zu behaupten wagt, der Sohn Gottes und der Sohn des Menschen sei nur von Einer Natur gewesen; der wird, wenn er sagt, er sei nur ein Mensch gewesen, auf der einen Seite die Herrlichkeit des Schöpfers leugnen, oder, wenn er sagt, er sei nur Gott gewesen, auf der andern Seite die Barm= herzigkeit des Erlösers leugnen. Denn wer in todbringender Meinung glaubt, unser Erlöser sei nur von Einer Natur ge= wesen, der ist genöthiget, zu bekennen, daß entweder nur ein Mensch, oder nur ein Gott gekreuziget worden sei. Aber so ist es nicht. Denn den Tod hätte er, wenn er nur Gott gewesen, nicht fühlen, und, wenn er nur Mensch gewesen wäre, nicht überwinden können.“[3] Es war also, wie der Tod, so auch diese Auferstehung Christi höchst angemessen, um uns im Glau= ben zu unterrichten, und zu stärken.

Wie „alle Werke Gottes vollkommen,“[4] und daher höchst angemessen sind, so findet der englische Lehrer es auch für voll= kommen angemessen, das Christus, der Herr, am dritten Tage auferstand; und er gibt als Grund an: „Um die Vollkommen= heit der Dreizahl anzudeuten, welche die Zahl aller Dinge ist, da sie einen Anfang, eine Mitte und ein Ende hat.“[5] Wir können uns da auch an die Schriftstelle erinnern: „Du hast Alles nach Maß, und Zahl, und Gewicht geordnet.“[6] Gott hat allen Dingen das ihnen zustehende Maß gegeben, die ihnen angemessene Zahl bestimmt, und das gehörige Gewicht, oder das naturgemäße Streben nach ihren Zwecken zugemessen; und im Vollbesitze dieser drei Stücke besteht die ihnen zukommende Voll-

---

[1] Art. Apost. c. IV. v. 12.   [2] Ibid. c. XIII. v. 39.   [3] Serm. 3. de ascens. Dom. qui est 176. de temp.   [4] Deut. c. XXXII. v. 4. [5] Loc. cit. o.   [6] Sap. c. XI. v. 21.

kommenheit, in jedem Mangel daran ihre Unvollkommenheit.[1]
Der heilige Augustinus sagt: „Diese drei Stücke sind als all=
gemeine Güter in allen Dingen, die Gott gemacht hat; und so
sind, wo diese groß sind, große Güter, wo sie klein sind, kleine
Güter, wo sie nicht sind, keine Güter."[2] Gott hat also auch in der
Zeit der Auferstehung Christi die angemessenste Zahl der Tage ein=
gehalten.[3] In dem, was Gott gemacht hat, und Gott thut, be=
gegnet uns allenthalben die rechte Zahl, die rechte Zeit, das rechte
Maß, das rechte Gewicht, so daß nichts hinzugethan, nichts weg=
genommen, und nichts verändert werden kann, ohne zu stören, und
zu zerstören, ein Vorbild und eine Aufforderung für alle vernünf=
tigen Geschöpfe, in allen ihren freien Handlungen ihren Schöpfer
nachzuahmen, um in jeder Hinsicht vollkommen zu sein.

Der englische Lehrer findet in der Zeit der Auferstehung
unseres Herrn ferner ein bedeutungsvolles Geheimniß, indem er
schreibt: „Es offenbart sich da auch das Geheimniß, daß Christus
durch seinen Einen zeitlichen Tod, der wegen der Gerechtigkeit
ein Licht war, unsern zweifachen Tod, des Leibes nämlich und
der Seele, der wegen der Sünde Finsterniß war, vernichtet habe;
und deßhalb ist er einen vollen Tag und zwei Nächte im Tode
geblieben."[4] Werden wir da nicht an das Wort des Herrn
erinnert: „Ich bin als das Licht in die Welt gekommen; da=
mit Jeder, der an mich glaubt, nicht in der Finsterniß bleibe?"[5]
Denselben Zweck hat auch die Sendung seiner bevollmächtigten
Diener und Stellvertreter durch die ganze Welt, wie er zum
heiligen Paulus bei dessen Sendung gesprochen: „Ich bin dir
dazu erschienen, dich zu bestellen zum Diener und zum Zeugen des=
jenigen, was du gesehen hast, und dessen, wozu ich dir erscheinen
werde; indem ich dich diesem Volke und den Heiden entreiße,
unter welche ich dich jetzt sende, zu öffnen ihre Augen, auf daß
sie sich bekehren von der Finsterniß zum Lichte, und von der
Gewalt des Satans zu Gott; damit sie Vergebung der Sünden
empfangen und das Erbe unter den Heiligen durch den Glau=
ben an mich."[6] An Vielen wird dieser Zweck erreicht, wie der

---

[1] Vide S. Thom. P. I. q. 5. a. 5. o. [2] De natura boni c. 3.
[3] Vide Corn. a Lap. in Sap. c. XI. v. 21. [4] Loc. cit. o. et S. Aug.
de Trinit. Libr. IV. c. 6. [5] Joann. c. XII. v. 46. [6] Act. Apost.
c. XXVI. v. 16.—19.

heilige Paulus an die Epheſier geſchrieben: „Ihr waret einſt
Finſterniß, nun aber ſeid ihr Licht im Herrn; wandelt als
Kinder des Lichtes.“ [1] An vielen aber wird dieſer Zweck nicht
erreicht, wie derſelbe Apoſtel an dieſelben Epheſier geſchrieben:
„Dieß ſage ich denn, und beſchwöre euch im Herrn, daß ihr
nicht mehr wandelt, wie auch die Heiden wandeln in der Eitel=
keit ihres Sinnes, deren Verſtand mit Finſterniß verdunkelt iſt,
die entfremdet ſind dem Leben Gottes durch die Unwiſſenheit,
die in ihnen iſt, durch die Blindheit ihres Herzens.“ [2] Dieſen
Zweck vereiteln auch jene Chriſten, welche in der Finſterniß der
Sünde fortleben, und dem Lichte der Gnade die Augen des
Geiſtes verſchließen, ſich Chriſten und Kinder Gottes nennen,
aber nicht als ſolche leben. Dieſen gilt das Wort des heiligen
Apoſtels Johannes: „Das iſt aber die Verkündigung: Gott iſt
Licht, und in ihm iſt keine Finſterniß. Wenn wir ſagen: Wir haben
Gemeinſchaft mit ihm, und wandeln doch in der Finſterniß; ſo
lügen wir, und handeln nicht nach der Wahrheit.“ [3] Wie Viele
ſchlafen viele und lange Nächte in der Finſterniß des Sünden=
todes; möchten ſie doch noch Einen Tag der Auferſtehung zu
einem neuen Leben der Gnade erlangen!

Das Erlöſungswerk des Gottmenſchen erſtreckte ſich durch
die ganze Vergangenheit hinab, umfaßte die ganze Gegenwart,
und durchzieht die ganze Zukunft; es ergießt ſeine Gnadenwir=
kungen durch die ganze Menſchheit unter verſchiedenen Graden
und Formen. Der heilige Thomas ſieht in dem Umſtande, daß
Chriſtus am dritten Tage auferſtanden iſt, auch dieſe Wahrheit
angedeutet, und ſagt: „Dadurch wird auch zu verſtehen gegeben,
daß durch die Auferſtehung Chriſti der dritte Zeitabſchnitt an=
fing; denn der erſte war vor dem (geſchriebenen) Geſetze, der
zweite unter dem Geſetze (bis auf Chriſtus), der dritte unter der
Gnade. Es begann mit der Auferſtehung Chriſti auch der dritte
Stand der Heiligen; denn der erſte war unter den Vorbildern
des Geſetzes, der zweite unter der Wahrheit des Glaubens, der
dritte wird in der Ewigkeit der Glorie ſein, den Chriſtus durch
ſeine Auferſtehung begonnen hat.“ [4] Denn der ganze alte Bund

---

[1] Ephes. c. V. v. 8.   [2] Ibid. c. IV. v. 17. 18.   [3] I. Joann.
c. I. v. 5. 6.   [4] Loc. cit. o.

war vorbedeutend, und bewegte sich in Vorbildern; im neuen
Bunde hat die Vorbedeutung durch die Erfüllung dessen, was
vorbedeutend war, aufgehört, und trat die Wahrheit an die
Stelle der Vorbilder, in der wir ohne Bild und Zeichen im
reinen Lichte des Glaubens wandeln, bis sich das Glauben in
Schauen verwandelt in der Verklärung und Herrlichkeit des Him=
mels; wie der heilige Paulus von dem gegenwärtigen Glaubens=
leben an die Corinther schreibt: „Wir alle schauen, wie in einem
Spiegel mit enthülltem Angesichte die Herrlichkeit des Herrn,
und werden umgewandelt von Klarheit zu Klarheit wie vom
Geiste des Herrn."[1]) Der Glaube, das Evangelium, die heilige
Menschheit Christi gleichen einem Spiegel, durch welchen wir die
Gottheit Christi schauen, erkennen, betrachten, zwar noch nicht,
wie sie in sich ist, aber auch nicht mehr in Zeichen, Bildern
und Gleichnissen, sondern sie selbst im Wiederscheine, wie man
sein Angesicht in einem Spiegel sieht; durch diese Erkenntniß
werden wir, wenn wir nach derselben unser Leben ordnen, ver=
mittelst der Gnaden des heiligen Geistes umgewandelt, und an
Tugend und Heiligkeit Christo, dem Herrn, immer gleichförmiger
gemacht,[2]) was eigentlich unsere Lebensaufgabe ist, wie derselbe
heilige Apostel sagt: Die (Gott) vorhergesehenen (nämlich als
solche, die selig werden), hat er auch vorherbestimmt, daß sie
dem Bilde seines Sohnes gleichförmig werden; damit er der Erst=
geborne unter vielen Brüdern sei. Welche er aber vorherbe=
stimmt, die hat er auch berufen, und welche er berufen, die hat
er auch gerechtfertiget; die er aber gerechtfertiget, die hat er auch
verherrlichet."[3]) Das ist der Weg, auf welchem auch wir zu
einer glorreichen Auferstehung mit unserem göttlichen Erlöser
gelangen.

Einerseits wollte also der Herr nicht sogleich nach seinem
Tode auferstehen, damit Niemand an seinem Tode zweifeln könnte;
denn, „wenn Christus an demselben Tage, an dem er gestorben,
oder in der Nacht, welche darauf gefolgt ist, sogleich aufer=
standen wäre; so würden Manche kaum glauben, daß er wirk=
lich gestorben sei. Die Bestätigung des Todes ist der Aufschub

---

[1]) II. Cor. c. III. v. 18.   [2]) Vide Corn. a Lap. in h. l. et in I. Cor.
c. XIII. v. 12.   [3]) Rom. c. VIII. v. 29. 30.

der Auferstehung; und hinwieder ist die Wahrheit des Todes die
Gewährleistung der Auferstehung."[1] Andererseits aber wollte
er seine Auferstehung auch nicht länger verschieben, um die Hoffnung der Gläubigen auf die eigene Auferstehung zu stärken:
„Die Auferstehung Christi sollte nicht gleich der unsrigen lange
verschoben werden; damit wir von dem Vorbilde seines Fleisches
lerneten, was wir von dem unsrigen hoffen sollten."[2] So schließt
denn der heilige Chrysostomus, Alles bekräftigend: „Nach grausamen Gefängnissen, nach harten Banden, nach Verspottungen
und Schlägen, nach dem mit Essig und Galle gemischten Tranke,
nach den Peinen des Kreuzes und der Wunden, nach dem Tode
selbst ist Christus von seinem Grabe auferstanden;"[3] und der
heilige Athanasius: „Christus ist am dritten Tage von den
Todten auferstanden, hat der Hölle die Beute entrissen, den
Feind zertreten, den Tod vernichtet, die Fesseln zerbrochen, mit
welchen die Sünder ihn festgehalten haben."[4]

Es kann daher keinem Zweifel unterliegen, daß es höchst
billig und angemessen war, wenn Christus, der Herr, weder
früher, noch später, sondern am dritten Tage von den Todten
auferstanden ist. „Jesus, der zur Hölle hinabgestiegen war, ist
wieder heraufgestiegen, und, der begraben war, ist am dritten
Tage wahrhaft auferstanden."[5]

— —

Dritter Abschnitt.

Christus ist der Erste auferstanden.[6]

Auferstehung ist eigentlich die Rückkehr vom Tode zum
Leben, die Rückkehr derselben Seele zu demselben Leibe, die
Wiedervereinigung mit ihm, um ihm neuerdings Form oder
Seins- und Lebensprinzip zu sein, und ihn aller ihm zukom-

---

[1] S. Euseb. Emissen. Homil. 2. de Symbol.   [2] S. Aug. de catechis. rudib. c. 22.   [3] Serm. 3. de Resurrect.   [4] Serm. super: „In-
venietis pullum."   [5] S. Cyrill. Hieros. Catech. 4. de Resurrect.
[6] Loc. cit. a. 3.

menden Empfindungen, Thätigkeiten und Verrichtungen fähig zu machen. „Die Auferstehung ist die Zurückversetzung unserer Natur in ihren vorigen Zustand."[1] — „Der Tod wird über= wunden, der Mensch auferweckt, die Ketten der Hölle werden zerbrochen, die Zunge bewegt sich, die Hände sind zum Dienste bereit, die Füße schreiten zum Gange aus, den Ohren wird das Gehör erneuert."[2] Daher sagt der heilige Petrus Chrysologus: „Glaube, Mensch! daß du von den Todten auferstehen könnest; weil du, bevor du lebtest, auch nicht gewesen bist. Warum solltest du auch zweifeln, daß du auferstehest; da Alles, was es in der Natur gibt, täglich für dich ebenfalls aufersteht?"[3] Die Sonne geht im Westen unter, und steigt im Osten wieder empor; das Fruchtkorn stirbt in der Erde, und blüht zu goldenen Aehren wieder auf; der Schmuck der Bäume und der Pflanzen welkt im Herbste dahin, und sie stehen während des Winters kahl und und wie todt auf den schnee= und eisbedeckten Fluren da; aber im Frühlinge erwachen sie wieder zu neuem Leben, und er= scheinen in voriger Pracht und Herrlichkeit. So erklärt der heilige Augustinus: „Die ganze Weltordnung gibt Zeugniß für unsere künftige Auferstehung. Wir sehen zur Winterszeit, wie die Bäume der Früchte und Blätter beraubt werden, zur Zeit des Frühlings aber eine Art Auferstehung darstellen; indem sie zu= erst zu Knospen sich zu erheben beginnen, dann mit Blüthen sich schmücken, mit Blättern sich bekleiden, und hernach mit Früchten sich beladen. — Auch das Gras, welches vorher ge= lebt hat, und gestorben ist, lebt aus seinem Samen wieder auf. So wird auch unser Leib aus dem Staube wieder aufleben."[4] Sind dieß nicht Bilder unserer Erneuerung und Wiederbelebung? Oder sollte der Mensch, der König der Schöpfung, für immer dahinsterben, und nicht mehr auferstehen, während Alles rings um ihn neu auflebt? Und wenn Gott dieses Gesetz in die ver= nunftlose Natur gelegt hat, daß nichts vernichtet werde, was er gemacht; soll das herrlichste und wundersamste seiner Werke in der sichtbaren Schöpfung der Vernichtung verfallen? Denn nach dem Tode ist weder der Leib, von der Seele geschieden, ein

---

[1] S. Greg. Nyss. de anim. et resurrect. [2] S. Chrysost. Homil. de Lazaro resuscitato. [3] Serm. 59. [4] Serm. 34. de verb. Apost.

Mensch, noch die vom Leibe getrennte Seele ein Mensch;[1] würde
also keine Auferstehung sein, so wäre der Mensch als Mensch
vernichtet; da doch geschrieben steht: „Gott hat den Tod nicht
gemacht, und an dem Untergange der Lebendigen freuet er sich
nicht. Denn er hat Alles zum Sein erschaffen, und zum Heile
die Völker des Erdkreises gebildet.“[2] Freilich hat nun der
Mensch durch eigene Schuld sein Leben verwirkt, und den Tod,
ja die Vernichtung verdient, weil er von Gott, dem Urheber
und Erhalter alles Seins und Lebens, abgefallen, und dem Ur=
heber des Todes, „dem Menschenmörder vom Anbeginne,“[3] zur
Beute geworden ist, wie geschrieben steht: „Gott hat den Men=
schen unsterblich erschaffen, und nach seinem Ebenbilde und Gleich=
nisse ihn gemacht; aber durch den Neid des Teufels ist der Tod
in die Welt gekommen.“[4] Gott hat den Menschen für ein drei=
faches Leben der Natur, der Gnade und der Glorie erschaffen;
das Leben der Gnade hat er selbst durch die Sünde zerstört,
dadurch ist er für das Leben der Glorie unfähig geworden, und
hat er das Leben der Natur zur Strafe verwirkt: „An welchem
Tage du davon issest, wirst du des Todes sterben,“[5] des Todes
der Schuld, des Todes der Natur, des Todes der ewigen Qualen
in der Hölle. Von diesem dreifachen Tode kann weder er selbst
sich erheben, noch von irgend einem Geschöpfe auferweckt werden.
Das kann nur der Schöpfer des Lebens, wie er ihn aus dem
Nichtsein in das Sein versetzt hat: „Wie du nichts gewesen bist,
ehe du warst, so bist du nichts geworden (als Mensch), wenn
du (als Mensch) aufgehört haben wirst, zu sein; warum solltest
du nicht durch den Willen desselben Schöpfers, der aus dem
Nichts das Sein gewollt hat, wieder aus dem Nichts zum Sein
gelangen können? Was kann da an dir Neues geschehen? Da
du nicht warst, bist du geworden; und wenn du wieder nicht
sein wirst, wirst du wieder werden.“[6] Und Gott hat es in
seiner unbegreiflichen Barmherzigkeit so gewollt.

Gott fristet das natürliche Leben des Menschen, damit er
zum Leben der Gnade gelangen kann; Gott verleiht ihm die
Mittel, zum Leben der Gnade wirklich zu gelangen; Gott führt

---

[1]) Vide S. Thom. P. III. q. 50. a. 4.   [2]) Sap. c. I. v. 13. 14.
[3]) Joann. c. VIII. v. 44.   [4]) Sap. c. II. v. 23. 24.   [5]) Gen.
c. II. v. 17.   [6]) Tertull. Apolog. advers. Gent. c. 48.

ihn durch das Leben der Gnade zum Leben der Glorie, für welches er ihm auch das Leben der Natur durch die Auferweckung vom Tode desselben wieder gibt; und dieß ist das Werk des Erlösers, die Wiederherstellung des dreifachen Lebens in unzerstörbarer, endloser Seligkeit und Herrlichkeit, wie er es durch den Mund des Propheten Osee verheißen hat: „Aus des Todes Hand will ich sie befreien, vom Tode sie erretten; o Tod! ich will dein Tod sein; Hölle! ich will dein Biß sein."[1] Den ganzen Erlösungsproceß in der Kirche Christi bis zur glorreichen Auferstehung der Gerechten für das ewige Leben verkündete der Prophet Isaias unter folgendem Bilde voraus: „Der Herr der Heerschaaren bereitet allen Völkern auf diesem Berge (Sion, Kirche) ein Mahl von fetten Speisen (die Kirche mit allen Gnadenschätzen), ein Mahl von Wein und markigem Fette, von geläutertem Weine (von überaus kostbaren Gnadenschätzen). Auf diesem Berge (in der Kirche) zerreißt der Herr alle Bande (des Irrthums und der Sünde), womit alle Völker gefesselt waren, und das Netz, das über alle Nationen gesponnen war. Er wird den Tod zu Grunde richten auf ewig, und abwischen wird Gott, der Herr, die Thränen von jedem Antlitze, und die Schmach seines Volkes wegnehmen von der ganzen Erde; denn der Herr hat es geredet."[2] Diesen Weissagungen gemäß schreibt auch der heilige Paulus an die Corinther über die Auferstehung der Todten: „Die Todten werden unverweslich auferstehen, und wir werden verwandelt werden. Denn dieses Verwesliche muß die Unverweslichkeit anziehen, und dieses Sterbliche die Unsterblichkeit anziehen. Wenn aber dieses Sterbliche die Unsterblichkeit angezogen haben wird, dann wird das Wort erfüllt werden, welches geschrieben steht: Verschlungen ist der Tod im Siege.[3] Tod! wo ist dein Sieg? Tod! wo ist dein Stachel?[4] Der Stachel des Todes aber ist die Sünde; die Kraft der Sünde aber ist das Gesetz. Gott aber sei Dank, der uns den Sieg verliehen hat durch unsern Herrn Jesum Christum."[5]

Christus, der Herr, hat den Tod der Schuld und den Tod der Strafe durch sein Versöhnungsopfer besiegt, und das Leben

---

[1] Ose. c. XIII. v. 14.   [2] Isai. c. XXV. v. 6. 7. 8.   [3] Isai. l. c.
[4] Ose. l. c.   [5] I. Cor. c. XV. v. 52.—58.

der Gnade und der Glorie verdient; er hat den Tod der Na=
tur durch seine Auferstehung besiegt, und unsere Auferstehung
verbürgt. Er ist uns als Sieger über den dreifachen Tod und
als Urheber und Wiederhersteller des dreifachen Lebens in Allem
vorangegangen, und hat sein Werk durch seine Auferstehung be=
siegelt, und gekrönt. Er mußte darum auch der Erste aufer=
stehen, wie der siegreiche Feldherr an der Spitze seines siegreichen
Heeres in die Stadt einzieht, oder, wie der heilige Paulus sagt,
die besiegten Feinde im Triumphe einherführt: „Er hat die
Oberherrschaften und Gewalten (die Mächte der Finsterniß) ent=
waffnet, muthvoll einhergeführt, und über sie öffentlich durch
sich selbst triumphiert,"[1] oder, wie derselbe Apostel schreibt, die
erlösten Gefangenen mit sich zu den Ihrigen heimführt: „Er
hat die Gefangenschaft gefangen geführt;"[2] denn er hat die Hei=
ligen des alten Bundes, welche in der Vorhölle auf seine An=
kunft warten mußten, und gleichsam Gefangene waren, heraus=
geführt, und als seine Erlösten, ihm Gehörige, mit sich glorreich
in die Verklärung aufgenommen.[3] Dem Herrn und Erlöser
gebührte die Auferstehung vor allen Erlösten.

Wie es angemessen war, daß der verschlossene Himmel keinem
Menschen geöffnet wurde, bevor Christus, der dessen Oeffnung
verdient hat, in denselben einzog; ebenso forderte es das Ver=
dienst, die Würde Christi und der ewige Rathschluß Gottes, daß
er zuerst und vor Allen durch die Auferstehung verklärt wurde.
Es forderte dieß sein Verdienst; denn er hat durch seinen Sieg
über die Sünde, über die Hölle, über die Welt, über das Fleisch
und über den Tod den Sieg aller Uebrigen über alle diese Feinde
und ihre Auferstehung verdient, und seine Auferstehung ist die
Ursache der Auferstehung Aller, wie er selbst erklärt hat: „Ich
bin die Auferstehung und das Leben:"[4] — „Das ist der Wille
meines Vaters, der mich gesendet hat, daß Jeder, welcher den
Sohn sieht, und an ihn glaubt, das ewige Leben habe; und ich
werde ihn auferwecken am jüngsten Tage:"[5] „Wer mein Fleisch
ißt, und mein Blut trinkt, der hat das ewige Leben; und ich
werde ihn am jüngsten Tage auferwecken."[6] Daß der Herr

---

[1] Coloss. c. II. v. 15. [2] Ephes. c. IV. v. 8. [3] Vide Cor. a
Lap. in h. l. [4] Joann. c. XI. v. 25. [5] Ibid. c. VI. v. 40. 44.
[6] Ibid. v. 55.

zuerst auferstand, forderte seine Würde; denn es geziemte sich nicht, daß die Erlösten vor dem Erlöser verklärt würden, daß jene vor ihm zum vollen und unsterblichen Leben gelangten, daß die Glieder vor ihrem Haupte auferstünden. Es geziemte sich auch für Gott nicht, daß ihm vor der Ernte der gesammten geretteten Menschen zuerst eine andere Frucht dargebracht würde. Daher schreibt der heilige Paulus an die Thessalonicher: „Wenn wir glauben, daß Jesus gestorben, und auferstanden ist, so wird auch Gott diejenigen, welche in Jesus entschlafen sind, mit ihm herzuführen;"[1] somit wird Gott keinen Andern vor ihm herzuführen, und vollends verklären. Der heilige Apostel schreibt ferner ganz klar und bestimmt an die Corinther: „Nun aber ist Christus von den Todten auferstanden, der Erstling der Entschlafenen. Denn durch einen Menschen ist der Tod, und durch einen Menschen die Auferstehung von den Todten. Und gleichwie in Adam Alle sterben, so werden auch in Christus Alle lebendig gemacht werden. Ein Jeder aber in seiner Ordnung; der Erstling ist Christus, hernach die, welche Christo angehören, und an seine Ankunft geglaubt haben. Dann ist das Ende, wenn er das Reich Gott und dem Vater übergeben, und jede Herrschaft, jede Macht und Gewalt (der Feinde) vernichtet hat."[2] Alle diese Wahrheiten verkündet uns die göttliche Offenbarung, und was uns Gott geoffenbaret, hat er auch in seinem ewigen Rathschlusse festgesetzt.

Aber es sind ja schon lange vor Christus Manche von den Todten auferstanden, wie der Sohn der Wittwe von Sarephta von dem Propheten Elias,[3] und der Sohn eines andern Weibes von dem Propheten Elisäus[4] auferweckt worden; und Christus selbst hat in seinem Leben die Tochter des Jairus,[5] den Jüngling von Naim[6] und den Lazarus[7] von den Todten erweckt. Diese Alle sind also vor Christus auferstanden; wie kann nun Christus der Erstling unter den Entschlafenen genannt werden? Hierauf antwortet der heilige Thomas: „Die Auferstehung ist die Erneuerung vom Tode zum Leben. Es kann nun jemand auf zweierlei Weise dem Tode entrissen werden; auf eine Weise

---

[1] I. Thess. c. IV. v. 13.   [2] I. Cor. c. XV. v. 20.—25.   [3] III. Reg. c. XVII. v. 17. et seqq.   [4] IV. Reg. c. IV. v. 18. et seqq.   [5] Matth. c. IX. v. 28. et seqq.   [6] Luc. c. VII. v. 11. et seqq.   [7] Joann. c. XI.

nur vom Tode in der That, daß nämlich Jemand, nachdem er gestorben ist, wie immer zu leben anfängt; auf eine andere Weise, daß Jemand nicht bloß vom Tode, sondern auch von der Noth= wendigkeit, und, was noch wahr ist, von der Möglichkeit, zu sterben, befreit wird; und diese ist eine wahre und vollkommene Auferstehung; weil, wie lange Jemand der Nothwendigkeit, zu sterben, unterworfen ist, gewisser Maßen der Tod über ihn herrscht nach dem Worte: Der Leib ist sterblich der Sünde wegen.[1] Auch von dem, was sein kann, sagt man in einem gewissen Sinne, es sei, nämlich in der Möglichkeit. Daraus erhellt, daß jene Auferstehung, durch welche Jemand bloß dem wirklichen Tode entrissen wird, eine unvollkommene Auferstehung sei. Spricht man also von der vollkommenen Auferstehung, so ist Christus der Erste unter den Auferstehenden; weil er durch seine Auf= erstehung zuerst zum durchaus unsterblichen Leben gelangt ist nach dem Worte: Nachdem Christus von den Todten auferstanden ist, stirbt er nicht mehr;[2] durch eine unvollkommene Aufer= stehung sind jedoch auch einige Andere vor Christus auferstanden, um wie in einem gewissen Vorzeichen seine Auferstehung vor= zubedeuten. Und so ist auch die Antwort auf diesen ersten Einwurf klar; denn sowohl jene, welche im alten Testamente auferweckt worden, als auch diejenigen, welche von Christus auferweckt worden, sind so zum Leben zurückgekehrt, daß sie wieder starben."[3] Von diesen Allen gilt das Wort des heiligen Augustinus über Christus, Lazarus und die Tochter des Jairus: „Einer ist auf= erstanden, um nicht mehr zu sterben. Lazarus ist auferstanden, aber um wieder zu sterben; die Tochter des Synagogenvorstehers ist auferstanden, aber um wieder zu sterben; Christus ist auf= erstanden, um nicht mehr zu sterben."[4] Es sind überdieß weder jene, die vor Christus, noch die, welche von Christus aufer= weckt worden, in Verklärung und Herrlichkeit auferstanden, wie Christus, der Herr, sondern zu einem ganz gewöhnlichen Leben, wie sie es zuvor geführt haben. Ihre Auferweckung von den Todten war also auch aus diesem Grunde keine vollkommene und vollendete. Endlich ist der Wohnplatz der glorreichen und

---

[1]) Rom. c. VIII. v. 10.   [2]) Ibid. c. VI. v. 9.   [3]) Loc. cit. o.
[4]) Super Psalm. CXXVI. v. 4.

verklärten Leiber nicht diese finstere Erde, sondern die lichtvolle
Höhe des Himmels; weil der Ort der Beschaffenheit dessen, der
an demselben wohnen soll, angemessen sein muß, wie wir sehen,
daß Gottes weiseste Vorsehung dieß in Bezug auf alle Geschöpfe
so eingerichtet, und angeordnet hat. Jene Auferweckten haben
aber nachher, wie andere Menschen, ihr Leben auf dieser Erde
zugebracht; und es kann daher bei ihnen von einer Auferstehung,
wie sie am jüngsten Tage erfolgen wird, keine Rede sein. Christus,
der Herr, ist also auch diesen Allen gegenüber der erste wahr=
haft und vollkommen Auferstandene.

Schwieriger wird diese Frage, wenn wir jene in Betracht
ziehen, von welchen der heilige Evangelist Matthäus bei dem
Tode des Herrn berichtet: „Die Erde bebte, und die Felsen
spalteten sich, und die Gräber öffneten sich, und viele Leiber
der Heiligen, die entschlafen waren, standen auf."[1] Damals
war der göttliche Leib des Herrn noch nicht begraben, um wie
viel weniger auferstanden. Sind also diese Heiligen nicht vor
dem göttlichen Erlöser auferstanden? Darüber gibt uns derselbe
heilige Evangelist selbst Aufschluß, indem er von ihnen unmittel=
bar darauf sagt: „Und sie gingen nach seiner Auferstehung aus
den Gräbern, kamen in die heilige Stadt, und erschienen Vielen."[2]
Bei dem Erdbeben haben sich also die Gräber geöffnet, aber
auferstanden sind diese Heiligen erst nach der Auferstehung des
Heilandes. War ferner ihre Auferstehung eine vollkommene und
glorreiche, daß sie nicht mehr starben, Christus, den Herrn, mit
Leib und Seele in den Himmel und in die ewige Seligkeit be=
gleiteten, oder sind sie nachher wieder gestorben, daß ihre Auf=
erstehung weder eine vollkommene noch eine glorreiche war?

Darüber schweigen die heiligen Urkunden, und gibt es zwei=
erlei Meinungen; die Einen nehmen die erstere Auferstehung an,
und meinen, es habe sich dieselbe für Christus, den Herrn, ge=
ziemt, um die volle Wirkung seiner Erlösung unverzüglich zu
offenbaren, und um sich im Himmel bei dem Anblicke vollkommen
Beseligter und Verklärter zu erfreuen; und es wäre auch für
die Auferstandenen eine unvollkommene Auferstehung viel trauriger
und ein größeres Elend gewesen, wenn sie wieder hätten sterben

---

[1] Matth. c. XXVII. v. 51. 52.   [2] Ibid. v. 53.

müssen, als wenn sie nicht auferstanden wären.[1]) Die Andern
sind der entgegengesetzten Meinung, und der heilige Augustinus
sucht jene Meinung zu widerlegen, indem er sich auf Petrus beruft, welcher die Psalmenstelle von der Auferstehung[2]) nicht auf
David, sondern auf Christus bezieht, um damit dessen Auferstehung zu beweisen, und auf das noch vorhandene Grab David's hinwies,[3]) was nicht beweiskräftig gewesen sein würde,
wenn der Leib David's nicht mehr in seinem Grabe gelegen
wäre. Daß aber David unter den Auferstandenen sich befunden
habe, müsse man um so mehr annehmen; weil Christus von ihm
abstammte. Der heilige Lehrer beruft sich auch auf den heiligen
Paulus, welcher von den Heiligen des alten Bundes sagt: „Diese
Alle, obwohl durch das Zeugniß des Glaubens bewährt, haben
die Verheißung (den verheißenen Erlöser und sein Gnadenreich,
die Schätze seiner Kirche) nicht erhalten, weil Gott etwas Besseres für uns ausersehen hatte, damit sie nicht ohne Uns vollendet würden“[4]) (d. i., zur Verklärung mit Leib und Seele in
der glorreichen Auferstehung gelangten). Diese Gründe des heiligen Augustinus[5]) nennt der heilige Thomas „weit kräftigere“,
als jene der andern Meinung[6]), und gibt damit seine Beistimmung zu erkennen. Der heilige Hieronymus läßt in seiner Rede
über die Himmelfahrt diese Meinung zweifelhaft erscheinen, sagt
aber an einer andern Stelle: „Wie Lazarus auferstanden, so
sind auch viele Leiber der Heiligen auferstanden, um der Auferstehung Christi Zeugniß zu geben;[7]) und scheint hiemit ebenfalls der letzteren Meinung beizupflichten, da Lazarus nicht zur
glorreichen Auferstehung von dem Herrn in das Leben zurückgerufen worden ist. Wir lesen in den Offenbarungen der heiligen Brigitta, daß die allerseligste Jungfrau in einer Erscheinung
zu ihr gesprochen habe: „Du sollst wissen, daß kein menschlicher
Leib im Himmel ist, außer der glorreiche Leib meines Sohnes,
und mein Leib.“[8]) War daher die Auferstehung jener Heiligen
keine vollkommene für das unsterbliche Leben; so kann sie mit

---

[1]) Vide Corn. a Lap. in Matth. c. XXVII. v. 53. qui ejusdem sen-
tentiae est, sed in Coloss. c. I. v. 18. contrarium tenet.   [2]) Psalm. XV. v. 10.
[3]) Act. Apost. c. II. v. 29.—32.   [4]) Hebr. c. XI. v. 39. 40.   [5]) In
Epist. ad Evodium.   [6]) Loc. cit. ad. 2.   [7]) In Matth. c. XXVII. v. 53.
[8]) Revel. Libr. VI. c. 94. et Libr. VII. c. 26.

der vollkommenen Auferstehung Christi für das unsterbliche und verklärte Leben in keinen Vergleich kommen, und muß man sagen, daß Christus „der Erstling der Entschlafenen" sei. Wären aber jene Heiligen auch wirklich vollkommen und vor Christus auferstanden; so bliebe es selbst in diesen Fällen noch wahr, daß Christus zuerst auferstanden sei. Denn die Auferstehung Christi ist die Ursache der Auferstehung aller Andern, die Ursache einer Wirkung aber muß dieser vorangehen, und als früher vorhanden gedacht werden; und überdieß ist Christus aus eigener Macht von den Todten auferstanden, alle Uebrigen aber sind von ihm auferweckt worden. Somit gebührt der Auferstehung des Herrn in jeder Beziehung das Vorrecht. Der heilige Paulus aber führt uns noch andere und kräftigere Beweisgründe vor.

Der heilige Apostel schreibt an die Ephesier von Christus: „Durch ihn ist Alles erschaffen, was im Himmel und auf Erden ist, das Sichtbare und das Unsichtbare, seien es Throne, oder Herrschaften, oder Fürstenthümer, oder Mächte, Alles ist durch ihn und in ihm erschaffen worden; und er ist vor Allen, und Alles besteht in ihm."[1] Bisher spricht Paulus von Christus als dem ewigen Worte des Vaters, als Gott; dann fährt er fort von ihm als dem menschgewordenen Sohne Gottes zu reden, und sagt: „Und er ist das Haupt des Leibes der Kirche, er, welcher der Anfang,[2] der Erstgeborne aus den Todten ist, damit er in Allem den Vorrang habe."[3] Der Apostel lehrt also, daß Christus, wie er als Gott der Schöpfer des Weltreiches ist,[4] durch den Alles erschaffen worden, so auch als Gottmensch der Schöpfer des Gnadenreiches, · und daher der Anfang, die Grundursache, das Haupt, der Erste von Allem sei. Ganz besonders aber bezeichnet er ihn als den Ersten in der Auferstehung, und nennt ihn nicht mehr bloß „den Erstling der Entschlafenen", sondern bezeichnender, nachdrucksvoller und bedeutsamer „den Erstgebornen aus den Todten." Damit bezeichnet er die Auferstehung als eine Geburt zu neuem Leben, und lehrt, daß Christus aus allen so Neugebornen der Erstgeborne, also der Erstauferstandene sei.[5] Der Herr muß „in Allem den Vorrang haben", also auch in der Auferstehung von den Todten.

---

[1] Ephes. c. I. 16. 17. 18.   [2] Principium die Grundursache.   [3] Loc. cit. Vide Apoc. c. I. v. 5.   [4] Joann. c. I. v. 1.—4.   [5] Vide Corn. a Lap. in Ephes. c. I. 20. et seqq.

Man könnte noch einwenden: Chriſtus iſt durch ſeine Auf=
erſtehung der Urheber unſerer Auferſtehung, wie er durch ſeine
Gnade der Urheber unſerer Gnade iſt; Viele haben aber die
Gnade vor der Ankunft Chriſti erlangt, wie die heiligen Alt=
väter; warum konnten denn alſo nicht auch Viele vor der Auf=
erſtehung des Herrn zu ihrer glorreichen Auferſtehung gelangen?
Hierauf erwiedert der engliſche Lehrer: „Wie dasjenige, was
der Ankunft Chriſti voranging, eine Vorbereitung auf Chriſtus
war, ſo iſt die Gnade eine Hinordnung auf die Glorie; und
deßhalb mußte das, was zur Glorie gehört, ſei es in Bezug
auf die Seele, wie der vollkommene Genuß Gottes, ſei es in
Bezug auf den Leib, wie die glorreiche Auferſtehung, der Zeit
nach zuvor in Chriſtus ſein als in dem Urheber der Glorie;
es war aber angemeſſen, daß die Gnade in dem, was auf Chriſtus
hingeordnet wurde, früher war.“[1]) Der heilige Lehrer will ſagen:
Chriſtus iſt vermöge des ewigen Rathſchluſſes Gottes der Er=
löſer aller Menſchen, und die Menſchen können nicht erlöst
werden, außer durch den Anſchluß an Chriſtus. Der Anſchluß
an Chriſtus aber kann nicht anders geſchehen, als durch den
Glauben an ihn, durch die Hoffnung auf ſeine Verdienſte, durch
die Liebe Gottes, durch die wahre Reue über die Sünden und
durch die Rechtfertigung, und dieſes Alles iſt den Menſchen ohne
die Gnade Chriſti unmöglich. Sollten alſo die Menſchen vor
der Ankunft Chriſti erlöst werden können, ſo mußten ihnen dieſe
Gnaden zum Voraus zugewendet werden, ſonſt wäre Chriſtus
ja nicht der Erlöſer aller Menſchen, da doch geſchrieben ſteht:
„Gott will, daß alle Menſchen ſelig werden, und zur Erkenntniß
der Wahrheit gelangen. Denn Ein Gott iſt, und Ein Mittler
zwiſchen Gott und den Menſchen, der Menſch Chriſtus Jeſus,
der ſich ſelbſt zur Erlöſung für alle hingegeben hat.“[2]) Daher
ſchreibt der heilige Auguſtinus: „Derſelbe iſt in ſeiner Gottheit
der Urheber aller Dinge, welcher in ſeinem Fleiſche der Erlöſer
aller Menſchen iſt.“[3]) — „Durch das Leiden Chriſti ſind alle
Völker zum Heile erlöst worden:“[4]) — „Das Leiden Chriſti
iſt der Erlöſungspreis der ganzen Welt; denn durch ſein Leiden

---

[1]) Loc. cit. ad 3.   [2]) I. Tim. c. II. v. 4. 5. 6.   [3]) Contr. Fe-
licianum c. 10.   [4]) Super Psalm. XCIII. v. ult.

hat er die ganze Welt erlöst."[1] Christus, der Herr, hat sich
mitten in die Menschheit hineingestellt, und gießt seine Erlösungsgnaden in alle Menschen vor ihm, und in alle Menschen um
ihn, und in alle Menschen nach ihm aus „als das wahre Licht,
das jeden Menschen erleuchtet, der in diese Welt kommt;"[2] und
nur diejenigen, welche sich seinem Gnadenlichte selbst entziehen,
bleiben in der Finsterniß, wie die Sonne die ganze Welt erleuchtet, Alles, was fähig ist, belebt, erwärmt, befruchtet, und
verklärt, und nur das, was sich ihrem Einflusse entzieht, in
Nacht und Tod dahinstarren läßt. Anders verhält sich die Sache
in Bezug auf die Glorie der Auferstehung und der ewigen Seligkeit. Denn während die Gnadenspendung vor Christus eine
Vorbereitung der Menschheit auf die Ankunft Christi war, und
für jeden Menschen den Anschluß an Christus bezweckte, ist die
Glorie der Auferstehung und der ewigen Seligkeit für Christus
nicht nur, was seiner Menschheit wegen ihrer Vereinigung mit
der Gottheit gebührte, sondern auch der Lohn seines Erlösungswerkes, und für die Erlösten der Lohn für ihre Mitwirkung
mit den Erlösungsgnaden, für Christus aber und für die Erlösten zugleich die Vollendung von Allem. Da nun Christus
der Urheber alles dessen, seine Auferstehung und Verklärung,
wie wir später sehen werden, die Ursache unserer Auferstehung
und Verklärung ist; so geziemte es sich nicht, daß die Erlösten
vor dem Erlöser ihren Lohn erhielten, die Gläubigen vor dem
„Anfänger und Vollender des Glaubens"[3] ihre Vollendung erreichten, der Leib, die Glieder vor ihrem Haupte verherrlichet
würden. Christus mußte daher „der Erstling der Entschlafenen
von den Todten auferstehen".[4] O erster und alleiniger Urheber
aller Schöpfung, o erster und alleiniger Urheber aller Erlösung,
o erster und alleiniger Urheber alles Seins und alles Heiles,
o Anfang und Ende von Allem! wahr und tiefsinnig ist der
Ausspruch des heiligen Augustinus: „So lange ist der Mensch
Etwas, wie lange er Gott anhängt, von dem er zum Menschen
gemacht worden ist; denn sagt er sich von ihm los, dann ist
der Mensch nichts."[5]

[1] Epist. 171. [2] Joann. c. I. v. 9. [3] Hebr. c. XII. v. 2.
[4] I. Cor. c. XV. v. 20. [5] Super Psalm. LXXV. v. 4.

Vierter Abschnitt.

Christus war die Ursache seiner Auferstehung.[1]

Daß Christus, der Herr, aus eigener Kraft von den Todten auferstanden sei, kann Niemand in Zweifel ziehen, wenn er aus dessen eigenem Munde die Worte vernimmt: „Darum liebt mich der Vater, weil ich mein Leben hingebe, um es wieder zu nehmen. Niemand nimmt es von mir, sondern ich gebe es von mir selbst hin, und ich habe Macht, es hinzugeben, und ich habe Macht, es wieder zu nehmen. Diesen Auftrag habe ich von meinem Vater empfangen.[2]" Der Herr hatte den Blindge= bornen geheilt; diesen aber haben die Pharisäer aus der Sy= nagoge ausgestoßen, weil er seinen Glauben an Christus bekannt, und sich dadurch als schlechte Hirten erwiesen. Davon nahm der Herr Anlaß, von den Schafen, von dem Schafstalle, von der Thüre zu demselben, und von dem guten Hirten und von den schlechten Hirten zu reden, und sagte, daß er der gute Hirt sei, der sein Leben für seine Schafe hingebe.[3] Hierauf sprach er eben die angeführten Worte, welche Viererlei enthalten: Daß er die Macht habe, sein Leben in den Tod hinzugeben, und es nach dem Tode wieder an sich zu nehmen; daß er dazu den Auftrag von seinem himmlischen Vater habe; daß er aus freiem Willen im Gehorsame gegen den Vater sein Leben hingeben werde, denn ein Auftrag kann nur dem gegeben werden, welcher einen freien Willen besitzt; und daß ihn der Vater deßhalb lieben, und verherrlichen werde, nämlich zum Lohne für diesen frei= willigen Gehorsam in der allerschwersten Sache. So sagt denn auch der heilige Paulus von ihm: „Er hat sich selbst ernie= driget und ist gehorsam geworden bis zum Tode, ja bis zum Tode am Kreuze. Darum hat ihn Gott auch erhöht, und ihm einen Namen gegeben, der über alle Namen ist; auf daß sich im Namen Jesus alle Kniee beugen derer, die im Himmel, auf der Erde, und unter der Erde sind, und alle Zungen bekennen, daß der Herr Jesus Christus in der Herrlichkeit Gottes des

---

[1] Loc. cit. a. 4.   [2] Joann. c. X. v. 17. 18.   [3] Ibid. c. IX. X.

Vaters ist.[1]") Daß der göttliche Heiland Macht hatte, sein Le=
ben nicht hinzugeben, hat er gezeigt, als ihn die Nazarethaner
vom Bergesgipfel herabstürzen, und tödten wollten: „Sie stießen
ihn zur Stadt hinaus, und führten ihn auf die Anhöhe des
Berges, auf welchem ihre Stadt gebaut war, um ihn hinabzu=
stürzen. Er aber schritt mitten durch sie hin, und ging hin=
weg.“[2]) Das hat er im Tempel zu Jerusalem gezeigt, als ihn
die Juden steinigen wollten: „Sie hoben Steine auf, um auf
ihn zu werfen. Jesus aber verbarg sich, und ging aus dem
Tempel hinaus.“[3]) Darüber schreibt der heilige Augustinus:
„Er verließ sie, weil sie keine Besserung zuließen; er verbarg
sich aber nicht in einem Winkel des Tempels, als wenn er sich
fürchtete, auch flüchtete er sich nicht in ein Häuschen, und ent=
wich nicht hinter eine Mauer oder eine Säule; sondern er machte
sich mit seiner himmlischen Macht den Nachstellern unsichtbar,
und ging mitten durch sie hindurch, wie ein Mensch vor Steinen
flieht; aber wehe denjenigen, vor deren steinernen Herzen Gott
flieht!“[4]) Dasselbe hat er auch bei andern Gelegenheiten ge=
zeigt, als ihn die Juden gefangennehmen wollten: „Sie suchten
ihn zu ergreifen, er aber entging ihren Händen.“[5]) — „Er
entging aber denselben durch seine göttliche Kraft, indem er sich
unsichtbar machte, wie im vorigen Falle.“[6]) Der Herr hat aber
auch gezeigt, daß er Macht habe, sein Leben hinzugeben. Dieß
bewies er, als er auf dem Oelberge seinen Feinden entgegen=
ging, und sich von ihnen, nachdem er sie mit dem Einen Worte:
„Ich bin es!“[7]) zu Boden gestreckt hatte, gefangennehmen ließ;
als er zu Pilatus sprach: „Du hättest keine Macht über mich,
wenn sie dir nicht von oben herab gegeben worden wäre;“[8]) als
er „mit lauter Stimme rief, und den Geist aufgab:“[9]) — „Sein
Haupt neigte, und den Geist aufgab;“[10]) daß „der Hauptmann,
der gegenüberstand, als er sah, daß er so laut rufend den Geist
aufgab, sprach: Wahrlich, dieser Mensch war der Sohn Gottes!“[11])
Denn, „durch diese That bewies er, daß er sein ganzes Leben

---

[1]) Philipp. c. II. v. 8.—12.   [2]) Joann. c. IV. v. 29. 30.   [3]) Ibid.
c. VIII. v. 59.   [4]) Cit. a Corn. a Lap. in h. l.   [5]) Joann. c. X. v. 39.
[6]) Corn. a Lap. in h. l.   [7]) Joann. c. XVIII. v. 5. 6.   [8]) Ibid.
c. XIX. v. 11.   [9]) Matth. c. XXVII. v. 50.   [10]) Joann. c. XIX. v. 30.
[11]) Marc. c. XV. v. 39.

und seinen Tod in seiner freien Gewalt hatte;"[1] weil „was aufgegeben wird, freiwillig, was eingebüßt wird, nothwendig ist;[2] und der heilige Chrysostomus bemerkt: „Er neigte das Haupt, und gab den Geist auf, um zu zeigen, daß er nicht aus Zwang, sondern freiwillig sterbe. Er hat gelebt, so lange er wollte, und hat, als er gewollt, den Geist aufgegeben."[3] Bildlich macht der heilige Athanasius dieselbe Bemerkung, und sagt: — „Nach= dem er das Haupt geneigt hatte; — weil der Tod vor Christus sich fürchtete, und nicht wagte, ihm zu nahen. Christus aber hat ihn durch das Neigen des Hauptes gerufen; denn bevor er das Haupt geneigt hatte, scheute er sich, näher zu treten."[4] Diese Wunder, welche Christus, der Herr, gewirkt hat, um seine Macht über den Tod zu zeigen, haben den Hauptmann zum Glauben an seine Gottheit, und zum lauten Bekenntnisse dieses Glaubens bewogen.

Der Herr hat aber seine Macht über den Tod nicht nur dadurch bewiesen, daß er ihm, bevor er es wollte, nicht nahen durfte, und, als er es wollte, kommen mußte; sondern auch da= durch, daß er, wenn er es wollte, wieder weichen mußte: und so ist Christus aus eigener Macht freiwillig gestorben, und ebenso freiwillig und aus eigener Macht auferstanden. Um aber zu verstehen, wie er aus eigener Macht von den Todten aufer= standen sei; müssen wir die Lösung zweier anderer Fragen vor= ausschicken; nämlich ob die Gottheit Christi nach dem Tode noch mit seinem Leibe im Grabe, und ob sie auch mit seiner Seele in der Vorhölle, wie im Leben, vereiniget geblieben sei?

Auf die erstere Frage antwortet der englische Lehrer bündig und klar: „Was von der menschlichen Natur (Christi) ist, kann vom Sohne Gottes nur vermöge der Vereinigung (derselben mit ihm) ausgesagt werden. Nun aber wird vom Sohne Gottes ausgesagt, was dem Leibe Christi nach dem Tode zukam, daß er nämlich begraben worden sei, was aus dem Glaubensbekennt= nisse erhellt, in dem gesagt wird, daß der Sohn Gottes vom heiligen Geiste empfangen, und aus Maria, der Jungfrau, ge= boren worden, gelitten habe, gestorben sei, und begraben worden.

---

[1] Victor Antioch. in Marc. c. XV.   [2] S. Ambros. in c. XXIII. Luc.
[3] Homil. 84.   [4] Quaest. 6. ad Antioch.

Somit iſt der Leib Chriſti im Tode von der Gottheit nicht ge=
trennt worden."[1] Er führt noch einen andern Beweisgrund
an, und ſchreibt: „Was durch die Gnade Gottes gewährt wird,
wird ohne Schuld niemals zurückgenommen; weßhalb geſagt iſt:
Gottes Gaben und Berufung gereuen (ihn) nicht.[2] Nun aber
iſt die Gnade der Vereinigung, durch welche die Gottheit mit
dem Fleiſche Chriſti in der göttlichen Perſon vereiniget iſt, weit
größer, als die Gnade der Annahme an Kindes ſtatt, durch welche
Andere geheiliget werden; weil jene Gnade auf die perſönliche
Vereinigung hingeordnet iſt, die Gnade der Annahme an Kindes
ſtatt aber auf eine gewiſſe Liebesvereinigung; und doch ſehen
wir, daß die Gnade der Annahme an Kindes ſtatt niemals ohne
Schuld verloren geht. Da alſo Chriſtus keine Sünde hatte; ſo
war es unmöglich, daß die Vereinigung der Gottheit mit ſeinem
Fleiſche gelöst wurde. Wie alſo das Fleiſch Chriſti vor dem
Tode der Perſon nach mit dem Worte Gottes vereiniget war,
ſo iſt es auch nach dem Tode mit ihm vereiniget geblieben; ſo
daß die Selbſtſtändigkeit, die das Fleiſch nach dem Tode hatte, keine
andere war, als die des Wortes Gottes."[3] Könnte und müßte man
aber, wenn die Perſon und Gottheit Chriſti mit ſeinem heiligen
Leibe im Grabe vereiniget war, nicht ſagen, daß ſo ja der Leib
hätte lebendig ſein müſſen? Keineswegs. Denn obwohl die
Gottheit die Quelle alles Seins und Lebens iſt,[4] ſo iſt ſie doch
nicht der nächſte, unmittelbare innerliche, der Seins= und Le=
bensgrund[5] des Leibes, ſondern die Seele; darum ſtirbt der
der Leib, wenn die Seele ſich von ihm trennt, und bleibt ſo
lange todt, bis die Seele ſich wieder mit ihm vereiniget; und
darum iſt es auch nicht nothwendig, daß der Leib, wenn die
Gottheit mit ihm vereiniget bleibt, lebe.[6]

Auf die andere Frage, ob die Gottheit nach dem Tode mit
der Seele Chriſti vereiniget geblieben ſei, antwortet der heilige
Johannes Damascenus: „Obwohl Chriſtus als Menſch geſtorben,
und ſeine heilige Seele von dem unbefleckten Leibe getrennt
worden; ſo iſt doch die Gottheit von Beiden, von der Seele,
ſage ich, und von dem Leibe, untrennbar geblieben."[7] Der

---

[1] P. III. q. 50. o.   [2] Rom. c. IX. v. 29.   [3] P. III. q. 50.
a. 2. o.   [4] Effective.   [5] Formaliter.   [6] Idem. ibid. ad 3.   [7] De
orthod. fide Libr. III. c. 27.

heilige Thomas aber gibt den Grund und die Ursache dessen
an, und sagt: „Die Seele ist mit dem Worte Gottes unmittel=
barer und eher vereiniget worden, als der Leib; da der Leib
mittelst der Seele mit dem Worte Gottes vereiniget wurde. Da
also das Wort Gottes im Tode von dem Leibe nicht getrennt
worden, so ist es noch viel weniger von der Seele getrennt
worden. Wie daher von dem Sohne Gottes das ausgesagt wird,
was dem von der Seele getrennten Leibe zukommt, daß er näm=
lich begraben worden sei; so wird von ihm im Glaubensbe=
kenntnisse gesagt, daß er zur Hölle hinabgestiegen sei, weil seine
vom Leibe getrennte Seele zur Hölle hinabgestiegen ist."[1]) Die
Person und Gottheit Christi ist also mit seinem heiligen Leibe
im Grabe und mit seiner heiligen Seele in der Vorhölle unzer=
trennbar vereiniget geblieben.

Diese Wahrheiten werden uns noch klarer werden, wenn
wir erwägen, was gegen dieselben eingewendet werden könnte,
und diese Einwendungen selbst prüfen. Christus, der Herr, hat
gesagt: „Ich gebe mein Leben hin, um es wieder zu nehmen."[2])
Die Handlungen aber sind der Person zuzuschreiben; somit hat
die göttliche Person Christi die Seele und den Leib seiner Mensch=
heit in den Tod hingegeben. Sind also seine Seele und sein
Leib nicht von seiner Person und von seiner Gottheit durch den
Tod getrennt worden? Hierauf ist zu erwiedern: Der Sohn
Gottes hat sein Leben dadurch in den Tod hingegeben, daß er
den Tod freiwillig sich anthun, und die Seele vom Leibe frei=
willig trennen ließ, nicht aber dadurch, daß er selbst die Seele
vom Leibe trennte, und so sich selbst tödtete. Seine Seele haben
die Juden von seinem Leibe durch die Peinen, die sie ihm an=
gethan, getrennt, und sein menschliches Leben getödtet, ohne
seiner Gottheit Etwas in Bezug auf die Seele und auf den Leib
anhaben, oder sie von Beiden trennen zu können; und somit
dauerte ihre Vereinigung mit der Seele und mit dem Leibe auch
nach dem Tode fort. Daher schreibt der heilige Augustinus:
„Wenn wir sagen, daß das Wort Gottes die Seele hingegeben
habe; so folgt daraus, daß die Seele von dem Worte einmal
getrennt gewesen sei, und das ist falsch, denn der Tod hat die

---

[1]) P. III. q. 50. a. 3. o.   [2]) Joann. c. X. v. 17.

Seele von dem Leibe getrennt; daß aber die Seele vom Worte getrennt worden sei, sage ich nicht. Wenn wir aber sagen, die Seele habe sich selbst hingegeben; so folgt daraus, daß die Seele selbst von sich getrennt worden sei, und das ist widersinnig."[1] Es kann also weder das Eine, noch das Andere gesagt werden; sondern es steht die obige Erklärung fest, daß der Herr den Tod, den Andere ihm angethan, freiwillig auf sich genommen, und so sein Leben hingegeben habe.

Aber waren nach dem Tode Christi wegen der Trennung der Seele und des Leibes, wenn die göttliche Person des Herrn sammt seiner Gottheit mit Beiden verbunden geblieben ist, nicht zwei Persönlichkeiten da, eine der Seele und eine des Leibes? So aber wäre ja die Eine Person Christi in zwei Personen geschieden worden. Das aber kann nicht behauptet werden. Somit scheint die Person und Gottheit Christi nach seinem Tode nicht mehr mit seiner Seele und mit seinem Leibe verbunden gewesen zu sein! Darauf antwortet der heilige Johannes Damascenus: „Dadurch, daß im Tode Christi die Seele von dem Fleische getrennt worden ist, wurde nicht die Eine Persönlichkeit in zwei Persönlichkeiten geschieden; denn sowohl der Leib als auch die Seele hatten vom Anfange an ihr Bestehen gleichmäßig in der Persönlichkeit des Wortes, und, wenn sie auch im Tode von einander geschieden worden sind; so blieben doch Beide fortbestehen, und hatten auch die Eine Persönlichkeit des Wortes, daher blieb die Persönlichkeit des Wortes, und der Seele, und des Leibes Eine Persönlichkeit; denn niemals hatte weder die Seele, noch der Leib eine eigene Persönlichkeit außer der Persönlichkeit des Wortes; denn immer war die Persönlichkeit des Wortes Eine, und niemals zwei."[2] Im Tode Christi ging wohl eine Scheidung zwischen seiner Seele und seinem Leibe vor sich, aber in seiner Person und Gottheit hat keine Scheidung stattgefunden, und die Person Christi ist nach wie vor der Scheidung der Seele und des Leibes die Eine und dieselbe Person Beider geblieben; denn die Scheidung derselben konnte die Vereinigung mit der Person und Gottheit des Wortes nicht aufheben, oder verhindern, und diese Vereinigung war auch nach dem Tode nicht ungeziemend, da die Seele fortbestand, und der Leib unverweslich blieb.

---

[1] Tract. 47. in Joann.   [2] De orhod. fide Libr. III. c. 27.

Behält man nun diese Wahrheiten im Auge, dann wird man leicht einsehen, wie Christus, der Herr, zu seiner Auferstehung keiner Hilfe bedurfte, sondern aus eigener Macht dieses große Geheimniß vollzog. Der heilige Thomas schreibt darüber: „Durch den Tod ist die Gottheit weder von der Seele noch von dem Leibe Christi getrennt worden. Man kann also sowohl die Seele des gestorbenen Christus als auch seinen Leib auf zweierlei Weise in Betracht ziehen; einerseits in Bezug auf die Gottheit, andererseits in Bezug auf dessen erschaffene Natur. Vermöge der Kraft der vereinigten Gottheit hat also sowohl der Leib die Seele, welche er hingegeben, wieder aufgenommen, als auch die Seele den Leib, den sie verlassen, wieder an sich genommen; und so ist Christus aus eigener Kraft auferstanden. Das ist es nun, was von Christus gesagt wird; Obwohl er aus Schwachheit gekreuziget worden, so lebt er doch aus Gottes Kraft.[1] Betrachten wir aber den Leib und die Seele des gestorbenen Christus in Bezug auf die Kraft der erschaffenen Natur, so konnten sie sich nicht mit einander vereinigen, sondern es mußte Christus von Gott auferweckt werden.“[2] Auf solche Weise ist also der Herr vermöge seiner mit der Seele und mit dem Leibe vereinigten Gottheit aus eigener Kraft von den Todten auferstanden, und selbst der Grund und die Ursache seiner Auferstehung.

Aber der heilige Petrus hat ja am ersten Pfingstfeste zu den versammelten Juden von Christus gesagt: „Ihn hat Gott auferweckt, von den Schmerzen der Unterwelt ihn befreiend;“[3] und der heilige Paulus hat an die Römer geschrieben: „Wenn der Geist desjenigen, welcher Jesum von den Todten auferweckt hat, in euch wohnt; so wird der, welcher Jesum Christum von den Todten auferweckt hat, auch eure sterblichen Leiber lebendig machen um seines Geistes willen, der in euch wohnt.“[4] Beide Apostelfürsten sprechen hier offenbar vom himmlischen Vater und von seinem Geiste, und sagen ausdrücklich, daß Christus von ihm und von seinem Geiste auferweckt worden sei. Wie ist es denn nun auch wahr, daß Christus aus eigener Kraft auferstanden, und er der Grund und die Ursache seiner Auferstehung

---

[1] II. Cor. c. XIII. v. 4. [2] Loc. cit. a. 4. o. [3] Act. Apost. c. II. v. 24. [4] Rom. c. VIII. v. 11.

sei? Es ist nicht gesagt worden, daß er in Kraft seiner mensch=
lichen Natur, sondern in Kraft der mit seiner menschlichen Na=
tur vereinigten Gottheit auferstanden sei; in der Gottheit aber
ist die Kraft des Vaters, des Sohnes und des heiligen Geistes
die eine und dieselbe, der eine und derselbe auch der Wille; da=
her ist Christus durch die Kraft und durch den Willen des
Vaters und durch die eigene göttliche Kraft und durch den
eigenen göttlichen Willen auferstanden, und, abgesehen von der
Gottheit, in seiner menschlichen Natur auferweckt worden.[1])

Man könnte ferner sagen: Christus hat seine Aufer=
stehung verdient, wie der heilige Augustinus sagt: „Die Ernie=
drigung seines Leidens war das Verdienst für seine Auferste=
hung;"[2]) und er hat auch den Vater um seine Auferweckung
gebeten, wie er im Psalme zu ihm gesprochen: „Du aber, Herr!
erbarme dich meiner, und erwecke mich wieder."[3]) Wer aber
Etwas verdient, oder um Etwas bittet; der kann nicht die Ur=
sache dessen, was er verdient, oder um was er bittet, in sich
selbst tragen, sondern erwartet, und empfängt es von einem An=
dern. Wie kann also Christus zugleich selbst die Ursache seiner
Auferstehung sein? Hierauf genügt die kurze Antwort: Chri=
stus hat seine Auferstehung als Mensch verdient, und als Mensch
um dieselbe gebeten, nicht als Gott; selbst bewirkt aber hat er
dieselbe als Gottmensch vermöge der Vereinigung seiner Gottheit
mit seiner menschlichen Natur.[4])

Endlich könnte man noch das Bedenken vorbringen: Auf=
erstanden ist der Leib, nicht aber die Seele Christi; der Leib
aber kann aus sich die Seele nicht mit sich verbinden, und so
sich selbst auferwecken; wie kann man also von dem, was auf=
erstanden ist, sagen, daß es die Ursache seiner Auferstehung in
sich selbst trug? Die Antwort darauf ist aus dem bisher Ge=
sagten klar; denn der Leib ist dadurch auferstanden, daß er mit
der Seele wieder vereiniget wurde; und es ist auch die Seele
dadurch auferstanden, daß sie mit dem Leibe wieder vereiniget
wurde: diese Vereinigung aber, und folglich die Auferstehung,
hat weder der Leib, noch die Seele, sondern die Person, mit

---

[1]) Loc. cit. ad 1.   [2]) Tract 104. in Joann.   [3]) Psalm. XL. v. 11.
[4]) Loc. cit. ad 2.

welcher die Seele und der Leib unzertrennbar vereiniget geblieben
waren, bewirkt, und diese Person war die göttliche Person des
Wortes Gottes; denn die Auferweckung ist eine That, eine Handlung, und die Handlung muß der Person zugeschrieben werden.
Christus hat sich daher selbst auferweckt, und ist selbst die Ursache seiner Auferstehung.[1] „Er ist auferstanden.“[2]

Weil Christus, der Herr, auferstanden ist, darum hat die
Welt an ihn geglaubt; sie hat an seine Gottheit und an seine
Menschheit, sie hat an ihn als den Gottmenschen geglaubt; sie
hat an seine göttliche Lehre und an sein göttliches Gesetz geglaubt; sie hat an seine göttlichen Gnadenmittel und an sein
göttliches Opfer geglaubt; sie hat an seine heilige Kirche geglaubt. „Wer an ihn glaubt, der wird nicht gerichtet; wer
aber nicht glaubt, der ist schon gerichtet, weil er an den Namen
des eingebornen Sohnes Gottes nicht glaubt.“[3]

---

[1] Loc. cit. ad 3.   [2] Symb. Apost.   [3] Joann. c. III. v. 18.

Zweites Hauptstück.

Die Beschaffenheit der Auferstehung Christi.[1]

Um über die Beschaffenheit der Auferstehung Christi uns möglichst klare Begriffe zu verschaffen, müssen wir erwägen, ob er nach seiner Auferstehung einen wahren Leib gehabt habe, ob sein Leib ein vollkommener Leib, ob er verklärt, und mit den fünf Wunden geschmückt gewesen sei. Sind wir uns darüber klar geworden, dann werden wir auch über die Beschaffenheit seiner Auferstehung eine wahre und richtige Erkenntniß haben.

Erster Abschnitt.

Christus hatte nach der Auferstehung seinen wahren Leib.[2]

Zu einer wahren und wirklichen Auferstehung ist wesentlich erforderlich, daß derselbe Leib, der durch den Tod von seiner Seele getrennt worden ist, und todt war, mit seiner Seele wieder vereiniget, und lebendig werde. Die wahre und wirkliche Auferstehung fordert also vor Allem einen wahren und wirklichen Leib. Hatte nun aber Christus, der Herr, als er seinen Jüngern

---

[1] S. Thom. P. III. q. 54. [2] Loc. cit. a. 1.

im Speisesaale zu Jerusalem erschien, einen wahren und wirk=
lichen Leib? Der heilige Evangelist Johannes, der Augenzeuge
war, schreibt: „Als es nun an demselben Tage, am ersten nach
dem Sabbathe (am Sonntage), Abend war, und die Thüren (des
Ortes), wo die Jünger sich versammelt hatten, aus Furcht vor
den Juden verschlossen waren; kam Jesus, und stand mitten
unter ihnen, und sprach zu ihnen: Friede sei mit euch!"[1] Der
Herr kam also bei verschlossenen Thüren in den Speisesaal zu
seinen Jüngern, die in demselben versammelt waren. Wie konnte
nun ein wahrer und wirklicher Leib durch die verschlossenen
Thüren oder durch die Mauern hineingebracht werden? Müßte
man in diesem Falle nicht sagen, daß zwei Körper zugleich an
Einem und demselben Orte waren, die Thüre und der Leib des
Herrn? Dieß kann aber selbst nicht von zwei verklärten Lei=
bern behauptet werden, weil auch diese ihren eigenen Ort haben,
und ausfüllen,[2] und um so weniger kann es von einem ver=
klärten und nicht verklärten Körper gesagt werden. Denn im
letzteren Falle müßte, wenn der verklärte Körper mit einem nicht
verklärten Körper zugleich an demselben Orte sein sollte, der eine
von dem andern durchdrungen, und verschlungen werden; „aber
von einem andern Körper durchdrungen zu werden, ist unrühm=
lich, und muß verklärten Körpern ganz und gar fern sein."[3]
Im ersteren Falle, wenn zwei verklärte Körper zugleich an dem=
selben Orte sich befinden sollten, müßte die rechte Ordnung, welche
eine Unterscheidung des einen vom andern fordert, aufgehoben
werden, und ein Widerstreit zwischen beiden entstehen, was von
verklärten Körpern nicht angenommen werden kann. „Einem ver=
klärten Körper kommt es vermöge seiner Eigenheit nicht zu, daß
er mit einem andern verklärten Körper an demselben Orte sei,
so wie auch nicht, daß er mit einem nicht verklärten Körper zu=
gleich sei; — sowohl damit die rechte Ordnung bewahrt werde,
welche einen Unterschied fordert, als auch weil ein verklärter
Körper sich einem andern nicht entgegensetzt. Und so befinden
sich niemals zwei verklärte Körper an demselben Orte."[4] Dieß
scheinen auch die Jünger gefühlt zu haben; denn der heilige

---

[1] Joann. c. XX. v. 19. [2] S. Thom. Supplement. III. P. q. 83. a. 5.
[3] Idem ibid a. 4. o. [4] Idem ibid.

Evangelist Lucas sagt von ihnen bei dieser Erscheinung des Herrn in ihrer Mitte: „Sie aber wurden verwirrt, und erschreckt, und meinten, einen Geist zu sehen."[1] Wenn also der Herr bei verschlossenen Thüren in der Mitte seiner Jünger mit einem wahren Leibe erschien, so konnte dieß nicht vermöge einer Eigenschaft des verklärten Leibes, sondern nur durch ein Wunder seiner Gottheit geschehen. „Durch göttliche Kraft aber kann es geschehen, daß zwei verklärte Leiber, oder zwei nicht verklärte, oder ein verklärter und ein nicht verklärter an demselben Orte sich befinden;"[2] denn Niemand kann hierin einen Widerspruch nachweisen, und was keinen Widerspruch in sich enthält, das ist der Allmacht Gottes möglich. „Man muß also sagen, daß jener Leib, nicht vermöge seiner Natur, sondern vielmehr durch die Kraft der mit ihm vereinigten Gottheit, wiewohl er ein wahrer Leib war, bei verschlossenen Thüren hineingekommen sei."[3] Darauf weist auch der heilige Augustinus hin, indem er auf die genannten Schwierigkeiten antwortet: „Wenn man die Art und Weise begreift, dann ist es kein Wunder; wo aber die Vernunft erliegt, da wird der Glaube erbaut:"[4] — „Der Last des Leibes haben, wo die Gottheit war, die verschlossenen Thüren keinen Widerstand geleistet."[5] Ebenso spricht der heilige Papst Gregorius, indem er auf die Frage: Wie war nach der Auferstehung der Leib des Herrn ein wahrer, da er bei verschlossenen Thüren zu den Jüngern eintreten konnte? antwortet: „Wir müssen wissen, daß das göttliche Wirken, wenn es mit der Vernunft begriffen wird, nicht wunderbar ist; und es hat auch der Glaube kein Verdienst, wenn ihm die menschliche Vernunft den Erfahrungsbeweis liefert."[6] Christus aber hat gewollt, daß wir glauben, was wir nicht verstehen, damit er uns das Verdienst des Glaubens belohnen kann; und überdieß hat er uns eine desto größere Liebe erwiesen, wenn er zu unsern Gunsten wieder ein neues Wunder wirkte.

Eine andere Schwierigkeit erhebt sich aus dem Berichte des heiligen Evangelisten Lucas, welcher erzählt, wie der Herr den zwei Jüngern auf dem Wege nach Emmaus erschienen, dort mit

---

[1] Luc. c. XXIV. v. 37.   [2] S. Thom. Supplemen. III. P. q. 83. a. 4. o.   [3] Loc. cit. ad 1.   [4] Serm. 159. de temp.   [5] Tract. in Joann. 121.   [6] Homil. 26. in Evang.

ihnen zu Tische gesessen ist, und wie sie ihn nach dem Brod=
brechen erkannt haben; dann aber hinzufügt: „Er aber ver=
schwand aus ihren Augen."[1] Da könnte man nun sagen: Ein
wahrer Leib kann nicht plötzlich vor dem Anblicke derer, die ihn
anschauen, verschwinden, außer er würde denn vernichtet. Scheint
es daher nicht, daß der Leib, in dem Christus erschienen ist,
kein wahrer gewesen sei? Auf diese Schwierigkeit antwortet der
englische Lehrer also: „Christus ist zum unsterblichen Leben der
Verklärung auferstanden. Die Beschaffenheit eines verklärten
Leibes ist aber eine geistige, d. h., eine solche, daß er dem Geiste
unterworfen ist, wie der Apostel sagt.[2] Dazu aber, daß der
Leib gänzlich dem Geiste unterworfen sei, wird erfordert, daß
jede Handlung des Leibes dem Willen des Geistes sich füge.
Daß nun Etwas gesehen werde, geschieht dadurch, daß dasjenige,
was sichtbar ist, auf das Gesicht einwirke. Wer immer daher
einen verklärten Leib besitzt, hat es in seiner Gewalt, gesehen
zu werden, wann er will, und wann er nicht will, nicht ge=
sehen zu werden. Dieß besaß Christus jedoch nicht bloß ver=
möge der Beschaffenheit seines verklärten Leibes, sondern auch
vermöge der Kraft seiner Gottheit, durch welche es geschehen
kann, daß auch nicht verklärte Leiber auf wunderbare Weise
unsichtbar gemacht werden; wie dieß durch ein Wunder dem
heiligen Bartholomäus verliehen war, daß er, wann er wollte,
gesehen, aber nicht gesehen wurde, wann er nicht wollte. Es
wird also gesagt, daß Christus aus den Augen der Jünger ver=
schwunden sei; nicht weil (sein Leib) vernichtet, oder in unsicht=
bare Dinge aufgelöst wurde, sondern weil er nach seinem Willen
aufhörte, von ihnen gesehen zu werden, ob er gegenwärtig, oder
abwesend war, und zwar plötzlich vermöge der Gabe der Be=
weglichkeit,"[3] die verklärten Leibern eigen ist. Der verklärte
Leib wird kein Geist, sondern er behält seine ganze Natur und
Wesenheit; er wird aber vergeistiget, d. h., er nimmt an den
geistigen Eigenschaften der Seele ihm angemessenen Antheil; und
zu diesen Eigenschaften gehört auch die dem Geiste ähnliche Be=
weglichkeit, und die Geschwindigkeit, die Schnelligkeit in der Be=
wegung,[4] daß er dem Geiste überallhin folgen kann.

---

[1] Luc. c. XXIV. v. 31.   [2] I. Cor. c. XV.   [3] Loc. cit. ad 2.
[4] Agilitas.

Endlich könnte noch eine Schwierigkeit aus dem Evangelium
des heiligen Evangelisten Marcus erhoben werden, welcher von
der Erscheinung, die der Herr den beiden Jüngern auf dem
Wege nach Emmaus gewährt hat, sagt: „Darnach offenbarte er
sich in einer andern Gestalt Zweien von ihnen auf dem Wege,
da sie nach dem Meierhofe gingen."[1]) Hier ist also der Herr
nicht in seiner, der ihm eigenen, sondern in einer fremden Kör-
persgestalt, in der Gestalt eines Reisenden erschienen. Nun aber
ist die Gestalt eines jeden wahren Leibes eine bestimmte, fest-
gesetzte, abgeschlossene und ihm eigenthümliche. Somit scheint
der Herr nach seiner Auferstehung denn doch keinen wahren
Leib gehabt zu haben. Was ist nun darauf zu antworten?
Die erste Antwort auf diesen Einwurf bietet uns der heilige
Evangelist Lucas, indem er als Ursache, warum ihn diese
Jünger nicht erkannten, angibt: „Ihre Augen aber waren gehalten, damit sie ihn nicht erkannten;"[2]) und als Ursache, warum sie ihn beim Brodbrechen erkannten, bezeichnet: Und es
wurden ihre Augen aufgethan, und sie erkannten ihn."[3]) Es
ist also bei dieser Erscheinung keine Veränderung am Leibe des
Herrn vor sich gegangen, sondern dieselbe hat ausschließlich in
den Augen der Jünger stattgefunden; und zwar nicht aus Zufall, sondern absichtlich, nicht durch ein äußeres Hinderniß, sondern innerlich, nicht von Seite der Jünger, sondern durch eine
fremde Macht, wie dieß aus dem Wortlaute dieser Schriftstellen
erhellt. Diese Macht aber kann dem Gottmenschen nicht abgesprochen werden. Der Herr hat bewirkt, daß ihrer Erkenntniß
eine andere Gestalt vorschwebte, und ihre Augen an diese innerlich geschaute Gestalt „gehalten" wurden, daß nachher aber die
innere Erkenntniß den wahren Gegenstand erfaßte, und nach
dieser wahren Erkenntniß auch die Augen sich demselben „öffneten". Der heilige Papst Gregorius gibt den Grund an, warum der Herr so erschien, „damit sie ihn nicht erkannten", und
sagt: „Der Herr hat also äußerlich in ihren Augen das gethan, was bei ihnen innerlich in den Augen des Geistes statt-
fand. Denn innerlich und bei sich liebten, und zweifelten sie
(an seiner Auferstehung); daher war der Herr äußerlich und

---

[1]) Marc. c. XVI. v. 12.   [2]) Luc. c. XXIV. v. 16.   [3]) Ibid. v. 31.

gegenwärtig bei ihnen, zeigte ihnen aber nicht, wer er war.
Weil sie also von ihm redeten, gewährte er ihnen seine Gegen=
wart; weil sie aber an ihm zweifelten, verbarg er ihnen die
Gestalt seiner Erkenntniß. Er hat sich zwar mit ihnen unter=
redet, ihre langsame Fassungskraft getadelt, ihnen die Geheim=
nisse der Schrift, welche sich auf ihn bezogen, aufgeschlossen;
aber doch, weil er in ihrem Herzen noch ein Fremdling war,
sich den Anschein gegeben, als wollte er weiterziehen."[1] Sie
aber nöthigten ihn, bei ihnen zu bleiben, bewirtheten ihn, und
erkannten ihn endlich beim Brodbrechen. So hat der Herr in
seiner Liebe die Jünger in ihrer Trauer getröstet, sie unter=
richtet, daß „ihr Herz brannte, als er auf dem Wege mit ihnen
redete",[2] und so vorbereitet, um an seine Auferstehung zu glau=
ben, als sie ihn erkannten. Daran knüpft der heilige Papst
Gregorius die Bemerkung: „Sie bereiteten also den Tisch, boten
ihm Brod und Speisen dar, und erkannten Gott, den sie in der
Auslegung der heiligen Schrift noch nicht erkannt hatten, in
der Brodbrechung. Durch die Anhörung der Gebote Gottes
sind sie nicht erleuchtet worden, durch die Ausführung derselben
sind sie erleuchtet worden; weil geschrieben steht: Nicht die
Hörer des Gesetzes sind gerecht bei Gott, sondern die Befolger
des Gesetzes werden gerechtfertigt werden.[3] (Sie haben das Ge=
bot der Nächstenliebe an Christus erfüllt.) Wer immer also das
Gehörte verstehen will, der beeile sich, was er schon hat hören
können, im Werke auszuführen. Sieh! der Herr ist nicht er=
kannt worden, während er redete; hat sich aber gewürdiget,
erkannt zu werden, während er gespeist wurde."[4]

Es lag auch in der Macht des Herrn, seinen Leib in der
Verklärung oder ohne die Verklärung erscheinen zu lassen, jedoch
so, daß an der Natur und Wesenheit desselben nichts verändert
wurde. Daher ist er während seines Lebens auf dem Berge
Tabor in der Verklärung,[5] nach seiner Auferstehung ohne die
Verklärung seinen Jüngern erschienen. „So ist er auch diesen
(zwei) Jüngern (auf dem Wege nach Emmaus) nicht in ver=
klärter Gestalt erschienen; sondern wie es in seiner Gewalt war,

---

[1] Homil. 23. in Evang.   [2] Luc. XXIV. v. 32.   [3] Rom. c. II. v. 13.
[4] Loc. cit.   [5] Matth. c. XVII. v. 2. et seqq.

seinen Leib sehen, oder nicht sehen zu lassen, so war es in seiner Gewalt, (zu bewirken), daß bei seinem Anblicke in den Augen derer, die ihn sahen, entweder die verklärte, oder die nicht ver= klärte, oder auch eine gemischte, oder eine wie immer beschaffene Gestalt erschien. Es genügt jedoch auch eine geringe Verän= derung dazu, daß Jemand in einer andern Gestalt erscheine,"[1] ohne daß an der Natur und Wesenheit des Leibes Etwas ge= ändert werde.

Wie wir gehört haben, ist es eine Glaubenswahrheit, daß Christus, unser Herr, von den Todten auferstanden sei; nun aber würde es keine wahre und wirkliche Auferstehung gewesen sein, wenn er nicht mehr mit einem wahren und wirklichen Leibe aus dem Grabe hervorgegangen wäre. Denn „von dem, was gefallen ist, wird gesagt, daß es auferstehe."[2] — „Gefallen aber ist der Leib Christi durch den Tod, in wie fern nämlich die Seele von ihm getrennt worden, welche die formelle Vollkom= menheit desselben war. Daher war es zur wahren Auferstehung Christi ein nothwendiges Erforderniß, daß derselbe Leib Christi neuerdings mit seiner Seele vereiniget wurde. Weil ferner, da= mit die Natur des Leibes eine wahre sei, die Form desselben (das Seins= und Lebensprinzip) erforderlich ist; so folgt daraus, daß der Leib Christi nach der Auferstehung nicht nur der wahre Leib, sondern auch von derselben Natur gewesen sei, wie er es früher war. Wenn aber sein Leib nur ein scheinbarer gewesen wäre, so würde auch seine Auferstehung keine wahre, sondern nur eine scheinbare gewesen sein."[3]

Endlich hat der göttliche Heiland selbst seine wahre Auf= erstehung außer allem Zweifel gesetzt, und auf alle mögliche Weise bewiesen, daß er mit seinem wahren Leibe aus dem Grabe hervorgegangen sei. Denn die Jünger, in deren Mitte der Herr bei verschlossenen Thüren erschienen ist, hielten dessen Erscheinung anfänglich selbst nur für eine geisterhafte: „Sie aber wurden verwirrt und erschreckt, und meinten, einen Geist zu sehen."[4] Was that nun der göttliche Heiland, um ihnen diesen Irrthum zu benehmen, und sie von seiner wahren Auferstehung zu über=

---

[1] S. Thom. Loc. cit. ad 3.   [2] Joann. Damasc. de orthod. fide Libr. IV. c. ult.   [3] S. Thom. Loc. cit. o.   [4] Luc. c. XXIV. v. 37.

zeugen? „Er sprach zu ihnen: Warum seid ihr verwirrt, und steigen solche Gedanken in eure Herzen auf? Sehet meine Hände und meine Füße; tastet, und sehet! denn ein Geist hat nicht Fleisch und Gebein, wie ihr sehet, daß ich es habe. Und als er dieß gesagt hatte, zeigte er ihnen die Hände und die Füße. Als sie aber noch nicht glaubten, und sich verwunderten vor Freude; sprach er: Habet ihr hier Etwas, um es zu essen? Sie aber legten ihm einen Theil von einem gebratenen Fische und einen Honigkuchen vor. Und da er vor ihnen gegessen hatte; nahm er die Ueberbleibsel, und gab sie ihnen."[1] Das Alles hat der Herr zu diesem Einen Zwecke geredet, und gethan, um sie zu überzeugen, daß er einen waren Leib habe, und in seinem früheren Leibe vor ihnen stehe. Von der Gegenwart und von der Wahrheit eines wirklichen und lebendigen menschlichen Leibes kann man sich aber nicht sicherer und fester überzeugen, als mit seinen eigenen gesunden leiblichen Sinnen, wenn man ihn sieht, ihn reden hört, ihn betastet, und beobachtet, wie er da steht, sich bewegt, sich niedersetzt, Speise zu sich nimmt, und vollkommen derselbe ist, den man während des Lebens im langen und vertrautesten Umgange gekannt hat. Augen= und Ohren= zeugen werden von der ganzen Welt als die verlässigsten Ge= währsmänner für die Wahrheit einer Thatsache angesehen, wo= fern keine anderen Beweise für ihre Unverläßlichkeit vorliegen.

Aber der heilige Apostel Thomas hat selbst solchen Zeugen nicht geglaubt. „Thomas aber, Einer von den Zwölfen, der Zwilling genannt, war nicht bei ihnen, als Jesus kam. Daher sprachen die andern Jünger zu ihm: Wir haben den Herrn gesehen. Er aber sagte zu ihnen: Wenn ich nicht an seinen Händen das Mal der Nägel sehe, und meine Finger in den Ort der Nägel, und meine Hand in seine Seite lege; so glaube ich nicht."[2] Der Herr war bereits seiner gebenedeiten Mutter, der Maria Magdalena, den frommen Frauen, den zwei Jün= gern auf dem Wege nach Emmaus, dem Petrus und den übrigen Jüngern abgesondert erschienen, und diese alle gaben Zeugniß für die wirkliche Erscheinung des Herrn; aber Thomas glaubte doch nicht, und forderte für sich noch andere und handgreifliche

---

[1] Ibid. v. 38.—44.   [2] Joann. c. XX. v. 24. 25.

Beweise; und diesen Unglauben seines geliebten Jüngers ließ der Herr zu, um der Welt neue Beweise von seiner wahrhaften Auferstehung zu geben. „Nach acht Tagen waren seine Jünger wieder darin (in demselben Hause, wo Christus ihnen am Oster=tage erschienen war), und Thomas mit ihnen.. Da kam Jesus bei verschlossenen Thüren, und stand in ihrer Mitte, und sprach: Der Friede sei mit euch! Da sagte er zu Thomas: Lege deinen Finger her, und sieh meine Hände, und reiche deine Hand her, und lege sie in meine Seite; und sei nicht ungläubig, sondern gläubig!"[1] Und Thomas hat gethan, was der Herr verlangt; denn „Christus hat es dem Thomas geboten, und Thomas hat dem Gebote des Herrn wahrlich gehorcht."[2] — „Es ist eine aus=gemachte Sache, und steht bei Allen fest, daß Thomas nach dem Befehle des Herrn die Wundmale Christi berührt habe; denn das hat Christus befohlen, um einen wirksamen Beweis von seiner Auferstehung, nicht nur dem Thomas zu geben, sondern den Gläubigen aller Zeiten zu hinterlassen."[3] So sagt auch der heilige Augustinus: „Er sah, und berührte den Menschen, und bekannte Gott, den er nicht sah, und nicht berührte; aber durch das, was er sah, und berührte, glaubte er auch jenes mit Be=seitigung allen Zweifels;"[4] und: „Thomas also, da er heilig, gläubig und gerecht war, hat dieses Alles sorgfältig untersucht, nicht weil er noch an Etwas zweifelte, sondern um allen Ver=dacht eines Zweifels zu beseitigen. Denn für ihn hätte es zum eigenen Glauben genügt, den zu sehen, welchen er gekannt hatte; aber er hat es für uns gethan, daß er nämlich den berührte, den er sah, damit wir, wenn wir sagen möchten, die Augen seien getäuscht worden, nicht sagen könnten, es seien auch seine Hände getäuscht worden. Denn in der Offenbarung der Auf=erstehung kann man den Anblick in Zweifel ziehen, aber das Betasten läßt keinen Zweifel zu."[5] Das war eben nicht ein bloßes Berühren, sondern ein förmliches Betasten, und das ist mehr. Denn „jeder betastbare Körper ist berührbar, aber nicht umgekehrt. Denn jeder Körper ist berührbar, weil er die na=türlichen Eigenschaften besitzt, den Tastsinn anzuregen, daher sind

---

[1] Ibid. v. 24.—28.　　[2] Corn. a Lap. in h. l.　　[3] Tolet. in eund. l.
[4] Tract. 121. in Joann.　　[5] Serm. 161. de temp.

Luft, Feuer und andere dergleichen Körper berührbar; aber das Betastbare hat noch überdieß das eigenthümliche, daß es dem, der es berührt, wiedersteht. — Somit ist es klar, daß ein Körper betastbar ist, der die berührbaren Eigenschaften besitzt, und dem, der ihn berührt, widersteht, und nicht durchdrungen werden kann. — Ein verklärter Körper ist seiner Natur nach betastbar, aber aus übernatürlicher Kraft steht es ihm zu, daß er, wenn er will, von einem nicht verklärten Körper nicht betastet werde."[1] Daraus erklärt sich, wie Christus sowohl bei verschlossenen Thüren, weil er nicht betastet werden wollte, zu den Jüngern kommen, und von ihnen, weil er betastet werden wollte, betastet werden konnte. Daher sagt der heilige Papst Gregorius: „Weil über den Leib, der gesehen werden konnte, der Glaube derer, die ihn sahen, zweifelte, zeigte er ihnen sofort die Hände und die Seite; er wies ihnen das Fleisch, das er bei verschlossenen Thüren hineingebracht hatte, vor, um es zu betasten. Darin zeigte er ihnen zwei Dinge, welche wunderbar, und nach dem Urtheile der menschlichen Vernunft sich sehr entgegengesetzt waren; da er nach seiner Auferstehung seinen Leib als unverweslich, und doch als betastbar darstellte. Denn was betastet wird, muß verwesen, und, was nicht verwest, kann nicht betastet werden. Aber unser Erlöser hat nach der Auferstehung auf wunderbare und außerordentliche Weise seinen Leib sowohl als unverweslich als auch als betastbar dargewiesen, um durch die Vorzeigung des unverweslichen zum Lohne einzuladen, und durch die Vorweisung des betastbaren den Glauben zu stärken. Er hat also an sich sowohl die Unverweslichkeit als auch die Betastbarkeit gezeigt, um thatsächlich zu beweisen, daß nach der Auferstehung sein Leib von derselben Natur, aber von einer andern Herrlichkeit gewesen sei."[2] War der heiligste Leib Christi nach der Auferstehung betastbar, so war er von derselben Natur, wie vor der Auferstehung; war er von derselben Natur, so war er sein wahrer Leib; und war er sein wahrer Leib, so ist er in seinem wahren Leibe auferstanden.

Dieser Beweis ist so unwidersprechlich überzeugend, daß der heilige Apostel Johannes sich auf denselben beruft, wenn er die Gläubigen im Glauben stärken, und zur freudigen Dankbarkeit

---

[1] S. Thom. Supplem. P. III. q. 83. a. 6. o.   [2] Homil. 26. in Evang.

ermuntern will. Er schreibt: „Was vom Anfange war, was wir gehört, was wir mit unsern Augen gesehen, was wir be= schaut, und unsere Hände betastet haben von dem Worte des Lebens; (denn das Leben hat sich geoffenbart, und wir haben es gesehen, und geben Zeugniß davon, und verkündigen euch das ewige Leben, welches bei dem Vater war, und uns erschienen ist); was wir gesehen und gehört haben, verkündigen wir euch; damit auch ihr Gemeinschaft mit uns habet, und unsere Ge= meinschaft eine Gemeinschaft sei mit dem Vater und mit seinem Sohne Jesu Christo. Und dieß schreiben wir euch; damit ihr euch freuet, und eure Freude vollkommen sei."[1] Dieser Beweis war auch das äußere Gnadenmittel, durch welches der heilige Thomas vermittelst der innern Gnade zum Glauben an die wahre Auferstehung des Herrn gelangte, wie ihm Christus selbst das Zeugniß gibt; denn „Thomas sprach zu ihm: Mein Herr und mein Gott! Jesus sprach zu ihm: Weil du mich gesehen, Thomas! hast du geglaubt; selig, die nicht sehen, und doch glauben!"[2] Thomas hat an Christus geglaubt als an seinen Herrn, dessen Jünger er im Leben gewesen, also an den wahrhaft Auferstan= denen, den er gesehen, gehört, und betastet hat, und zugleich als an seinen Gott, dessen Gottheit er nicht gesehen, nicht gehört, und nicht betastet hat. Was aber damals wahr gewesen, ist, und bleibt ewig wahr; denn Ort und Zeit können an That= sachen nichts ändern.

Daher ist dieses Alles auch für uns wahr, und sind vom Herrn eben wir selig gepriesen worden; weil wir es sind, die nicht sehen, und dennoch glauben. Diesen Glauben der Welt hat auch der göttliche Heiland mit allen Beweisen für seine Auferstehung beabsichtiget, wie der heilige Papst Gregorius be= merkt, indem er sagt: „Was denket ihr euch nun, geliebteste Brüder! bei allem dem? Glaubet ihr, es sei durch Zufall ge= schehen, daß jener auserwählte Jünger damals abwesend war, nachher aber kam, und hörte, hörte, und zweifelte, zweifelte, und tastete, tastete, und glaubte? Das ist nicht aus Zufall, sondern nach göttlicher Fügung geschehen. Denn die göttliche Güte hat auf wunderbarer Weise bewirkt, daß jener Jünger,

---

[1] I. Joann. c. X. v. 1.—5.   [2] Joann. c. XX. v. 28. 29.

während er zweifelte, und an seinem Meister die Wundmalen des
Fleisches betastete, in uns die Wunden der Ungläubigkeit heilte.
Denn die Ungläubigkeit des Thomas hat uns für den Glauben
mehr genützt, als der Glaube der gläubigen Jünger; denn während
er durch Betasten zum Glauben zurückgeführt wurde, ward
unser Geist mit Beiseitesetzung aller Zweifelhaftigkeit im Glau=
ben befestiget." [1]

Ist nun Christus, der Herr, in seinem wahren Leibe auf=
erstanden, so werden auch wir in unserm wahren Leibe aufer=
stehen, wie Job in seinen Leiden sich getröstet hat: „Ich weiß,
daß mein Erlöser lebt, und ich werde am jüngsten Tage von
der Erde auferstehen; und ich werde wieder umgeben werden
mit meiner Haut, und ich werde in meinem Fleische meinen
Gott schauen. Ich selbst werde ihn sehen und meine Augen
werden ihn anschauen, und kein Anderer. Diese meine Hoffnung
ist in meinem Busen hinterlegt." [2] Auch der heilige Apostel
Paulus schreibt: „Unser Wandel ist im Himmel, woher wir
auch den Heiland erwarten, unsern Herrn Jesum Christum,
welcher den Leib unserer Niedrigkeit umgestalten wird, daß er
gleichgestaltet sei dem Leibe seiner Herrlichkeit nach der Kraft,
durch welche er sich auch Alles unterwerfen kann." [3] Ueberall,
im alten wie im neuen Testamente, ist der Glaube ausgesprochen,
daß wir mit unserem wahren Leibe, wie Christus und durch
Christus, auferstehen werden. Soll aber unser Leib in der
Auferstehung „der Herrlichkeit des Leibes Christi gleichgestaltet
werden", so fordert der Apostel mit allem Rechte und noth=
wendiger Weise auch, daß „unser Wandel im Himmel sei", und
unser Leben dem Leben Christi gleichförmig gemacht werde. Wenn
von der Weisheit geschrieben steht: „Die Weisheit geht nicht
ein in eine boshafte Seele, und wohnt nicht in einem Leibe,
welcher den Sünden unterworfen ist;" [4] so muß viel mehr
gefordert werden, daß nicht bloß die Seele, sondern auch der
Leib geheiliget, und heilig gehalten werde, um zur himmlischen
Verklärung, um zur Anschauung und zum Genusse Gottes zu
gelangen. Daher wird der Leib des Christen vom Anfange an

---

[1] Homil. 26. in Evang. [2] Job. c. XIX. v. 25.—28. [3] Philipp.
c. III. v. 20. 21. [4] Sap. c. I. v. 4.

von der heiligen Kirche geweiht, und gesalbt, durch die heiligen
Sakramente geheiliget, mit dem Fleische und Blute, mit dem
Leibe Christi vereiniget, zu einem Tempel Gottes eingeweiht, wie
der Völkerlehrer sagt: „Wisset ihr nicht, daß eure Leiber Glieder
Christi sind?" — „Wisset ihr nicht, daß eure Glieder ein Tempel
des heiligen Geistes sind, der in euch ist? — „Verherrlichet,
und traget Gott in eurem Leibe." [1] Darum wird dieses Heiligthum auch nach dem Tode in ein geweihtes Erdreich gelegt, und
mit aller Ehrfurcht für die Auferstehung und Verklärung aufbewahrt. Wie schrecklich und strafbar ist daher die Entweihung
und Schändung dieses heiligen Gottestempels durch Sünden und
Laster, durch Zorn, Lästern und Fluchen, durch Eitelkeit und
Hoffart, durch Unmäßigkeit und Unzucht, durch Mißhandlungen,
durch Müßiggang, Trägheit und Weichlichkeit! Daher sagt derselbe heilige Apostel: „Wenn aber Jemand den Tempel Gottes
entheiliget, so wird ihn Gott zu Grunde richten; denn der Tempel
Gottes ist heilig, und der seid ihr." [2] O Christen! wo bleibt
euer Glaube, und was für eine Hoffnung könnet ihr haben,
wenn ihr nicht lebet, wie es die Christenpflichten fordern?

Zweiter Abschnitt.

Christus hatte nach der Auferstehung seinen voll-
kommenen Leib. [3]

„Gottes Werke sind vollkommen", sagt die heilige Schrift; [4]
so war denn auch die Auferstehung des Herrn eine vollkommene
Auferstehung. Hätte aber Christus durch seine Auferstehung
nicht mehr seinen vollkommenen Leib erhalten, so wäre seine
Auferstehung keine vollkommene gewesen, weil er das, was er
durch den Tod abgelegt hatte, nicht wieder erlangt hätte. Daher
kann es keinem Zweifel unterliegen, daß der Herr nach seiner
Auferstehung wieder seinen vollkommenen Leib besaß.

---

[1] I. Cor. c. VI. v. 15. 19. 20.   [2] Ibid. c. III. v. 17.   [3] Loc.
cit. a. 2.   [4] Deut. c. XXXII. v. 4.

Der heilige Thomas sagt:[1] „Der Leib Christi war in der Auferstehung von derselben Natur (wie vor dem Tode), aber von einer andern Herrlichkeit. Was immer also zur Natur des Leibes gehört, das Alles war am Leibe des auferstehenden Christus. Es ist aber klar, daß zur Natur des menschlichen Leibes das Fleisch und das Gebein und das Blut und anderes Dergleichen gehört; und daher war das Alles am Leibe des auferstehenden Christus, und zwar gänzlich ohne jede Verminderung; sonst würde seine Auferstehung nicht vollkommen gewesen sein, wenn nicht Alles, was durch den Tod gefallen ist, wieder aufgerichtet worden wäre. Deßhalb hat der Herr auch seinen Gläubigen die Verheißung gegeben: Alle Haare eures Hauptes sind gezählt;"[2] und: „Kein Haar von eurem Haupte wird verloren gehen."[3]

Wollte man dagegen einwenden, Christus sei in Herrlichkeit auferstanden, und, wie er auferstanden, in den Himmel aufgefahren; es stehe aber geschrieben: „Fleisch und Blut können das Reich Gottes nicht besitzen;"[4] somit sei Christus ohne Fleisch und Blut, und folglich nicht mit vollkommenem Leibe auferstanden: so erwiedert der englische Lehrer, daß jene Schriftstelle nicht diesen Sinn habe, und folglich wider die genannte Lehre nichts beweise. Er schreibt:[5] „Fleisch und Blut wird dort nicht für die Natur des Fleisches und Blutes, sondern entweder für die Schuld des Fleisches und Blutes, wie Gregorius sagt,[6] oder für die Verweslichkeit des Fleisches und Blutes genommen; weil, wie Augustinus sagt,[7] dort keine Verweslichkeit und Sterblichkeit des Fleisches und Blutes mehr sein wird. Das Fleisch wird also seiner Wesenheit nach das Reich Gottes besitzen. — Versteht man aber unter dem Fleische die Verweslichkeit, so wird es dasselbe nicht besitzen, wie in den Worten des Apostels sofort auch hinzugefügt ist: Und die Verweslichkeit wird nicht die Unverweslichkeit besitzen."[8]

Könnte man aber aus dieser Erwiederung nicht die Folgerung ziehen, daß das Blut zu den verweslichen Theilen des Leibes gehöre; daß daher, wenn Christus mit dem Blute auferstanden

[1] Loc. cit. o.   [2] Matth. c. X. v. 30.   [3] Luc. c. XXI. v. 18.
[4] I. Cor. c. XV. v. 50.   [5] Loc. cit. ad 1.   [6] Moral. Libr. XIV. c. 29.
[7] Epist. 146. ad Consentium.   [8] I. Cor. c. XV. v. 50.

sei, er auch alles übrige Verwesliche an seinem Leibe gehabt
haben, somit sein Leib selbst, wenigstens theilweise, verweslich
gewesen sein müsse; und daß er, weil dieß nicht behauptet werden
kann, in der Auferstehung weder Fleisch noch Blut, und deßhalb
auch nicht seinen vollkommenen Leib gehabt habe? Als Antwort
hierauf führt der heilige Thomas die Worte des heiligen Augu=
stinus an, welcher schreibt:[1] „Vielleicht nimmt ein lästiger
Grübler von dem Blute Anlaß, uns zuzusetzen, und sagt: Wenn
in dem Leibe des auferstehenden Christus Blut war, warum
nicht auch Schleim, warum nicht auch gelbe Galle und schwarze
Galle, denn aus diesen vier Säften wird die Natur des Fleisches
in das gehörige Verhältniß gesetzt, wie es auch die Arzneikunde
bezeugt; aber wer immer Etwas davon hinzuthun will, der
hüte sich, eine Verwesung hinzuzufügen, damit er nicht seinen
gesunden und reinen Glauben verderbe. Denn die göttliche
Macht kann von dieser sichtbaren und betastbaren Natur der
Leiber manche Beschaffenheiten, während andere bleiben, hinweg=
nehmen, wenn er will; so daß Verderbliches entfernt, die Gestalt
da sei, die Bewegung da sei, Ermüdung fern bleibe, die Mög=
lichkeit, zu essen, vorhanden, die Nothwendigkeit, zu hungern,
nicht vorhanden sei."[2] Es liegt in Gottes Macht, was natur=
gemäß verweslich ist, unverweslich zu machen, wie auch der
ganze Leib seiner Natur nach verweslich ist, aber unverweslich
auferstehen wird, wie der heilige Paulus lehrt: „Dieses Ver=
wesliche muß die Unverweslichkeit anziehen."[3] Was Gott nun
am ganzen Leibe wirkt, wie sollte er es nicht auch an jedem
Theile desselben wirken können, ohne daß an der Natur und
Wesenheit Etwas verändert, oder von derselben hinweggenommen
wird? Das Verwesliche zieht die Verweslichkeit aus, zieht die
Unverweslichkeit an, und bleibt selbst dasselbe. „Die Herrlich=
keit der Auferstehung hat in Christus Alles, was schwach und
gebrechlich war, verklärt, und vollkommen gemacht."[4]

Aber es finden sich doch an vielen Orten heilige Gefäße,
in welchen Theile vom heiligsten Blute Christi aufbewahrt, und
von den Gläubigen als solche verehrt werden; diese Ueberbleibsel

---

[1] Epist. 146. ad Consentium.   [2] Loc. cit. ad. 2.   [3] I. Cor.
c. XV. v. 53.   [4] S. Cyprian. Expos. Symbol. Apost. c. 12.

hat nun Christus, der Herr, nicht an sich genommen; wie kann man daher sagen, daß sein göttlicher Leib nach der Auferstehung vollkommen derselbe gewesen sei, da er einen Theil seines Blutes nicht mehr gehabt hatte? Hierauf muß erwidert werden, daß Niemand nachweisen könne, und auch Niemand behaupte, jene Theile des göttlichen Blutes seien aus dem natürlichen Leibe des Herrn während seines Leidens oder nach seinem Tode geflossen; sondern die Ueberlieferung oder auch wahrhafte Zeugnisse liefern den Nachweis, daß sie wunderbare Ergüsse aus irgend einem Bilde des Gekreuzigten, oder aus conjecrirten Hostien seien, um entweder die Sühnung begangener Frevel zu fordern, oder um den Glauben der Menschen an die wirkliche Gegenwart Christi im göttlichen Sakramente zu erwecken, oder zu stärken, oder um andere Absichten Gottes kund zu thun. Der englische Lehrer antwortet: „Das ganze Blut, welches vom Leibe Christi aus= geflossen, ist, da es zur wahren menschlichen Natur gehört, im Leibe Christi auferstanden. Dasselbe gilt auch von allen Theil= chen, welche zur wahren und vollkommenen menschlichen Natur gehören. Jenes Blut aber, welches in manchen Kirchen als Reliquie aufbewahrt wird, ist nicht aus der Seite Christi geflossen, sondern es hat sich, wie erzählt wird, auf wunderbare Weise aus irgend einem mißhandelten Bildnisse Christi ergossen." [1] Sollte sich aber Jemand wundern, wie all sein heiligstes Blut, das vom Oelberge bis auf den Calvarienberge und bis in's Grab die Straßen und Gerichtsplätze, die Geißeln und die Dornenkrone, das Kreuz, die Kleider und Leintücher und selbst die Henkersknechte bespritzt hat, gesammelt werden konnte; so braucht er sich nur an den Dienst der Engel, an den allmäch= tigen Willen Gottes zu erinnern; und er wird einsehen, daß es leichter sei, was ist, zu sammeln, als, was nicht ist, in's Dasein zu setzen. „Die Auferstehung des Herrn machte nicht dem Fleische ein Ende, sondern wandelte es um; und durch die Vermehrung der Kraft ist das Wesen nicht vernichtet worden. Die Beschaffen= heit ist verwandelt worden, nicht die Natur erlegen; und der Leib ist des Leidens unfähig geworden, der hat gekreuziget werden können; ist unsterblich geworden, der hat getödtet werden können; ist unverweslich geworden, der hat verwundet werden können." [2]

---

[1] Loc. cit. ad 3. [2] S. Leo I. Serm. 1. de Resurr.

Uebrigens hat Christus, der Herr, Alles gethan, um den Seinigen, und durch sie der ganzen Welt zu beweisen, daß er mit seinem vollkommenen Leibe auferstanden, und seine Auferstehung eine vollkommene gewesen sei. Er ist ihnen nach dem Tode erschienen, hat sie angeredet, und sie aufgefordert: „Sehet meine Hände und meine Füße, ich bin es ja selbst; tastet, und sehet! denn ein Geist hat nicht Fleisch und Gebein, wie ihr sehet, daß ich es habe. Und als er dieß gesagt hatte, zeigte er ihnen die Hände und die Füße."[1]) Der Herr erklärte ihnen selbst, daß er kein bloßer Geist, oder nur ein Phantasiegebilde, sondern daß er wahrer Mensch, daß er es selbst, daß er ganz derjenige sei, den sie in seinem Leben gekannt hatten; daß er „Fleisch und Gebein" habe zum Unterschiede von einem bloßen Geiste, der weder das eine noch das andere habe; daß er Hände und Füße habe, die aus Fleisch und Gebein bestünden, und er zeigte sie ihnen, hieß sie dieselben besehen, und betasten, damit sie, wenn sie den Augen mißtraueten, den Händen glauben möchten. Bewegung und Sprache und Hände und Füße bewiesen zugleich, daß der ganze Leib, der todt war, lebendig, und derselbe sei, den sie im Leben gesehen, und gekannt hatten. Ein Leib aber kann nicht leben ohne das Blut und ohne alles dasjenige, was zu seiner Natur und Wesenheit gehört. Daher hätte Jesus selbst zu seinen Feinden sagen können: „Schaue die Hände, Jude! die du angenagelt hast; schaue die Seite, Römer! die du durchbohrt hast; schauet (ihr Hohenpriester und Pharisäer!) meinen Leib, ob er derselbe sei, von dem ihr gesagt habet, daß ihn die Jünger heimlich des Nachts weggenommen hätten:"[2]) und Alle hätten, wären sie ehrlich und gerecht gewesen, an die wahrhafte und vollkommene Auferstehung des göttlichen Erlösers glauben müssen, wie die Welt an dieselbe geglaubt hat.

Der heilige Leib Christi war der Leib des göttlichen Wortes, und vom heiligen Geiste aus Maria, der reinsten und heiligsten Jungfrau, gebildet. Wie es daher der Würde des göttlichen Wortes und der Würde des heiligen Geistes nicht geziemte, einen unvollkommenen Leib anzunehmen, oder zu bilden, und daher der Leib des Gottmenschen in seinem Leben auf Erden ein voll=

---

[1]) Luc. c. XXIV. v. 39. 40. [2]) Haymo Epist. 1. ad Heliodor.

kommener sein mußte; um so weniger geziemte es sich, daß der
verklärte Leib des Herrn ein unvollkommener wäre, da die Ver=
klärung zugleich die Belohnung für das Leiden und für den
Tod sein sollte. Daher sagt der heilige Athanasius von Christus,
dem Herrn: „Wenn er auch gestorben ist, um den Erlösungs=
preis für Alle zu zahlen; so hat er doch die Verwesung nicht
geschaut. Denn er ist unversehrt auferstanden, da sein Leib
nicht der irgend eines Andern, sondern des Lebens selbst war."[1]
Wie hätte das Leben seinen Leib für immer dem Tode über=
lassen, denselben oder auch nur einen Theil davon der Verwesung
überliefern können? Hat dieser Leib im Grabe „die Verwesung
nicht geschaut",[2] so ist er in der Auferstehung so aus demselben
hervorgegangen, wie er in dasselbe hineingelegt worden war;
die Verklärung aber zerstört nicht, sondern verherrlicht, und das
Leben tödtet nichts, sondern macht eben Alles lebendig, was todt
ist; somit ist der Leib des Herrn ganz und unversehrt zum
neuen Leben auferstanden. Ueberdieß hat im Leiden und Sterben
der ganze Leib mitgelitten, daher mußte auch der ganze Leib
mitverherrlichet werden; und zudem welche Seligkeit und Herr=
lichkeit wäre es für die Seele Christi gewesen, wenn sie, nach=
dem sie im ganzen Leibe gelitten hatte, nicht mit dem ganzen
Leibe beseliget, und verherrlichet worden wäre, sondern nur einen
verstümmelten und mangelhaften Leib hätte an sich nehmen müssen,
da doch ihre ganze Natur auf den Leib hingeordnet ist? Wenn
endlich Christus von seinen Auserwählten betheuert: „Kein Haar
von eurem Haupte wird verloren gehen",[3] und sie damit im
Hinblicke auf die Auferstehung zum Kampfe, zum Leiden er=
muthigte; um wie viel mehr muß dieß von ihm selbst gelten,
dessen Verdienste unendlich Alles übersteigen, was seine Heiligen
verdienen können? Was scheint nun überflüssiger zu sein, als
ein Haar? Und doch wird dem Leibe auch dieses in der Auf=
erstehung nicht mangeln. Der heilige Papst Gregorius schreibt
über diese Worte des Herrn: „Weil das, was von den Todes=
peinen vorausgesagt wurde, hart war, folgte sogleich die Tröstung
über die Freude der Auferstehung, da gesagt wurde: Kein Haar

---

[1] Orat. de incarn. Verbi.   [2] Psalm. XV. v. 10., Act. Apost. c.
II. v. 27., c. XIII. v. 35.   [3] Luc. XXI. v. 18.

von eurem Haupte wird verloren gehen. Wir wissen, Brüder! daß das Fleisch, wenn es verwundet wird, Schmerz verursacht, das Haar aber, wenn es verletzt wird, keinen Schmerz verur=sacht. Er spricht also zu seinen Märtyrern: Kein Haar von eurem Haupte wird verloren gehen, und sagt damit offenbar: Warum befürchtet ihr, es könnte das, was, wenn es verwundet wird, schmerzt, verloren gehen, wenn an euch selbst dasjenige nicht verloren gehen kann, was, wenn es verletzt wird, nicht schmerzt?"[1] Das Haar gehört aber zur Vollkommenheit und überdieß noch zum Schmucke des Leibes, und daher wird es ihm in der Auferstehung nicht mangeln. „Aus diesen Worten Christi muß man also schließen, daß wir nicht nur (mit den übrigen Bestandtheilen des Leibes) sondern auch mit den Haaren, mit dem Barte und mit den Nägeln auferstehen werden (weil auch sie Bestandtheile des Leibes sind), zwar nicht in ihrer Länge, wohl aber in ihrer Zahl, sagt Augustinus; weil die Leiber ohne Entstellung mit ihrem Schmucke und mit ihrer Zierde auferstehen werden, der Schmuck des Hauptes aber das Haar, des Gesichtes der Bart, der Finger die Nägel sind, und wer derselben entbehrte, verunstaltet sein würde."[2] Was aber aus dem Leibe nur ausgeschieden wird, und nicht zu seiner Natur und Wesenheit und auch nicht zum Schmucke desselben gehört, das wird sich an den verklärten Leibern nicht mehr vor=finden. Wenn nun die verklärten Leiber der Heiligen so beschaffen sein werden; so wird der göttliche Leib des Herrn in der ganzen Herrlichkeit seiner Vollkommenheit Alles überstrahlen, weil seine Auferstehung die Ursache und das Vorbild der Auferstehung der Seligen ist.

Dritter Abschnitt.

Der Leib Christi ist glorreich auferstanden.[3]

Diese Wahrheit verkündet der heilige Apostel Paulus der Welt mit den Worten: „Unser Wandel aber ist im Himmel, woher wir auch den Heiland erwarten, unsern Herrn Jesum

---

[1] Homil. 35.   [2] Corn. a Lap. in Luc. c. XXI. v. 18.   [3] Loc. cit. a. 3.

Christum, welcher den Leib unserer Niedrigkeit umgestalten wird, daß er gleichgestaltet sei dem Leibe seiner Herrlichkeit, nach der Kraft, durch welche er sich auch Alles unterwerfen kann."[1] Da redet der Apostel von der Umgestaltung unserer Leiber, diese Umgestaltung geschieht aber in der Auferstehung; und er sagt, daß diese Umgestaltung der Herrlichkeit des Leibes Christi gleich= förmig sein werde. Diese Gleichgestaltung oder Gleichförmigkeit läßt er in der Verklärung, oder in der Herrlichkeit bestehen; damit aber will er sagen: Unser Leib, der jetzt, wie der Leib Christi, der Ermüdung, dem Hunger, der Kälte, der Hitze, der Schwäche, den Schlägen, der Geißlung, der Zerfleischung aus= gesetzt ist, wird durch diese Leiden in der Auferstehung glorreich und dem glorreichen Leibe Christi ähnlich werden."[2] Darüber ruft der heilige Chrysostomus voll Verwunderung aus: „Ei, jenem, der zur Rechten des Vaters sitzt, wird dieser Leib gleich= förmig werden, jenem, der von den Engeln angebetet wird, dem jene unkörperlichen Kräfte zur Seite stehen, der über alle Fürsten= thümer, Mächte und Kräfte erhaben ist, wird er gleichförmig werden! Wenn also der ganze Erdkreis mit allen Thränen die= jenigen beweinen würde, welche die Hoffnung darauf verloren haben; wäre es gebührend beweint, daß sie, während uns die Verheißung gegeben, daß unser Leib in der Zukunft so dem glorreichen Leibe Christi gleichförmig sein werde, mit den bösen Geistern dahinfahren?"[3] Da lehrt also der Apostel ausdrücklich, daß Christus, der Herr, mit glorreichem Leibe auferstanden sei; indem er sagt, daß unsere Leiber in der Auferstehung dem Leibe seiner Herrlichkeit, seinem verherrlichten, seinem verklärten, seinem glorreichen Leibe gleichgestaltet sein werden, und dessen Herrlich= keit und Glorie als Musterbild unserer künftigen Herrlichkeit und Glorie uns vor Augen stellt. Der Apostel beschreibt uns aber auch, worin die Verherrlichung und Glorie der auferstandenen Leiber der Gerechten bestehen, und wie sie beschaffen sein werde, woraus wir schließen können, worin die Verherrlichung und Glorie des Leibes Christi bestehe, da jene dieser gleichförmig sein wird.

Ueber die Verklärung der Leiber der Gerechten schreibt der große Völkerlehrer: „Seid wachsam, ihr Gerechten! und sündiget

---

[1] Philipp. c. III. v. 20. 21.   [2] Cor. a Lap. in h. l.   [3] Cit. ab eodem ibidem.

nicht; denn Einige haben keine Erkenntniß Gottes, zu eurer
Beschämung sage ich es. (Der Apostel redet hier von der Auf=
erstehung der Todten, und sagt, Manche wissen es nicht, daß
Gott mächtig genug sei, um die Todten zum Leben zu erwecken;
und er fährt dann fort:) Aber wird Jemand sagen: Wie stehen
die Todten auf? In welchem Leibe werden sie kommen? Du
Thor! Was du säest, lebt nicht auf, wenn es nicht zuvor stirbt.
Und was du auch säest, so säest du nicht den Körper, der werden
soll (das ist, die Pflanze), sondern bloßes Korn, nämlich etwa
des Weizens, oder eines der übrigen (Fruchtgattungen). Gott
aber gibt ihm einen Körper, wie er will, und jeder Samenart
ihren besondern Körper. Nicht alles Fleisch ist dasselbe Fleisch;
sondern ein anderes ist das der Menschen, ein anderes aber das
der vierfüßigen Thiere, ein anderes das der Vögel, ein anderes
aber das der Fische. So gibt es himmlische Körper, und irdische
Körper; aber eine andere Herrlichkeit haben die himmlischen,
eine andere aber die irdischen. Anders ist die Klarheit der
Sonne, anders die Klarheit des Mondes, anders die Klarheit
der Sterne; denn ein Stern ist vom andern verschieden an
Klarheit. So ist es auch mit der Auferstehung der Todten.“[1])
Mit diesen Bildern will der Apostel erklären, wie die Aufer=
stehung beschaffen sein werde. Der Same, das Fleisch, die
himmlischen und die irdischen Körper sind ihrer Natur und
Wesenheit nach und in ihrer Art verschieden, und behalten ihre
Natur, Wesenheit und Art; aber ihre Herrlichkeit und Klarheit,
mit welcher Gott sie schmückt, ist verschieden, und diese ver=
schiedene Herrlichkeit und Klarheit ändert nichts an ihrer beson=
dern Natur, Wesenheit und Art. Auf gleiche Weise werden die
Leiber der Menschen in der Auferstehung ihre Natur, Wesenheit
und Art bewahren, aber eine Herrlichkeit und Klarheit erhalten,
wie Gott sie ihnen geben will, die aber nach den verschiedenen
Verdiensten eine verschiedene sein wird.

Dann beschreibt der Apostel die Beschaffenheit der Herr=
lichkeit und Klarheit selbst, in welcher die Leiber der Gerechten
auferstehen werden, und zwar im Wesentlichen, wie sie alle haben
werden, und sagt: „Gesäet wird (der Leib) in Verweslichkeit,

---

[1]) I. Cor. c. XV. v. 34.—42.

(das heißt, so ist er seiner Natur nach), und besonders nach dem Tode), auferstehen wird er in Unverweslichkeit; gesäet wird er in Unehre, auferstehen wird er in Herrlichkeit; gesäet wird er in Schwachheit, auferstehen wird er in Kraft; gesäet wird ein thierischer Leib, auferstehen wird ein geistiger Leib. — Plötzlich, in einem Augenblicke, auf den Schall der letzten Posaune (wird es geschehen); denn erschallen wird die Posaune, und die Todten werden unverweslich auferstehen, und wir werden verwandelt werden. Denn dieses Verwesliche muß anziehen die Unverwes=lichkeit, und dieses Sterbliche anziehen die Unsterblichkeit."[1]) Der Apostel sagt das Alles von demselben Leibe aus; der Leib bleibt also in und nach der Auferstehung derselbe, aber er wird mit Herrlichkeit und Klarheit geschmückt, die er vorher nicht besessen hat, und dadurch wird er ein glorreicher Leib. Die Leiber der Gerechten werden also glorreich auferstehen, von den Leibern der Verdammten aber sagt der Apostel, daß sie nicht verklärt werden: „Sieh! ich sage euch ein Geheimniß: Wir werden zwar Alle auferstehen, aber wir werden nicht Alle um=gewandelt werden."[2])

In den angeführten Worten des Apostels sind die Gaben oder die Eigenschaften der Verklärung bezeichnet, welche die glor=reichen Leiber besitzen werden; und da der Apostel sagt, daß unsere Leiber dem Leibe der Herrlichkeit Christi gleichgestaltet sein werden; so müssen wir daraus schließen, daß auch der glor=reiche Leib Christi diese Eigenschaften, und zwar in einem unver=gleichbar höherem Grade besessen habe.

„Dieses Verwesliche muß die Unverweslichkeit anziehen, und dieses Sterbliche anziehen die Unsterblichkeit." Die glorreichen Leiber werden also unverweslich und unsterblich sein. Ist aber der Leib unverweslich und unsterblich, dann ist er auch keinen nachtheiligen Einflüssen unterworfen und unfähig, zu leiden.[3]) Von Christus steht geschrieben: „Wir wissen, daß Christus, nachdem er von den Todten auferstanden ist, nicht mehr stirbt, der Tod nicht mehr über ihn herrscht. Denn da er der Sünde (zur Sühnung derselben) gestorben, ist er einmal gestorben; und da er lebt, lebt er für Gott."[4]) Also ist Christus

---

[1]) Ibid. v. 42.—45. 52. 53.   [2]) Ibid. v. 51.   [3]) Impassibilitas.
[4]) Rom. c. VI. v. 9. 10.

unverweslich und unsterblich auferstanden, wie er auch die
Ursache und das Vorbild unserer unverweslichen und unsterb=
lichen Auferstehung ist; denn „wir wissen, daß Christus, nach=
dem er von den Todten auferstanden ist, nun ein solches Leben
lebe, und nicht mehr sterben werde, ja nicht mehr sterben könne.
Da also unser seliges Leben nach der Auferstehung dem Leben
Christi ähnlich und gleichförmig sein wird; so folgt daraus, daß
auch wir nicht mehr sterben werden, ja nicht mehr werden
sterben können."[1]   Der Apostel sagt: „Da er lebt, lebt er für
Gott";[2] das ist: Christus ist einmal wegen der Sünde gestor=
ben, und es ist nicht mehr nöthig, daß er wegen derselben noch
einmal sterbe, da er durch seinen einmaligen Tod für alle
Sünden der Welt überschwängliche Genugthuung geleistet hat,
wie derselbe heilige Paulus anderswo sagt: „Christus ist mit
seinem eigenem Blute ein für allemal in das Heiligthum einge=
gangen, und hat eine ewige Erlösung gefunden;"[3] daher gibt
es für ihn keine Ursache mehr, noch einmal oder fürder zu
sterben, und darum lebt er nun, wie es ihm wegen der Verei=
nigung seiner Menschheit mit seiner Gottheit gebührt, ein unsterb=
liches, ewiges und seliges Leben: „Christus lebt nach der Auf=
erstehung für Gott, das ist, er lebt bei Gott ein Gott ähnliches,
himmlisches, göttliches, seliges, unsterbliches Leben — zur Ehre
Gottes, um Gott ewig zu loben, und zu preisen; denn wie er
gestorben ist wegen der Sünde, so lebt er wegen Gott und
Gottes Ehre."[4]

Es kann dem göttlichen Leibe auch nichts mehr nahen, was
ihn zu verletzen, oder zu zerstören vermöchte, oder die Seele
veranlassen könnte, denselben zu verlassen.   Denn von den Seelen
und Leibern der Gerechten nach der Auferstehung steht geschrieben:
„Sie werden nicht mehr hungern, noch dürsten, es wird nicht
mehr auf sie fallen die Sonne, noch irgend eine Hitze, denn
das Lamm in der Mitte vor dem Throne wird sie weiden, und
zu den Quellen des lebendigen Wassers führen; und Gott wird
abwischen alle Thränen von ihren Augen."[5] — „Der Tod
wird nicht mehr sein, noch Trauer, noch Klage, noch Schmerz

[1] Corn. a. Lap. in h. l.   [2] Loc. cit.   [3] Hebr. c. IX. v. 12.
[4] Corn. a Lap. l. cit.   [5] Apoc. c. VII. v. 16. 17.

wird mehr ſein; denn das Erſte iſt vergangen."[1]) Wird dieß nun
ſo ſein in Bezug auf die Auserwählten, deren Leiber nach der
Herrlichkeit des Leibes Chriſti verherrlichet werden, ſo muß das=
ſelbe in Bezug auf den göttlichen Leib des Herrn um ſo mehr
und im höchſten Grade der Fall ſein; da das Vorbild dem
Nachbilde nicht nachſtehen kann, ſondern dasſelbe in aller Voll=
kommenheit übertreffen muß. Die Unverweslichkeit und Unſterb=
lichkeit iſt demnach die erſte Eigenſchaft des glorreichen Leibes
des Herrn und der Leiber der Auserwählten nach der Auf=
erſtehung.

Von den Leibern der auferſtandenen Gerechten ſagt der
heilige Paulus: Geſäet wird der Leib in Unehre, auferſtehen
wird er in Herrlichkeit."[2]) Wenn wir den Leib des Menſchen
betrachten, wie er auf dem Gottesacker geſäet wird, ſo finden
wir nichts von Ehre mehr an ihm; und wenn wir auf den
Lebenslauf des Menſchen ſehen, ſo begegnet uns, was der heilige
Auguſtinus ſagt: „Je länger das Leben dauert, deſto verwes=
licher wird der Leib mehr und mehr entweder durch das Alter,
oder durch Krankheiten, oder durch verſchiedene Peinen, bis er
endlich zur letzten Pein gelangt, welche von den Menſchen Tod
genannt wird."[3]) Dieß bezeichnet der Apoſtel mit den erſteren
Worten; mit den letzteren Worten verkündet er die Herrlichkeit,
die Verklärung der Leiber der Gerechten nach der Auferſtehung,
und vergleicht dieſelbe in den vorausgegangenen Worten mit
der Klarheit, mit dem Lichte und mit dem Glanze der Geſtirne
des Himmels, wie auch anderswo geſchrieben ſteht: „Die Gerechten
werden glänzen;"[4]) wie der Prophet Daniel beſonders von den
Lehrern ſagt: „Die aber Erleuchtete waren, werden leuchten, wie
der Glanz des Firmamentes, und die Viele in der Gerechtigkeit
unterweiſen, wie Sterne immer und ewig;"[5]) und wie Chriſtus,
der Herr, ſelbſt betheuert: „Dann werden die Gerechten leuchten
wie die Sonne im Reiche ihres Vaters."[6]) Der heilige Apoſtel
Paulus ſagt, daß Chriſtus, der Herr, von ſeiner Herrlichkeit
den Gerechten mittheilen werde, „wenn er kommen wird, verherr=
lichet zu werden in ſeinen Heiligen, und wunderbar zu werden

---

[1]) Ibid. c. XXI. v. 4.   [2]) I. Cor. c. XV. v. 43.   [3]) De Trinit.
Libr. IV. c. 3.   [4]) Sap. c. III. v. 7.   [5]) Daniel. c. XII. v. 3.   [6]) Matth.
c. XIII. v. 43.

in Allen, welche an ihn geglaubt haben."[1]) Die Verklärung der Heiligen setzt also die Verklärung Christi voraus; weil er nicht mittheilen könnte, was er nicht selbst besäße, und nicht wunderbar sein könnte in seinen Heiligen, wenn er nicht wunderbar an sich selbst wäre.

Ueberall verbinden die heiligen Apostel in ihrer Lehre die Verherrlichung der Heiligen mit der Herrlichkeit des Urhebers aller Heiligkeit; weil die Heiligkeit die Ursache der Verherrlichung ist, und somit der Urheber der Heiligkeit auch der Urheber der Verherrlichung, und daher selbst herrlich sein muß. So schreibt der heilige Paulus an die Römer, daß wir Kinder, Erben Gottes und Miterben Christi sind, „wenn wir anders mitleiden, damit wir auch mit verherrlichet werden;"[2]) und an die Colosser: „Wenn Christus, euer Leben, erscheinen wird, dann werdet auch ihr erscheinen mit ihm in Herrlichkeit."[3]) Ebenso schreibt der heilige Johannes: „Jetzt sind wir Kinder Gottes; aber es ist noch nicht offenbar, was wir sein werden. Wir wissen aber, daß wir, wenn er erscheinen wird, ihm ähnlich sein werden; denn wir werden ihn sehen, wie er ist."[4]) „Diese Aehnlichkeit aber besteht in der himmlischen Herrlichkeit und Seligkeit, und diese besteht in der Anschauung Gottes vermittelst des Lichtes der Glorie, durch welches die Seligen Gott besitzen, ihn gleichsam in sich aufnehmen, und daraus alles Gute schöpfen;"[5]) weßhalb der heilige Augustinus sagt: „Diese Anschauung und diese Herrlichkeit wird das Himmelreich genannt; weil nur die Himmel, das ist, die Gerechten diese Anschauung genießen, deren erstes das höchste Gut ist, in welchem sie die volle Freude in der Fülle alles Guten besitzen."[6]) Das Erbe der Seligen ist der Besitz und Genuß Gottes, und damit auch der Seligkeit und Herrlichkeit Gottes; und wie sie durch ihr Leben auf Erden Christo gleichförmig geworden sind, so werden sie auch Christo in der Glorie des Himmels gleichförmig sein, wie der heilige Paulus lehrt: „Welche Gott vorhergesehen, hat er auch vorherbestimmt, daß sie dem Bilde seines Sohnes gleichförmig werden, damit er der Erstgeborne unter vielen Brüdern sei.

---

[1]) II. Thessal. c. I. v. 10.   [2]) Rom. c. VIII. v. 17.   [3]) Coloss. c. III. v. 4.   [4]) I. Joann. c. III. v. 2.   [5]) Corn. a Lap. in h. l.   [6]) Libr. de cognit. verae vitae.

Welche er aber vorhergesehen, die hat er auch berufen; und
welche er berufen, die hat er auch gerechtfertiget; welche er aber
gerechtfertiget, die hat er auch verherrlichet."[1]) Daher schreibt
der heilige Augustinus: „Ist es erlaubt, zu glauben, daß unsere
Leiber eine bessere Auferstehung haben werden, als der Leib
Christi, da er als Vorbild aufgestellt ist, das wir genau betrachten,
und durch seine Gnade hoffen müssen? Daher durfte der Leib
Christi auch auf keine Weise verweslich auferstehen, wenn es
verheißen ist, daß unser Leib unverweslich auferstehen werde;
und er konnte auch nicht ohne Herrlichkeit auferstehen, wenn
der unsrige in Herrlichkeit auferstehen wird."[2]) Vielmehr „ist
der Leib Christi in dieser Verklärung über Alles erhaben, wie
der Schöpfer über die Geschöpfe erhaben ist."[3])

Ein Vorspiel seiner Herrlichkeit in der Auferstehung hat
der Heiland seinen drei Jüngern Petrus, Jacobus und Johannes
in der Verklärung auf dem Berge Tabor gegeben, von welcher
das heilige Evangelium sagt: „Da ward er vor ihnen verklärt,
und sein Angesicht glänzte, wie die Sonne, seine Kleider aber
wurden weiß, wie der Schnee."[4]) Der Herr zeigte seinen Jüngern die Verklärung seines Leibes nicht in ihrer ganzen Fülle,
sondern nur in dem Grade, wie sie dieselbe erfassen, und ertragen konnten. Indessen sagt doch der heilige Ephräm: „Christus
erglänzte am ganzen Leibe, wie die Sonne mit ihren Strahlen,
von der Herrlichkeit seiner Gottheit."[5]) Der heilige Augustinus
macht die Bemerkung: „Wie durch das Fleisch die Gottheit nach
außen hervorleuchtete, so ergoß auch das Fleisch, von der Gottheit erleuchtet, durch die Kleider seine Strahlen nach außen."[6])
„Dieser Glanz war ein himmlischer, ja mehr, als ein himmlischer,
nämlich ein göttlicher und beseligender, wie der verklärten Leiber,
ähnlich dem der Sonne, ein goldener, herrlicher, feiner, der die
Augen auf's Höchste erquickte; und obwohl er sehr groß war,
entzog er den Aposteln doch nicht den Anblick des natürlichen
Bildes Christi. — Dieser ungewöhnliche Glanz war die Gabe
der Verklärung, welche, wie die übrigen Gaben eines seligen
Leibes, dem Leibe und der Seele Christi während des ganzen

---

[1]) Rom. c. VIII. v. 29. 30.   [2]) Epist. 205. ad Consentium.   [3]) S.
Aug. Libr. de cognit. verae vitae.   [4]) Matth. c. XVII. v. 2.   [5]) Orat. de
transfig. Dom.   [6]) De mirab. S. Script. Libr. III. c. 10.

Lebens vom erstem Augenblicke der Empfängniß an wegen der
Vereinigung mit der Gottheit gebührte, aber, wie die andern
Gaben, damit Christus leiden, und mit den Menschen umgehen
konnte, während des ganzen übrigen Lebens zurückgedrängt wurde.
Diese Zurückdrängung war ein (fortwährendes) Wunder, der
Erguß aber dafür eine Unterbrechung des Wunders."[1]) Die
Verklärung Christi auf Tabor war also eine von den Gaben,
welche die Leiber des Seligen besitzen, und welche dem Leibe
Christi vermöge seiner Vereinigung mit der Gottheit gebührte,
und nur zeitweilig zu den genannten Zwecken aufgehoben wurde.
Da nun diese Zwecke nach vollbrachtem Erlösungswerke erreicht
waren, und keine Ursache jenes Wunder mehr forderte; trat der
Christo gebührende Zustand wieder, und zwar ewig bleibend ein,
und sein Leib ist glorreich auferstanden.

Christus, der Herr, hat auch mit Worten auf seine Ver=
klärung hingewiesen, indem er zum Vater, von dem er wußte,
daß er ihn immer erhöre,[2]) betete: „Ich habe dich verherrlichet
auf Erden; ich habe das Werk vollbracht, das du mir zu ver=
richten gegeben. Und nun, Vater! verherrliche mich bei dir
selbst mit jener Herrlichkeit, die ich bei dir hatte, ehe die Welt
war."[3]) Da bittet der Herr um die Verklärung, die er als
der Sohn des Vaters von Ewigkeit her besaß, und niemals
verloren hat, also nicht für seine göttliche Person und Gottheit
als Gottessohn, sondern als Gottmensch für seine Menschheit,
und nicht für die Seele, außer in wie ferne sie dann des Leidens
unfähig sein würde, da sie ununterbrochen der seligen Anschauung
Gottes und der Herrlichkeit genoß, sondern für den Leib, für
den die Herrlichkeit bisher aufgehoben war. Weil also der
Vater seine Bitten immer erhörte; hat er auch diese erhört, und
ist sein Leib verklärt und in Herrlichkeit auferstanden.

Um diese Verklärung und Herrlichkeit hat Christus hier
nicht als um Gnade gebeten, wie sie seiner ganzen Menschheit
wegen ihrer Vereinigung mit der Gottheit zugekommen ist, son=
dern als um den gebührenden Lohn, den er für die Verherr=
lichung des Vaters auf Erden und für das vom Vater ihm

---

[1]) Corn. a Lap. in loc. cit.   [2]) Joann. c. XI. v. 41.   [3]) Ibid.
c. XVII. v. 4. 5.

aufgetragene Erlösungswerk der Menschheit verdient hat; denn diese Verdienste waren wegen seiner göttlichen Person von gött= lichem Werthe, und verdienten göttlichen Lohn. An dieser Ver= herrlichung und an diesem Erlösungswerke hat aber auch der heilige Leib des Herrn theilgenommen, und somit gebührte auch ihm die Theilnahme an der göttlichen Verklärung und Herrlichkeit als Lohn für den ganzen Christus. Der Leib Christi ist daher auch aus diesem Grunde in göttlicher Verklärung und Herr= lichkeit auferstanden.

„Der heilige Augustinus, und nach ihm der heilige Thomas, versteht unter dieser Verklärung diejenige, welche Christus als Mensch von Ewigkeit her, nicht in der Wirklichkeit, sondern ver= möge des Rathschlusses und der Vorherbestimmung Gottes besessen hat. Er bittet, sagt er, daß er die Verklärung, welche er in der Vorherbestimmung besaß, jetzt in der Wirklichkeit und in der Gewährung besitzen möge, nämlich zur Rechten des Vaters; denn er sah, daß die Zeit für die vorherbestimmte Verherrlichung gekommen sei. So sagt auch Suarez: Verherrliche mich, sprach er, mit der Herrlichkeit der Auferstehung, für welche du mich, ehe die Welt war, vorherbestimmt hast."[1]

Wenn die Schrift von der Herrlichkeit Christi nach seiner Auferstehung redet, trennt sie niemals den Leib von der Seele, niemals Leib und Seele von der Gottheit, sondern sagt diese Verherrlichung und Herrlichkeit vom ganzen Christus aus.[2] Was aber die Schrift aussagt, darf Niemand leugnen; und worin sie nicht unterscheidet, darf Niemand unterscheiden, „auf daß alle Zungen bekennen, daß der Herr Jesus Christus in der Herrlichkeit Gottes des Vaters ist,"[3] nicht nur mit der Gottheit, sondern auch mit der Menschheit, mit der Seele und mit dem Leibe; denn das ist Jesus Christus. Es ist daher auch der Leib Christi verklärt, glorreich, in Herrlichkeit auferstanden, und auf den Thron Gottes zur Rechten des Vaters im Himmel erhoben worden.

---

[1] Corn. a. Lap. in loc. cit.   [2] Luc. c. XXIV. v. 26., Act. Apost. c. VII. v. 55., I. Thessal. c. II. v. 12., Hebr. c. II. v. 9., Tit. c. II. v. 13., I. Petr. c. IV. v. 13., Apoc. c. IV. v. 11., c. V. v. 12.   [3] Philipp. c. II. v. 11.

Das ist auch der Glaube der heiligen Kirche. Denn sie
verbindet die Verklärung der Auserwählten mit der Verklärung
Christi, indem sie betet: „Gott, der du die Geheimnisse des
Glaubens in der glorreichen Verklärung deines Eingebornen
durch das Zeugniß der Väter bekräftiget, und die vollkommene
Annahme an Kindesstatt (der Auserwählten) durch die aus der
lichten Wolke herabgekommene Stimme vorherbezeichnet hast;
verleihe gnädig, daß du uns zu Miterben des Königs der Glorie
machest, und uns derselben Glorie theilhaftig zu werden gewährest."[1])
Was und wie sie aber betet, das und so lehrt sie zu glauben.
Zu demselben doppelten Zwecke gebraucht sie auch die Worte
des Psalmisten:[2]) „Mit Herrlichkeit und Ehre hast du ihn
gekrönt."[3]) Auf gleiche Weise sagt der heilige Papst Leo I.,
die Verklärung Christi auf Tabor habe den Zweck gehabt, die
Jünger über sein Leiden und Sterben zu trösten, und im Glauben
zu bewahren, aber auch „mit nicht minderer Vorsehung die
Hoffnung der heiligen Kirche zu begründen, damit sie erkennete,
mit welcher Umwandlung der ganze Leib Christi (der wirkliche
und der geistige, die Kirche, die Gläubigen) beschenkt werden
würde, und damit auch seine Glieder die Theilnahme an der=
selben Ehre sich versprächen, welche am Haupte hervorge=
leuchtet hat."[4])

Mit dieser künftigen Verklärung und Verherrlichung unserer
Leiber mit dem Leibe Christi gibt der heilige Paulus den Grund
an, warum „unser Wandel im Himmel" sein soll, wo unser
letztes Ziel und Ende und unsere wahre und ewige Seligkeit,
auch für den Leib, uns erwartet. Daher spricht der heilige
Augustinus zur Seele: „O meine Seele! seufze inbrünstig, und
sehne dich glühend darnach, in jene himmlische Stadt zu gelangen,
von welcher so Herrliches gesagt ist, in welcher die Wohnung
aller Seligen sich befindet. Mittelst der Liebe kannst du hinauf=
steigen; dem Liebenden ist nichts schwer, nichts unmöglich. Eine
Seele, die liebt, steigt häufig hinauf, und durcheilt vertraulich
die Straßen des himmlischen Jerusalems, und besucht dort die
Patriarchen und die Propheten, grüßt die Apostel, bewundert

---

[1]) Orat. in Festo Transfigur.   [2]) Psalm. VIII. v. 6.   [3]) In Offic
Transfig. I. Noct. 1. Antiph.   [4]) Serm. de Transfigur.

die Heere der Märtyrer und Bekenner, betrachtet die Chöre der Jungfrauen und aller Heiligen."[1] So wandelt die Seele im Himmel, und ekelt sie die Erde an, wie der heilige Papst Gregorius schreibt: „Das ist es, was der Herr zu einer Seele, die ihm nachfolgt, durch den Propheten spricht: Ich will dich erheben über die Höhen der Erde;[2] denn Tiefen der Erde sind Verluste, Unbilden, Dürftigkeit, Verachtung, was auch die Lieb= haber der Welt, während sie auf dem ebenen und breiten Wege wandeln, ohne Unterlaß meiden, und mit Füßen treten. Höhen der Erde sind Gewinn an Gütern, Schmeicheleien von Unter= gebenen, Ueberfluß an Reichthümern, was, wer immer mit nie= drigen Begierlichkeiten einhergeht, deßhalb für Hohes hält, weil er glaubt, daß es etwas Großes sei. Aber ist das Herz einmal an das Himmlische geheftet, so sieht man bald, wie niedrig das sei, was früher hoch zu sein schien; denn wie der, welcher auf einen Berg hinaufsteigt, allmählig, was unten liegt, desto weniger achtet, zu je Höherem er seine Schritte lenkt; so wird derjenige, welcher sein Augenmerk auf das Höchste richtet, wenn er in seinem Streben wahrnimmt, daß die Herrlichkeit des gegenwär= tigen Lebens nichts ist, über die Höhen der Erde erhoben, und, was er, so lange er in den niedrigen Begierden wandelte, über sich erhaben geglaubt hat, im fortschreitenden Aufsteigen als unter sich gelegen erkennen."[3] Petrus, der auf Tabor den ver= klärten Herrn gesehen, rief voll Entzücken aus: „Meister! hier ist es gut sein für uns;"[4] und wollte nicht mehr hinuntersteigen. Was wird es sein, wenn wir selbst verklärt sein werden? Soll uns nicht schon der Gedanke daran und die Hoffnung darauf über alles Irdische erheben?

Im Hinblicke auf die leibliche Verklärung spricht der heilige Bernardus zu seinem Leibe: Was murrest du noch, armes Fleisch! was schlägst du noch aus, und gelüstet du wider den Geist, wenn er dich demüthiget, wenn er dich züchtiget, wenn er dich in Dienstbarkeit bringt? das ist in deiner Art nicht weniger zu deinem Vortheile, als zum seinigen. Was beneidest du diejenigen, welche sich nicht schämen, von den Erzeugnissen der Würmer und

---

[1] Manual. c. 24.   [2] Isai. c. LXVIII. v. 14.   [3] Moral. Libr. XXXI. c. 19.   [4] Marc. c. IX. v. 4.

von den Fellen der Zobeln eine wahrlich unehrenhafte Ehre zu
erbetteln, von einem Anzuge, welcher der Männer unwürdig,
und den Weibern untersagt ist; da sie damit sich vielmehr ent=
ehren, als schmücken? Sie mögen ihre Leiber umgestalten, oder
vielmehr verunstalten; dich wird, wenn dein Leib in der Niedrig=
keit bleibt, jener Baumeister, der dich gestaltet hat, umgestalten.
Seine Hand erwarte, wenn du nicht unvernünftig bist; damit
er, was er gemacht hat, neu mache."[1] Er wird die Verklärung
und Herrlichkeit seines Leibes auch unsern Leibern mittheilen,
wenn wir sie nach unserm Berufe in seinem Dienste und zu
seiner Ehre gebrauchen, nach dem Beispiele des heiligen Paulus,
der von sich selbst sagt: Ich züchtige meinen Leib, und bringe
ihn in Dienstbarkeit; damit ich nicht etwa, nachdem ich Andern
geprediget habe, selbst verworfen werde."[2]

Der auferstandene Leib unsers Herrn besaß auch die Gabe
der Geistigkeit;[3] denn diese Gabe besitzen auch die Leiber der
Gerechten nach ihrer Auferstehung, wie der heilige Paulus lehrt,
indem er sagt: „Gesäet wird ein thierischer Leib, auferstehen
wird ein geistiger Leib."[4] Der verklärte Leib behält seine
Natur und Wesenheit, vermöge welcher er betastbar ist, und
mit einem andern Körper nicht an demselben Orte sein kann;
aber, wenn er umgestaltet ist, und noch überdieß von einer
besondern göttlichen Kraft unterstützt wird, kann er auch unbe=
tastbar, mit einem andern Körper an demselben Orte sein, und
Alles durchdringen. Der heilige Thomas sagt darüber: „Der
verklärte Leib hat nach seiner Natur Eigenschaften, welche dazu
bestimmt sind, den Tastsinn zu verändern; aber weil der Leib
vollkommen dem Geiste unterworfen ist, ist es doch in seiner
Gewalt, daß er mittelst derselben den Tastsinn verändern, und
auch nicht verändern kann. Auf ähnliche Weise kommt es ihm
auch nach der Natur zu, dem Durchdringen eines jeden andern
Körpers zu widerstehen; so daß er mit ihm nicht an demselben
Orte sein kann. Aber durch ein Wunder kann es mit Hilfe
der göttlichen Kraft auf seinen Wink geschehen, daß er mit einem
Körper an demselben Orte sei, und so seinem Durchdringen nicht

---

[1] Serm. 2. de verbis Isaiae. [2] I. Cor. c. IX. v. 27. [3] Subtilitas.
[4] I. Cor. c. XV. v. 44.

widerstehe. Daher ist der verklärte Körper seiner Natur nach betastbar; aber es kommt ihm aus übernatürlicher Kraft zu, wenn er will, von einem nicht verklärten Körper nicht betastet zu werden." [1]

Wenn nun die verklärten Leiber der Heiligen so vergeistiget werden, um wie viel mehr kommt diese Gabe der Herrlichkeit dem heiligsten Leibe des Herrn nach seiner Auferstehung zu? Der göttliche Erlöser hat den Besitz derselben in seinen Erscheinungen auch klar genug bewiesen, indem er bei verschlossenen Thüren wiederholt in der Mitte der Jünger sich zeigte, und bei verschlossenen Thüren sich wieder entfernte, sich von ihnen betasten ließ, und wieder aus ihren Augen verschwand, ohne sich von irgend einem Körper betasten, oder aufhalten, und hindern zu lassen. Daher schreibt der heilige Johannes Damascenus: „Gesäet wird ein thierischer Leib, das ist, ein dichter und sterblicher, auferstehen wird ein geistiger Leib, wie der Leib des Herrn nach der Auferstehung war, als er bei verschlossenen Thüren eintrat;" [2] und der heilige Epiphanius: „Unser Herr hat nicht einen andern Leib auferweckt; sondern dadurch, daß er denselben, der er war, in eine geistige Feinheit umwandelte, und ganz vergeistiget sich vereinigte, ist er durch die verschlossenen Thüren hineingegangen; was hier mit den Leibern wegen ihrer Dichte und Schwere, und weil sie noch nicht vergeistiget worden sind, nicht geschehen kann." [3] Auch der heilige Laurentius Justinianus sagt: „Wenn das Fleisch geistig geworden ist, erhält es die Kraft, frei überall einzudringen." [4]

Der heilige Paulus sagt ferner: „Gesäet wird der Leib in Schwachheit, auferstehen wird er in Kraft." [5] Damit will der Apostel sagen: „Der schwache, schwerfällige, langsame, träge Leib stirbt, und wird begraben, auferstehen wird er kraftvoll, schnell, beweglich." [6] Die kräftige und schnelle Beweglichkeit der auferstandenen Leiber der Gerechten ist die vierte Gabe der Verklärung, [7] welche darin besteht, daß die Seele mit dem Leibe augenblicklich, wohin sie will, sich begeben, und dort sein kann; weil er vergeistiget, und der Seele vollkommen unterworfen ist.

---

[1] Suppl. P. III. q. 83. a. 6. o. [2] De fide orthod. Libr. IV. c. 27.
[3] Haeres. 64. n. 62. [4] De perfect. monast. conversat. c. 2. [5] I. Cor.
c. XV. v. 43. [6] Corn. a Lap. in h. l. [7] Agilitas.

Daher sagt der heilige Augustinus: „Gewiß wird der Leib so=
fort dort sein, wo ihn der Geist wird haben wollen;"[1] und:
„Wenn die menschliche Kunst es zu Stande bringt, daß Gefäße
aus Metall, das, in's Wasser gelegt, sogleich untersinkt, wenn
sie in gewissen Formen gemacht sind, auch schwimmen können;
um wie viel glaubwürdiger und wirksamer kann ein verborgenes
Wirken Gottes schweren irdischen Dingen die Kraft verleihen,
daß sie durch kein Gewicht niedergedrückt werden, und den voll=
kommen seligen Seelen, daß sie ihre Leiber, welche zwar irdisch,
aber unverweslich sind, wo sie wollen, hinsetzen, und wohin sie
wollen, bewegen, und zwar in Bezug auf Lage und Bewegung
in der leichtesten Weise? — Warum sollen wir also nicht glau=
ben, daß die vollkommenen und seligen Geister der Heiligen
ihre Leiber ohne jede Schwierigkeit dahin tragen, und nieder=
setzen können, wohin und wo sie wollen?"[2] Der heilige Thomas
erklärt: „Der verklärte Leib wird der verklärten Seele durch=
aus unterworfen sein, nicht nur in so weit, daß in ihm nichts
ist, was dem Willen des Geistes widerstehen könnte, wie dieß
auch am Leibe Adams (im Zustande der Unschuld) der Fall
war; sondern auch, daß an demselben eine von der verklärten
Seele auf den Leib sich ergießende Vollkommenheit sei, durch
welche er zur genannten Unterwürfigkeit befähiget wird, und
welche Vollkommenheit eine Gabe des verklärten Leibes genannt
wird. Denn die Seele ist mit dem Leibe nicht nur als Seins=
und Lebensgrund,[3] sondern auch als Bewegungskraft[4] verbun=
den, und auf beiderlei Weise muß der verklärte Leib der ver=
klärten Seele auf das Vollkommenste unterworfen sein. Wie er
ihr also durch die Gabe der Geistigkeit gänzlich unterworfen
wird, in wie fern sie sein Seins= und Lebensgrund ist, —
ebenso wird er ihr durch die Gabe der Beweglichkeit unterworfen,
in wie fern sie dessen Bewegungskraft ist, daß er nämlich fähig
und tauglich sei, dem Geiste in allen Bewegungen und Hand=
lungen der Seele zu folgen."[5] Die Bewegung des verklärten
Leibes wird also so schnell sein, wie der Gedanke und der Willens=
entschluß der Seele, und dieß ist selbstverständlich keine natür=

---

[1] De civ. Dei Libr. XXII. c. 30.   [2] Idem ibid. Libr. XIII. c. 18.
[3] Ut Forma.   [4] Ut motor.   [5] IV. dist. 44. n. 3. q. 1.

liche Eigenschaft des Leibes, sondern ein göttliches Geschenk, und wird darum Gabe genannt.

Wenn nun die Leiber der heiligen Menschenkinder nach der Auferstehung diese Gaben der Verklärung besitzen werden; wie dürfte man annehmen, daß sie der auferstandene Leib des Gottmenschen nicht besessen habe? In diesen, wie in den übrigen Gaben der Verklärung, muß der auferstandene Leib Christi die verklärten Leiber der Heiligen königlich übertreffen; sonst könnte er nicht der König der Herrlichkeit sein, wie ihn der Psalmist besingt, indem er den Engeln des Himmels bei seinem Triumph= zuge in den Himmel zuruft: „Hebet eure Thore, ihr Fürsten! erhebet euch, ihr ewigen Thore! daß einziehe der König der Herrlichkeit. Wer ist dieser König der Herrlichkeit? Der Herr, der starke und mächtige, der Herr, mächtig im Kriege. Hebet eure Thore, ihr Fürsten! erhebet euch, ihr ewigen Thore! daß einziehe der König der Herrlichkeit. Wer ist dieser König der Herrlichkeit? Der Herr der Heerschaaren, dieser ist der König der Herrlichkeit."[1]

Wenn endlich der heilige Thomas sagt, daß der Leib Christi glorreich auferstanden sei; so versteht er unter dieser Glorie, unter dieser Herrlichkeit eben diese Gaben der Verklärung,[2] die aber seinem Leibe nicht auf gleiche Weise zukommen, wie den Leibern der Heiligen. Denn diese Gaben gebühren den Heiligen nicht von Natur aus, sondern sind Gnadengeschenke Gottes; dem heiligen Leibe Christi gebührten sie aber von dem ersten Augen= blicke seiner Vereinigung mit der Gottheit an, und wurden nur zum Zwecke der Menschenerlösung, bis derselbe erreicht war, zurückgehalten. Die Heiligen können dieselben oder von denselben nicht Andern mittheilen; Christus aber ist der Urheber und Spender derselben für die Heiligen selbst. Diese Gaben kommen den Heiligen nicht wegen ihrer wesentlichen Vereinigung mit der Gottheit und mit einer göttlichen Person zu, wie dieß in Bezug des Leibes Christi der Fall ist, sondern als ein ihnen von Christus verliehener Schmuck; für den Leib Christi aber sind sie nur in so fern Gnadengaben, als seine ganze menschliche

---

[1] Psalm. XXIII. v. 7.—10.   [2] Vide Supplement. P. III. qq. 82. 83. 84. 85.

Natur aus Gnade zur Vereinigung mit der Gottheit erhoben
worden ist, nach dieser Vereinigung jedoch sind sie ihm eigen=
thümlich angehörende Beschaffenheiten und Eigenschaften. Endlich
sind diese Gaben für die Leiber der Heiligen eben etwas Gege=
benes, Gaben für die menschlichen Leiber im eigentlichen Sinne,
für den hochheiligen Leib Christi aber etwas dem Leibe der
göttlichen Person Zukommendes, und daher über alle Gaben
der Heiligen unermeßlich Erhabenes, und können nicht eigentlich,
sondern im bevorzugtesten Sinne[1]) Gaben genannt werden.[2])
Die Leiber der Heiligen strahlen in der Herrlichkeit der Gaben
Gottes, der Leib Christi aber leuchtet in der Herrlichkeit der
Gottheit selbst.

Der heilige Thomas führt für die Verherrlichung des Leibes
Christi in der Auferstehung drei Gründe an, und sagt: „Der
Leib Christi war in der Auferstehung glorreich. Das erhellt
aus drei Gründen. Erstens, weil die Auferstehung Christi das
Vorbild und die Ursache unserer Auferstehung war.[3]) Die
Heiligen aber werden in der Auferstehung glorreiche Leiber
haben.[4]) Da also die Ursache vorzüglicher, als die Wirkung,
und das Vorbild vorzüglicher ist, als das Nachbild; so war
der Leib des auferstehenden Christus um so mehr glorreich.
Zweitens, weil er durch die Erniedrigung des Leidens die Glorie
der Auferstehung verdient hat. — Drittens, weil die Seele
Christi vom Anfange der Empfängniß an durch den vollkom=
menen Genuß der Gottheit glorreich war. Es ist aber nur
ausnahmsweise geschehen, daß die Glorie von der Seele nicht
auf den Leib überströmte, um das Geheimniß unserer Erlösung
durch sein Leiden zu erfüllen. Daher hat die Seele, sobald das
Geheimniß des Leidens vollbracht war, ihre Glorie auf den Leib,
den sie in der Auferstehung wieder an sich genommen, sogleich
übergeleitet; und so ist dieser Leib glorreich geworden."[5])

Wollte man gegen die Meinung des englischen Lehrers,
daß die Glorie der Seele auf den Leib übergehe, einwenden, es
sei die Glorie des Leibes eine andere, als die der Seele, und
sowohl diese als jene gehe unmittelbar von der Gottheit aus;

---

[1]) Excellentissime.   [2]) Vide S. Thom. Supplem. P. III. q. 92. a. 3.
[3]) I. Cor. c. XV.   [4]) Ibid.   [5]) Loc. cit. o.

was wäre darauf zu erwiedern? Allerdings erscheint das Sonnen=
licht, wenn es ein farbloses Glas durchleuchtet, anders, als wenn
es ein farbiges Glas durchbringt; denn im letzterem Falle er=
scheint in demselben das Glas eben mit seinen Farben erleuchtet;
das Licht aber ist dasselbe. Auf ähnliche Weise ist die Glorie
der Seele und des Leibes dieselbe, aber der Natur der Seele
und des Leibes angemessen, und erscheint daher an der Seele,
die ein Geist ist, anders, als an dem Leibe, der Materie ist,
obwohl sie an sich dieselbe ist.[1] Dieß scheint auch die Verklärung
Christi auf Tabor anzudeuten. Denn diese Verklärung war
eine Verklärung Christi, erschien aber auf dem unbedeckten Ant=
litze des Herrn, „leuchtend, wie die Sonne", an seinen Kleidern
aber „weiß, wie der Schnee," obwohl sie die eine und dieselbe
Verklärung war.[2] Ferner erscheint es ganz angemessen, daß
die Glorie von der Seele auf den Leib übergehe; da der Leib
der Natur nach von der Seele Sein und Leben und Bewegung
erhält, und ganz von der Seele abhängt. Ueberdieß ist er das
Werkzeug der Seele, die mit ihm die Glorie verdient. Es geziemt
sich daher, daß er auch von ihr seine Glorie erhalte, und nicht
unabhängig von ihr verherrlichet werde.

Wenn der heilige Papst Gregorius sagt: „Was betastet
wird, das muß auch verwesen, und was nicht verweslich ist,
das kann auch nicht betastet werden;"[3] und wenn man daraus
den Schluß ziehen wollte, daß der heilige Leib Christi nach der
Auferstehung betastbar, folglich verweslich, und daher nicht glor=
reich gewesen sei: so gibt der heilige Lehrer selbst darauf die
Antwort: „Er war von derselben Natur, aber nicht von der=
selben Glorie," und diese Glorie verlieh ihm die Unverweslichkeit
und Unsterblichkeit; und der heilige Augustinus sagt:[4] „Gott
hat der Natur der Seele eine solche Kraft verliehen, daß aus
der übergroßen Fülle ihrer Seligkeit auch auf den Körper die
Fülle der Gesundheit, das ist, der lebensvollen Unverweslichkeit
überfloß."[5] Diese Kraft der Seele aber lag nicht in ihrer
Natur, sondern ward ihrer Natur als Gabe der Verklärung von
der Gottheit auf wunderbare Weise verliehen.

---

[1] Loc. cit. ad 1.   [2] Vide Corn. a Lap. in Matth. c. XVII. v. 2.
[3] Homil. 26. in Evang.   [4] Epist. 56. ad Dioscorum.   [5] Loc. cit. ad 2.

Wollte man endlich sagen, Christus, der Herr, habe nach der Auferstehung mit seinen Jüngern gegessen, und getrunken; somit sei sein Leib ein thierischer, und nicht ein geistiger gewesen, und damit fallen auch die übrigen Eigenschaften der Verklärung weg; so kann man das Wort des ehrwürdigen Beda erwiedern: „Anders verschlingt die dürstende Erde das Wasser, anders der warme Sonnenstrahl."[1] Das Wasser ist dasselbe, verschieden sind die Erde und der Sonnenstrahl, und verschieden ist auch die Art und Weise des Verschlingens nach der Verschiedenheit der Natur der Erde und der Natur des Sonnenstrahles. Eben= so bleibt die Speise, der Trank des thierischen und des geistigen Leibes sich gleich, aber das Essen und das Trinken ist nach dem verschiedenen Zustande des thierischen und des geistigen Leibes verschieden. Diese Verschiedenheit aber erklärt der heilige Augu= stinus mit den Worten: „Unser Erlöser hat nach der Aufer= stehung mit dem zwar geistigen, aber doch wahren Fleische mit den Jüngern Speise und Trank zu sich genommen, aber nicht aus Bedürfniß von Nahrungsmitteln, sondern vermöge der Kraft, mit der er dieß konnte;"[2] und der heilige Thomas sagt: „Er hat nach der Auferstehung gegessen, aber nicht als wenn er der Speise bedurft hätte, sondern um nach der Auferstehung die Natur des Leibes zu beweisen; und deßhalb folgt daraus nicht, daß sein Leib ein thierischer gewesen sei, welcher der Speise bedarf."[3]

So schließen wir aus den Gaben der Verklärung, über welche uns der heilige Paulus in Bezug auf die glorreichen Leiber der Seligen belehrt, und welche Gaben Gottes im eigent= lichen Sinne sind, auf die Glorie des auferstandenen Leibes des Herrn, welche ihm schon vom Anfange seiner Empfängniß an wegen der Vereinigung mit der Gottheit eigenthümlich zukommt, aber nach der Auferstehung zugleich der Lohn für seine Ver= dienste ist. Aus der Glorie des heiligsten Leibes Christi und aus der Verklärung der Leiber der Heiligen zieht aber der heilige Paulus den Schluß: „Gleichwie wir also das Bild des Irdi= schen (nämlich Adams) getragen haben, so lasset uns auch das

[1] Sup. Luc. c. 79.   [2] De civ. Dei Libr. XIII. c. 22.   [3] Loc. cit. ad 3.

Bild des Himmlischen (das ist, Christi) tragen."[1] Der Apostel will sagen, wir sollen in diesem Leben das Bild Christi in seinem Leben auf Erden in uns ausprägen; damit wir in der Auf= erstehung durch unsere Verklärung dem Bilde seiner Glorie gleichförmig zu werden verdienen, wie auch Christus, der Herr, seine Glorie verdient hat. Die Glieder und der Leib müssen ihrem Haupte gleichförmig sein.

Würden die Menschen an die Verklärung denken, zu welcher sie für die ganze Ewigkeit berufen sind; wie müßten sie für die Heiligung ihrer Seele und ihres Leibes besorgt sein, und jede Verunehrung vermeiden! Sie müßten mit Schauder und Ent= setzen wider alle Hoffart und Eitelkeit, wider alle Unmäßigkeit, Ueppigkeit und Weichlichkeit, wider alle sinnlichen Ausschweifungen, erfüllt sein, ihre Seele und ihren Leib in Zucht halten, und eine heilige Ordnung in ihr Leben einführen, nach der Mahnung des heiligen Apostels Johannes: „Geliebteste! jetzt sind wir Kinder Gottes; aber es ist noch nicht offenbar, was wir sein werden. Wir wissen aber, daß wir, wenn er erscheinen wird, ihm ähnlich sein werden; denn wir werden ihn sehen, wie er ist. Und Jeder, welcher diese Hoffnung auf ihn setzt, der heiliget sich, gleichwie auch er heilig ist."[2]

Vierter Abschnitt.

Der Leib Christi mußte mit den Wundmalen auf= erstehen.[3]

Daß Christus, der Herr, die Wundmale der Nägel an den Händen und Füßen und das Wundmal der Lanze an der Seite nach der Auferstehung beibehalten habe, bewies er selbst seinen Jüngern und der ganzen Welt durch Wort und That. Denn der heilige Evangelist Lucas berichtet, daß der Herr am Aufer= stehungstage Abends den in Jerusalem versammelten Jüngern erschienen sei, und, als sie über seine Erscheinung bei verschlos=

---

[1] I. Cor. c. XV. v. 49.   [2] I. Joann. c. III. v. 2. 3.   [3] Loc. cit. a. 4.

jenen Thüren erschracken, sich fürchteten, und einen Geist zu
sehen meinten, beruhigend zu ihnen gesprochen habe: „Warum
seid ihr erschrocken, und steigen solche Gedanken in euren Herzen
auf? Sehet meine Hände und meine Füße; ich bin es selbst;
tastet, und sehet! denn ein Geist hat nicht Fleisch und Gebein,
wie ihr sehet, daß ich es habe. Und als er dieß gesagt hatte,
zeigte er ihnen die Hände und die Füße."[1]) Hier erschien der
Herr seinen Jüngern, wie sie ihn in seinem Leben gekannt hatten,
betheuerte, daß er derselbe sei, ließ sie seine ihnen ebenso bekannte
Stimme hören, seine ihnen gleichfalls bekannte Sprache ver=
nehmen, zeigte ihnen seine nicht minder bekannten Hände und
Füße, und hieß sie, dieselben ansehen, und betasten. Er aß vor
ihnen und mit ihnen, und bewies ihnen aus den heiligen Schriften,
daß jetzt alle Weissagungen über sein Leiden und Sterben und
über seine Auferstehung an ihm erfüllt seien; damit sie glaubeten,
daß er es wirklich sei.[2]) So hat er sie von seiner wahrhaften Auf=
erstehung und von seiner Gegenwart in seinem wirklichen Leibe und
Leben, wie sie ihn früher gekannt hatten, überzeugt. Indem er
ihnen aber auch sagte, welche Gedanken sie in ihren Herzen hegten,
erwies er sich ihnen auch als den allwissenden Gott, der nicht lügen,
und betrügen kann. Sie mußten also glauben, daß derselbe Gott=
mensch, den sie im Leben gekannt hatten, leibhaft vor ihnen stand.

Acht Tage darauf erschien ihnen der Herr an demselben
Orte und auf gleiche Weise wieder, und jetzt war der ungläubige
Apostel Thomas ebenfalls zugegen. Da wendete sich der Herr
nun an Thomas, wiederholte ihm die Worte, die er in
seinem Unglauben zu den Andern gesprochen hatte, und sagte
zu ihm: „Lege deinen Finger herein, und sieh meine Hände,
und reiche deine Hand her, und lege sie in meine Seite; und
sei nicht ungläubig, sondern gläubig!"[3]) Thomas hatte, um an
die Auferstehung seines göttlichen Meisters zu glauben, gefordert,
nicht nur selbst ihn sehen, sondern auch ihn berühren, und
betasten, seine Finger in die Wunden seiner Hände, und seine
Hand in die Wunde seiner Seite legen zu können; er verlangte,
daß Christus, der Herr, ihm sich mit den Wunden der Nägel·

---

[1]) Luc. c. XXIV. v. 38. 39. 40.   [2]) Ibid. v. 41.—47.   [3]) Joann.
c. XX. v. 27.

und der Lanze zeige, und diese Wunden durch Berühren und
Betasten von ihm untersuchen lasse, um sich zu überzeugen, daß
er derselbe sei, der gekreuziget worden ist, und den er in seinem
Leben gekannt hat; und der liebevolle Heiland gestattete ihm
nicht nur, zu thun, was er verlangt hatte, sondern befahl es
ihm sogar, und er hat es auch wirklich gethan.[1] Es kann also
keinem Zweifel unterliegen, daß Christus mit seinen heiligen
fünf Wunden auferstanden sei.

Aber werden von dieser Wahrheit nicht alle Lehren, die
wir über die Vollkommenheit, über die Unverweslichkeit und
Geistigkeit des verklärten Leibes vernommen haben, aufgehoben,
da ein Leib mit fünf so großen Wunden doch nicht vollkommen
sein kann, und Wunden und Wundmale Mangelhaftigkeit zu
bedeuten, und zur Verweslichkeit zu gehören scheinen? Darauf
antwortet der heilige Thomas: „Diese Wundmale, welche am
Leibe Christi zurückgeblieben sind, bedeuten nicht eine Verwes=
lichkeit oder einen Mangel, sondern einen größeren Zuwachs an
Glorie, und erscheinen, in wie fern sie Ehrenzeichen der Tugend
sind, als ein besonderer Schmuck.“[2] Sie haben eine eigene
Verherrlichung verdient, weil der Herr durch diese Wunden ein
besonderes Verdienst erworben hat, weßhalb sie auch von der
heiligen Kirche durch ein besonderes Fest verehrt werden.

Aus dem, was Christus dem heiligen Thomas befohlen,
und dieser gethan hat, erhellt, daß die Wundmale offen waren,
und daher der Leib an dieser Stelle durchbrochen sein mußte;
so daß der Apostel die Finger in die Wunden der Hände
hineinlegen konnte. Wie kann man also sagen, daß der Leib
vollkommen derselbe war? Schienen ferner die Wundmale nicht
überflüssig und zwecklos zu sein, da die Narben allein für den
Anblick genügt hätten, welcher den Apostel zum Glauben bewog,
wie der Herr selbst zu ihm sagte: „Weil du mich gesehen,
Thomas! hast du geglaubt?“[3] Der englische Lehrer antwortet
darauf: „Wenn auch die offenen Wunden den Zusammenhang
gewisser Maßen unterbrechen, so wird doch das Ganze durch
den größeren Schmuck der Herrlichkeit ersetzt; so daß der Leib

---

[1] Vide Corn. a Lap. in h. l.   [2] Loc. cit. ad 1.   [3] Joann.
c. XX. v. 29.

nicht wieder ganz, aber desto vollkommener ist. Thomas hat aber nicht bloß gesehen, sondern auch die Wunden betastet; weil es, wie der Papst Leo sagt,[1]) zu seinem eigenen Glauben zwar genügte, zu sehen, was er sah, aber es für uns gethan hat, daß er den betastete, den er sah."[2]) Die offenen Wunden konnten es nicht verhindern, daß es der ganze Leib des Herrn war, wenn an demselben auch eine Trennung der Theile statt=gefunden hatte; der Herr aber wollte durch die Beibehaltung der Wundmale und durch die Betastung derselben von Seite seines Apostels der ganzen Welt einen um so handgreiflicheren Beweis von seiner wahrhaften und wirklichen Auferstehung geben. Uebrigens hat Christus nicht gesagt: Weil du meine Narben oder meine Wundmale, sondern weil du „mich" gesehen, hast du geglaubt, und ihm überdieß befohlen, den Finger und die Hand in die Wundmale hineinzulegen, und dadurch sich zu überzeugen, daß er selbst es war, den er sah, und betastete.

Aber könnte man endlich nicht sagen, wenn Christus vor seinen Aposteln auch wirklich mit den heiligen Wundmalen er=schienen sei, so finde man doch keinen Grund, anzunehmen, daß er dieselben auch später noch beibehalten habe? Denn der Zweck dieser Erscheinungen war, die Apostel und die Welt zu über=zeugen, daß der göttliche Erlöser wahrhaft auferstanden sei; wozu sollte der Herr also nachher noch die Wundmale beibe=halten? Der heilige Thomas sagt: „Christus hat gewollt, daß die Wundmale an seinem Leibe zurückbleiben sollten, nicht bloß um den Glauben der Jünger sicher zu machen, sondern auch aus andern Gründen; und aus diesen erhellt, daß diese Wund=male immer bleiben werden." Dann führt er die Worte des heiligen Augustinus an, welche also lauten: „Ich glaube, daß der Leib Christi im Himmel so sei, wie er damals war, als er in den Himmel auffuhr."[3]) In den Himmel aufgefahren aber ist der Herr, wie er den Seinigen während der vierzig Tage erschienen war; denn die heiligen Urkunden sagen nichts davon, daß an ihm vor oder bei seiner Himmelfahrt eine Veränderung vorgekommen sei. Der heilige Thomas führt ferner noch folgende

---

[1]) Id habet S. Aug. Serm. 56. in Append. de Divers.   [2]) Loc. cit. ad 2.   [3]) Epist. 146. ad Consentium.

Worte des heiligen Papstes Gregorius an: „Wenn an dem Leibe
Christi nach der Auferstehung noch Etwas hätte verändert werden
können, so würde der Herr gegen den wahrheitsgetreuen Ausspruch
des Paulus nach der Auferstehung auch dem Rückfalle in den
Tod unterworfen gewesen sein, was auch kein Thor zu behaupten
wagen dürfte, wenn er nicht die wahre Auferstehung leugnen
wollte."[1] Denn könnte an den verklärten Leibern noch eine
Veränderung vorgehen, so ließe sich kein Grund angeben, warum
eine solche Veränderung nicht auch bis in den Tod fortschreiten
könnte. Die verklärten Leiber sind, weil unverweslich und geistig,
auch unveränderlich. Daher schließt der englische Lehrer: „Es
ist also klar, daß die Wundmale, welche Christus nach der Auferstehung an seinem Leibe gezeigt hat, nachher niemals mehr
von jenem Leibe entfernt worden seien."[2]

Endlich gibt der heilige Lehrer auch die Gründe an, warum
der Herr in seiner Auferstehung die Wundmale beibehalten, und
mit sich in den Himmel genommen habe, indem er sagt: „Es
war angemessen, daß die Seele Christi in der Auferstehung den
Leib mit den Wundmalen an sich nahm. Erstens wegen der
Glorie Christi selbst; denn Beda sagt: Er hat die Wundmale
nicht aus Unvermögen, dieselben zu heilen, bewahrt, sondern
um immerwährend den Triumph seines Sieges mit sich zu
tragen;[3] weßhalb auch Augustinus sagt: Vielleicht werden
wir in jenem Reiche (der Glorie) an den Leibern der Märtyrer
auch jene Wundmale schauen, welche sie für den Namen Christi
erduldet haben; denn es wird an denselben keine Entstellung,
sondern eine Herrlichkeit sein, und eine Schönheit am Leibe,
nicht des Leibes, sondern der (göttlichen) Kraft erstrahlen.[4]
Zweitens, um die Herzen der Jünger im Glauben an seine
Auferstehung zu stärken. Drittens, um in seiner Fürbitte für
uns dem Vater immerfort zu zeigen, was für eine Todesart
er für den Menschen erduldet habe. Viertens, um denen,
welche er durch seinen Tod erlöst hat, durch die Vorweisung
der Merkmale desselben Todes anzudeuten, wie barmherzig ihnen
geholfen worden sei. Endlich, um im Gerichte (den Verworfenen)

---

[1] Moral. Libr. XIV. c. 29.   [2] Loc. cit. ad 3.   [3] Super Luc.
c. 97.   [4] De civ. Dei Libr. XXII. c. 22.

zu erklären, wie gerecht sie verdammt worden seien. Daher sagt Augustinus:[1] Christus wußte, warum er die Wund= male an seinem Leibe beibehielt. Denn wie er dem Thomas, der nicht glaubte, außer wenn er seine Wunden sähe, und betastete, dieselben gezeigt hat; eben so wird er sie auch den Feinden zeigen, um in überwältigender Wahrheit ihnen zu sagen: Sehet da den Menschen, den ihr gekreuziget; sehet die Wunden, die ihr ihm geschlagen; erkennet die Seite, die ihr durchbohrt habet, die von euch und euretwegen geöffnet wor= den ist, und in die ihr doch nicht habet hineingehen wollen."[2] Wie das Weltgericht selbst herrlich und furchtbar sein wird, so wird auch diese Erscheinung des göttlichen Richters herrlich und furchtbar sein; herrlich für Christus und für seine Heiligen, furchtbar für Luzifer und für seinen Anhang von verworfenen Engeln und Menschen.

Nehmen wir uns daher die Worte des heiligen Hilarius zu Herzen: „Werden wir jetzt auch wie Töpfergeschirr zer= trümmert, so sollen wir uns freuen; damit wir durch diese gewinnreiche Neugeburt zu jener seligen und Gott gefälligen Schönheit unserer nochmaligen Erneuerung umgestaltet wer= den."[3] Dem Mundschenke des Pharao, der im Kerker schmach= tete, und im Traume sah, wie er aus drei Reben dem Könige wieder Wein einschenkte, hat der ägyptische Joseph den Traum gedeutet: „Drei Reben sind noch drei Tage. Nach diesen wird Pharao wieder deines Dienstes gedenken, und dich wieder an deine vorige Stelle setzen; und du wirst ihm den Becher reichen nach deinem Amte, wie du ehedem zu thun pflegtest."[4] Dem Volke Israel hat der Prophet Osee seine künftige Trübsal und seine Befreiung aus derselben mit diesen Worten geweissagt: Gott „wird uns beleben nach zwei Tagen, und am dritten Tage (das ist, nach kurzer Zeit) uns auferwecken, damit wir vor ihm leben."[5] So ist auch das Schicksal der Auserwählten Gottes gleichsam in drei Tagen beschlossen; den ersten Tag bildet das trübsalvolle Leben auf Erden, den zweiten Tag das Dunkel des Grabes, den dritten Tag die Auferstehung zum

---

[1]) De Symbolo Libr. II. c. 8.   [2]) Loc. cit. o.   [3]) In Psalm. II.
[4]) Gen. c. XL. v. 12. 13.   [5]) Ose. c. VI. v. 3.

ewigen Leben. Der Tag der Trübsal geht vorüber, der Tag
der Gefangenschaft ist kurz, der Tag der Auferstehung dauert
ewig; diese Wahrheiten verleihen Muth, Kraft und Ausdauer
in der Trübsal, Hoffnung und Vertrauen in der Gefangen=
schaft, und führen zur glückseligen Ewigkeit. „Das Vertrauen
der Christen ist die Auferstehung der Todten."[1]

---

[1] Tertull. de resurr. c. 1.

Drittes Hauptstück.

Die Offenbarung der Auferstehung Christi.[1]

Hier bilden folgende Punkte die Gegenstände der Unter=
suchung: Warum Christus, der Herr, nach der Auferstehung
nur einigen Personen besonders erschienen; warum er nicht vor
ihren Augen auferstanden; warum er mit ihnen nicht fortwährend
umgegangen; warum er auch in fremder Gestalt erschienen ist;
ob er seine Auferstehung durch Beweise offenbaren mußte; und
ob diese Beweise auch hinreichende waren. Sind diese Punkte
erörtert; dann wird es uns auch klar sein, wie die Offenbarung
seiner Auferstehung beschaffen gewesen sei.

Erster Abschnitt.

Die Auferstehung Christi sollte nur einigen Personen besonders geoffenbart werden.[2]

Gegenstände der Erkenntniß gelangen auf zwei verschiedenen
Wegen zu unserem Bewußtsein. „Einige erkennt man nach dem
allgemeinen Gesetze der Natur, andere aber erkennt man durch
ein besonderes Geschenk der Gnade, wie diejenigen, welche von
Gott geoffenbart werden."[3] In Bezug auf die letzteren ist es,

---

[1] S. Thom. P. III. q. 55.   [2] Loc. cit. a. 1.   [3] Loc. cit. o.

wie der heilige Dionysius sagt, „ein von Gott bestimmtes Gesetz, daß sie von Gott unmittelbar den höheren Wesen geoffenbart, und durch deren Vermittlung den unteren mitgetheilt werden."[1] Dieses Gesetz sehen wir auch im Leben unseres göttlichen Heilandes beobachtet. Die Menschwerdung des Sohnes Gottes war ein ganz göttliches Werk, das auf natürlichem Wege nicht erkannt werden konnte. Er ist in der Stille des Häuschens zu Nazareth vom heiligen Geiste empfangen, und im dunklen Stalle zu Bethlehem aus Maria, der Jungfrau, geboren worden. Wer hätte zur Kenntniß dieses so großen und wunderbaren Geheimnisses gelangen können? Es war der ganzen Welt verborgen, und wäre verborgen geblieben, wenn es nicht Gott geoffenbart hätte. Wie aber hat es Gott geoffenbart? Zuerst und unmittelbar dem Erzengel Gabriel, durch Gabriel der allerseligsten Jungfrau und dem heiligen Joseph, durch einen Engel den Hirten, durch einen wunderbaren Stern den Weisen im Morgenlande, durch diese dem Herodes und den Schriftgelehrten, durch den heiligen Geist dem Simeon und der Anna im Tempel, und durch diese dem Volke, durch die Höheren den Unteren, verhältnißmäßig nur Wenigen, bis es von Christus selbst im Judenlande, und von den Aposteln der ganzen Welt gepredigt wurde. Das öffentliche Leben des Herrn, sein Leiden und Sterben aber war natürlicher Weise erkennbar, bedurfte keiner göttlichen Offenbarung, und in so fern auch keines Glaubens. Anders verhielt es sich wieder mit der Auferstehung des Herrn, welche ebenfalls ein ganz göttliches Werk war, und nur durch ein besonderes Gnadengeschenk Gottes erkannt werden konnte. Solche Wahrheiten und Geheimnisse offenbart Gott aber zuerst nur Wenigen, und durch diese den Vielen, um diesen das größere Verdienst des Glaubens zu verschaffen, umgibt jedoch die Ersteren mit solchen Merkmalen der Glaubwürdigkeit, daß die Letzteren, wenn sie eines guten Willens und demüthig sind, zur Erkenntniß der Wahrheit kommen können. Daher hat Christus, der Herr, den beiden Jüngern auf dem Wege nach Emmaus den Vorwurf gemacht: „O ihr Unverständigen und von langsamer Fassungskraft, um Alles zu glauben, was die Propheten gesprochen haben!

---

[1] De coelesti hierarch. c. 4.

Mußte nicht Chriftus (nach den Weiſſagungen der Propheten) dieß leiden, und ſo in ſeine Herrlichkeit eingehen?"[1] Ebenſo tadelte er die Apoſtel, daß ſie denen, welche ihn zuerſt geſehen hatten, nicht geglaubt hätten: „Er verwies ihnen ihren Un= glauben und ihres Herzens Härtigkeit, daß ſie denen nicht geglaubt hätten, welche ihn geſehen hatten, nachdem er auferſtanden war."[2] Welches Urtheil wird der ewige Richter über jene fällen, welche heute noch nicht glauben, nachdem eine ganze Welt ſeit achtzehn Jahrhunderten geglaubt hat, und immer glaubt?   „Wer nicht glaubt, der wird verdammt werden."[3]

Welche und wie viele waren denn nun die Auserwählten, welchen der Herr ſeine Auferſtehung geoffenbart hat, und welchen er nach ſeiner Auferſtehung erſchienen iſt? Zuerſt und vor allen Andern iſt er Mariä, ſeiner geliebten Mutter, erſchienen: „Er iſt der Jungfrau Maria erſchienen, was, wiewohl es in der Schrift nicht geſagt iſt, als geſagt angenommen wird, da ſie erzählt, daß er ſo vielen Andern erſchienen ſei; denn die Schrift ſetzt voraus, daß wir Verſtand haben, wie geſchrieben ſteht:[4] „Seid auch ihr noch ohne Verſtand?"[5] Der heilige Ambroſius ſagt: „Maria hat die Auferſtehung des Herrn geſehen, und ſie hat dieſelbe zuerſt geſehen, und geglaubt."[6]   Dann iſt der Auferſtandene der Maria Magdalena am Grabe,[7] den frommen Frauen auf dem Rückwege vom Grabe nach Jeruſalem,[8] dem Petrus,[9] den beiden Jüngern auf dem Wege nach Emmaus,[10] und den Apoſteln in Abweſenheit des heiligen Thomas an dem= ſelben Tage[11] ſeiner Auferſtehung erſchienen.   Nach acht Tagen iſt der Herr den Apoſteln in Gegenwart des heiligen Thomas,[12] hierauf ſieben Jüngern am See Geneſareth,[13] dann auf dem Berge in Galiläa mehr als fünfhundert Gläubigen auf ein= mal,[14] hernach dem Apoſtel Jacobus, und endlich allen Apoſteln

---

[1] Luc. c. XXIV. v. 25. 26.   [2] Marc. XVI. v. 14.   [3] Ibid. v. 16.
[4] Matth. c. XV. v. 16.   [5] S. Ignatius in Exercit. Contempl. de Resurrect. Dom.   [6] De virginit., S. Anselm. De excellent. Virg. Libr. VI.,
S. Bonavent. Vit. Christi c. 87. et est. commun. sent. Doct. et Fidel.
[7] Marc. c. XVI. v. 9., Joann. c. XX. v. 16.   [8] Matth. c. XXVIII.
v. 9.   [9] Luc. c. XXIV. v. 31. et seqq.   [10] Ibid. v. 34.   [11] Ibid.
v. 36.   [12] Joann. c. XX. v. 26.   [13] Ibid. c. XXI. v. 1. et seqq.
[14] I. Cor. c. XV. v. 6.

und andern Gläubigen auf dem Oelberge vor seiner Himmel=
fahrt erschienen.[1])

Diese waren im Verhältnisse zur ganzen Welt, der die
Auferstehung geprediget werden sollte, die nur wenigen Zeugen
derselben, wie deßhalb auch Petrus zum Hauptmanne Cornelius
zu Cäsarea von Christus gesprochen: „Diesen hat Gott am
dritten Tage auferweckt, und ihn erscheinen lassen, nicht dem
ganzen Volke, sondern den von Gott vorherbestimmten Zeugen,
uns, die wir mit ihm gegessen, und getrunken haben, nachdem
er von den Todten auferstanden war.“[2]) Durch die Sendung
des heiligen Geistes[3]) und durch seinen eigenen immerwährenden
Beistand aber hat er sie zu tauglichen und der Größe der Auf=
gabe entsprechenden Zeugen gemacht, wie es der Glaube der
Welt beweist.[4]) Wozu aber ist der Herr auch jenen Frauen,
und zwar zuerst und vor den Aposteln und Jüngern, erschienen?
Sollten vielleicht auch sie der Welt Zeugniß geben, da doch der
heilige Paulus ihrem ganzen Geschlechte in den Versammlungen
zu reden verbietet? Denn er schreibt an die Corinther: „Die
Weiber sollen in den Versammlungen schweigen; denn es ist
ihnen nicht gestattet, zu reden, sondern sie sollen unterthänig
sein, wie auch das Gesetz sagt. Wollen sie aber Etwas lernen,
so mögen sie zu Hause ihre Männer fragen; denn es steht dem
Weibe übel an, in der Versammlung zu reden.“[5])

Christus, der Herr, wollte durch seine Erscheinungen nicht
bloß Beweise seiner Auferstehung geben, sondern auch die Seinigen
in ihrer Trauer trösten, und ihren Muth wieder aufrichten.
Die würdigste dieses Trostes war seine jungfräuliche Mutter,
die auch am meisten gelitten hatte; jene frommen Frauen aber
waren dem Herrn während seines Leidens, in seinem Tode und
über das Grab hinaus treu geblieben, und hatten ihm die größte
Liebe erwiesen, während die Männer sich zurückzogen, und ver=
borgen hielten. Der heilige Hieronymus sagt daher: „Die so
suchten, die so eilten, verdienten es, daß der Herr bei seiner
Auferstehung ihnen entgegenkam, und sie zuerst das — Seid
gegrüßt! — vernahmen, damit der Fluch des Weibes Eva in

---

[1]) Luc. c. XXIV. v. 49., Act. Apost. c. I. v. 9., I. Cor. c. XV. v. 6.
[2]) Act. Apost. c. X. v. 40. 41.   [3]) Ibid. c. I. v. 8.   [4]) Matth. c.
XXVIII. v. 20., Marc. c. XVI. v. 20.   [5]) I. Cor. c. XIV. v. 34. 35.

den Weibern aufgehoben würde."[1] Sie wurden von dem Herrn mit der frohen Botschaft an die Apostel gesendet; damit, wie vom Weibe der Tod über das Menschengeschlecht ausgegangen war, so auch von Weibern das neue Leben angekündet würde, wie der heilige Hilarius bemerkt: „Daß zuerst Weiber den Herrn sehen, begrüßt werden, auf den Knieen nahen, den Befehl erhalten, den Aposteln die Kunde zu bringen, ist in umgekehrter Ordnung hauptsächlich darum geschehen; damit, weil von diesem Geschlechte der Tod seinen Anfang genommen hat, ihm auch zuerst der Anblick, die Frucht und die Botschaft der glorreichen Auferstehung gewährt würde."[2] Sie wurden von dem Herrn zu den Aposteln gesendet, um ihrem Geschlechte die Ehre wieder zurückzustellen, die es durch die erste Sünde verloren hatte, wie der heilige Chrysostomus sagt: Der Herr „bediente sich der Weiber als Apostel an die Apostel, um das Geschlecht zu ehren, das durch die Verführung der Schlange ehrlos geworden war; und weil das Weib für den Mann die Ursache der Trauer geworden war, werden die Weiber für die Männer jetzt die Vermittlerinen der Freude."[3] Damit aber haben sie nicht auch das Recht erhalten, zu predigen; denn der heilige Thomas sagt: „Dem Weibe ist es nicht erlaubt, in der Kirche öffentlich zu lehren; es ist ihr aber erlaubt, Manche durch häusliche Er= mahnung besonders zu unterweisen. Deßhalb wird, wie Ambro= sius sagt,[4] ein Weib (Magdalena) zu ihnen (den Aposteln) gesendet, welche Hausgenossen sind; es wird aber nicht dazu gesendet, daß es dem Volke ein Zeugniß der Auferstehung bringe. Er ist aber deßhalb zuerst den Weibern erschienen, damit ein Weib, wie es zuerst die Botschaft des Todes dem Manne gebracht hat, auch zuerst das Leben des in Herrlichkeit auferstandenen Christus verkünbeten; weßhalb Cyrillus sagt:[5] Das Weib, welches einst den Tod gebracht hat, erhält, und verkündet zuerst das verehrungswürdige Geheimniß der Auferstehung. Es erlangte daher das weibliche Geschlecht die Befreiung von der Schmach und die Aufkündigung des Fluches. — Auf gleiche Weise wird dadurch auch angezeigt, daß, was den Stand der Glorie betrifft,

---

[1] Cit. a Corn. a Lap. in Matth. c. XXVIII. v. 9. [2] Cit. ab eod. ibid. [3] Cit. ab eod. ibid. [4] Super Luc. in c. XXIV. v. 24. [5] Libr. XII. in Joann. c. XX. v. 17.

das weibliche Geschlecht keinen Nachtheil erleidet; sondern, wenn sie in größerer Liebe erglühen, werden sie auch eine größere Glorie in der Anschauung Gottes erhalten; wie auch die Weiber, welche den Herrn inniger und so sehr geliebt haben, daß sie, während selbst die Jünger davon gingen, sich nicht vom Grabe entfernten, zuerst den Herrn in seiner glorreichen Auferstehung gesehen haben."[1] Wie endlich Christus, der Herr, weder der Magdalena noch den andern frommen Frauen unvermittelt erschienen ist, sondern sie durch Engelerscheinungen auf seine Erscheinung vorbereitet hat, damit sie nicht zu sehr erschracken, und in Verwirrung geriethen; so wollte er aus demselben Grunde den Jüngern seine Auferstehung, bevor er selbst in ihrer Mitte erschien, durch diese Frauen ankünden lassen. Er war eben der weiseste und liebevollste Tröster.

Man könnte ferner sagen, öffentliche Verbrecher verdienen, öffentlich gestraft, und öffentliche Verdienste verdienen, öffentlich belohnt zu werden; nun aber haben die Juden den Herrn öffentlich gekreuziget, und getödtet, und auch der Herr habe öffentlich Kreuz und Tod erduldet; somit scheine es die Gerechtigkeit zu fordern, daß der göttliche Erlöser dort, wo er gekreuziget, und getödtet worden ist, auch öffentlich vor allem Volke, und nicht bloß vor Einigen, seine Auferstehung hätte feiern sollen. Hierauf ist zu erwidern, daß die Auferstehung Christi in der That der ganzen Welt bekannt, und erwiesen worden ist; Zeit und Ort dazu zu bestimmen, hat sich die göttliche Vorsehung aus den weisesten und barmherzigsten Absichten, wie wir bereits vernommen haben, vorbehalten. Zugleich sind die Juden sofort vor der ganzen Welt gestraft, und zu Schanden gemacht, und ist Christus vor allen Völkern der Erde verherrlichet worden. Schließlich wird die volle ausgleichende Gerechtigkeit in Bezug auf den Herrn sowohl, als auch in Hinsicht auf seine Feinde, am letzten Gerichtstage vor dem Himmel und vor der Erde stattfinden. „Dort wird als Richter sitzen, der vor dem Richter gestanden ist; er wird die wahren Schuldigen verdammen, welcher fälschlich zum Schuldigen gemacht worden ist."[2]

---

[1] Loc. cit. ad 3.   [2] S. Aug. Serm. 64. de verb. Dom.

Was wäre denn darauf zu antworten, wenn Jemand sagte, die Auferstehung Christi habe, wie sein Leiden und Sterben, unser Aller Heil zum Zwecke gehabt; daher hätte jene, wie dieses, auch in den Augen Aller stattfinden sollen? Außer dem, daß die Auferstehung des Herrn, zwar nicht gleich Anfangs, aber doch später, der ganzen Welt bekannt geworden ist, wie das Leiden und der Tod des Herrn, und somit das Heil der Men= schen keinen Eintrag erlitten hat; kann noch bemerkt werden, daß das Leiden die Genugthuung für die Sünden der Mensch= heit und die Aufforderung, mit ihm zu leiden, die Auferteh= ung aber der Lohn dafür ist, und Muth und Vertrauen erweckt. Jenes füllt gegenwärtig Zeit und Raum, diese winkt aus der Zukunft und aus der Ewigkeit. Daher sollte jenes Allen bekannt sein, diese aber geglaubt, und gehofft werden. Deßhalb schließt der heilige Thomas: „Das, was zur künftigen Glorie gehört, übersteigt die gewöhnliche Erkenntnißkraft der Menschen nach dem Worte des Isaias: Das Auge hat es nicht gesehen ohne dich, o Gott! was du denen bereitet hast, die auf dich harren.[1] Daher werden solche Dinge auch nicht erkannt, außer wenn sie Gott offenbart, wie der Apostel an die Corinther schreibt: Gott hat es uns geoffenbart durch seinen Geist.[2] Weil also Christus in glorreicher Auferstehung auferstanden ist, deßhalb ist seine Auferstehung nicht allem Volke geoffenbart worden, sondern nur Einigen, damit sie durch deren Zeugniß zur Kenntniß Anderer gelangte.“[3] Wir können uns aber mit dem Worte des Herrn vollkommen beruhigen, und trösten: „Selig, die nicht sehen, und dennoch glauben.“[4]

Zweiter Abschnitt.

Es war nicht angemessen, daß die Jünger die Auf= erstehung des Herrn selbst sahen.[5]

Hätten die Jünger die Auferstehung des Herrn sehen sollen, so würden mehrere Wunder erforderlich gewesen sein. Denn es

---

[1] Isai. c. LXIV. v. 4.   [2] I. Cor. c. II. v. 10   [3] Loc. cit. o.
[4] Johann. c. XX. v. 29.   [5] Loc. cit. a. 2.

8*

hätte an ihnen selbst ein moralisches Wunder geschehen müssen, um ihnen den Muth zu geben, an dem von Soldaten bewachten Grabe zu erscheinen; denn sie waren ja von solcher Furcht vor den Juden ergriffen, daß sie sich hinter verschlossenen Thüren verbargen.

Ein weiteres und vielfaches Wunder wäre erforderlich ge= wesen, um das Grab zu öffnen, und den heiligsten Leichnam des Herrn in demselben zu sehen; denn das Evangelium erzählt: „Des anderen Tages (am Sabbate), der auf den Rüsttag folgt, versammelten sich die Hohenpriester und Pharisäer bei Pilatus, und sprachen: Herr! wir haben uns erinnert, daß jener Ver= führer, als er noch lebte, gesagt hat: Nach drei Tagen werde ich wieder auferstehen. Befiehl also, daß das Grab bis auf den dritten Tag bewacht werde, damit nicht etwa seine Jünger kommen, ihn stehlen, und dem Volke sagen: Er ist von den Todten auferstanden! und so der letzte Irrthum ärger würde, als der erste. Pilatus sprach zu ihnen: Ihr habet eine Wache, gehet, haltet Wache, wie es euch gut dünkt. Sie aber gingen hin, verwahrten das Grab mit Wächtern, und versiegelten den Stein."[1] Diese Bewachung des Grabes war also von der heidnischen und jüdischen Obrigkeit angeordnet, und ausgeführt worden. Menschlicher Weise wäre es also den Jüngern unmög= lich gewesen, bis zum göttlichen Leibe zu gelangen.

Wer hätte ferner die Jünger als Zeugen der Auferstehung zum Grabe gerufen, um daselbst auf die Auferstehung zu warten, da sie an dieselbe selbst auf das Zeugniß derer, welche den auf= erstandenen Heiland gesehen, mit ihm gesprochen, und ihn berührt hatten, nicht glaubten? Wie viele neue Wunder wären da noth= wendig gewesen!

Dessenungeachtet hätten sie über die Auferstehung des Herrn keine sicherere Ueberzeugung erlangt, als durch die nachfolgenden Beweise, die ihnen der Herr selbst über dieselbe gegeben hat; denn der Auferstandene, den sie so oft sahen, hörten, berührten, betasteten, mit dem sie aßen, und tranken, der vor ihnen so wunderbar erschien, und verschwand, der ihnen ihre geheimsten Gedanken offenbarte, bewies ihnen die Wahrheit seiner Aufer=

---

[1] Matth. c. XXVII. v. 62.—66.

stehung unvergleichbar kräftiger, als wenn sie ihn hätten aufer=
stehen gesehen; da die Auferstehung eine augenblickliche und plötz=
liche war, und leicht einer Sinnestäuschung hätte zugeschrieben
werden können, wenn die späteren Erscheinungen nicht mehr
erfolgt wären.

Ueberdieß hätten die Jünger, wären sie bei der Auferstehung
gegenwärtig gewesen, den Worten der Hohenpriester und Phari=
säer, mit welchen sie von Pilatus eine Bewachung des Grabes
gefordert haben: „Damit nicht etwa seine Jünger kommen, ihn
stehlen, und dem Volke sagen: Er ist auferstanden;"[1] den
Schein der Berechtigung geben können. Ja, sie hätten einen
Schein der Wahrheit sogar der widersinnigsten That dieser Juden
geben können, welche das heilige Evangelium also berichtet: „Es
kamen Einige von den Wächtern in die Stadt, und verkündeten
den Hohenpriestern Alles, was sich zugetragen hatte. Und diese
versammelten sich mit den Aeltesten, hielten Rath, und gaben
den Soldaten viel Geld, und sprachen: Saget: Seine Jünger
sind bei der Nacht gekommen, und haben ihn gestohlen, als wir
schliefen. Und wenn dieß dem Landpfleger zu Ohren kommen
sollte; so wollen wir ihn bereden, und euch sicher stellen. Sie
nahmen das Geld, und thaten, wie man sie unterrichtet hatte."[2]
Sie schämten sich nicht, schlafende Zeugen für die Aussage dessen
zu verwenden, was sich während ihres Schlafes zugetragen haben
sollte, und sie zu dieser vernunftwidrigen Aussage mit vielem
Gelde zu bestechen. „Die das Blut des Lebenden gekauft hatten,
erstickten jetzt die Rede von der Auferstehung des Gekreuzigten
und des wieder Lebendigen nochmals mit Geld."[3]

Der heilige Thomas schreibt endlich in seiner gewohnten
Gründlichkeit: „Bei Marcus ist gesagt: Als der Herr des
Morgens am ersten Tage der Woche auferstanden war, erschien
er zuerst der Maria Magdalena.[4] Maria Magdalena aber
hat ihn nicht auferstehen gesehen; sondern da sie ihn im Grabe
suchte, hörte sie vom Engel: Er ist auferstanden, ist nicht hier.
Es hat ihn also Niemand in der Auferstehung gesehen. Man
muß nun sagen, daß, wie der Apostel spricht,[5] was von Gott

---

[1] Loc. cit.   [2] Ibid. c. XXVIII. v. 11.—15.   [3] S. Chrysost. cit.
a Corn. a Lap. in Matth. c. XXVIII. v. 12.   [4] Marc. c. XVI. v. 9.
[5] Rom. c. XIII. v. 1.

ist, geordnet ist. Es ist aber von Gott die Ordnung festgesetzt, daß dasjenige, was über die menschliche Fassungskraft hinaus= geht, den Menschen durch Engel geoffenbart werde, wie dieß aus Dionysius[1]) erhellt. Christus aber ist durch die Auferstehung nicht zu einem, den Menschen gewöhnlich bekannten Leben, son= dern zu einem unsterblichen und Gott gleichförmigen Leben zurückgekehrt, nach dem Worte: Da er lebt, lebt er für Gott.[2]) Deßhalb mußte die Auferstehung Christi nicht unmittelbar von Menschen gesehen, sondern ihnen von Engeln verkündet werden. Daher sagt auch Hilarius:[3]) Dazu zeigt der Engel zuerst die Auferstehung an, damit durch einen Diener des väterlichen Willens die Auferstehung verkündet würde."[4])

So sieht es auch die gesunde Vernunft ein, daß es nicht angemessen gewesen wäre, wenn Christus die Auferstehung vor den Augen seiner Jünger gefeiert hätte.

Könnte jedoch die Vernunft nicht noch einwenden: Die Jünger waren dazu auserwählt, von der Auferstehung Christi Zeugniß zu geben; die sichersten Zeugen aber sind die Augen= zeugen; somit scheint es doch, daß sie die Auferstehung selbst hätten sehen sollen? Aber wenn ich unfehlbar gewiß weiß, daß mein Freund in Rom, oder in Paris, oder in London sich auf= gehalten habe, und ihn jetzt vor mir da sehe; weiß ich dann nicht ebenfalls so unfehlbar gewiß, daß er von dort abgereist sei, als wenn ich bei seiner Abreise gegenwärtig gewesen wäre? So mußten die Jünger unfehlbar gewiß, daß ihr Herr und Meister gekreuziget, getödtet, und begraben worden sei; jetzt aber sahen sie ihn wieder lebendig und leibhaft vor sich; wußten sie also nicht ebenfalls unfehlbar gewiß, daß er aus dem Grabe auferstanden sei, als wenn sie seine Auferstehung gesehen hätten? Daher sagt der heilige Thomas: „Die Apostel konnten die Auf= erstehung Christi auch vom Sehen aus bezeugen, weil sie Chri= stum, von dem sie wußten, daß er gestorben sei, nach der Auferstehung im geheimen Glauben (innerlich glaubend) gesehen haben. Wie man aber zur seligen Anschauung durch den Glauben vom Anhören gelangt; so kamen die Menschen zur

---

[1]) De coelesti hierarch. c. 4.   [2]) Rom. c. VI. v. 10.   [3]) Super Matth. c. XXVIII.   [4]) Loc. cit. o.

zur Anschauung des auferstandenen Christus (zuerst) durch das, was sie früher von den Engeln gehört hatten." [1])

Könnte man nicht noch weiter fragen: Um eine Gewißheit des Glaubens über die Himmelfahrt Christi zu gewinnen, wurden die Jünger als Augenzeugen zugelassen; warum hätte dasselbe nicht auch in Bezug auf dessen Auferstehung stattfinden sollen? Hierauf ist mit dem englischen Lehrer zu erwidern: „Die Himmel= fahrt Christi überstieg in ihrem Anfangspunkte nicht die gewöhn= liche Erkenntniß der Menschen, sondern nur in ihrem Endpunkte. Deßhalb konnten auch die Jünger die Auffahrt Christi sehen in Bezug auf den Anfangspunkt, das ist, wie er sich von der Erde erhob; aber sie sahen ihn nicht in Bezug auf den Endpunkt, weil sie nicht sahen, wie er in den Himmel aufgenommen wurde. Die Auferstehung Christi aber überstieg die gewöhnliche Erkennt= niß der Menschen auch in Bezug auf den Anfangspunkt, wie nämlich die Seele aus der Unterwelt zurückkehrte, und der Leib aus dem verschlossenen Grabe hervorging; und auch in Bezug auf den Endpunkt, in wie fern er das glorreiche Leben erhalten hat. Daher mußte die Auferstehung nicht so geschehen, daß sie von einem Menschen gesehen wurde." [2]) Es steht nicht umsonst geschrieben: „Er erhob sich vor ihren Augen, und eine Wolke entzog ihn ihren Blicken." [3]) Das Erstere konnten sie sehen, das Letztere deutete an, daß den glorreichen Einzug des Herrn in den Himmel kein Mensch ohne göttliche Offenbarung sehen konnte, eben weil derselbe über alle menschliche Fassungskraft dem Orte und der Sache nach erhaben und herrlich war. Es war dieß, wie die Auferstehung ein ganz göttliches Werk, wie auch der heilige Cyprianus sagt: „Christus hat im Gebrauche der eigenen Kraft seiner göttlichen Natur das Fleisch in den Himmel hinein= getragen, und den glorreichen Leib dem Anblicke des Vaters dargestellt;" [4]) und daher konnte dieß von Menschen nicht gesehen, nicht erkannt werden. Was Gott thut, ist wohlgethan, wenn auch die menschliche Vernunft weder, was er thut, noch wie er es thut, noch warum er es thut, begreifen kann; es muß ihr genügen, daß Gottes Wort sie versichert, daß Gott es gewirkt habe.

---

[1]) Loc. cit. ad 1.   [2]) Loc. cit. ad 2.   [3])Act. Apost. c. I. v. 9.
[4]) De Ascens. Christi c. 3.

Dritter Abschnitt.

Es war nicht angemessen, daß Christus nach der Auf=
erstehung ununterbrochen bei den Jüngern verweilte,
und mit ihnen umging.[1])

Dieser Satz dürfte der menschlichen Vernunft vieles Bedenken
erregen, und, den wahren Inhalt desselben zu glauben, man=
cherlei Schwierigkeiten bereiten. Denn es muß ihr doch höchst
angemessen und wichtig erscheinen, daß Christus während der
vierzig Tage nach der Auferstehung beständig mit den Jüngern
hätte umgehen sollen; weil ja der Zweck seiner Erscheinung in
der Stärkung ihres Glaubens und in der Tröstung ihrer betrübten
Herzen bestand, und Beides viel wirksamer durch seine ununter=
brochene Gegenwart hätte erreicht werden können. Allein beide
Zwecke sind durch die unterbrochenen Erscheinungen des Herrn
auf die wirksamste Weise mit Hilfe der göttlichen Gnadenkraft,
welche damit verbunden war, erreicht worden. Denn der heilige
Evangelist Lucas sagt, daß der Herr sie, als er ihnen das erste
Mal erschien, sie aber darüber „erschracken, und sich fürchteten,"
sofort mit Worten beruhiget, und zu ihnen gesprochen habe:
„Der Friede sei mit euch; ich bin es, fürchtet euch nicht!"[2])
Die Worte des Herrn aber sind wirksam, und bringen das her=
vor, was sie sagen; und der heilige Evangelist Johannes berichtet:
„Es freuten sich die Jünger, als sie Jesum sahen."[3]) Freude
und Friede kehrten in ihre Herzen ein. Ueberdieß bestärkte er
sie darin, wie wir gesehen haben, durch die überzeugendsten
Thaten. Es waren also öftere Erscheinungen, es war auch der
beständige Umgang mit ihnen nicht nothwendig, sondern es er=
wies sich die oftmalige Unterbrechung der Gegenwart des Herrn
vielmehr als sehr zweckmäßig und angemessen. Denn der heilige
Thomas sagt:[4]) „Die oftmalige Erscheinung Christi genügte,
um den Jüngern über die Wahrheit der Auferstehung Gewiß=
heit zu verschaffen. Der beständige Umgang mit ihnen hätte
sie in den Irrthum führen können, daß sie hätten meinen können,

---

[1]) Loc. cit. a. 3.   [2]) Luc. c. XXIV. v. 36.—47.   [3]) Joann. c.
XX. v. 20.   [4]) Loc. cit. ad 1.

er sei zu einem ähnlichen Leben auferstanden, wie er es früher gehabt habe. Den Trost aber über seine beständige Gegenwart hat er ihnen für das andere Leben verheißen, nach dem Worte: Ich werde euch wieder sehen, und euer Herz wird sich freuen; und eure Freude wird Niemand von euch nehmen."[1]) Somit war seine beständige Gegenwart keineswegs nothwendig.

Die Vernunft könnte ja auch einwenden, daß der Herr nach der Auferstehung vierzig Tage lang auf Erden verweilt sei, und für seinen Aufenthalt keinen passenderen Ort hätte finden können, als wo die Jünger versammelt waren; und daher hätte er auch beständig bei ihnen bleiben sollen. So könnte man meinen, wenn der Herr sich einen passenderen Ort hätte suchen müssen. Aber was die Orte betrifft, war der Aufenthaltsort der Jünger für den Herrn nicht passender, als jeder andere Ort; denn „des Herrn ist die Erde, und was sie erfüllt."[2]) Dieß hat der Herr auch thatsächlich selbst gezeigt, da er ihnen bald an diesem bald an jenem Orte erschienen ist, ja, sie selbst an einen andern Ort berufen hat, wo er ihnen erscheinen wollte, wie er den frommen Frauen den Auftrag an die zu Jerusalem versammelten gegeben: „Gehet hin, und verkündet es meinen Brüdern, daß sie nach Galiläa gehen, daselbst werden sie mich sehen."[3]) Uebrigens, sagt der heilige Thomas, „ist Christus nicht deßhalb nicht beständig bei den Jüngern geblieben, weil er dafür gehalten, daß es für ihn anderswo angemessener gewesen; sondern weil er es für die Unterweisung der Jünger für ersprießlicher erachtete, wenn er nicht fortwährend mit ihnen uminge. Unbekannt aber ist, an welchen Orten er sich in der Zwischenzeit leiblich aufge= halten habe, da die Schrift dieß nicht berichtet, und seine Herr= schaft aller Orten ist."[4])

Daß aber Christus, der Herr, nicht ununterbrochen mit den Jüngern umgegangen, bezeugt das heilige Evangelium ausdrück= lich, indem es berichtet, daß seine Erscheinungen nicht nur an verschiedenen Orten, sondern auch zu verschiedenen Zeiten statt= gefunden haben, in den Zwischenzeiten aber von keiner Erscheinung Meldung macht. So ist der Herr am Auferstehungstage nach

[1]) Joann. c. XVI. v. 22.   [2]) Psalm. XXIII. v. 1.   [3]) Matth. c. XXVIII. v. 10.   [4]) Loc. cit. ad 2.

der allerseligsten Jungfrau zuerst der Maria Magdalena am Grabe, dann den frommen Frauen auf dem Rückwege nach der Stadt, hierauf dem Petrus, ferner den zwei Jüngern auf dem Wege nach Emmaus, und am Abende den zu Jerusalem ver= sammelten Aposteln in Abwesenheit des heiligen Thomas er= schienen; diese Erscheinungen aber geschahen zu verschiedenen Stunden des Tages, und es waren nicht alle Jünger bei jeder Erscheinung gegenwärtig, sondern nur diejenigen, welche das Evangelium bezeichnet; und daher kann man nicht sagen, daß Christus beständig mit ihnen umgegangen sei.[1]

Nach dem Auferstehungstage berichtet das Evangelium erst am folgenden Sonntage wieder eine Erscheinung vor den Aposteln zu Jerusalem in Gegenwart des heiligen Thomas, später die Erscheinung vor den sieben Jüngern am Ufer des galiläischen Meeres, hierauf die Erscheinung auf dem Berge in Galiläa, nachher die Erscheinung, als er das letzte Mal mit den Aposteln zu Jerusalem speiste, und endlich die Erscheinung als der Herr vor ihren Augen in den Himmel auffuhr. Inzwischen ist Christus auch dem heiligen Jacobus erschienen.[2] Darüber schreibt auch der heilige Paulus an die Corinther: „Ich habe euch zu= förderst mitgetheilt, was ich auch empfangen habe, daß Christus für unsere Sünden gestorben, wie geschrieben steht,[3] daß er begraben worden, und am dritten Tage wieder auferstanden ist, wie geschrieben steht,[4] daß er dem Cephas erschienen, und dar= nach den Elfen. Nachher ist er mehr als fünfhundert Brüdern zugleich erschienen, von welchen noch viele bis auf den heutigen Tag leben, einige aber entschlafen sind. Hierauf ist er dem Jacobus erschienen, dann allen Aposteln. Zuletzt aber, nach Allen, ist er auch mir als einer unzeitigen Geburt erschienen."[5] Der heilige Thomas macht zu diesen Erscheinungen die Bemer= kung: „Sein Umgang mit ihnen, bevor er in den Himmel auffuhr, war ein häufiger, und zwar zu ihrem Troste."[6] Nun könnte man noch fragen, warum der Herr den Seinigen gleich am ersten Tage schon fünfmal, später aber nicht öfter erschienen sei, was doch nicht angemessen erscheinen könnte?

---

[1] S. Aug. de consens. Evang. Libr. III. cap. ult.　[2] Loc cit. ad 3.
[3] Isai. c. LIII. v. 5.　[4] Jon. c. II. v. 1.　[5] I. Cor. c. XV. v. 3.—9.
[6] Loc. cit.

Angemessen, und einzig angemessen ist das, was Gott thut; und wenn das heilige Evangelium jene Erscheinungen in dieser Zahl, an diesen Orten und in dieser Verschiedenheit der Zeit und anderer Umstände berichtet, so muß uns auch dieß ange= messen erscheinen. Zudem macht der heilige Chrysostomus in Bezug auf die Erscheinungen in Galiläa die Bemerkung: „Er begibt sich nicht in eine weit entfernte Gegend, um ihnen zu erscheinen, sondern (er bleibt) in ihrem Volke, und fast in den= selben Gegenden, in welchen sie am öftesten mit ihm umgegangen sind; damit sie auch darum glaubeten, daß derselbe, der gekreu= ziget worden ist, es selbst sei, der auch auferstanden ist."[1] Der heilige Ambrosius bezeichnet als Grund, warum Christus zuerst in Jerusalem, und dann in Galiläa den Aposteln erschienen ist, obwohl er und sein heiliger Engel sie durch die frommen Frauen gleich Anfangs nach Galiläa gewiesen hatte,[2] seine liebvolle Vorsicht, womit er sie zuvor trösten, und stärken wollte, und sagt: „Christus hatte den Jüngern befohlen, daß sie sich nach Galiläa begeben sollten, wo sie ihn sehen würden; aber er hat sich ihnen zuerst, als sie aus Furcht noch im Speisesaale sich aufhielten, dargestellt, und nachher haben sie sich, als ihr Muth schon gestärkt war, nach Galiläa begeben."[3] Der heilige Thomas aber schreibt darüber: „Zuvor ist er ihnen zu Jerusalem, wo sie sich verborgen hielten, einmal, oder zweimal erschienen, um sie zu trösten; in Galiläa aber hat er sich nicht heimlich, oder einmal, oder zweimal, sondern mit großer Macht geoffenbart, indem er durch viele Zeichen bewies, daß er nach seinem Leiden wieder lebe, wie Lucas bezeugt."[4] Der heilige Augustinus sieht in diesem Befehle des Herrn an die Apostel, daß sie sich nach Galiläa begeben sollten, „wohin er ihnen vorausgehen würde,"[5] auch eine Weissagung, und schreibt: „Was vom Engel und vom Herrn gesagt worden ist, daß er (nämlich vor ihnen nach) Galiläa gehen würde, ist (auch) als Weissagung aufzufassen. Denn unter Galiläa ist nach der Bedeutung dieses Wortes[6] zu verstehen, daß die Gnade Christi von dem Volke Israel zu den Heiden wegziehen werde, bei welchem aber die Predigt der

---

[1] Homil. 83 in Matth.   [2] Matth. c. XXVIII. v. 7. 10.   [3] Super Luc.   [4] Loc. cit. ad 4. Luc. Act. Apost. c. I. v. 3.   [5] Matth. c. XXVIII. v. 7.   [6] Galiläa heißt so viel, als Wegziehen.

Apostel keinen Glauben finden würde, wenn ihnen nicht Christus selbst den Weg in die Herzen der Menschen bereitete. Und dieß versteht man unter dem Worte: Er wird vor euch nach Galiläa gehen. In wie fern Galiläa aber Offenbarung bedeutet,[1]) muß er nicht mehr in der Gestalt des Knechtes, sondern in jener betrachtet werden, in welcher er dem Vater gleich ist (in der Gestalt Gottes und der Herrlichkeit), die er denjenigen verheißen hat, die ihn lieben; und er ist dorthin gegangen, von wo er, als er zu uns kam, nicht weggegangen ist, und wohin er uns vorausgegangen ist, ohne uns zu verlassen."[2])

Das heilige Evangelium sagt endlich ausdrücklich, daß Christus, der Herr, nachdem er das erste Mal seinen Jüngern in dem Speisesaale zu Jerusalem erschienen war, ihnen nach acht Tagen wieder erschienen sei: „Und nach acht Tagen waren die Jünger wieder darin, und Thomas mit ihnen. Da kam Jesus bei verschlossenen Thüren, stand in ihrer Mitte, und sprach: Der Friede sei mit euch!"[3]) Dieß beweist, daß er nicht beständig bei ihnen war; und der heilige Thomas gibt die Gründe an, warum es Christus für angemessen hielt, nicht ununterbrochen sichtbar bei ihnen zu sein, und schreibt:[4]) „Durch die Aufer= stehung Christi sollten den Jüngern zwei Dinge klar gemacht werden, nämlich die Wahrheit der Auferstehung selbst und die Herrlichkeit des Auferstandenen. Um die Wahrheit der Aufer= stehung klar zu machen, genügte es, daß er ihnen öfters erschien, mit ihnen vertraulich sprach, und aß, und trank, und sich ihnen zu betasten darreichte. Um aber die Herrlichkeit des Auferstan= denen ihnen klar zu machen, wollte er nicht beständig mit ihnen umgehen, damit es nicht den Anschein hätte, als wäre er zu einem solchen Leben auferstanden, wie er es früher gehabt hatte. Deßhalb hat er zu ihnen auch gesagt: Das sind die Worte, die ich zu euch geredet habe, als ich noch bei euch war,"[5]) über welche Worte Beda die Erklärung gibt: „Als ich noch bei Euch war, das ist, als ich noch im sterblichen Fleische war, in dem auch ihr seid. Jetzt war er zwar in demselben Fleische auferweckt worden, aber er war nicht mehr in derselben Sterblichkeit mit

---

[1]) Auch diese Bedeutung hat jenes Wort.   [2]) De consensu Evang. Libr. III. c. ult.   [3]) Joann. c. XX. v. 26.   [4]) Loc. cit. o.   [5]) Luc. c. XXIV. v. 44.

ihnen."[1] Der heilige Justinus führt noch eine andere Ursache an, und sagt: „Er wollte allmählig und nach und nach die Jünger von der Gewohnheit, ihn zu sehen, und leiblich gegenwärtig zu haben, abbringen. Er ließ sich in den Tagen, an welchen er nach der Auferstehung noch auf Erden verweilte, weder immer von den Jüngern sehen, noch erwies er sich als gänzlich unsichtbar; sondern er that in Zwischenräumen Beides, daß er sowohl gesehen, als auch nicht gesehen wurde."[2]

Der Herr hat also sein früheres Leben von seinem neuen Leben klar und deutlich unterschieden; es bestand zwar zwischen jenem und diesem kein anderer Unterschied, als daß er jetzt „in seine Herrlichkeit eingegangen war."[3]

Aus allem dem muß es auch uns klar sein, daß es von Seite des Herrn höchst angemessen war, den Jüngern nicht beständig seine Gegenwart zu gewähren; und daß es sowohl für die Jünger als auch für die ganze Welt vollkommen genügte, solche Beweise von seiner wahrhaften und glorreichen Auferstehung zu geben.

Auch für uns sind die tröstlichen Heimsuchungen Gottes in Gnaden nicht immer fühlbar, Tröstung und Trostlosigkeit wechseln in unsern Herzen das ganze Leben hindurch. Die Tröstung soll uns für die Zeit der Trostlosigkeit ermuthigen, und stärken; denn der Tröster und Gnadenspender, „der heilige Geist ist ein gütiger Geist, ein lieblicher Geist, ein starker Geist, welcher das Schwache stärkt, das Rauhe ebnet, die Herzen reiniget."[4] Aber, „man muß wachen, und zu jeder Stunde wachen, weil man nicht weiß, zur welcher Stunde der heilige Geist kommen, und wieder fortgehen werde; denn dieser Geist geht, und kehrt wieder, und, wer steht, wenn er ihn hält, der muß, wenn er ihn verläßt, fallen."[5] Deßhalb „muß man um den heiligen Geist bitten, ihn verdienen, und ihn mit dem Glauben und mit der Beobachtung der Gebote festhalten."[6]

---

[1] In Luc. c. 97.   [2] S. Just. cit. a Corn. a Lap. in Joann. c. XX. v. 17.   [3] Luc. c. XXIV. c. 26.   [4] S. Bernard. Serm. 6. de Ascens. [5] Idem Serm. 17. super Cant.   [6] S. Hilar. Libr. II. de Trinit.

Vierter Abschnitt.

Es war angemessen, daß Christus auch in einer fremden Gestalt erschien.[1]

Der heilige Evangelist Lucas sagt von den zwei Jüngern, welchen der Herr auf dem Wege nach Emmaus erschienen ist: „Es geschah, als sie mit einander redeten, und sich befragten, nahete Jesus selbst, und ging mit ihnen. Ihre Augen aber waren gehalten, damit sie ihn nicht erkenneten."[2] Hier ist der Herr in der Gestalt eines Reisenden erschienen, und der heilige Evangelist Marcus sagt von dieser Erscheinung: „Hernach offenbarte er sich in einer andern Gestalt Zweien von ihnen auf dem Wege, da sie nach dem Meierhofe gingen."[3] Der heiligen Maria Magdalena ist Christus am Grabe in der Gestalt des Gärtners erschienen, wie der heilige Evangelist Johannes schreibt: „Sie sah Jesum stehen, wußte aber nicht, daß es Jesus sei. Jesus sprach zu ihr: Weib! was weinest du? Wen suchest du? Da meinte sie, es wäre der Gärtner, und sprach zu ihm: Herr! wenn du ihn weggetragen hast; so sage mir, wo du ihn hingelegt hast; und ich will ihn holen."[4] Diese beiden Jünger haben den Herrn gesehen, und mit ihm gesprochen; sie sind von ihm unterrichtet worden, und eine Strecke Weges mit ihm gegangen; sie haben ihn in's Haus aufgenommen, und bewirthet: dennoch haben sie ihn nicht erkannt; weil er „eine andere Gestalt" angenommen hatte. Auch Maria Magdalena ist vor dem Herrn gestanden, hat ihn gesehen, und seine Ansprache vernommen; aber ihn doch nicht erkannt, sondern für den „Gärtner" gehalten. Es unterliegt also keinem Zweifel, daß Christus, der Herr, auch in fremden Gestalten erschienen sei. Aber wie konnte denn dieß geschehen, und nebenbei die Erscheinung eine wahre, und der Leib des Herrn in derselben sein wahrer Leib sein?

„Das ist so geschehen, weil Christus die Macht hatte, den Leib, obwohl er derselbe und unverändert blieb, dennoch, weil er mit dem (göttlichen) Worte vereinigt, und glorreich war,

---

[1] Loc. cit. a 4.　　[2] Luc. c. XXIV. v. 15. 16.　　[3] Marc. XVI. v. 12.　　[4] Joann. c. XX. v. 14. 15.

unsichtbar zu machen, und dessen Gestalt zurückzuhalten, daß
sie Andern nicht in die Augen fiel, ebenso auch das Gesicht derer,
die ihn ansahen, nach seinem Belieben zu verändern, und zwar
durch die Veränderung oder durch die verschiedene Art und
Weise der Gesichtseindrücke, oder durch die Veränderung der
Mittheilungsmittel, wie es bei Spiegeln der Fall ist, oder durch
die Veränderung des Sehwerkzeuges. Und das ist es, was
Lucas sagt: Ihre Augen waren gehalten, nämlich von Jesus,
daß sie ihren Dienst nicht thun konnten, wie wenn sie von einem
Schleier bedeckt gewesen wären; daher haben sie Jesum nachher,
als er es wollte, auch erkannt. Dasselbe muß, und zwar noch
vielmehr, von den Ohren und vom Gehöre gesagt werden, daß
nämlich Christus von den Jüngern aus der Stimme nicht er=
kannt wurde; weil es viel leichter ist, den Ton der Stimme
und die Art, sich auszudrücken, und der Aussprache zu ändern,
was auch natürlicher Weise geschehen kann, und von Vielen
geschieht."[1] Aber hätten so die Jünger nicht glauben können,
daß der Herr nicht wahrhaft auferstanden, und in den Erschei=
nungen nicht der wahre Leib Christi gewesen sei, da er sich in
verschiedenen Gestalten gezeigt hat? Denn ein wahrer Leib kann
der Wahrheit gemäß sich auch nur in seiner wahren Gestalt
zeigen, als das, was er ist; in einer andern Gestalt erschiene
er ja als etwas Anderes, als was er ist; folglich schien es gar
nicht angemessen, daß der Herr sich der Seinigen in einer frem=
den Gestalt darstellte.

Darauf ist zu erwidern, daß Christus, der Herr, nur zwei=
mal in einer andern Gestalt, sonst aber immer in seiner wahren
Gestalt erschienen sei; und dieß hätte vollkommen genügt, um
die Jünger von seiner wahren Auferstehung zu überzeugen.
Ueberdieß hat er beide Male, wo er in fremder Gestalt erschienen
ist, am Ende der Erscheinung sich auch in seiner wahren Gestalt
gezeigt; und nur in dieser Gestalt haben sie ihn erkannt, und
an seine Auferstehung geglaubt, nicht aber, so lange er in frem=
der Gestalt vor ihnen stand. Es konnte daher für sie auch
keine Täuschung unterlaufen; besonders da die Erscheinungen in
fremden Gestalten die weisesten Zwecke hatten, die sie selbst

---

[1] Cor. a Lap. in Luc. c. XXIV. v. 17.

nachher gar wohl erkennen konnten. Sie sind daher in keiner
Weise hintergangen worden.

Waren aber diese Erscheinungen nicht dessenungeachtet doch
nur falsche Vorspiegelungen, leere Bilder, und auf wirkliche
Täuschungen berechnet, daß die Jünger etwas Anderes vor sich
zu haben glauben mußten, als was es wirklich war? So Etwas
aber geziemte sich nicht für den Herrn, der die Wahrheit ist.
Daher hätte Christus denn doch nicht in fremden Gestalten er=
scheinen sollen. Oder ist es nicht so? Als Antwort auf diese
Einwendung führt der englische Lehrer[1]) folgende Worte des
heiligen Augustinus an: „Nicht Alles, was wir bildlich sagen,
ist eine Lüge; sondern, wenn wir Etwas erdichten, was keine
andere Bedeutung hat, dann ist es eine Lüge. Wenn unsere
bildliche Darstellung sich auf eine Bedeutung bezieht, dann ist
es keine Lüge, sondern ein Bild der Wahrheit, sonst wäre Alles,
was von weisen und heiligen Männern und vom Herrn selbst
bildlich gesprochen worden ist, als Lüge anzusehen; denn nach
dem gebräuchlichen Verständnisse besteht die Wahrheit nicht in
solchen Ausdrücken (sondern in dem, was sie bedeuten). Wie
aber Worte, so werden auch Thaten ohne Lüge bildlich gebraucht,
um irgend etwas Anderes anzudeuten.“[2]) So ist Christus den
beiden Jüngern in der Gestalt eines Fremdlings erschienen, um
anzudeuten, daß er in ihren verwirrten und zweifelhaften Herzen
auch noch ein Fremdling war, wie der heilige Papst Gregorius
sagt: „Dieß that der Herr äußerlich vor ihren Augen, was
bei ihnen innerlich vor den Augen ihres Geistes vorging. Denn
sie liebten, und zweifelten bei sich innerlich; und so war ihnen
der Herr äußerlich gegenwärtig, und zeigte ihnen nicht, wer er
war. Da sie also von ihm sich unterredeten, gewährte er ihnen
seine Gegenwart; aber, da sie an ihm zweifelten, verbarg er
ihnen die Gestalt seiner Erkenntniß. Er sprach zwar mit ihnen,
tadelte die Härtigkeit ihres Verständnisses, eröffnete ihnen die
heilige Schrift, die ihn betrafen; aber weil er in ihren Herzen
noch ein Fremdling in Bezug auf den Glauben war; gab er
sich den Anschein, als wollte er weitergehen.“[3]) Auch daß

---

[1]) Loc. cit. ad 1.   [2]) Libr. II. de quaest. Evang. quaest. ult.
[3]) Homil. 23. in Evang.

Maria Magdalena ihn als den Gärtner anschaute, hatte seine Bedeutung; denn er hatte diese kostbare Blume aus rohem, grobem Grunde in das edle Erdreich der Gnade versetzt, darin gepflegt, und großgezogen, und war jetzt gekommen, diese herrliche Pflanze zu erfrischen, zu stärken, und zu noch größerem Wachsthume zu fördern. Origenes schreibt, indem er Magdalena anredet: „O Maria! wenn du Jesum suchest, warum erkennest du Jesum nicht? Was suchest du Jesum? Sieh! Jesus kommt zu dir, und der, den du suchest, fragt dich: Weib! warum weinest du? Und du hältst ihn für den Gärtner, damit du ihn nicht erkennest. Es ist Jesus wohl auch ein Gärtner, weil er jeden guten Samen im Garten deiner Seele säet und in den Herzen gläubiger Diener."[1] Auch der heilige Papst Gregorius sagt: „War er für sie nicht ein Gärtner, da er in ihrem Herzen durch den Samen seiner Liebe Blumen von Tugenden gepflanzt hat?"[2] Diese Erscheinungen in fremden Gestalten haben noch eine viel größere und allgemeinere Bedeutung; denn sie waren Erlösungsthaten für die Welt, wie alle andern Werke des Herrn.

Wir sehen da, wie Gott, der alle Menschen selig machen will, sich dem Zustande des Menschen mit seinen Gnadener= weisungen anbequemt, um ihn für dieselben empfänglich zu machen, und zum Heile zu führen, und zwar auf eben so milde als wirksame Weise. Wir werden da belehrt, daß es Menschen gebe, welche von Gott irrige Begriffe haben, und denen Gott darum gleichsam ein Fremdling ist. Die einen sehen in Gott nur den gerechten und strengen Richter und den furchtbaren Vergelter, und fliehen ihn mit Mißtrauen oder Verzweiflung; die Anderen sehen in Gott nur Milde, Güte, Barmherzigkeit und Liebe, und werden vermessen in der Bosheit und Sünde. Sie kennen Gott nicht, und ihnen gilt das Wort des Herrn an die Samaritin: „Ihr betet an, was ihr nicht wisset."[3] Wir werden da aufmerksam gemacht, daß Gott denen nahe ist, welche von ihm, von göttlichen Dingen und von Angelegenheiten des Seelenheiles reden, wie Christus die Verheißung gegeben hat: Wo Zwei oder Drei versammelt sind in meinem Namen, da bin ich mitten unter ihnen."[4] Wir werden da gemahnt, daß wir

---

[1] Homil. de Magdalena.   [2] Homil. 25.   [3] Joann. c. IV. v. 22.
[4] Matth. c. XVIII. v. 20.

in jeder Trübsal zu Gott unsere Zuflucht nehmen sollen; weil
nur Gott wahrhaft trösten kann, wie die zwei Jünger, nachdem
sie den Herrn erkannt hatten, einander gestanden: „Brannte
nicht unser Herz in uns (vor Trost und Freude), als er auf
dem Wege redete, und uns die Schrift aufschloß?"[1]) Die
Jünger haben den Herrn, als er auf dem Wege mit ihnen
redete, noch nicht erkannt; sie haben ihn aber erkannt, als sie
ihn als einen Fremdling gastfreundlich bewirtheten. Die Nächsten=
liebe erwirbt uns Gottes Liebe, und die Almosen ziehen Gottes
Wohlthaten und Gnaden nach sich. „Als er mit ihnen zu Tische
saß, nahm er das Brod, und segnete es, und brach es, und
gab es ihnen. Da wurden ihre Augen aufgethan, und sie er=
kannten ihn."[2]) Für das leibliche Brod haben sie das himm=
lische Brod seines Fleisches und Blutes und die volle Glaubens=
erkenntniß erhalten. Endlich ist der Herr ihnen als Reisender
und Fremdling erschienen, „um durch diese Gestalt und durch
sein Benehmen zu zeigen, daß wir auf dieser Erde Wanderer
seien, und nach dem himmlischen Vaterlande reisen, daher auch
als Fremdlinge beständig nach demselben uns sehnen, und aus
allen Kräften streben sollen."[3])

Aus der Erscheinung von Maria Magdalena wollen wir
nur zwei Lehrstücke hervorheben, welche der heilige Papst Gre=
gorius mit folgenden Worten bezeichnet: „Es hat ihrer Liebe
nicht genügt, nur einmal (in's Grab) hineinzuschauen, weil die
Gewalt der Liebe die Anstrengung im Suchen vergrößerte. Sie
hatte ihn früher gesucht, und nicht gefunden; sie verharrte im
Suchen, und daher geschah es, daß sie ihn fand. Auch ist es
geschehen, daß die Sehnsucht durch den Aufschub wuchs, und
im Wachsen erreichte, was sie fand; — denn das gute Werk
wird durch die Beharrlichkeit zur Tugend, und das Wort der
Wahrheit sagt: Wer aber bis an's Ende verharrt, der wird
selig werden."[4]) Liebe, Sehnsucht und Suchen im Streben nach
Gott, und im Lieben, Sehnen und Suchen verharren findet den
Geliebten, und mit dem Geliebten Alles, was das Menschenherz
vollauf befriediget. Die Erscheinung des Herrn unter fremden

---

[1]) Luc. c. XXIV. v. 32.   [2]) Ibid. v. 30. 31.   [3]) Corn. a Lap.
in h. l. v. 16.   [4]) Homil. 25. in Evang.

Gestalten hatte also auch den Zweck, das Wachsthum der Sei=
nigen im Glauben und in der Liebe, im geistlichen Leben zu
fördern, wie er auch seine fühlbare Gegenwart geliebten Seelen
oft entzieht, um ihre Liebe und ihre Sehnsucht nach ihm desto
mehr zu entflammen, und sie indessen in allen Tugenden zu
üben; damit er sie hernach desto reichlicher belohnen kann. Lassen
wir daher den Herrn über uns verfügen, wie es ihm gut dünkt;
denn er liebt uns.

Es gibt aber noch andere Gründe, warum Christus, der
Herr, in fremder Gestalt erschienen ist, und zwar ebenfalls
Gründe in Bezug auf die Personen selbst, denen er so erschienen
ist. Der heilige Thomas sagt:[1] „Die Auferstehung Christi
mußte den Menschen auf jene Weise bekannt gemacht werden,
auf welche ihnen göttliche Dinge geoffenbart werden. Göttliche
Dinge aber werden den Menschen auf verschiedene Weise bekannt,
je nachdem sie beschaffen sind. Denn diejenigen, welche einen
wohl geordneten Geist haben, erfassen die göttlichen Dinge nach
der Wahrheit; diejenigen aber, welche keinen wohl geordneten
Geist haben, erfassen die göttlichen Dinge mit einer gewissen
Beimischung von Zweifel oder Irrthum. Denn der natürliche
Mensch faßt nicht, was des Geistes Gottes ist.[2] Deßhglb
ist Christus Einigen, welche zum Glauben bereitet waren,
nach der Auferstehung in seiner Gestalt erschienen; jenen aber,
welche im Glauben schon schwach geworden zu sein schienen,
ist er in einer andern Gestalt erschienen, wie (den beiden Jüngern
auf dem Wege nach Emmaus), welche sprachen: Wir hatten
gehofft, daß er es wäre, welcher Israel erlösen würde."[3] Maria
Magdalena aber dachte im Feuer ihrer Liebe nur an den ent=
fernten Leichnam des Herrn, nicht aber an seine Auferstehung,
und mußte auf seine Erscheinung in wahrer Gestalt ebenfalls
erst vorbereitet werden. Selbst den Aposteln ist Christus erst
dann erschienen, nachdem er ihnen seine Auferstehung von Augen=
zeugen hatte ankündigen lassen.

„Hätte er (jenen beiden) Jüngern sich plötzlich offen gezeigt,
so würde er sie durch die Neuheit der Auferstehung in Bestürzung
gesetzt haben, und sie hätten ihn darum nicht für Christum,
sondern für ein Trugbild halten, und daher über seine Aufer=

---

[1] Loc. cit. o.   [2] I. Cor. c. II. v. 14.   [3] Luc. c. XXIV. v. 21.

stehung zweifelhaft bleiben können. Nun aber hat er lange mit
ihnen geredet, dann endlich sich ihnen zu erkennen gegeben, und
so ihnen jeden Zweifel über seine Auferstehung benommen. Auch
sollten diese Jünger das Geschwür ihrer Zweifelhaftigkeit und
Traurigkeit aufdecken, und das Heilmittel empfangen; denn wenn
er ihnen sogleich gesagt hätte, er sei Christus, so würden die
Jünger es nicht gewagt haben, zu bekennen, daß sie über ihn
und über seine Auferstehung im Zweifel gewesen seien." [1]

Auf eine so liebvolle und angemessene, aber zugleich kräf=
tige und wirksame Weise ist der Herr nach seiner Auferstehung
den Seinigen auch in andern Gestalten erschienen. Aber hat
er ihnen mit dem Allen die Wahrheit seiner Auferstehung
auch bewiesen?

Fünfter Abschnitt.

Christus hat die Wahrheit seiner Auferstehung auch durch Beweise dargethan. [2]

Christus, der Herr, hat die Wahrheit seiner Auferstehung
auch durch Beweise dargethan; denn es steht geschrieben: „Er
hat sich (den Aposteln) nach seinem Leiden als lebendig darge=
stellt durch viele Beweise, indem er ihnen vierzig Tage hindurch
erschien, und vom Reiche Gottes redete." [3] Wenn es sich aber
um Beweise handelt, muß man wohl unterscheiden, ob dieselben
aus der Vernunft, oder von der Autorität, oder von Thatsachen
entnommen seien. Beweise aus der Vernunft konnte der Herr,
um die Wahrheit seiner Auferstehung außer Zweifel zu stellen,
nicht anwenden, und hat solche auch nicht angewendet. Denn
seine Auferstehung war eine göttliche That, und mußte, nicht
begriffen, sondern geglaubt werden. Die Beweise aus der Ver=
nunft schließen aus bekannten Wahrheiten auf unbekannte Wahr=
heiten, und zeigen durch Folgerungen ihren nothwendigen Zu=
sammenhang und ihre innigste Verbindung; so daß, wer die
ersteren zugibt, auch die letzteren annehmen muß. Hätte nun

---

[1] Corn. a Lap. in Luc. c. XXIV. v. 16.   [2] Loc. cit. a. 5.   [3] Act.
Apost. c. I. v. 3.

Christus, der Herr, die Beweise für seine Auferstehung aus der Vernunft genommen, so würden sie nichts bewiesen haben; denn man kann von den Wahrheiten einer Gattung nicht auf die Wahrheiten einer andern Gattung folgerichtig schließen, weil zwischen denselben kein Zusammenhang und keine Verbindung besteht. Alle von der Vernunft erkannten Wahrheiten sind aber natürliche Wahrheiten, die Wahrheit der Auferstehung ist aber eine übernatürliche und göttliche Wahrheit, und daher von einer ganz anderen Gattung, als jene. Somit gibt es von jenen auf diese keine berechtigte Schlußfolgerung, und daher konnte die Auferstehung aus der Vernunft auch nicht bewiesen werden. Hätte der Herr seine Auferstehung aber aus übernatürlichen Wahrheiten schlußweise folgern, und beweisen wollen; so wären diese übernatürlichen Wahrheiten der Vernunft unbekannt gewesen, und aus Unbekanntem kann man nichts zum Bekannten machen. Somit konnte der göttliche Heiland für die Wahrheit seiner Auferstehung aus der Vernunft keine überzeugende Beweisführung entnehmen. Auf solche Weise hat Christus seine Auferstehung auch nicht bewiesen. Darüber schreibt der heilige Thomas: „Nimmt man den Beweis auf (diese) Weise, so hat Christus seine Auferstehung nicht durch Beweise dargethan; weil eine solche schlußweise Beweisführung aus Grundwahrheiten hervorgegangen wäre, durch welche, wenn sie den Jüngern nicht bekannt gewesen, nichts hätte bekannt gemacht werden können, da aus Unbekanntem nichts bekannt gemacht werden kann; wären sie ihnen aber bekannt gewesen, so würden sie nicht über die menschliche Vernunft hinausgegangen sein, und daher auch nicht die Kraft besessen haben, um den Glauben an die Auferstehung herzustellen, welcher die menschliche Vernunft übersteigt; denn die Grundwahrheiten müssen aus derselben Gattung entnommen werden." [1] Daher sagt auch der heilige Ambrosius: „Laß die Beweise bei Seite, wo es sich um den Glauben handelt." [2] Der Glaube ist etwas Uebernatürliches; mit natürlichen Mitteln kann man aber nichts Uebernatürliches erreichen, weil zwischen Beiden kein Verhältniß besteht; daher die Glaubensscheidung: „Wenn Jemand sagt, der Mensch könne ohne die zuvorkommende Eingebung des heiligen Geistes und ohne dessen

---

[1] Loc. cit. o.   [2] De fide Libr. I. c. 5.

Hilfe glauben, hoffen, lieben, oder Buße thun, wie es noth=
wendig ist, daß ihm die Gnade der Rechtfertigkeit ertheilt werde;
der sei im Banne."[1] Die Ungläubigen mögen sich also rühmen,
daß sie nichts glauben, als was sie mit ihrer Vernunft begrei=
fen; sie rühmen sich ihres Unvermögens und zugleich ihres
Unverständnisses. Wenn sie überdieß die Gläubigen bemitleiden,
oder verachten, und den Glauben lästern; so gleichen sie Blin=
den, welche jene, die sehen, oder Kranken, welche die Gesunden
bemitleiden, oder verachten, weil sie sehen, und gesund sind, und
sich selbst für sehend und gesund erachten, die guten Augen und
die Gesundheit für ein Unglück, ihre Blindheit und Krankheit
aber für ein Glück ansehen. „Sie haben sich für Weise aus=
gegeben, sind aber zu Thoren geworden."[2] Wie hat denn nun
aber Christus die Wahrheit seiner Auferstehung bewiesen?

Der Herr bediente sich des Autoritätsbeweises, um die
Jünger von seiner wahrhaften Auferstehung zu überzeugen.
Denn die Jünger glaubten an die heilige Schrift; die heilige
Schrift aber hat von dem Messias nicht bloß, was sich im
Leben, Leiden und Sterben des Herrn zugetragen, sondern auch
seine Auferstehung vorausgesagt. Sahen also die Jünger, daß
dieses Alles an dem Herrn genau in Erfüllung gegangen sei,
und erblickten sie ihn nun nach seinem Tode lebendig vor sich;
so mußten sie auf die Autorität der heiligen Schrift hin an ihn
als den Messias und an seine wahrhafte Auferstehung glauben.
Darum hat sich Christus, um sie zu diesem Glauben zu bewe=
gen, auch auf die heilige Schrift berufen. So sprach er zu den
beiden Jüngern auf dem Wege nach Emmaus: „O ihr Unver=
ständigen und von langsamer Fassungskraft, um Alles zu glau=
ben, was die Propheten gesprochen haben! Mußte nicht Christus
dieß leiden, und so in seine Herrlichkeit eingehen? Und er fing
an von Moses und allen Propheten, und legte ihnen aus, was
in der ganzen Schrift von ihm geschrieben steht."[3] Von der
Erfüllung alles dessen waren sie aber Augen= und Ohrenzeugen,
haben es mit ihm miterlebt, und sahen jetzt den Gekreuzigten,
Getödteten, Begrabenen lebendig vor sich. Einen vollgiltigeren,

---

[1] Concil. Trid. Sess. VI. can. 3.   [2] Rom. c. I. v. 22.   [3] Luc.
c. XXVI. v. 25.—28.

überzeugenderen Beweis kann die menschliche Vernunft nicht
fordern.

Vor den Aposteln berief sich der Herr auf seine eigene
Weissagung, die er ihnen auf seiner letzten Reise nach Jerusalem
zum Osterfeste gemacht hatte, indem er zu ihnen sprach: „Sieh!
wir ziehen hinauf nach Jerusalem, und des Menschen Sohn
wird den Hohenpriestern und Schriftgelehrten überliefert werden,
und sie werden ihn zum Tode verurtheilen. Sie werden ihn
den Heiden ausliefern, daß sie ihn verspotten, geißeln, und kreu=
zigen; und am dritten Tage wird er wieder auferstehen.“[1]) Die
buchstäbliche Erfüllung des ersten Theiles dieser Weissagung haben
sie unter so erschütternden Umständen gesehen, und mitempfun=
den, daß die Eindrücke unauslöschlich ihren Herzen eingeprägt
blieben; die Erfüllung des zweiten Theiles aber hatten sie jetzt
vor ihren Augen. Der Herr erinnerte sie nun an jene Worte,
fügte aber noch die Weissagungen der Propheten hinzu, und
erklärte ihnen dieselben; denn der heilige Evangelist Lucas berichtet:
„Er sprach zu ihnen: Das sind die Worte, die ich zu euch
geredet habe, als ich noch bei euch war, daß Alles erfüllt wer=
den müsse, was im Gesetze Moses, und in den Propheten, und
in den Psalmen von mir geschrieben ist. Dann schloß er ihnen
den Sinn auf, daß sie die Schrift verstünden. Und er sprach
zu ihnen: Also steht es geschrieben, und also mußte Christus
leiden, und an dem dritten Tage von den Todten auferstehen;
daß in seinem Namen Buße und Vergebung der Sünden gepre=
diget werde unter allen Völkern, von Jerusalem angefangen.
Ihr aber seid Zeugen davon.“[2]) Vollgiltig waren diese Beweise,
und darum erklärte der Herr selbst sie in Bezug auf die gewisse
Kenntniß der Sache als vollgiltige Zeugen für die ganze Welt.
Aber selbst damit begnügte sich Christus, der Herr, noch nicht,
um die Wahrheit seiner Auferstehung unwiderleglich zu beweisen;
weil von dem Glauben an dieselbe die Frucht seines Erlösungs=
werkes, das Heil der Welt abhing. Er bewies sie auch durch
Thatsachen als durch eben so viele Zeichen, an welchen Jeder=
mann erkennen mußte, daß er wahrhaft auferstanden sei.

Es gibt Thatsachen, die als sinnenfällige Zeichen eine
Wahrheit eben so kräftig und noch eindringlicher beweisen, als

[1]) Matth. c. XX. v. 18. 19.   [2]) Luc. c. XXIV. v. 44.—49.

Vernunftbeweise; weil sie durch die Sinne auf die Seele wirken, den Menschen mit dem Leibe und mit der Seele zugleich er= fassen, und daher Erfahrungsbeweise sind. „So muß man nun sagen", schreibt der heilige Thomas,[1] „daß Christus seine Auf= erstehung durch Beweise dargethan habe, in wie fern er durch augenscheinliche Zeichen gezeigt hat, daß er wahrhaft auferstan= den sei. Diese Zeichen von seiner Auferstehung aber hat Christus aus zwei Ursachen den Jüngern gegeben. Erstens, weil ihre Herzen nicht darnach beschaffen waren, daß sie den Glauben an die Auferstehung leichter Weise annahmen, weßhalb er zu ihnen sprach: O ihr Unverständigen und von langsamer Fassungs= kraft![2] und: Er verwies ihnen ihren Unglauben und ihre Herzenshärtigkeit.[3] Zweitens, damit wegen dieser Zeichen, die ihnen gezeigt worden, ihr Zeugniß desto wirksamer gemacht würde, nach dem Worte: Was wir mit unsern Augen gesehen, was wir beschaut, und unsere Hände betastet von dem Worte des Lebens, — was wir gesehen, und gehört haben, das verkün= den wir euch."[4] Alle diese Beweise hat der Herr von seiner wahrhaften Auferstehung gegeben, damit die Seinigen und die Welt an dieselbe und an ihn glauben sollten; und zu diesem Zwecke verweilte er noch vierzig Tage auf Erden. Was hätte er noch mehr thun sollen?

Wenn nun aber alle diese Beweise, die Christus von seiner Auferstehung gegeben hat, so klar und überzeugend waren; wo blieb denn dann der Glaube? Es sagt ja der heilige Gregorius: „Der Glaube entbehrt des Verdienstes, wenn ihm die menschliche Vernunft den Beweis liefert."[5] Alle diese Beweise aber waren doch an die menschliche Vernunft gerichtet, und die Auferstehung hatte ohne Zweifel den Glauben zum Zwecke. War, und ist also dieser Glaube ohne Verdienst? Allerdings wäre es kein Verdienst, wenn man Etwas bloß darum für wahr hielte, weil man es mit der Vernunft einsieht, und begreift; denn das Ver= dienst des Glaubens besteht darin, daß man Etwas, was man nicht sieht, und nicht begreift, auf die Autorität Gottes hin mit Hilfe der Gnade für wahr hält. Nun aber haben wir gesehen,

---

[1] Loc. cit. o.   [2] Luc. c. XXIV. v. 25.   [3] Marc. c. XVI. v. 14.
[4] I. Joann. c. I. v. 1. 3.   [5] Homil. 26. in Evang.

daß die Auferstehung Christi als ein göttliches Werk über der Vernunft steht, und somit auch nicht durch Vernunftbeweise erkannt werden kann. In wie fern nun die Beweise Christi an die Vernunft gerichtet waren, dienten sie dazu, alle Einwendungen, welche von Seite der Vernunft gemacht werden konnten, zu beseitigen, und dem Glauben alle Hindernisse aus dem Wege zu räumen. Was die Jünger gesehen, gehört, und betastet, das haben sie nicht geglaubt, sondern erkannt, und begriffen; und darin lag auch kein Glaubensverdienst. Geglaubt aber haben sie, was sie nicht gesehen, nicht gehört, nicht betastet, nämlich das übernatürliche und göttliche Werk der Auferstehung, und zwar auf die Autorität Gottes hin, da Christus ihnen dieselbe durch die heilige Schrift, durch die Weissagungen und durch göttliche Wunder und Zeichen bewiesen, und zugleich die Gnaden mitgetheilt hat, daß sie glauben konnten. Darin nun und in ihrer Mitwirkung mit den Gnaden lag ihr Glaubensverdienst. So sagt auch der englische Lehrer: „Das Verdienst des Glaubens kommt daher, daß der Mensch auf das Gebot Gottes hin glaubt, was er nicht sieht. Daher schließt nur jene Ursache das Verdienst aus, welche bewirkt, daß man durch die Erkenntniß das sieht, was zu glauben vorgelegt wird. Und dieß ist ein Vernunftbeweis. Solche Beweise aber hat Christus nicht angeführt, um seine Auferstehung darzuthun.“[1]) Damit kann es auch Jedermann klar sein, in welchem Sinne die Worte zu verstehen seien, welche Christus vor dem heiligen Thomas und vor den übrigen Aposteln für die ganze Welt gesprochen hat: „Selig, die nicht sehen, und dennoch glauben!“[2])

Denn damit sind jene von der Seligkeit, und somit vom wahren Glauben wie auch vom Verdienste des Glaubens nicht ausgeschlossen, welche zwar sehen, aber dennoch auch glauben; weil man sehen, und glauben kann. Was man sieht, das erkennt man mit der Vernunft; und was man in dem von der Vernunft Erkannten nicht sieht, das glaubt man auf die Offenbarung Gottes hin. So sieht man die Welt, und erkennt die Vernunft aus derselben das Dasein Gottes und die Erschaffung derselben durch Gott; dieselben Wahrheiten kann man aber auch

---

[1]) Loc. cit. ad 2.   [2]) Joann. c. XX. v. 29.

auf die Offenbarung Gottes hin glauben, weil man weder Gott noch die Erschaffung sieht; und dieser Glaube ist eben darum ein verdienstlicher Glaube. Würde aber Jemand Etwas nur darum für wahr halten, weil er es sieht, erkennt, und begreift; so wäre dieß kein Glaube und kein Verdienst. Daher sehen wir, daß die Apostel zugleich gesehen, und geglaubt haben; und dem heiligen Thomas hat Christus selbst das Zeugniß gegeben, daß er gesehen, und geglaubt habe: „Weil du mich gesehen, Thomas! hast du geglaubt."[1] Hören wir darüber auch die Erklärung des englischen Lehrers! Er sagt: „Das Verdienst der Seligkeit, welches der Glaube bewirkt, wird nicht gänzlich ausgeschlossen, außer wenn der Mensch nur das glauben wollte, was er sieht. Aber daß Jemand das, was er nicht sieht, durch Zeichen, die er sieht, glaubt, dieß vernichtet den Glauben und dessen Verdienst nicht gänzlich, wie auch Thomas etwas Anderes gesehen, und etwas Anderes geglaubt hat; er hat die Wunden gesehen, und an Gott geglaubt (indem er ausgerufen: Mein Herr und mein Gott!).[2] Einen vollkommeneren Glauben aber hat derjenige, welcher solche Hilfsmittel, zu glauben, nicht verlangt. Daher hat der Herr zu Einigen, um die Mangelhaftigkeit ihres Glaubens zu rügen, gesagt: Wenn ihr nicht Zeichen und Wunder sehet, glaubet ihr nicht.[3] So sieht man denn auch ein, daß diejenigen, welche einen so willfährigen Geist haben, daß sie Gott glauben, ohne Zeichen zu sehen, selig seien im Vergleiche mit denen, die nicht glauben, außer wenn sie solche sehen."[4] Es genügt aber auch der Glaube allein nicht zur Seligkeit; es muß geschehen, was der heilige Papst Gregorius sagt: „Es ist sehr erfreulich, was in folgenden Worten gesagt wird: Selig, die nicht sehen, und dennoch glauben. Mit diesem Ausspruche sind nämlich im Besondern wir bezeichnet, die wir ihn, den wir im Fleische nicht gesehen haben, im Geiste festhalten. Wir sind damit bezeichnet, aber nur, wenn wir nach unserem Glauben auch die Werke vollbringen. Denn derjenige glaubt wahrhaft, welcher im Werke ausübt, was er glaubt."[5]

---

[1] Ibid.   [2] Ibid. v. 28.   [3] Ibid. c. IV. v. 48.   [4] Loc. cit. ad 3.   [5] Homil. 26. in Evang.

Sechster Abschnitt.

Die Beweise, welche Christus beigebracht, haben seine Auferstehung genügend dargethan.[1]

Christus, der Herr, hat seine Menschwerdung durch den Erzengel Gabriel der allerseligsten Jungfrau angekündet; durch einen Engel hat er den Hirten von Bethlehem seine Geburt verkündet; und durch Engel hat er auch seine Auferstehung zuerst bekannt gemacht. Um diese Großthaten Gottes auf Erden zu beglaubigen, hätte kein menschliches Zeugniß hingereicht; es waren Geheimnisse, welche alle menschliche Fassungskraft überstiegen; darum mußten Boten vom Himmel die Kunde von derselben bringen, welche von Gott gesendet waren, und deren Autorität keinen Zweifel zuließ. So bezeugt denn auch das heilige Evangelium, daß am Morgen des Auferstehungstages ein Engel unter Wundern und Zeichen die Auferstehung des Herrn offenbarte, indem es sagt: „Und sieh! es geschah ein großes Erdbeben; denn ein Engel des Herrn stieg vom Himmel herab, trat hinzu, wälzte den Stein weg, und setzte sich darauf; sein Anblick war wie der Blitz, und sein Gewand wie Schnee. Die Wächter aber bebten aus Furcht vor ihm, und waren wie todt."[2] Dieser Himmelsbote gab da Zeugniß für die Auferstehung seines Herrn nicht mit Worten, sondern mit Thaten. Menschen hatten das Grab verschlossen, und Feinde es versiegelt; er zerbrach das Siegel, entfernte den Stein, öffnete das Grab, und zeigte, daß es leer sei; er erschütterte die Grundvesten der Erde zum Zeichen seiner Macht, setzte sich in seiner himmlischen Majestät auf den Stein, um zu bedeuten, daß Niemand mehr schließe, was er geöffnet habe, schleuderte Blitze tödtenden Schreckens auf die Wächter, daß sie gegen Eid und Treue die Flucht ergriffen, um auch den Feinden des Herrn als Augenzeugen die Auferstehung zu berichten, und bahnte so den herankommenden frommen Frauen den freien Zutritt und Eingang zum Grabe. Darüber schreibt der heilige Papst Gregorius: „Der Blitz bedeutet den Schrecken der Furcht, der Schnee aber einladende Freundlichkeit; weil nun

---

[1] Loc. cit. a. 6.   [2] Matth. c. XXVIII. v. 2. 3. 4.

der allmächtige Gott schrecklich den Sündern, lieblich aber den
Gerechten ist, darum zeigte sich sein Engel als Zeuge der Auf=
erstehung mit Recht sowohl mit blitzendem Angesichte, als auch
in glänzend weißem Kleide; um schon durch seinen Anblick die
Bösen zu erschrecken, und die Frommen zu beruhigen." [1] Wahr=
lich ein kräftiges Zeugniß, dem selbst die in der Bosheit ver=
härteten Todfeinde nichts entgegensetzen konnten, als wider=
sinnige Lügen.

Als die frommen Frauen, am Grabe angekommen waren,
„fanden sie den Stein vom Grabe weggewälzt. Und sie gingen
hinein, fanden aber den Leib des Herrn nicht. Und es geschah,
als sie darüber im Gemüthe bekümmert waren, sieh! da standen
zwei Männer in glänzenden Kleidern bei ihnen. Da sie nun
erschraken, und ihr Angesicht zur Erde senkten, sprachen sie zu
ihnen: Was suchet ihr den Lebendigen unter den Todten? Er
ist nicht hier, sondern auferstanden." [2] So der heilige Evan=
gelist Lucas; der heilige Evangelist Matthäus aber berichtet er=
gänzend von dem Einen dieser beiden Engel: „Er sprach zu
den Frauen: Fürchtet euch nicht! denn ich weiß, daß ihr Jesum
suchet, der gekreuziget worden ist; er ist nicht hier, denn er ist
auferstanden, wie er gesagt hat; kommet, und sehet den Ort, wo
der Herr hingelegt worden ist. Und gehet eilends hin, und
saget seinen Jüngern, daß er auferstanden ist; und sieh! er geht
vor euch nach Galiläa hin; daselbst werdet ihr ihn sehen." [3]
Das war eine zweite Erscheinung der Engel, und ein zweites
Zeugniß derselben, dieses Mal aber mit den klaren Worten, daß
er auferstanden sei, und daß sie den Auferstandenen selbst sehen
werden. Der heilige Chrysostomus macht über diese Worte des
Engels die Bemerkung: „Indem er sagt: Fürchtet euch nicht
ihr! [4] so liegt darin eine große Ehre, und er erklärt damit
zugleich, daß diejenigen, welche jenes Verbrechen mit der größten
Verwegenheit zu begehen gewagt hatten (nämlich die Kreuzigung des
Herrn) wenn sie nicht zur Besinnung kommen, auf das Strengste
gestraft werden würden. Denn nicht ihr sollet euch fürchten,
sondern jene, die ihn gekreuziget haben." [5] Der heilige Papst

---

[1] Homil. 21. in Evang.   [2] Luc. c. XXIV. v. 2. 3. 4.   [3] Matth.
c. XXVIII. v. 5. 6. 7.   [4] Nolite timere vos.   [5] Cit. a Corn. a
Lap. in h. l.

Gregorius aber sagt im Allgemeinen: „Fürchten sollen sich jene, welche die Ankunft der Himmelsbürger nicht lieben; sehr fürchten sollen sich diejenigen, welche, unter fleischlichen Begierlichkeiten begraben, verzweifeln, in ihre Gesellschaft gelangen zu können."[1]

Maria Magdalena war, als sie das geöffnete Grab gesehen, aber den göttlichen Leib nicht mehr darin erblickt hatte, in größter Bestürzung in die Stadt geeilt, um darüber dem Petrus und dem Johannes die Kunde zu bringen, kam mit denselben wieder zum Grabe, und blieb da zurück, nachdem die beiden Apostel sich wieder entfernt hatten. Da geschah nun, was der heilige Apostel Johannes berichtet: „Maria aber stand außerhalb des Grabes weinend. Da sie nun weinte, sich bückte, und in das Grab hineinblickte; sah sie zwei Engel in weißen Kleidern da sitzen, wo der Leichnam Jesu hingelegt war, den einen am Haupte, den andern bei den Füßen. Diese sprachen zu ihr: Weib! was weinest du? Sie sprach zu ihnen: Weil sie meinen Herrn weggenommen; und ich weiß nicht, wo sie ihn hingelegt haben. Als sie dieß gesagt hatte, wendete sie sich um,"[2] und kümmerte sich in ihrem Schmerze nicht mehr weiter um die Engel; denn sie suchte nicht die Engel, sondern den Herrn, über den sie auf alles Uebrige nicht achtete. Das war die dritte Erscheinung der Engel, und das dritte Zeugniß derselben für die Auferstehung des Herrn, welches in den Worten lag: „Weib! was weinest du?" welche so viel bedeuteten, als wenn dieser Engel gesagt hätte: Du hast keine Ursache, zu weinen, sondern du sollst dich freuen; denn dein Herr ist nicht todt, sondern er lebt, ist von den Todten auferstanden. Denn der heilige Ambrosius erklärt dieselben in diesem Sinne, und sagt: „Was weinest du, das ist, du bist dir selbst die Ursache des Weinens, weil du gegen Christus ungläubig bist. Du weinest, weil du Christum nicht siehst? Glaube, und du wirst ihn sehen. Christus ist da, und er ist für diejenigen niemals abwesend, die ihn suchen. Es bedarf keiner Thränen, sondern eines bereitwilligen und Gottes würdigen Glaubens. Denke an nichts Sterbliches, und du wirst nicht weinen; denke an nichts Vergängliches, und

---

[1] Homil. 21. in Evang.   [2] Joann. c. XX. v. 11.—14.

du wirst keine Ursache, zu weinen, haben können. Gewiß, du
weinest darüber, worüber Andere sich freuen."[1] Magdalena
schien auf die verheißene Auferstehung des Herrn vergessen zu
haben, und nur an den gegenwärtigen vermeintlichen Verlust zu
denken. „Die Liebe machte, daß sie da stehen blieb, und der
Schmerz nöthigte sie, zu weinen."[2] Welches Zeugniß aber in
dieser Erscheinung der beiden Engel, und in diesen Worten,
welche der Eine von denselben zu Magdalena gesprochen hat,
gelegen war, davon sagt ein Schriftausleger: „Dieses Alles,
nämlich die Engel, die weißen Kleider, das Sitzen, sind Sinn=
bilder der Auferstehung und der Glorie Christi, und bereiten
die Seele der Magdalena vor, an dieselbe zu glauben. Ferner
sitzt der Eine bei dem Haupte, der Andere bei den Füßen Christi,
um anzudeuten, daß sowohl die Füße als auch das Haupt und
alle dazwischen liegenden Glieder, das ist, der ganze Leib Christi,
auferstanden sei; die Kleidung der Engel aber (zeigte an), daß
er durch die Auferstehung die Unsterblichkeit und die Glorie
angezogen habe, und in die Genossenschaft der Engel überge=
gangen sei; und daß er deßhalb die beiden Engel im Grabe
gleichsam als Wächter zurückgelassen habe, um dieß der Mag=
dalena anzukünden."[3] Auch dieses Zeugniß der Engel in Wort
und That ist unanfechtbar.

Den frommen Frauen sind ferner die Engel nicht blitzenden
Angesichtes, wie der feindlichen Wache, sondern in glänzend
weißen Gewanden erschienen, um dadurch auch ihre Festfreude
auszudrücken; und das war von ihrer Seite ein neues Zeugniß
für die Auferstehung des Herrn. Denn der Gegenstand dieser
Festfreude war kein anderer, als eben die Auferstehung des
Siegers über die Sünde, über die Welt, über den Tod und
über die Hölle. Der heilige Papst Gregorius sagt in dieser
Beziehung über die erste Erscheinung des Engels: „Er ist mit
weißem Gewande angethan erschienen, weil er unsere Festfreude
ankündigte. Denn der weiße Glanz des Kleides verkündete den
Glanz unseres Festes. Soll ich sagen, des unsrigen, oder des
seinigen? Aber um mehr die Wahrheit zu gestehen, wollen wir

---

[1] De virgin. Libr. III.   [2] Orig. Homil. de s. Magdal.   [3] Corn.
a Lap. in Joann. c. XX. v. 12.

sagen, sowohl des seinigen, als auch des unsrigen. Denn diese Auferstehung unseres Erlösers war sowohl unsere Festfeier, weil sie uns zur Unsterblichkeit zurückgeführt, als auch die Festfeier der Engel, weil sie dadurch, daß sie uns zum Himmel berufen, ihre Zahl vollgemacht hat. Der Engel ist also in seiner und unserer Festfeier in weißem Gewande erschienen, weil, indem wir durch die Auferstehung des Herrn zum Himmel zurückgerufen werden, die Schäden des himmlischen Vaterlandes wieder gut gemacht werden."[1] Dieses Zeugniß der Engel ist das unstreitbare Zeugniß der Boten Gottes für diese große Gottesthat, und wird auch von allen heiligen Evangelisten angeführt; damit die ganze Welt glaube, und durch den Glauben Erlösung finde.

Ist das Zeugniß der heiligen Engel das durch sie uns zugemittelte Zeugniß Gottes selbst für die wahrhafte Auferstehung Christi, so ist es das Zeugniß der heiligen Schrift nicht minder, und von gleichem Gewichte. Denn die erfüllten Weissagungen über die Auferstehung Christi sind ebenfalls Gottes Werk, und überdieß hat Christus selbst den Sinn derselben in Bezug auf seine Auferstehung erklärt. Sie sind also sowohl in sich selbst, als auch in ihrem Inhalte, und in ihrer von Christus gemachten Anwendung und Erfüllung ein göttliches Zeugniß für die wahrhafte Auferstehung des Herrn.

Ganz dasselbe gilt auch von der Weissagung Christi über seine Auferstehung, auf welche wieder er selbst sich als Beweis für die Wahrheit derselben als bereits Auferstandener berief, und dadurch seinen Jüngern auch die thatsächliche Erfüllung vor Augen stellte.

Ueber diese beiden Zeugnisse und Beweise schreibt der englische Lehrer: „Christus hat seine Auferstehung auf zweierlei Weise klargestellt, nämlich durch Zeugnisse und durch Beweise, oder Zeichen; und beiderlei Klarstellung ist in ihrer Art hinreichend. Denn er hat sich eines zweifachen Zeugnisses bedient, um den Jüngern seine Auferstehung zu offenbaren, von welchen keines widerlegt werden kann. Das erste derselben ist das Zeugniß der Engel, wie dieß aus allen Evangelisten erhellt,

---

[1] Homil. 21. in Evang.

welche den Frauen die Auferstehung angekündet haben. Ein anderes aber ist das Zeugniß der Schrift, welches er selbst, um seine Auferstehung zu beweisen, vorgelegt hat."[1]) Die Erfüllung seiner eigenen Weissagung aber geht aus seinen Erscheinungen nach der Auferstehung hervor; daher müssen wir nun noch sehen, welche Beweiskraft in diesen Erscheinungen selbst liege.

Hierüber schreibt der heilige Thomas eben so einfach als gründlich also: „Es waren auch die Beweise (Zeichen, Erscheinungen) hinreichend, um die wahrhafte und glorreiche Auferstehung darzuthun. Daß die Auferstehung eine wahrhafte gewesen sei, zeigte er auf eine Weise von Seite des Leibes. In dieser Beziehung zeigte er Dreierlei; erstens, daß sein Leib ein wahrer und fester, nicht ein eingebildeter, oder ein lockerer Leib war, indem er seinen Leib als einen betastbaren darbot. Daher hat er selbst gesagt: Tastet, und sehet! denn ein Geist hat nicht Fleisch und Gebein, wie ihr sehet, daß ich es habe.[2]) Zweitens zeigte er, daß es ein menschlicher Leib war, indem er ihnen die wahre Gestalt wies, die sie mit ihren Augen anschauen konnten. Drittens zeigte er, daß es der eine und derselbe Leib war, den er früher gehabt hatte, indem er ihnen die Wundmale vorwies. Deßhalb sprach er zu ihnen: Sehet meine Hände und meine Füße; denn ich bin es selbst.[3]) Auf eine andere Weise zeigte er ihnen die Wahrheit seiner Auferstehung von Seite der mit dem Leibe wieder vereinigten Seele. Dieß aber zeigte er durch die Werke des dreifachen Lebens. Erstens durch das Werk des Nährungslebens dadurch, daß er mit den Jüngern aß, und trank. Zweitens durch Werke des Sinnenlebens dadurch, daß er den Jüngern auf ihre Fragen antwortete, und die gegenwärtigen grüßte; denn dadurch zeigte er, daß er sowohl sehe, als auch höre. Drittens durch Werke des Vernunftlebens dadurch, daß er zu ihnen sprach, und die Schrift ihnen auseinandersetzte. Damit aber zur Vollkommenheit der Offenbarung nichts fehlte, zeigte er ihnen auch, daß er die göttliche Natur besitze, durch das Wunder, welches er im Fischfange gewirkt hat; und über- dieß noch dadurch, daß er vor ihren Augen in den Himmel

---

[1]) Loc. cit. o.   [2]) Luc. c. XXIV. v. 39.   [3]) Juxta Luc. c. XXIV. v. 39. 40.

aufgefahren ist; weil, wie gesagt ist, Niemand in den Himmel
hinaufsteigt, als der vom Himmel herabgestiegen ist, nämlich
der Menschensohn, der im Himmel ist.[1]) Auch die Glorie seiner
Auferstehung zeigte er den Jüngern dadurch, daß er bei ver=
schlossenen Thüren zu ihnen eintrat, nach den Worten des
Gregorius: Der Herr hat sein Fleisch zum Betasten dargeboten,
das er bei verschlossenen Thüren hineingeführt, um zu zeigen,
daß sein Leib nach der Auferstehung von derselben Natur, aber
von einer andern Glorie sei.[2]) Auf gleiche Weise gehörte es
zur Eigenheit der Glorie, daß er plötzlich aus ihren Augen ver=
schwand;[3]) denn dadurch zeigte es sich, daß es in seiner Gewalt
lag, gesehen, und nicht gesehen zu werden, was ebenfalls zur
Beschaffenheit eines glorreichen Leibes gehört."[4])

Für die Ueberzeugungskraft aller dieser Beweise sagt ein
bewährter Schriftausleger, daß sie eine moralische und mensch=
liche Gewißheit gewährten, und führt als Gründe an: „Er=
stens, weil um dieser Ursache willen Christus lange unter
den Aposteln verweilen, und durch alle Sinne der Belehr=
ung, nämlich durch das Gehör, durch das Gesicht, durch den
Tastsinn, welche den Menschen als die zuverläßlichsten gelten,
wie im Tode, so auch in der Auferstehung offenbar sein wollte.
Zweitens, weil es Gottes Vorsehung forderte, so viele solche
Zeichen nicht zuzulassen, und die Täuschung, wenn eine solche
da gewesen wäre, aufzudecken; denn es handelte sich um den
wahren Messias und um seine neue Religion, und darum, daß
deren vorzüglichster Punkt, das ist, die Auferstehung bewiesen
würde. Drittens, weil die mit diesen Zeichen verbundenen Wunder
Christi und die Weissagungen über Christus die Sache durchaus
gewiß und glaubwürdig machten. Dieselbe Form also, Gestalt,
Sprache, das Angesicht, die Wunden Christi, die Betastung, das
Essen, Trinken, Gehen, der Umgang, die Betheuerung, die
Weissagung, die Wunder desselben, die Zeugnisse der Engel, die
Aussprüche der Propheten, dieses Alles, sage ich, in Eins zu=
sammengehäuft, beweist gewiß, daß er wahrhaft auferstanden
sei."[5]) Denn auch der heilige Thomas sagt: „Wenn auch die

---

[1]) Joann. c. III. v. 13.   [2]) Homil. 26. in Evang.   [3]) Luc. c.
XXIV. v. 31.   [4]) Loc. cit. o.   [5]) Corn. a Lap. in Luc. c. XXIV. v. 39.

einzelnen Beweise nicht genügen würden, um die Auferstehung
Christi vollkommen darzuthun; so beweisen doch alle zusammen=
genommen die Auferstehung Christi vollkommen; besonders wegen
des Zeugnisses der Schrift und der Worte der Engel und der
Erklärung Christi, welche durch Wunder bekräftiget worden ist."[1]

Aber könnte man gegen die Auferstehung Christi nicht
gerade mittelst der Engel selbst die Einwendung erheben: Auch
Engel sind in Menschengestalt erschienen, haben gesprochen,
gegessen, sich durchaus benommen, wie Menschen, und waren
keine Menschen, wie die Engel, welche dem Abraham erschienen
sind, und der Engel, welcher den jungen Tobias auf seiner
Reise begleitet hat; daher scheinen auch alle Zeichen, in welchen
sich Christus, der Herr, den Jüngern dargestellt hat, keine Beweis=
kraft für die wahrhafte Auferstehung seines Leibes zu haben.
Hierauf ist zu erwiedern. Die Engel, welche in Menschengestalt
erschienen sind, hatten keine wirklichen menschlichen, sondern nur
scheinbare, keine ihnen eigenen, sondern nur fremdartige und
angenommene, keine aus Gebein, Fleisch und Blut bestehenden,
sondern nur aus anderem Stoffe gebildete Leiber; sie haben sich
niemals für Menschen ausgegeben, sondern als das erklärt, was sie
waren;[2] sie haben nur zum Scheine, nicht in Wirklichkeit gegessen,
wie der Engel zu Tobias sprach: „Ich schien zwar mit euch
zu essen, und zu trinken, aber ich bediene mich einer unsichtbaren
Speise, und eines Trankes, der von Menschen nicht gesehen
werden kann."[3] In den Engelerscheinungen war also nichts
von dem vorhanden, was zum Wesen und zur Natur eines
wahren und lebendigen Menschenleibes gehört. Christus, der
Herr, aber bewies seinen Jüngern auf alle mögliche Weise, wie
wir gesehen haben, daß er einen wahren, einen menschlichen,
seinen Leib habe; er hat wahrhaft und wirklich gegessen, und
getrunken, wie jeder Mensch mit seinem Leibe, da „den Leibern
der Auferstandenen nicht das Vermögen, sondern das Bedürfniß,
zu essen, benommen ist;"[4] er hat alle Beweise zu dem Einen
Zwecke vorgebracht, um die Jünger zu überzeugen, daß er seinen
wahren und wirklichen, von seiner Seele belebten Leib habe, und

---

[1] Loc. cit. ad 1. [2] Gen. c. XVIII. XIX. Tob. c. XII. [3] Tob.
c. XII. v. 19. [4] S. Augustin. De civ. Dei Libr. XIII v. 22.

somit wirklich und wahrhaft auferstanden sei. Daher kann man auch von den Engelerscheinungen keine Schlußfolgerungen gegen die Wahrheit der Auferstehung Christi ableiten.

Man könnte auch das Bedenken vorbringen, daß an Christus nach der Auferstehung Manches bemerkt wurde, was sich mit der menschlichen Natur nicht verträgt, wie das plötzliche Erscheinen und Verschwinden und der Eintritt durch die verschlossenen Thüren; Anderes aber, was sich mit verklärten Leibern nicht verträgt, wie das Essen, das Trinken und das Betastetwerden. Wie kann also daraus die wahre Auferstehung des Herrn bewiesen werden? Aber eben dieß beweist, daß er die wahre und wirkliche Natur seines Leibes und zugleich die Verklärung desselben besessen habe, was wahrlich nichts Widersprechendes an sich hat, und daß er daher wirklich und wahrhaft auferstanden sei. Denn weder das Eine, noch das Andere für sich und allein würde die Auferstehung beweisen, wohl aber ist Beides zugleich der vollgiltigste Beweis für dieselbe. „Die Beschaffenheit der menschlichen Natur steht zwar, in wie fern sie an sich betrachtet wird, nämlich im gegenwärtigen Zustande, im Gegensatze zur Beschaffenheit der Glorie, nach dem Worte: Gesäet wird ein thierischer Leib, auferstehen wird ein geistiger Leib.[1]) Daher scheint das, was zum Beweise der glorreichen Beschaffenheit vorgeführt wird, der Natur entgegenzustehen, aber nicht einfachhin, sondern nur in Bezug auf den gegenwärtigen Zustand, und umgekehrt;"[2]) das heißt, anders ist der Zustand des Leibes in seiner einfachen Natur, anders sein Zustand in der Verklärung, aber der Leib ist in beiden Fällen derselbe; nicht die Natur des Leibes, sondern nur der Zustand desselben wird geändert, wie ein Körper ohne Licht dunkel ist, vom Lichte durchstrahlt aber erleuchtet wird, und in sich derselbe bleibt.

Aber es geziemt sich doch nicht, daß verklärte Leiber von nicht verklärten berührt, und betastet werden, wie dieß Christus, der Herr, der Magdalena auch gewehrt hat mit den Worten: „Rühre mich nicht an, denn ich bin noch nicht aufgefahren zum Vater."[3]) Daher scheint der Beweis, welcher vom Betasten des

---

[1]) I. Cor. c. XV. v. 44.   [2]) Loc. cit. ad 2.   [3]) Joann. c. XX. v. 17.

Leibes Christi vorgebracht wird, wenigstens kein passender für
dessen Auferstehung zu sein. Darauf ist zu antworten: Für
das Erste hat Christus selbst die Jünger zur Betastung seines
Leibes aufgefordert, und zwar zum Beweise, daß es sein wahrer
Leib sei; somit war dieß nichts Ungeziemendes, sondern ein
wahrer und handgreiflicher Beweis. Warum der Herr sich von
der Magdalena nicht berühren ließ, sagt uns der heilige Chry=
sostomus mit den Worten: „Dieses Weib wollte mit Christus
noch umgehen, wie vor seinem Leiden, und dachte vor Freude
an nichts Großes, da doch das Fleisch Christi durch die Aufer=
stehung viel herrlicher geworden war; und deßhalb sprach er:
Ich bin noch nicht aufgefahren zu meinem Vater, als wollte er
sagen: Glaube nicht, daß ich noch ein irdisches Leben führe;
denn daß du mich noch auf Erden siehst, kommt daher, weil ich
noch nicht zu meinem Vater aufgefahren bin, aber ich werde
bald hinauffahren."[1] Daher sollte sie ihn auch nicht mehr,
wie in seinem irdischen Leben, behandeln. Einen andern Grund
gibt der heilige Epiphanius an, indem er sagt, Christus habe
uns damit ein Beispiel der reinsten und vollkommensten Keusch=
heit geben wollen, indem er sich hier von Magdalena nicht
berühren ließ, da sie ein Weib, und allein, und bei ihm allein
war; nachher aber habe er ihr dieß in der Gegenwart der an=
dern Frauen gestattet.[2] Denn nachdem Magdalena den Herrn
gesehen hatte, eilte sie den andern Frauen, welche vom Grabe
zurückkehrten, nach, holte sie ein, und ward mit denselben der
Gnade theilhaftig, welche der heilige Evangelist Matthäus mit
den Worten beschreibt: „Und sieh! Jesus begegnete ihnen, und
sprach: Seiet gegrüßt! Sie aber traten hinzu, und umfaßten
seine Füße, und beteten ihn an."[3]

Sollte Jemand vielleicht darin noch eine Schwierigkeit finden,
daß Christus, der Herr, sich nach seiner Auferstehung niemals
mit verklärtem Leibe gezeigt habe, da doch die Verklärung eine
Eigenschaft der auferstandenen Leiber der Gerechten ist, und so=
mit vorzüglich des heiligsten Leibes des Herrn sein mußte; so
findet er die thatsächlichen Beweise für die Verklärung in dem

---

[1]) Homil. 85. in Joann.   [2]) Haeres. 26.   [3]) Matth. c. XXVIII.
v. 9. Vide Corn. a Lap. in Joann. c. XX. v. 17.

plötzlichen Erscheinen und Verschwinden des Herrn vor den Augen der Jünger und in dem Eindringen durch die verschlossenen Thüren, was nur einem verklärten Leibe möglich ist. Einen Grund aber, warum der göttliche Erlöser nach seiner Auferstehung die Verklärung selbst nicht gezeigt habe, gibt der heilige Augustinus mit folgenden Worten an: „Der Herr ist mit verklärtem Leibe auferstanden, aber er wollte in dieser Verklärung seinen Jüngern nicht erscheinen; weil sie mit ihren Augen eine solche Verklärung nicht hätten ansehen können. Denn wenn seine Jünger, bevor er für uns gestorben, und auferstanden ist, als er auf dem Berge verklärt wurde, ihn nicht anschauen konnten; um wie viel weniger hätten sie ihn, nachdem das Fleisch des Herrn verklärt worden war, anblicken können?"[1] Einen andern Grund bringt der heilige Thomas vor, indem er schreibt: „Man muß auch bemerken, daß der Herr nach der Auferstehung vorzugsweise zeigen wollte, daß er derselbe wäre, der gestorben ist; und dieß hätte sehr verhindert werden können, wenn er die Verklärung seines Leibes gezeigt haben würde. Denn die Veränderung, welche in's Auge fällt, zeigt am meisten die Verschiedenheit dessen, was man sieht; weil das gewöhnliche Sinnenfällige das Gesicht am besten unterscheidet. Vor dem Leiden nun hatte Christus die Absicht, den Jüngern die Herrlichkeit seiner Majestät, welche die Klarheit des Leibes am kräftigsten darthut, zu zeigen, damit sie nicht seine Schwachheit im Leiden geringschätzten; und deßhalb zeigte er den Jüngern vor dem Leiden seine Herrlichkeit durch die Verklärung, nach der Auferstehung aber durch andere Zeichen."[2]

Eine größere Schwierigkeit könnte der Bericht der heiligen Evangelisten über die Engelerscheinungen machen; denn nach Matthäus erschien der erste Engel auf dem Steine sitzend, nach Marcus aber innerhalb des Grabes; nach diesen Evangelisten war es Ein Engel, nach Johannes waren es zwei; nach Johannes saßen sie, nach Lucas standen sie. Wie kann man also aus diesen Berichten, die mit einander nicht übereinstimmen, ein Zeugniß entnehmen, dem man Glauben beimessen soll? Betrachtet man jedoch die Sache näher, so findet dieselbe leicht eine Erklärung.

---

[1] Dialog. ad Orosium q. 14.   [2] Loc. cit. ad 4.

Denn die Engel waren keine leblosen und unbeweglichen Statuen. Denken wir uns also, daß der Engel auf dem Steine mit den Frauen in das Grab hineingegangen sei; so sagen Matthäus und Marcus die Wahrheit. Es haben ferner nicht beide Engel zugleich geredet, sondern selbstverständlich nur Einer; daher konnte Johannes von diesem Einen reden, die andern Evangelisten aber konnten eben so wahr beide erwähnen. Konnten endlich die Engel nicht bald sitzen, und bald stehen? Diese Verschiedenheit im Berichte beweist eben auf das Klarste, daß die Evangelisten weder mit einander sich verabredet, noch von einander abgeschrieben haben, und macht den Bericht selbst um so glaubwürdiger.[1]) Der Verlauf dieser Thatsachen war folgender. „Als die Frauen zum Grabe kamen, und Maria Magdalena den Stein weggewälzt sah;[2]) lief sie sogleich fort,[3]) um es dem Petrus und dem Johannes zu verkünden. Die zwei anderen Frauen aber traten dem Grabe näher, und erblickten die beiden Engel[4]), von welchen einer ihnen die Auferstehung verkündete,[5]) und befahl, sie auch den Jüngern zu berichten.[6]) Nachdem sie, in der Eile sich fortbegebend, das Grab verlassen hatten; kam Maria mit Petrus und Johannes an, welche dasselbe besahen, und sich dann ebenfalls entfernten. Maria war geblieben, um sich ihrem Schmerze zu überlassen. Als sie aber in das Grab hineinblickte; ward auch sie der beiden Engel gewahr, welche von den andern Frauen, obwohl nicht von den Jüngern, gesehen wurden."[7]) Dieß möge in Bezug auf die Erscheinungen der Engel und hinsichtlich des Berichtes der Evangelisten über dieselben genügen, um dieses Zeugniß gegen jedes Bedenken sicher zu stellen.

Dieses Alles mochte nun wohl hinreichen, um diejenigen, welche an diesen Thatsachen selbst betheiligt waren, von der wahrhaften Auferstehung des göttlichen Erlösers zu überzeugen; aber genügte es auch für den Glauben der Welt? Muß sich die Welt nicht einfach nur auf das Zeugniß der Jünger verlassen; und ist dieses Zeugniß eben so sicher und gewiß?

---

[1]) Vide S. Aug. Libr. III. de consens. Evang.   [2]) Joann. c. XX. v. I.   [3]) Ibid. v. 3.   [4]) Luc. c. XXIV. v. 4.   [5]) Matth. c. XXVIII. v. 5., Marc. c. XVI. v. 6.   [6]) Marc. c. XVI. v. 7.   [7]) Allioli in Joann. c. XX. v. 1. n. 2.

Damit ein Zeugniß sicher und gewiß, durchaus zuverlässig und überzeugend sei, ist erfordert, daß die Zeugen das, was sie aussagen, der Wahrheit gemäß wissen; daß sie die Wahrheit sagen, und nicht lügen, nicht betrügen wollen; und daß sie, wenn sie auch wollten, weder lügen, noch betrügen können. Sind nun diese Erfordernisse bei den Zeugen der Auferstehung Christi vorhanden?

Daß die Apostel und Jünger des Herrn die Wahrheit der Auferstehung kannten, und von derselben mittelst aller nur mög= lichen Beweisgründe die vollste Ueberzeugung besaßen, ist aus dem, was wir bisher erörtert haben, unzweifelhaft gewiß. Es fragt sich daher weiter, ob sie in ihrem Zeugnisse auch die Wahrheit sagen, nicht lügen, nicht betrügen wollten?

Diese Zeugen waren einfache und ehrliche Menschen, bei welchen man ohne Grund keine Falschheit voraussetzen kann; denn es widerspricht der Natur des Menschen, ohne Grund zu lügen, oder zu betrügen.

Diese Zeugen waren, wie wir gesehen haben, sehr hart= gläubig, um die Wahrheit der Auferstehung anzuerkennen; sie waren überdieß noch von der Meinung der Juden befangen, der Messias werde das irdische Reich Israels wieder herstellen, und sahen sich nach dem Tode Christi in ihrer Hoffnung gänz= lich getäuscht. Diese Zeugen waren so furchtsame Leute, daß sie bei der Gefangennehmung Christi davon flohen, und aus Furcht vor den Juden sich hinter Schloß und Riegel verbargen. Diese Zeugen sahen nach dem Begräbnisse ihres Meisters mit ihm Alles verloren, für immer verloren, sich selbst gänzlich verlassen, und den Juden sowohl als den Heiden gegenüber, weil Jünger und Anhänger des von denselben Gekreuzigten, gehaßt, gleichsam geächtet, und in beständiger Gefahr, mit Christus dem gleichen Schicksale überliefert zu werden. Diese Zeugen hatten nicht das mindeste Interesse, fälschlicher Weise die Aufer= stehung des Herrn zu verkünden, konnten von ihrem falschen Zeugnisse nichts Gutes hoffen, und mußten alles Unheil und Uebel befürchten. Diese Zeugen waren ungebildete, ungelehrte, arme Menschen von dem niedrigsten Stande, und von allen menschlichen und natürlichen Eigenschaften und Hilfsmitteln ent=

blößt, um Jemanden den Glauben an die Auferstehung des
Herrn, wenn sie nicht wahr gewesen wäre, beizubringen; ja,
man muß sagen, daß sie ganz unfähig waren, dieselbe zu
erdichten.

Wenn nun diese Menschen dennoch vor die Juden und vor
Heiden, denen alle Mittel des Widerstandes zu Handen waren,
hintraten, und der ganzen Welt die Auferstehung des Gekreuzigten verkündigten, den Glauben an seine Gottheit forderten,
seine Lehre und seine Gesetze predigten, gegen welche sich alle
menschlichen Leidenschaften empören, und die Uebung einer
Religion verlangten, welche das Priesterthum, die Opfer und
alle Ceremoniengesetze der Juden aufhob, und allen Götterdienst
der Heiden mit dessen Gräueln verbot; wenn sie mit Petrus
den Juden zuriefen: „Der Gott Abrahams, der Gott Isaacs,
der Gott Jacobs, der Gott unserer Väter hat seinen Sohn
Jesum verherrlichet. Diesen habet ihr zwar überliefert, und
verleugnet vor dem Angesichte des Pilatus, da er urtheilte, ihn
loszulassen; aber ihr habet den Heiligen und Gerechten verleugnet,
und verlangt, daß man euch den Mörder schenkte. Den Urheber
des Lebens habet ihr getödtet, welchen Gott auferweckt hat von
den Todten, wovon wir Zeugen sind."[1] Die eine solche Sprache
führten vor den Todfeinden Christi, von denen muß man doch
überzeugt sein, daß sie die Wahrheit sagen wollten. Vor den
Juden und vor den Heiden, vor aller Welt sprachen sie mit
Paulus: „Das Wort vom Kreuze ist zwar Thorheit denen,
die verloren gehen; denen aber, die selig werden, das ist uns,
ist es Gottes Kraft. — Die Juden fordern Zeichen, und die
Heiden suchen Weisheit; wir aber predigen Christum, den
Gekreuzigten, den Juden zwar ein Aergerniß, den Heiden aber eine
Thorheit; den Berufenen jedoch sowohl aus den Juden als auch
aus den Heiden Christum, Gottes Kraft und Gottes Weisheit.[2]
— Die Waffen unseres Kampfes sind nicht fleischlich, sondern
mächtig durch Gott zum Niederreißen der Vesten, indem wir
niederreißen die Rathschläge, und alle die Hoheit, welche sich erhebt wider die Erkenntniß Gottes, und gefangennehmen jeden

---

[1] Act. Apost. c. III. v. 13. 14. 15.   [2] I. Cor. c. I. v. 18. 22.
23. 24.

Verstand zum Gehorsame Christi, und bereit sind, jeden Unglau=
ben zu züchtigen."[1] So kann Niemand reden, der nicht von
der Wahrheit dessen überzeugt ist, was er redet, und nicht die
Wahrheit sagen will. Aber vielleicht haben diese Zeugen viele
und große Vortheile für ihr Zeugniß zu erwarten gehabt?

Mehr oder minder konnten alle diese Zeugen mit Paulus
bekennen: „Ich glaube, daß Gott uns Apostel als die Aller=
geringsten dargestellt, als die zum Tode Bestimmten; denn zum
Schauspiele sind wir geworden der Welt, und den Engeln, und
den Menschen. — Bis zur Stunde hungern, und dürsten wir,
sind entblößt, werden mit Fäusten geschlagen, und haben keine
bleibende Stätte. Wir arbeiten, und mühen uns ab mit unsern
Händen; man verflucht uns, und wir segnen; man verfolgt uns,
und wir dulden; man lästert uns, und wir beten; wie ein Auswurf
dieser Welt sind wir geworden, wie ein Abschaum von Allem bis zu
zu dieser Stunde."[2] Von sich selbst sagt dieser Apostel den Irr=
lehrern gegenüber, welche die Neubekehrten verführen, und von ihm
abwenden wollten: „Mehr Mühseligkeiten habe ich erduldet, (als
sie), mehr Gefängnisse, Mißhandlungen über die Maßen, Todesge=
fahren häufig. Von den Juden habe ich fünfmal vierzig Streiche
weniger einen bekommen. Dreimal bin ich mit Ruthen gestrichen,
einmal gesteiniget worden, dreimal habe ich Schiffbruch gelitten,
einen Tag und Nacht bin ich in der Tiefe des Meeres gewesen,
oft auf Reisen, in Gefahren auf Flüssen, in Gefahren von
Räubern, in Gefahren von meinem Volke, in Gefahren von den
Heiden, in Gefahren in Städten, in Gefahren in der Wüste, in
Gefahren auf dem Meere, in Gefahren von falschen Brüdern;
in Mühseligkeit und Elend, in vielfältigen Nachtwachen, in
Hunger und Durst, in vielem Fasten, in Kälte und Blöße, ohne
jenes, was von außen kommt, der tägliche Andrang zu mir, die
Sorgfalt für alle Gemeinden."[3] Zuletzt haben alle Apostel
für ihr Zeugniß unter grausamen Peinen und Qualen ihr Blut
und Leben hingegeben. Um einen solchen Preis will man denn
gewiß nicht lügen, und sich und Andere betrügen, besonders in
Dingen, in welchen es sich um das Höchste, was es für den

---

[1] II. Cor. c. X. v. 4. 5. 6.   [2] I. Cor. c. IV. v. 9. 11.—14.
[3] II. Cor. c. XI. v. 23.—29.

Menschen gibt, um das ewige Heil handelt. Schon aus diesen Gründen mußten diese Augen-, Ohren- und Blutzeugen die Wahrheit sagen wollen. Aber sie hätten auch, wenn sie lügen, und betrügen gewollt, nicht lügen, und betrügen können.

Dieß zeigt die Lage, in der sie sich gleich Anfangs befanden. Denn vor Allem war es menschlicher Weise unmöglich, daß unter so vielen Zeugen von verschiedenem Geschlechte, Alter, Stande, Bildungsgrade und Interessenverhältnisse nicht wenigstens Einige sich gefunden hätten, welche, da nichts zu gewinnen, und Alles zu verlieren war, den allfalsigen Betrug nicht aufgedeckt haben würden.

Es widersprach ferner ihrer ganzen Natur, in ihrer Furchtsamkeit und Niedergeschlagenheit den Juden und Heiden, den Fürsten und Völkern die Auferstehung des Gekreuzigten zu predigen, und den Glauben an ihn als ihren Gott zu fordern, wenn sie gegen ihre Ueberzeugung nur Unwahrheiten verkündet hätten. Es stand diesen Zeugen überdieß kein menschliches und natürliches Hilfsmittel zu Gebote, um für ihre Aussagen, deren Inhalt alle Fassungskraft der Vernunft überstieg, allen Leidenschaften des Herzens widersprach, und allen religiösen Staatseinrichtungen der damaligen Welt widerstrebte, Glauben zu erwecken; und es hätte ihr ganzes Bemühen gleich Anfangs in Nichts versinken müssen, wenn das, was sie die Menschen glauben machen wollten, nicht wahr gewesen wäre.

Auch die Umstände, unter welchen sie Zeugniß gaben, beweisen, daß sie nicht lügen konnten. Denn diese Zeugen haben ihre Aussagen mit unleugbaren Wundern aller Gattungen, die sie vor Aller Augen gewirkt, bekräftiget: „Sie aber gingen hin, und predigten überall, und der Herr wirkte mit ihnen, und bekräftigte das Wort durch die darauf folgenden Wunder." [1] Gott kann aber keine Unwahrheit durch Wunder bestätigen.

Eben so beweiskräftig sind auch die Folgen und Wirkungen ihres Zeugnisses. Denn bis auf den heutigen Tag ist keine Macht, keine Wissenschaft und Kunst, keine Bosheit im Stande gewesen, diesen Zeugen eine Unwahrheit nachzuweisen, oder die Wirkungen ihrer frohen Botschaft zu verhindern, aufzuhalten, zu vernichten, und unzählbare Blutzeugen nicht bloß männlichen,

---

[1] Marc. c. XVI. v. 20.

sondern auch weiblichen Geschlechtes, vom Greisenalter bis zum Kindesalter, haben ihren Glauben mit der Hinopferung alles irdischen Glückes und ihres Lebens besiegelt. Die Wunder der Ausbreitung und der Erhaltung der Kirche und der sittlichen Umwandlung der Welt schließen jede Möglichkeit des Irrthums und der Lüge von Seite ihrer Gründer auf allen Zonen des Erdkreises aus. Schon der heilige Paulus konnte von seiner Zeit an die Römer schreiben: „Euer Glaube wird in der ganzen Welt verkündet;"[1] an die Colosser: „Das Wort der Wahrheit des Evangeliums, das zu euch gekommen, wie auch in der ganzen Welt es ist, Früchte bringt, und zunimmt;"[2] und an die Thessalonicher: „Ueberallhin ist euer Glaube an Gott ausgegangen."[3] Fortwährend erfüllt sich auch das Wort von der Kirche: „Die Pforten der Hölle werden sie nicht überwältigen."[4] Solche Zeugnisse können unmöglich die Wirkungen von Lüge und Unwahrheit sein, und beweisen sonnenklar, daß die Aussagen der Zeugen derselben nichts Anderes, als Wahrheit, enthalten konnten.

Endlich lieferten die Feinde selbst den kräftigsten Beweis für die Wahrheit der Auferstehung Christi, und eben dadurch für die Wahrhaftigkeit der Zeugen derselben; so daß diese, auch wenn sie gewollt haben würden, dieselbe nicht hätten leugnen können. Denn die Juden haben es veranlaßt, daß dem göttlichen Heilande die Brust und das Herz durchbohrt wurden;[5] daß also über seinen Tod nicht der geringste Zweifel entstehen konnte. Die Juden haben es bewirkt, daß der Tod des Herrn auch obrigkeitlich bestätiget wurde.[6] Die Juden haben dafür gesorgt, daß jeder Betrug bezüglich des Leichnams des Herrn unmöglich gemacht wurde. Denn Joseph von Arimathäa hatte den göttlichen Leib „in ein Grab gelegt, das in einen Felsen gehauen war, und einen Stein vor die Thüre des Grabes gewälzt,"[7] der „sehr groß war.[8] Die Juden haben nun diesen Stein versiegelt, und vor denselben Soldaten als Wächter hingestellt.[9] Das Grab des Herrn war also ringsum von dem

---

[1] Rom. c. I. v. 8.   [2] Coloss. c. I. v. 5. 6.   [3] Thessal. c. I. v. 8. [4] Matth. c. XVI. v. 18. [5] Joann. c. XIX v. 31.—38. [6] Marc. c. XV. v. 43.—46.   [7] Ibid. v. 46.   [8] Ibid. v. 4.   [9] Matth. c. XXVII. v. 62.—66.

Felsen umgeben, die einzige Oeffnung von der Thüre und von
dem großen Steine verschlossen, Thüre und Stein mit dem
Amtssiegel des Hohenrathes verwahrt, und das Ganze von
Soldaten bewacht, die unter der Todesstrafe gehalten waren,
ihren Posten nicht zu verlassen. Der heiligste Leib des Herrn
war daher durchaus unzugänglich, und ganz in der Gewalt
der Feinde.

Am frühen Morgen des Auferstehungstages „kamen nun
Einige von den Wächtern in die Stadt, und verkündeten den
Hohenpriestern Alles, was sich zugetragen hatte,"[1] nämlich
alle Ereignisse bei der Auferstehung, von welchen sie Augenzeugen waren. Das war das Zeugniß der Wächter, welche
aus Furcht und Schrecken ihren Posten verlassen hatten, und
wohl auch das leere Grab nicht mehr bewachen mochten. Was
thaten nun die Hohenpriester? „Diese versammelten sich mit
den Aeltesten, hielten Rath, und gaben den Soldaten viel
Geld, und sprachen: Saget: Seine Jünger sind bei der Nacht
gekommen, und haben ihn gestohlen, als wir schliefen. Und
wenn dieß dem Landpfleger zu Ohren kommen sollte; so wollen
wir ihn bereden, und euch sicher stellen. Sie nahmen nun das
Geld, und thaten, wie man sie unterrichtet hatte."[2] Zu dieser
Schandthat bemerkt der heilige Hieronymus: „Sie verwendeten
das Geld, welches zur Verwendung für den Tempel gegeben
worden war, um eine Lüge einzulösen, wie sie früher die dreißig
Silberlinge dem Verräther Judas gegeben hatten."[3] Der heilige Chrysostomus sagt: „Wie sie früher das Blut des noch
Lebenden gekauft hatten, so erstickten sie jetzt die Rede von der
Auferstehung des Gekreuzigten und wieder Lebendigen durch
Geld."[4] Der heilige Remigius fragt: „Wenn die Wächter
geschlafen, wie haben sie den Diebstahl gesehen?"[5] und der
heilige Augustinus spricht zu ihnen: „Schlafende Zeugen
gebrauchet ihr! Wahrlich, ihr seid selber eingeschlafen, die ihr
sinnig forschend Solches gethan habet!"[6] Nichts beweist ihre
eigene Ueberzeugung von der Auferstehung des Herrn so, wie
diese sinnlose Lüge und diese abscheuliche Bestechung; und sie

---

[1] Ibid. c. XXVIII. v. 11.   [2] Ibid. v. 11.—15.   [3] Cit. a Corn.
a Lap. in h. l.   [4] Ibid.   [5] Ibid.   [6] In Psalm. LXIII.

haben auch vor den Aposteln, denen sie von Christus zu reden verboten, keinen Versuch gemacht, die Auferstehung, welche die=selben auch vor ihnen bezeugten, zu leugnen, oder zu bestreiten. Wie hätten also die Apostel der Wahrheit untreu werden können, welche selbst die erbittertsten Feinde anzuerkennen ge=zwungen waren?

Es gibt keine geschichtliche Thatsache, welche durch alle menschlichen und göttlichen Zeugnisse so erhärtet wäre, wie die wahrhafte Auferstehung Christi, des Herrn; und wer diese leugnen wollte, müßte folgerichtig alle Geschichte leugnen. Aber wie kommt es denn, daß so viele Menschen an dieselbe dennoch nicht glauben? Das kommt daher, weil man neben allen diesen Zeug=nissen, welche wohl die Bedenken, Zweifel und Einwürfe der Vernunft beseitigen, aber an sich nichts Uebernatürliches bewir=ken können, ohne die Gnade nicht glauben kann; weil so viele Menschen mit der Gnade, die Allen gegeben wird, nicht mit=wirken; und weil die Gnade ohne diese Mitwirkung auch nichts wirken kann, wie der heilige Chrysostomus sagt: „Weder die Gnade wirkt Etwas ohne den Willen (des Menschen), noch der Wille ohne die Gnade; wie die Erde nicht sproßt, wenn sie keinen Regen empfängt, und der Regen ohne die Erde keine Frucht bringt.“[1] Christus „war das wahre Licht, das jeden Menschen erleuchtet, der in diese Welt kommt;“[2] und er selbst sagt: „Ohne mich könnet ihr nichts thun.“[3] Dieses Licht ist eben ein übernatürliches Gnadenlicht, und ohne dieses über=natürliche Gnadenlicht kann der natürliche Mensch auch nichts Uebernatürliches erkennen, nichts Uebernatürliches wirken, nicht glauben; denn „der Glaube ist ein übernatürliches Licht, eine Gabe Gottes, eine von Gott eingegossene Tugend, vermöge welcher der Mensch Alles für wahr hält, was Gott geoffenbart hat, und was die Kirche zu glauben vorstellt, es sei geschrieben, oder nicht.“[4] Der Mensch muß dieses Licht, diese Gabe Gottes, diese Tugend in sich aufnehmen, und mit derselben mitwirken. „Das ist aber das Gericht, daß das Licht in die Welt gekom=men ist, und die Menschen die Finsterniß mehr liebten, als

---

[1] Homil. 32. in Matth. Op. imp.   [2] Joann. c. I. v. 9.   [3] Ibid. v. XV. v. 5.   [4] Catech.

das Licht; denn ihre Werke waren böse. Und Jeder, der Böses thut, haßt das Licht, und kommt nicht an das Licht, damit seine Werke nicht gestraft werden."[1] Die Ungläubigen glauben nicht, weil ihre Werke böse sind, und von dem Glauben verdammt, und gestraft werden; ihre bösen Werke wollen sie aber nicht aufgeben, dieses Gericht aber hassen sie, und darum wollen sie auch nicht glauben, die Unglücklichen!

---

[1] Ibid. c. III. v. 19. 20.

Viertes Hauptstück.

Die Auferstehung Christi ist die Ursache unserer Auferstehung und Rechtfertigung.[1]

Der Glaube an die Auferstehung Christi, des Herrn, ist von solcher Wichtigkeit, daß mit demselben die ganze christliche Religion steht, und fällt. Daher gibt sich der heilige Paulus alle Mühe, die Nothwendigkeit desselben einzuschärfen, und sagt: „Ist Christus nicht auferstanden, so folgt, daß unsere Predigt vergeblich ist, vergeblich auch euer Glaube. Dann würden wir auch als falsche Zeugen Gottes erfunden; denn wir hätten wider Gott bezeugt, daß er Christum auferweckt habe."[2] Und wieder: „Ist Christus nicht auferstanden, so ist euer Glaube vergeblich; denn ihr seit (dann) noch in euren Sünden. Es sind also auch die in Christo Entschlafenen verloren. Wenn wir aber nur in diesem Leben auf Christus hoffen, so sind wir elender, als alle Menschen."[3]

Der heilige Völkerlehrer führt auch verschiedene Beweise für die Auferstehung Christi, des Herrn, an. Zuerst nennt er die ersten Augen= und Ohrenzeugen, von welchen Viele damals noch am Leben waren;[4] dann nennt er sich selbst als einen Augen= und Ohrenzeugen;[5] er beruft sich ferner darauf, daß er und alle Apostel diese Wahrheit predigen, und die Neube=

---

[1] S. Thom. P. III. q. 56.   [2] I. Cor. c. XV. v. 14. 15.   [3] Ibid. v. 17. 18. 19.   [4] Ibid. v. 3.—8.   [5] Ibid. v. 8. 9. 10.

kehrten dieselbe glauben;[1] endlich sagt er, es gäbe keine Aufer=
stehung der Todten überhaupt, wenn Christus nicht auferstanden
wäre; dieß aber widerspricht seinem Erlösungswerke, weil er
durch die Auferweckung der Todten nicht Alles wieder aufrichten
würde, was in Adam gefallen ist, und weil seine Auferstehung
die Ursache der Auferstehung aller Menschen ist. Dieß sind
seine Worte: „Wenn die Todten nicht auferstehen, so ist auch
Christus nicht auferstanden. — Nun aber ist Christus von den
Todten auferstanden, der Erstling der Entschlafenen; denn durch
einen Menschen ist der Tod, und durch einen Menschen die
Auferstehung von den Todten. Und wie in Adam Alle sterben,
so werden auch in Christus Alle lebendig gemacht werden."[2]
Auch in andern Briefen redet der Apostel oft und immer wieder
von der Auferstehung des Herrn, um den Glauben an unsere
Auferstehung zu befestigen, und die Gläubigen in der Hoffnung
auf dieselbe zu stärken.

Nun wollen wir erwägen, wie und warum die Aufer=
stehung Christi, des Herrn, nach der Lehre des heiligen Thomas
die Ursache der Auferstehung aller Menschen sei.

Erster Abschnitt.

Die Auferstehung Christi ist die Ursache der Aufer=
stehung aller Menschen dem Leibe nach.[3]

Der heilige Apostel Paulus schreibt an die Corinther:
„Wenn aber Christus geprediget wird als der, welcher von den
Todten auferstanden ist; wie sagen denn Einige unter euch, es
sei keine Auferstehung von den Todten?"[4] Der Apostel will
sagen: Diejenigen, welche die Auferstehung der Todten über=
haupt leugnen, müssen auch die Auferstehung Christi leugnen:
denn ist Christus auferstanden, so gibt es eine Auferstehung,
eben weil er Einer ist, der auferstanden. Daher sagt er auch:

---

[1] Ibid. v. 11.   [2] Ibid. v. 16. 20. 21. 22.   [3] Loc. cit. a. 1.
[4] I. Cor. c. XV. v. 12. Diese Einigen, welche die Auferstehung leugneten,
waren die Ketzer Cerinthus und dessen Anhänger.

„Wenn keine Auferstehung der Todten ist, so ist auch Christus nicht auferstanden."[1] Nun aber verkündet die Predigt des Evangeliums die Auferstehung Christi. Somit glauben die, welche die Auferstehung der Todten leugnen, dem Evangelium nicht. Wie können sie also rechtgläubige Christen sein? Sie sind Irrgläubige und, wenn sie hartnäckig im Irrthum verharren, Ketzer. Er bringt die Auferstehung Christi mit der Auferstehung aller Todten in eine so enge und nothwendige Verbindung, daß er sagt, wenn Christus auferstanden ist, müssen auch alle Menschen auferstehen; diese Folgerung liegt in seinen Worten: „Nun aber ist Christus von den Todten auferstanden, der Erstling der Entschlafenen;"[2] der Herr wäre aber nicht der Erstling der Entschlafenen in der Auferstehung, wenn diese Entschlafenen nicht auch auferstehen würden. Ist ferner Christus der Erste unter denen, welche wahrhaft, das ist, zum unsterblichen Leben auferstehen, so ist er auch die Ursache der Auferstehung Aller. Denn „was in jeder Gattung das Erste ist, das ist auch die Ursache alles dessen, was nachher ist. Ist nun die Auferstehung Christi in der Gattung der wahren Auferstehung das Erste, so muß die Auferstehung Christi auch die Ursache unserer Auferstehung sein."[3] Aber wie ist sie denn diese Ursache?

Die Auferweckung eines todten Leibes zum Leben ist eine göttliche That, das Werk des persönlichen Wortes Gottes. Ist also der heiligste Leib Christi zum Leben auferweckt worden; so hat diese Auferweckung, die Auferstehung desselben das mit ihm auch im Grabe vereinigte göttliche Wort bewirkt, und ist das göttliche Wort die Ursache dieser Auferstehung. Ist ferner die Erste in jeder Gattung die Ursache aller Wirkungen in derselben Gattung, und die Auferstehung Christi das Erste in aller Aufstehung, und somit auch die Ursache aller Auferstehung; so ist auch das göttliche Wort, welches die erste Auferstehung gewirkt hat, die erste und eigentliche Ursache aller Auferstehung. Es ist aber der ersten Ursache eigen, und es liegt in ihrer Natur, daß sie die erste Wirkung unmittelbar, die folgenden Wirkungen aber mittelbar durch die erste Wirkung hervorbringt. So hat

---

[1]) Ibid. v. 13.   [2]) Ibid. v. 20.   [3]) Loc. cit. o.

das göttliche Wort den Leib des Herrn als den mit ihm wesentlich
und zunächst vereinigten Leib unmittelbar auferweckt, und wird
die Leiber der Menschen mittelbar durch seinen auferweckten
Leib auferwecken; und auf diese Weise ist die Auferstehung
Christi, des Herrn, die Ursache unserer Auferstehung. Darüber
schreibt der heilige Thomas: „Die Grundursache der Belebung
der Menschen ist das Wort Gottes, wie gesagt ist: Bei dir ist
die Quelle des Lebens;[1] und deßhalb sagt er (Christus): Wie
der Vater die Todten auferweckt, und lebendig macht; so macht
auch der Sohn lebendig, welche er will;[2] (denn das Wirken
des Vaters und des Sohnes nach außen ist dasselbe.) Die von
Gott eingesetzte natürliche Ordnung der Dinge aber hat das
Eigenthümliche, daß jede Ursache zuerst auf das wirkt, was ihr
näher ist, und durch dieses auf das Uebrige, was entfernter
ist; wie das Feuer zuerst die Luft erwärmt, die ihm nahe ist,
und durch diese die entfernten Körper erwärmt; und wie Gott
zuerst die ihm näher stehenden Wesen, und durch diese die ent=
fernteren erleuchtet, wie Dionysius sagt.[3] Daher ertheilt das
Wort Gottes das unsterbliche Leben zuerst dem ihm natürlich
vereinigten Leibe, und bewirkt durch diesen die Auferstehung in
allen andern."[4] Die erste und eigentliche Ursache aller Aufer=
stehung ist also das göttliche Wort, der Sohn Gottes als Solcher;
die Ursache der Auferstehung der Menschen ist aber das gött=
liche Wort, der Sohn Gottes, zunächst als Gottmensch), seine
Menschheit in Kraft seiner Gottheit, die durch die Auferstehung
seiner Menschheit die Auferstehung aller Menschen bewirkt; und
aus diesem Grunde sagt der heilige Papst Gregorius: „Nun
soll der Mensch über die Wahrheit der Auferstehung keinen
Zweifel mehr hegen, da er weiß, daß Christus als wahrer
Mensch von den Todten auferstanden ist."[5] Die Auferstehung
Christi ist die hervorbringende Ursache der Auferstehung aller
Menschen als Werkzeug, dessen sich das Wort Gottes bedient,
um auch die Leiber der Menschen vom Tode zu einem neuen
Leben zu erwecken, und zwar als moralisches Werkzeug.[6]

---

[1] Psalm. XXXV. v. 10.   [2] Joann. c. V. v. 21.   [3] De coelest.
Hierarch. c. 3.   [4] Loc. cit. o.   [5] Super Psalm. poerit. in Psalm.
VI. v. 6.   [6] Vide P. F. Stentrup. Praelect. dogm. de Verb. incarn. P.
II. Soteriolog. Thes. 65.

Der heilige Petrus schreibt von Christus, dem Herrn, an die Ephesier: „Gott hat Alles unter seine Füße gelegt, und ihn zum Haupte über die ganze Kirche gesetzt, welche sein Leib ist, und die Vollendung dessen, der Alles in Allem vollendet."[1] Zur Kirche Christi gehören alle Menschen, zuerst die Heiligen im Himmel, welche mit ihm in der Herrlichkeit vereiniget sind; dann die Gerechten auf Erden, die mit ihm in der Liebe ver= einiget sind; ferner die Menschen, welche mit ihm thatsächlich durch den Glauben in Gemeinschaft leben; hernach auch dieje= nigen, welche zwar nicht wirklich im Glauben an ihn leben, aber zu diesem Leben gelangen werden; und endlich alle jene Menschen, welche zur Gemeinschaft mit ihm berufen sind, wenn sie auch aus eigener Schuld niemals dazu gelangen. So sind nun alle Menschen ohne Ausnahme in diese Gemeinschaft ein= begriffen, gehören alle Menschen zur Kirche Christi, und ist Christus das Haupt aller Menschen.[2] Denn der heilige Paulus sagt: „Wir hoffen auf den lebendigen Gott, welcher der Retter aller Menschen ist;"[3] und der heilige Apostel Johannes schreibt: „Wir haben einen Fürsprecher bei dem Vater, Jesum Christum, den Gerechten, und dieser ist die Versöhnung für unsere Sün= den; doch nicht allein für die unsrigen, sondern auch für die Sünden der ganzen Welt."[4] „Die Menschen aber zu retten, und die Versöhnung für ihre Sünden kommt Christo zu, in wie fern er das Haupt ist. Christus ist also das Haupt aller Menschen."[5]

Die Rettung der Menschen aber und die Versöhnung für ihre Sünden hat Christus, der Herr, als Gottmensch, in seiner Menschheit vollzogen; somit ist er auch als Mensch in der Ver= einigung mit der Gottheit das Haupt aller Menschen. Dem Haupte aber kommt die oberste Stelle des Leibes, die größte Vollkommenheit, weil es alle Sinne in sich vereiniget, und die höchste bewegende Kraft zu. In geistiger Beziehung nimmt Christus als das geistige Haupt seiner Kirche die oberste Stelle seiner Menschheit nach wegen der Vereinigung derselben mit der

---

[1] Ephes. c. I. v. 22. 23.   [2] Vide S. Thom. P. III. q. 8. a. 3. o.
[3] I. Tim. c. IV. v. 10.   [4] I. Joann. c. II. v. 1. 2.   [5] S. Thom. l. c. a. 3. o.

Gottheit und wegen ihrer Gnadenfülle ein, nach den Worten des heiligen Paulus: „Die Gott vorhergesehen (als Auser=wählte), hat er auch vorherbestimmt, dem Bilde seines Sohnes gleichförmig zu werden, auf daß er der Erstgeborne unter vielen Brüdern sei."[1] Christus besitzt seiner Menschheit nach auch die höchste Vollkommenheit wegen der Fülle aller Gnadengaben und aller Tugenden und Verdienste, nach dem Worte: „Wir haben seine Herrlichkeit gesehen, die Herrlichkeit als· des Eingebornen vom Vater, voll der Gnade und Wahrheit."[2] Christus besitzt als Haupt der Kirche endlich die Macht und die Kraft, allen Gliedern derselben seine Gnaden einzuflößen, und ihnen das Leben der Gnade, das Wachsthum und die Vollendung im Gnadenleben mitzutheilen, wie geschrieben steht: „Von seiner Fülle haben wir Alle empfangen, Gnade über Gnade. Denn das Gesetz wurde durch Moses gegeben; Gnade und Wahrheit aber ist durch Jesus Christus geworden."[3] „Man muß also sagen, daß die Menschheit Christi in wie fern sie mit dem Worte Gottes verbunden, mit welchem auch der Leib durch die Seele vereiniget ist, die Kraft des Einflusses besitze. Daher nimmt die ganze Menschheit Christi, nämlich der Seele und dem Leibe nach, Einfluß auf die Menschen sowohl in Bezug auf die Seele als auch auf den Leib; aber hauptsächlich in Bezug auf die Seele, an zweiter Stelle in Bezug auf den Leib; einerseits in wie fern die Glieder des Leibes als Werkzeuge der Gerechtig=keit, welche durch Christus in der Seele sich befindet, gebraucht werden, wie der Apostel sagt;[4] andererseits, in wie fern das Leben der Glorie von der Seele auf den Leib übergeleitet wird, nach dem Worte: „Der, welcher Jesum Christum von den Todten erweckt hat, wird auch eure sterblichen Leiber lebendig machen um seines Geistes willen, der in euch wohnt."[5] Zum glorreichen Leben des Leibes aber gehört auch die glorreiche Auferstehung desselben; und deßhalb sagt der heilige Paulus ebenfalls: „Unser Wandel aber ist im Himmel, woher wir auch den Heiland erwarten, unsern Herrn Jesum Christum, welcher den Leib unserer Niedrigkeit umgestaltet wird, daß er gleich=

---

[1] Rom. c. VIII. v. 29.   [2] Joann. c. I. v. 14.   [3] Ibid. v. 16. 17.
[4] Rom. c. VI. v. 19.   [5] Ibid. c. VIII. v. 11. S. Thom. ibid. a. 2. o.

geſtaltet ſei dem Leibe ſeiner Herrlichkeit nach der Kraft, durch
welche er ſich Alles unterwerfen kann."[1] Die Auferſtehung
Chriſti iſt alſo nicht bloß die hervorbringende werkzeugliche,
ſondern auch die vorbildliche Urſache der Auferſtehung aller
Menſchen. "Wie die Auferſtehung des Leibes Chriſti (zum
unſterblichen Leben) darum, weil dieſer Leib perſönlich mit dem
Worte (Gottes) vereiniget iſt, die erſte der Zeit nach, ſo iſt ſie
auch die erſte der Würde und der Vollkommenheit nach. Immer
aber iſt das, was das Vollkommenſte iſt, ſeiner Art nach das
Vorbild deſſen, was weniger vollkommen iſt. Deßhalb iſt die
Auferſtehung Chriſti die vorbildliche Urſache unſerer Aufer=
ſtehung."[2] Die Auferſtehung der Todten iſt ein Forderniß der gött=
lichen Gerechtigkeit, zuerſt in Bezug auf Chriſtus; denn da
Chriſtus für alle Menſchen geſtorben iſt, ſo hat er es verdient,
daß er wieder anferſtand, und daß durch ihn alle Menſchen
auferſtehen; wie der heilige Paulus ſchreibt: "Dazu iſt Chriſtus
geſtorben, und anferſtanden, daß er ſowohl über die Todten,
als auch über die Lebendigen herrſche."[3] Ueber die Todten
aber könnte er nicht herrſchen, wenn ſie nicht auferſtünden. Durch
ſeine Erlöſung hat Chriſtus die geſammte Menſchheit, die durch
die Sünde unter die Botmäßigkeit des Teufels gerathen, und
dem zeitlichen und ewigen Tode verfallen war, mit ſeinem Blute
losgekauft, zum neuen Leben erweckt, und als ſein Eigenthum
wieder erworben, wie derſelbe Apoſtel ſchreibt: "Keiner von
uns lebt ſich ſelbſt, und Keiner ſtirbt ſich ſelbſt; denn leben
wir, ſo leben wir dem Herrn; ſterben wir, ſo ſterben wir dem
Herrn; wir mögen alſo leben, oder ſterben, ſo ſind wir des
Herrn."[4] Wie würden aber, die geſtorben ſind, des Herrn
ſein, wenn ſie nicht auferſtünden? Das Leben alſo, der Tod
und die Auferſtehung iſt des Herrn: "Er muß herrſchen, bis
er alle Feinde unter ſeine Füße gelegt haben wird. Der letzte
Feind aber, der vernichtet wird, iſt der Tod; denn Alles hat
er ſeinen Füßen unterworfen."[5] Dieſer letzte Feind aber, der
Tod, kann ihm nur durch die Auferſtehung unterworfen werden;

---

[1] Philipp. c. III. v. 20. 21.   [2] Loc. cit. ad 3.   [3] Rom. c.
XIV. v. 9.   [4] Ibid. v. 8.   [5] I. Cor. c. XV. v. 25. 26.

nur durch die Auferstehung kann er ihn unter seine Füße legen, und über ihn herrschen. Endlich hat sich Christus für die Rettung der ganzen Menschheit allen menschlichen Richterstühlen und dem Todesurtheile unterworfen, und dadurch verdient, der Richter über alle Menschen zu sein, wie er selbst sagt: „Der Vater richtet Niemanden, sondern hat das ganze Gericht dem Sohne übergeben; damit Alle den Sohn ehren, wie sie den Vater ehren."[1] Die göttliche Gerechtigkeit aber fordert ein Gericht nach dem Tode, weil es in diesem Leben keine volle Gerechtigkeit gibt, ein öffentliches Gericht zur Rechtfertigung der göttlichen Gerechtigkeit selbst und aller Gerechten vor dem Himmel und der Erde, ein Weltgericht, und ein Weltgericht, um Allen der Seele und dem Leibe nach den verdienten Lohn oder die verdiente Strafe zu geben, weil die Menschen mit der Seele und mit dem Leibe Gutes oder Böses thun. Dieses Gericht aber kann nicht stattfinden, wenn die Todten nicht auferstehen, und es kann auch das Urtheil dieses Gerichtes, die Vergeltung ohne die Auferstehung nicht ausgeführt werden. Also hat Christus auch mit diesem Rechtstitel die Auferstehung der Todten verdient.

Alle diese Verdienste hat sich aber Christus vor der göttlichen Gerechtigkeit in seiner Menschheit und durch seine Menschheit in ihrer Verbindung mit der Gottheit erworben, und daher muß die Auferstehung der Todten von Rechtswegen auch seiner Menschheit zugeschrieben werden, wie dieß der Herr selbst in Bezug auf seine Richtergewalt ausdrücklich mit den Worten erklärt hat: „Gleichwie der Vater das Leben in sich selbst hat, so hat er auch dem Sohne gegeben, das Leben in sich selbst zu haben; und er hat ihm Macht gegeben, auch Gericht zu halten, weil er der Menschensohn ist."[2] Er hat daher auch ausdrücklich erklärt, daß er die Todten auferwecken werde, indem er betheuert: „Wahrlich, wahrlich, sage ich euch, es kommt die Stunde, und sie ist schon da, daß die Todten die Stimme des Sohnes Gottes hören werden, und, die sie hören, werden leben."[3] Diese Worte beziehen sich auf die Auferweckung der Seelen vom Tode der Sünde zum Leben der Gnade und zugleich auf die

---

[1] Joann. c. V. v. 22. 23.　　　[2] Ibid. v. 26. 27.　　　[3] Ibid. v. 25.

Auferstehung der Leiber zum Gerichte, wie er noch klarer hin=
zugefügt hat: „Wundert euch nicht darüber; denn es kommt
die Stunde, in der Alle, welche in den Gräbern sind, die
Stimme des Sohnes Gottes hören werden. Und es werden
hervorgehen, die Gutes gethan haben, zur Auferstehung des
Lebens, die aber Böses gethan haben, zur Auferstehung des
Gerichtes."[1] Diese ganze große Wahrheit wird aber sich noch
klarer darstellen, wenn wir erwägen, was gegen dieselbe einge=
wendet werden könnte.

Man könnte sagen: Ist eine genügende Ursache gesetzt, so
muß auch sofort die entsprechende Wirkung erfolgen; wäre da=
her die Auferstehung des Herrn die Ursache der Auferstehung
aller Todten, so müßten alle Todten sogleich auferstehen; dieß
geschieht aber nicht; somit ist die Auferstehung Christi nicht die
Ursache der Auferstehung der Todten. — Allein daß, wenn
eine genügende Ursache vorhanden ist, sofort auch deren Wirkung
erfolgen müsse, ist wahr, wenn die Ursache eine unfreie ist, wie
wenn das Licht die Finsterniß erleuchtet; aber es ist nicht wahr,
wenn die Ursache eine frei wirkende ist, weil es dann von ihrem
freien Willen abhängt, wann sie die Wirkung hervorbringen
will. Nun aber ist die Ursache der Auferstehung der Todten
das Wort Gottes, welches dieselbe durch die Auferstehung seines
menschlichen Leibes als des Werkzeuges bewirkt, wie wenn ein
Bildhauer mit dem Meißel den Stein zu einer Statue bearbeitet;
wie es also vom Willen des Bildhauers abhängt, wann er mit
seinem Werkzeuge arbeiten wolle; ebenso hängt es vom Worte
Gottes ab, wann es die Todten auferwecken wolle. Der eng=
lische Lehrer sagt daher: „Die Auferstehung Christi ist die
Ursache unserer Auferstehung durch die Kraft des (mit der
Menschheit) vereinigten Wortes, welches nach seinem Willen
wirkt. Daher muß die Wirkung nicht sogleich erfolgen, sondern
nach der Anordnung des Wortes Gottes; daß wir nämlich zu=
erst Christo im Leiden und Sterben gleichförmig werden, und
nachher zur theilnehmenden Aehnlichkeit seiner Auferstehung
gelangen."[2] — „Die Auferstehung Christi sollte nicht lange
verschoben werden, wie die unsrige, damit wir aus dem Beispiele

---

[1] Ibid. v. 28. 29.   [2] Loc. cit. ad 1.

seines Fleisches lerneten, was wir von dem unsrigen hoffen
müssen."[1] Unsere Auferstehung wird bis an's Ende der Welt
aus den weisesten Absichten Gottes verschoben; denn der Natur
nach bilden alle Menschen Ein Geschlecht, und die einzelnen
Menschen Glieder desselben; es geziemt sich daher nicht, daß
jedes Glied einzeln aufstehe, und daß Gott diese Auferweckung
eben so oft wiederhole. Der Gnade nach bilden alle Menschen
den geistigen Leib Christi, und die einzelnen Menschen eben so
viele Glieder an diesem Leibe; es ist daher nicht angemessen,
diese Glieder eines nach dem andern zur Auferstehung zu führen.
Das Geschlecht soll nach seiner Vollendung, und der Leib soll
nach seiner erreichten Vollkommenheit zum letzten Ziele gelangen.
Wenn jeder Mensch einzeln bald nach seinem Tode auferstehen,
und somit verklärt, oder nicht verklärt erscheinen würde; müßten
Gottes Gerichte eben so oft geoffenbart werden, was weder der
göttlichen Vorsehung, noch dem Heile der Menschen entspricht;
denn durch den Aufschub der Auferstehung und durch das all=
gemeine Weltgericht wird unser Glaube gestärkt, unsere Hoffnung
genährt, und die Furcht Gottes in uns befestiget. Daher sagt
auch der heilige Paulus von den Gerechten des alten Bundes,
daß sie vor den Heiligen des neuen Bundes nicht zur vollen=
deten Glückseligkeit gelangen konnten: „Diese Alle, obwohl durch
das Zeugniß des Glaubens bewährt, haben die Verheißung
(das Himmelreich) nämlich in seiner vollen Bedeutung) nicht er=
langt; weil Gott etwas Besseres für uns ausersehen hatte, da=
mit sie nicht ohne uns vollendet würden."[2]

Man könnte ferner sagen, die Ursache der Auferstehung
der Todten sei die göttliche Gerechtigkeit, welche fordert, daß die
Menschen mit Leib und Seele belohnt, oder bestraft werden, da
sie mit Leib und Seele Gutes, oder Böses thun; diese Gerech=
tigkeit aber würde auch ihre Wirkung haben, wenn Christus
nicht auferstanden wäre; wie kann man also der Auferstehung
Christi die Ursache der Auferstehung der Todten zuschreiben? —
Hierauf ist zu erwiedern: Die Gerechtigkeit Gottes fordert die
Auferstehung der Todten, aber sie bewirkt sie nicht, und ist
weder die verdienende, noch die hervorbringende, noch die vor=

---

[1] S. Aug. Epist. 120. c. 9.   [2] Hebr. c. XI. v. 39. 40.

bildliche Ursache derselben. Die Auferstehung des Herrn ist in so fern die verdienende Ursache unserer Auferstehung, als Chri= stus durch sein Leiden und Sterben seine Auferstehung als eine solche verdient hat, die unsere Auferstehung bewirkt, und deren Vorbild ist; und in so fern ist das Verdienst auch in ihr wirk= sam. „Die hervorbringende Ursache aber ist sie, in wie fern die Menschheit Christi, in welcher er auferstanden ist, gewisser Maßen das Werkzeug der Gottheit selbst ist, und in der Kraft derselben wirkt; deßhalb ist die Auferstehung Christi, wie das Uebrige, was Christus in seiner Menschheit gethan, oder gelitten hat, in der Kraft seiner Gottheit zu unserem Heile gereicht, so auch die hervorbringende Ursache unserer Auferstehung durch die göttliche Kraft, der es eigen ist, die Todten zu erwecken."[1] Die vorbildliche Ursache aber ist sie, weil sie, wie wir gehört haben, die erste für das unsterbliche Leben und die vollkommenste ist, alles Nachfolgende und minder Vollkommene aber dem Ersten und Vollkommensten in derselben Gattung gleichförmig sein muß.

Dagegen könnte eingewendet werden: Eine hervorbringende Ursache kann nicht wirken, außer durch die Berührung dessen, auf das sie einwirken soll; zwischen der Auferstehung Christi und unserer Auferstehung aber findet keine Berührung statt; also kann es da auch keine ursächliche Wirkung geben. — Dieß wäre wahr, wenn die Auferstehung Christi nicht in der Kraft der Gottheit wirkte; „diese Kraft aber reicht, wie gegenwärtig, an alle Orte und Zeiten, und diese Berührung genügt, um eine solche Wirkung hervorzubringen."[2]

Zuletzt wäre noch die Schwierigkeit zu lösen, wie denn die Auferstehung Christi das Vorbild unserer Auferstehung sein könne, da jene dieser Vorbildlichkeit keinesweg bedarf, und das Vorbild der Auferstehung der Bösen gar nicht sein kann, da diese nicht umgewandelt, und nicht verklärt werden? Hierauf ist zu er= widern: Die Auferstehung Christi bedarf keiner Vorbildlichkeit, und hat es nicht nöthig, für irgend Etwas Vorbild zu sein, da sie ein völlig unabhängiges Gotteswerk ist; aber unsere Auf= erstehung bedarf des Vorbildes, weil wir Glieder des Leibes Christi sind, die Glieder aber dem Leibe, und der Leib dem

---

[1] S. Thom. loc. cit. ad 3.   [2] Idem ibid.

Haupte nicht bloß im Leben der Gnade, sondern auch im Leben
der Glorie gleichförmig sein müssen, und weil es keine Gleich=
förmigkeit geben kann, wo kein Vorbild ist, dem Etwas gleich=
förmig gemacht werden sollte. Was aber die Auferstehung der
Bösen betrifft, ist die Auferstehung Christi darin Vorbild, daß,
wie Christus auferstanden ist, auch die Bösen auferstehen werden,
das heißt, daß auch ihre Leiber mit ihren Seelen wieder zum
Leben vereiniget werden; sie ist aber nicht deren Vorbild in der
Verklärung, da die Bösen nicht umgewandelt, nicht verklärt
werden, wie der heilige Paulus lehrt, indem er an die Corinther
schreibt: „Sieh! ich sage euch ein Geheimniß: Wir werden
zwar Alle auferstehen, aber wir werden nicht Alle umgewandelt
werden."[1] Daß aber unter diesen Letzteren die Bösen zu ver=
stehen seien, beweisen seine vorausgehenden Worte: „Das aber
sage ich, Brüder! daß Fleisch und Blut (das heißt, der thierische
Mensch, der nach den Gelüsten des Fleisches und seiner Leiden=
schaften lebt) das Reich Gottes nicht besitzen können; und die
Verwesung, (das ist, der für das Verwesliche und Vergängliche
lebt), wird nicht die Unverweslichkeit besitzen."[2] „Die Vorbild=
lichkeit der Auferstehung Christi erstreckt sich also eigentlich nur
auf die Guten, welche seiner Kindschaft gleichförmig geworden
sind".[3] — „Was aber das Wesen der Wirksamkeit (der Aufer=
stehung Christi), welche von der Kraft Gottes abhängt, betrifft,
ist sowohl der Tod als auch die Auferstehung gemeinschaftlich
die Ursache nicht nur der Vernichtung des Todes, sondern auch
der Erneuerung des Lebens; aber nach dem Wesen der Vorbild=
lichkeit ist der Tod Christi, durch welchen er von dem sterblichen
Leben geschieden, die Ursache der Vernichtung unseres Todes;
seine Auferstehung aber, durch welche er das unsterbliche Leben
begonnen hat, ist die Ursache der Erneuerung unseres Lebens."[4]

Nun könnte man noch fragen, wie denn unsere Auferstehung
nach dem Vorbilde der Auferstehung Christi beschaffen sein
werde? Darauf antwortet der heilige Paulus, indem er zu
jenen, welche die Auferstehung der Todten für unmöglich halten,
und darum leugnen, auf folgende Weise in Bildern und Gleich=

---

[1] I. Cor. c. XV. v. 51.   [2] Ibid. v. 50.   [3] Loc. cit. ad 3.
[4] Ibid. ad 4.

nissen, die aus der Natur genommen sind. Er schreibt: „Aber wird Jemand sagen: Wie stehen die Todten auf? oder in wel= chem Leibe werden sie kommen? Du Thor! Was du säest, lebt nicht auf, wenn es nicht zuvor stirbt. Und was du auch säest, so säest du nicht den Körper, der werden soll, sondern bloßes Korn, nämlich etwa des Weizens, oder eines der übrigen (Früchte). Gott aber gibt ihm einen Körper, wie er will, und jeder Samenart ihren besondern Körper."[1] Das ist das erste Bild oder Gleichniß, und der Apostel will sagen: „Wenn du säest, so säest du nicht den Körper, der aus dem Samen entstehen soll, das ist, den Baum, oder die Aehre, sondern den bloßen Samen und das Korn des Obstes z. B. oder des Weizens, und doch gibt Gott diesem gesäeten und aus der Erde sprossenden Korne nicht wieder ein anderes Korn, sondern einen vollkommeneren und schönen Körper, nämlich eines Baumes oder einer Aehre, welche mit einem Halme, mit Blüthen, mit Körnern versehen, und geschmückt ist."[2] Daher sagt der heilige Augustinus, der Apostel deute damit an: „Wenn Gott hinzugeben kann, was in dem frischen Korne nicht vorhanden war; so kann er viel mehr in der Auferstehung erneuern, was in dem Leibe des Menschen schon war."[3] — „Gott gibt jeder Samenart ihren besondern Körper, das ist, der ihrer Natur und Art eigenthümlich ent= spricht, wie er dem Korne z. B. des Weizens eine Aehre und einen Körper, nicht der Gerste, oder des Hafers, sondern des Weizens gibt."[4]

Der Apostel führt ein anderes Bild oder Gleichniß an, und schreibt: „Nicht alles Fleisch ist dasselbe Fleisch; sondern ein anderes ist das der Menschen, ein anderes das der vier= füßigen Thiere, ein anderes das der Vögel, ein anderes das der Fische."[5] Alle diese Arten von Fleisch sind Fleisch, aber dieses Fleisch ist verschieden nach der Verschiedenheit der Wesen, welchen es angehört; und damit will der Apostel die Verschiedenheit der Verklärung der Leiber der Gerechten in der Auferstehung an= deuten, und sagen: Die Heiligen werden zwar ihre eigenen und verklärten Leiber haben; aber die Verklärung wird der Ver=

---

[1] I. Cor. c. XV. v. 35.—39.   [2] Corn. a Lap. in h. l. v. 37.
[3] Epist. 146.   [4] Corn. a Lap. in loc. cit. v. 38.   [5] I. Cor. c. XV. v. 39.

schiedenheit ihrer Verdienste gemäß verschieden sein. „Denn es besteht eine gewisse Aehnlichkeit und ein gewisses Verhältniß zwischen der Natur und dem Verdienste. Denn wie eine solche Natur, z. B. des Menschen, einen solchen Körper, nämlich einen menschlichen verlangt, ebenso fordert ein solches Verdienst auch einen solchen verklärten Leib; so daß, wer ein minderes Verdienst hat, einen weniger, wer ein größeres hat, einen mehr verklärten Leib erhalten wird."[1]

Ein drittes Bild oder Gleichniß entnimmt der Apostel den Gestirnen des Himmels, und schreibt: „So gibt es himmlische Körper, und irdische Körper; aber eine andere Herrlichkeit haben die himmlischen, und eine andere die irdischen. Anders ist die Klarheit der Sonne, anders die Klarheit des Mondes, und anders die Klarheit der Sterne. Denn ein Stern ist vom andern verschieden an Klarheit. So ist es auch mit der Auferstehung der Todten."[2] Die heiligen Lehrer Augustinus[3] und Hieronymus[4] beweisen daraus, daß nicht nur die glorreiche Auferstehung, sondern auch die Belohnung der Heiligen im Himmel eine verschiedene sei, je nachdem sie auf Erden verschiedene Verdienste erworben haben. Denn der Apostel vergleicht hier die Verklärung der Heiligen in ihrer Auferstehung mit dem Lichte der Himmelskörper; das Licht aber wird in der heiligen Schrift auch sonst als Bild des Besitzes und Genusses Gottes in der beseligenden Anschauung und himmlischen Herrlichkeit, als Bild der ganzen Belohnung im Himmel gebraucht. So steht geschrieben: „Die Gerechten werden glänzen;"[5] von den Lehrern der Gerechtigkeit und Heiligkeit: „Die aber Erleuchtete waren, werden leuchten, wie der Glanz des Firmamentes; und die Viele in der Gerechtigkeit unterwiesen, wie Sterne immer und ewig;"[6] von den Bischöfen und Vorstehern der christlichen Gemeinden: „Die sieben Sterne sind die Engel der sieben Gemeinden;"[7] von der Kirche unter dem Bilde eines von der Sonne umleuchteten und von zwölf Sternen gekrönten Weibes, welches den Mond unter den Füßen hat: „Es erschien ein großes Zeichen im Himmel: Ein Weib mit der Sonne bekleidet, den Mond

---

[1] Corn. a Lap. in h. l. [2] I. Cor. c. XV. v. 40. 41. 42. [3] De s. virg. c. 26. [4] Libr. II. contr. Jovinian. [5] Sap. c. III. v. 7. [6] Dan. c. XII. v. 3. [7] Apoc. c. I. v. 20.

unter seinen Füßen, und auf seinem Haupte eine Krone von zwölf Sternen;"[1] Christus, der Herr, selbst sagt von sich: „Ich bin — der glänzende Morgenstern;"[2] und dem Gerechten gibt er die Verheißung: „Ich will ihm geben den Morgenstern,"[3] das heißt, mich selbst.

Die ganze Natur weist auf die Auferstehung hin, und der heilige Augustinus sagt im vollen Wortlaute darüber eben gegen die materialistischen Ungläubigen: „Das ganze Walten in dieser Welt ist ein Zeugniß der künftigen Auferstehung. Wir sehen ja, wie zur Zeit oder bei der Ankunft des Winters die Bäume der Früchte beraubt, und der Blätter entkleidet werden, aber zur Frühlingszeit das Bild der Auferstehung darstellen, da sie zuerst zu Knospen anschwellen, dann mit Blüthen sich schmücken, mit Blättern sich bedecken, und nachher mit Früchten sich belasten. Ich frage dich, ungläubiger Mensch! der du an der Auferstehung zweifelst, wo ist das, was zu der von Gott festgesetzten Zeit hervorgebracht wird? Sage mir, wo es verborgen liegt, bevor es hervorgebracht wird; es wird nirgends gesehen, und doch bringt es Gott, der allmächtig ist, und dasselbe aus nichts erschaffen hat, durch seine verborgene Macht hervor. Nun blicke auf die Felder und Wiesen, welche nach dem Verlaufe des Sommers ihrer Kräuter und Blumen beraubt werden, und wie ganze Länderstrecken entblößt bleiben; aber zur Frühlingszeit wieder bekleidet werden, und der Landmann über das überall beginnende Aufsprossen sich freut. Ohne Zweifel lebt die Pflanze, die früher gelebt hat, und gestorben ist, aus dem Samen wieder auf; und so lebt auch unser Leib aus dem Staube wieder auf."[4]

Nun spricht der Apostel ohne Bild und Gleichniß, beschreibt die Umwandlung der auferweckten Leiber der Gerechten, und die Art der Auferweckung selbst, wie wir früher schon gehört haben: „Gesäet (in's Erdreich gelegt wird der Leib) in Verweslichkeit, auferstehen wird er in Unverweslichkeit. . Gesäet wird er in Unehre, auferstehen wird er in Herrlichkeit; gesäet wird er in Schwachheit, auferstehen wird er in Kraft. Gesäet wird ein thierischer Leib, auferstehen wird ein geistiger Leib."[5]

---

[1] Ibid. c. XII. v. 1.   [2] Ibid. c. XXII. v. 16.   [3] Ibid. c. II. v. 28.   [4] Serm. 134. de verb. Apost.   [5] I. Cor. c. XV. v. 42. 43. 44.

— „Plötzlich, in einem Augenblicke, auf den Schall der letzten Posaune, denn erschallen wird die Posaune; und die Todten werden unverweslich auferstehen, und wir werden umgewandelt werden. Denn dieses Verwesliche muß anziehen die Unverwes= lichkeit, und dieses Sterbliche anziehen die Unsterblichkeit. Wenn aber dieses Sterbliche die Unsterblichkeit angezogen hat, dann wird das Wort erfüllt werden, welches geschrieben steht:[1] Ver= schlungen ist der Tod im Siege."[2]

So sehen wir, wie der Apostel unsere Auferstehung mit der Auferstehung Christi, des Herrn, wie die Wirkung mit der Ursache, in Verbindung bringt, die Gleichförmigkeit jener mit dieser hervorhebt, und die Ueberwindung und Vernichtung des Todes nicht nur seiner Auferstehung zuschreibt, sondern auch unsere Auferstehung als eine Theilnahme an seinem Siege dar= stellt; denn er schließt mit den Worten: „Gott aber sei Dank, der uns den Sieg verliehen hat durch unsern Herrn Jesum Christum!"[3] Eine solche Mühe gibt sich der heilige Völker= apostel, um die Glaubenslehre über die Auferstehung des gött= lichen Erlösers, die er mündlich der Welt gepredigt hat, auch schriftlich den Völkern aller Zeiten und Orte als göttliche Hinter= lage zu übermitteln, und unauslöschlich den Herzen einzuprägen; weil von diesem Glauben das ganze Heil der Menschen abhängt. Denn die Auferstehung Christi ist auch die Ursache unserer Rechtfertigung.

Zweiter Abschnitt.

Die Auferstehung Christi ist die Ursache der Aufer= stehung der Menschen der Seele nach.[4]

Unter der Auferstehung der Menschen der Seele nach ist die Rechtfertigung zu verstehen, durch welche die Seelen von dem Tode der Sünde zum Leben der Gnade auferweckt werden. Diese geistige Auferstehung zum Leben der Gnade bildet die

---

[1] Isai. c. XV. v. 8. [2] I. Cor. c. XV. v. 52. 53. 54. [3] Ibid. v. 57. [4] Loc. cit. a. 2.

Grundlage für die glorreiche Auferstehung der Leiber, weil nur die Leiber der Gerechten verklärt werden, und sie muß nicht nur der Auferstehung, sondern auch dem Tode der Leiber vor= angehen; sie muß in diesem Leben geschehen, und zwar in Bezug auf alle Menschen. Denn alle Menschen, Maria, die reinste Jungfrau, allein ausgenommen, sind schon im ersten Augen= blicke, wo der Leib sein Leben erhält, der Seele nach), weil mit der Erbsünde behaftet, unter der Herrschaft des Todes, wie der heilige Paulus sagt: „Wir Alle — waren von Natur Kinder des Zornes, wie auch die Uebrigen."[1]) Wir sind zwar durch die Taufe Kinder der Liebe, Kinder der Gnade, lebendige Kinder Gottes geworden, wie derselbe heilige Apostel schreibt: „Ihr seid abgewaschen, ihr seid geheiliget, ihr seid gerechtfertiget im Namen unsers Herrn Jesu Christi, und im Geiste unseres Gottes;"[2]) und: „Der (heilige) Geist selbst gibt Zeugniß unserem Geiste, daß wir Kinder Gottes sind. Wenn aber Kinder, (so sind wir) auch Erben, nämlich Erben Gottes und Miterben Christi."[3]) Aber wir können das Leben dieser Kindschaft Gottes, das Leben der Gnade durch jede schwere Sünde, welche darum auch Todsünde heißt, wieder verlieren, und des Todes der Sünde sterben, wie der heilige Apostel Jacobus sagt: „Jeder wird versucht, indem er von seiner eigenen Begierlichkeit fortgerissen, und angelockt wird. Dann, wenn die Begierlichkeit empfangen (das ist, den Willen gefangen genommen, und zur Beistimmung bewogen) hat, gebiert sie die Sünde; die Sünde aber, wenn sie vollbracht ist, gebiert den Tod."[4]) Diesen Tod der Sünde, diesen Tod der Seele und in dessen Folge den Tod des Leibes hat Christus, der Herr, durch seinen Tod und durch seine Auf= erstehung überwunden, und zwar für alle Menschen; indem er als „das Lamm Gottes, welches die Sünden der Welt hinweg= nimmt,"[5]) für alle Sünden genuggethan, die Gnaden der Recht= fertigung verdient, und die Gnadenmittel seiner Kirche übergeben hat, durch welche Alle das Leben der Gnade, wenn sie es auch durch persönliche Sünden verloren haben, wieder finden können. So schreibt der heilige Paulus von dem Tode der Sünde und

---

[1]) Ephes. c. II. v. 3. [2]) I. Cor. c. VI. v. 11. [3]) Rom. c. VIII. v. 15. 16. 17. [4]) Jacob. c. I. v. 14. 15. 16. [5]) Joann. c. I. v. 29.

von der Befreiung von demselben durch die Gnade Christi an die Römer, welche sich zum Christenthume bekehrt hatten: „Als ihr Knechte der Sünde waret, seid ihr frei (das ist, los) von der Gerechtigkeit gewesen. Welche Frucht also hattet ihr damals von den Dingen, deren ihr euch nun schämet? Denn das Ende davon ist der Tod. Nun aber befreit von der Sünde, und Knechte Gottes geworden, habet ihr zu eurer Frucht die Heiligung, und als Ende das ewige Leben. Denn der Sold der Sünde ist der Tod; die Gnade Gottes aber ist ewiges Leben in Christus Jesus, unserem Herrn."[1] Ebenso schreibt der heilige Apostel Johannes von Christus: „Dieser ist die Versöhnung für unsere Sünden, doch nicht allein für die unsrigen, sondern auch für die Sünden der ganzen Welt;"[2] und: „Von seiner Fülle haben wir Alle empfangen, Gnade über Gnade. Denn das Gesetz ist durch Moses gegeben worden; Gnade und Wahrheit aber ist durch Jesum Christum geworden."[3] Daß aber die Befreiung auch vom Tode der Sünde und das Leben der Gnade für uns nicht bloß die Frucht des Leidens und Sterbens sondern auch der Auferstehung des göttlichen Erlösers sei, lehrt der heilige Paulus ausdrücklich, indem er von dem rechtfertigenden Glauben Abrahams also schreibt: „Darum (weil er so geglaubt, und im Glauben so gehandelt hat) ward es ihm auch zur Gerechtigkeit angerechnet. Es ist aber nicht bloß seinetwegen geschrieben, daß es ihm zur Gerechtigkeit angerechnet wurde, sondern auch unsertwegen; indem es uns zugerechnet wird, wenn wir an den glauben, welcher Jesum Christum, unsern Herrn, von den Todten auferweckt hat, der unserer Sünden wegen überantwortet worden, und um unserer Rechtfertigung willen auferstanden ist."[4] Unsere Rechtfertigung aber ist die Auferweckung unserer Seelen vom Tode der Sünde zum Leben der Gnade; und somit ist die Auferstehung Christi auch die Ursache der Auferstehung nicht nur unserer Leiber, sondern auch unserer Seelen. Das Leiden Christi ist die verdienende, die Auferstehung Christi die werkzeugliche und moralische Ursache.

Der heilige Thomas führt für diese Wahrheit zwei Beweise an; den ersten Beweis entnimmt er der Wahrheit, daß die Auf-

---

[1] Rom. c. VI. v. 20.—23.   [2] I. Joann. c. II. v. 2.   [3] Joann. c. I. v. 16 17.   [4] Rom. c. IV. v. 22.—25.

erstehung Christi unsere Auferstehung vermöge der Macht seiner
Gottheit bewirkt, und sagt: „Die Auferstehung Christi wirkt
in der Kraft der Gottheit, welche sich nicht bloß auf die Aufer=
stehung der Leiber, sondern auch auf die Auferstehung der Seelen
erstreckt; denn von Gott kommt es, daß die Seele durch die
Gnade lebt, und daß der Leib durch die Seele lebt. Deßhalb
hat die Auferstehung Christi als Werkzeug die hervorbringende
Kraft nicht bloß in Bezug auf die Auferstehung der Leiber,
sondern auch in Hinsicht auf die Auferstehung der Seelen."[1])
Den zweiten Beweis führt er als Schlußfolgerung aus der
Wahrheit an, daß wir, wie im Leben, so auch in der Aufer=
stehung Christo gleichförmig werden müssen, und schreibt: „Auf
gleiche Weise kommt der Auferstehung Christi auch die Eigen=
schaft der Vorbildlichkeit in Hinsicht auf die Auferstehung der
Seelen zu, weil wir dem auferstandenen Christus auch der Seele
nach gleichförmig werden müssen; damit, wie nach dem Apostel[2])
Christus auferstanden ist von den Todten durch die Herrlichkeit
des Vaters, also auch wir in einem neuen Leben wandeln; —
und wie er, nachdem er von den Todten auferstanden ist, nun
nicht mehr stirbt, — so auch wir dafür halten sollen, daß wir
der Sünde abgestorben seien, um neu in ihm zu leben."[3]) Wie
wir im Leben durch Tugend und Heiligkeit Christo gleichförmig
werden müssen, und dieß nur durch die Gnade vermögen, welche
Christus durch sein Leben und durch seinen Tod uns verdient
hat; so werden wir Christo auch in seiner Auferstehung zur
Belohnung, die wir mit Hilfe der Gnade verdient haben, gleich=
förmig werden. Unsere Gleichförmigkeit mit Christus im Leben
ist also die Frucht seiner Vorbildlichkeit vermittelst seiner damit
verdienten Gnade; und unsere Gleichförmigkeit in der Aufer=
stehung ist die Frucht unserer Theilnahme an seiner Belohnung
in seiner Auferstehung. So ist denn also die glorreiche Aufer=
stehung des göttlichen Erlösers die vorbildliche Ursache der glor=
reichen Auferstehung auch unserer Seelen. Die Gnade Christi
ist die Ursache unserer Rechtfertigung in der Auferweckung vom
Tode der Sünde, dieselbe Gnade Christi ist die Grundursache
unserer Verdienste im Leben und unserer Belohnung in der

---

[1]) Loc. cit. o.   [2]) Rom. c. VI. v. 4. 9. 11.   [3]) Loc. cit. o.

glorreichen Auferstehung, und dieselbe Gnade Christi macht uns
also im Leben und in der Auferstehung Christo gleichförmig.
Im Vorbilde Christi liegt das Verdienst der Gnade für unsere
Nachbildung, und in seiner Belohnung für das Verdienst die
Belohnung unseres Verdienstes in der Nachbildung. Daher
sagt der heilige Augustinus: „Unser gutes Leben ist nichts
Anderes, als Gottes Gnade; ohne Zweifel ist auch das ewige
Leben, welches dem guten Leben vergolten wird, Gottes Gnade;
denn auch dieses wird aus Gnade gegeben, weil jenes aus Gnade
gegeben worden ist, dem es gegeben wird.“[1] Deßhalb sagt derselbe heilige Lehrer weiter: „So groß ist gegen alle Menschen
die Güte Gottes, daß er unser Verdienst sein läßt, was seine
Gabe ist, und daß er uns für das, was er uns geschenkt hat,
eine ewige Belohnung schenken will;“[2] und: „Gott krönt seine
Gaben, nicht deine Verdienste; wenn also Gottes Gaben deine
guten Verdienste sind, so krönt Gott nicht deine Verdienste als
deine Verdienste, sondern als seine Gaben.“[3] Daher das Wort
des heiligen Paulus: „Alles und in Allem ist Christus;“[4]
und das Wort Christi, des Herrn, selbst: „Ich bin die Auferstehung und das Leben; wer an mich glaubt, wird leben, wenn
er auch gestorben ist; und Jeder, der lebt, und an mich glaubt,
der wird nicht sterben in Ewigkeit.“[5] Zu diesen Worten schreibt
der heilige Cyprianus: „Wenn wir an Christus glauben, so
müssen wir auch seinen Worten und Verheißungen glauben; und
da wir in Ewigkeit nicht sterben werden, so sollen wir mit
freudiger Zuversicht zu Christus kommen, da wir mit ihm leben,
und herrschen werden immerdar. Wenn wir indessen sterben,
so ist dieß ein Uebergang vom Tode zur Unsterblichkeit; und
das ewige Leben kann nicht folgen, wenn man von hier nicht
fortgeht; es ist dieß aber nicht ein Ausgang, sondern ein Uebergang, und nach dem Verlaufe der Reise in der Zeit der Ueber-
tritt zum Ewigen.“[6]

Der heilige Augustinus sagt zwar: „Die Leiber stehen auf
durch menschliches Walten, die Seelen aber stehen durch Gottes
Wesenheit auf;“[7] und man könnte daraus folgern, daß er der

---

[1] De grat. et. lib. arb. c. 8.   [2] De ecclesiast. dogm. c. 32.
[3] De grat. et lib. arb. c. 6.   [4] Coloss. c. II. v. 11.   [5] Joann. c.
XI. v. 25. 26.   [6] In libro de mortalit. in h. l.   [7] Tract. 23. in Joann.

Meinung gewesen sei, die Auferstehung des Herrn sei wohl die Ursache der Auferstehung der Leiber, aber nicht der Seelen, da dieselbe nicht zur Wesenheit Gottes gehört. Allein der heilige Lehrer setzt unmittelbar nach diesen Worten die Erklärung hinzu: „Durch die Theilhaftigkeit an Gott, nicht durch die Theilhaftigkeit an einer heiligen Seele, wird die Seele selig."[1] Er redet also da nicht nur von der eigentlichen Auferstehung der Todten, durch welche die Seelen mit ihren Leibern zu einem neuem Leben wieder verbunden werden, und das ist „menschliches Walten," die Wiederherstellung der Menschen; sondern er spricht da auch von der Rechtfertigung und Verklärung der Seelen, worin deren Auferstehung besteht, und die er der Theilnahme an der göttlichen Natur zuschreibt, wie dieß auch der heilige Apostelfürst Petrus so lehrt.[2] Dieß aber hindert nicht, daß Gott dazu sich der Auferstehung Christi als eines Werkzeuges bedient, und sie zur werkzenglichen Ursache macht; da die Auferstehung Christi und die Auferstehung der Menschen mit Leib und Seele zur vollen Erlösung gehören.

Wollte man darin eine Schwierigkeit suchen, daß die Auferstehung des Herrn eine leibliche sei, der Leib aber keinen rechtfertigenden und verklärenden Einfluß auf die Seele haben könne; so vergesse man nicht, daß die Auferstehung Christi nicht aus sich und durch sich die Auferstehung der Seelen bewirke, sondern durch die Kraft der Gottheit, mit welcher die Seele und der Leib Christi untrennbar verbunden sind; und diese Schwierigkeit wird von selbst wegfallen. Es werden zwar alle Menschen dem Leibe nach auferstehen, aber nicht alle auch der Seele nach; da die Seelen der Verdammten weder die Rechtfertigung besitzen, noch die himmlische Verklärung und Verherrlichung erlangen, sondern „in die ewige Pein eingehen werden."[3] Wie kann also gesagt werden, daß die Auferstehung Christi auch die Ursache der Auferstehung der Seelen sein werde? Hierauf antwortet der heilige Thomas: „Die Auferstehung der Seelen bezieht sich auf das Verdienst, welches eine Wirkung der Rechtfertigung ist. Die Auferstehung der Leiber aber wird auf die Strafe oder auf die Belohnung hingeordnet, welche eine Wirkung des Richters

---

[1] Idem ibid.   [2] II. Petr. c. I. v. 4.   [3] Matth. c. XXV. v. 46.

sind. Es ist aber nicht die Sache Christi, Alle zu rechtfertigen, sondern zu richten; und deßhalb weckt er Alle auf dem Leibe nach, aber nicht Alle der Seele nach."[1] In diesem Leben jedoch ist seine Auferstehung auch die Ursache der Auferstehung der Seelen, weil allen die Gnaden der Rechtfertigung geboten wer= den, auf welche, wenn sie bewahrt werden, auch die Verklärung für die Ewigkeit folgt. Benützt aber der Mensch diese Gnaden nicht, oder bewahrt er dieselben nicht bis an's Ende dieses Lebens; so kann er nach dem Tode aus eigener Schuld weder die Rechtfertigung noch die Verklärung erhalten, weil die Prü= fungszeit abgelaufen ist.[2] Es liegt also die Ursache, warum er der Seele nach nicht auferstehen kann, nicht im Mangel an der Wirksamkeit der Auferstehung Christi, sondern in seiner Schuld die ihn derselben unfähig macht.

Aber geschieht denn die Auferweckung der Seelen nicht durch die Nachlassung der Sünden, und werden die Sünden nicht um des Leidens und Sterbens Christi willen nachgelassen? Scheint also nicht dieses Leiden und Sterben des Herrn die Ursache der Auferstehung der Seelen zu sein, nicht aber dessen Auferstehung? Die Auferstehung der Seelen wird durch die Allmacht Gottes bewirkt; denn sowohl die Rechtfertigung als auch die Verklärung ist das Werk der Gottheit, welche aber als Werkzeug die Auferstehung Christi gebraucht, und daher ist diese die Ursache sowohl der ersteren als auch der letzteren. Unter= scheidet man aber in der Rechtfertigung die Nachlassung der Sündenschuld, oder die Auferweckung vom Tode der Sünde, und die Mittheilung des neuen Lebens der Gnade; so ist die vorbildliche Ursache der Nachlassung der Sündenschuld eigentlich das Leiden und Sterben des Herrn, der Mittheilung des neuen Lebens der Gnade aber die Auferstehung desselben. Denn durch die Nachlassung der Sündenschuld sterben wir der Sünde, durch die Mittheilung des Lebens der Gnade stehen wir zu eben diesem Leben vom Tode der Sünde auf; wie der heilige Apostel Paulus an die Römer schreibt: „Da wir der Sünde abgestorben sind, wie sollten wir noch in derselben leben wollen? Wisset ihr nicht, daß wir Alle, die wir in Christus Jesus getauft sind, in seinem

---

[1] Loc. cit. ad 3.   [2] Est enim in termino, non amplius in via.

Tode getauft worden seien. Denn wir sind mit ihm durch die Taufe zum Tode begraben; damit, wie Christus auferstanden ist von den Todten durch die Herrlichkeit des Vaters, also auch wir in einem neuen Leben wandeln. Denn wenn wir zusammen gepflanzt sind zur Aehnlichkeit seines Todes, so werden wir es auch zur Aehnlichkeit seiner Auferstehung sein."[1] Daher schreibt der heilige Thomas: „In der Rechtfertigung der Seelen kommen zwei Dinge zusammen, nämlich die Nachlassung der Schuld und die Neuheit des Lebens durch die Gnade. In Bezug auf die hervorbringende Wirkung also, welche durch die göttliche Kraft geschieht, ist sowohl das Leiden als auch die Auferstehung Christi die Ursache der Rechtfertigung in beiden Beziehungen; aber in Bezug auf die Vorbildlichkeit ist eigentlich das Leiden und Ster=ben die Ursache der Nachlassung der Schuld, durch welche wir der Sünde sterben, die Auferstehung Christi aber ist die Ursache der Neuheit des Lebens durch die Gnade oder Gerechtigkeit; und deßhalb sagt der Apostel:[2] Er ist unserer Sünden wegen, näm=lich um sie zu tilgen) überantwortet worden (nämlich zum Tode), und um unserer Rechtfertigung willen auferstanden."[3]

Dieß sind die Wahrheiten, welche der englische Lehrer über die Auferstehung des göttlichen Erlösers zugleich mit dem Hin=blicke auf unsere Auferstehung nach seiner Weise erörtert, und seine Darlegung bildet die gründliche und feste Grundlage für jede Betrachtung, welche über diese Geheimnisse angestellt werden kann. Der heilige Apostel Paulus aber zieht aus diesen Wahr=heiten praktische Folgerungen für unser Leben.

Der Apostel weist auf die Verschiedenheit unseres Ursprunges und unserer natürlichen Beschaffenheit und des Ursprunges und der ursprünglichen Beschaffenheit Christi hin, und. sagt: Wir tragen als Abkömmlinge Adams einen irdischen und thierischen Leib an uns, den unsere Seele wohl belebt, aber ohne die Hilfs=mittel, welche von der Erde genommen werden müssen, im Leben nicht erhalten kann; Christus hat einen zwar wahren mensch=lichen, aber vom heiligen Geiste gebildeten, und in so fern himmlischen Leib. Wir sind von Natur aus nur irdische Geschöpfe, und entbehren alles höheren Lebens; Christus aber ist nicht

---

[1] Rom. c. VI. v. 2.—6.   [2] Ibid. c. IV. v. 25.   [3] Loc. cit. ad 4.

bloß wahrer Mensch, sondern auch zugleich vom Anfange an
wahrer Gott, weil seine menschliche Natur vom ersten Augen=
blicke an mit der göttlichen Natur in der zweiten göttlichen
Person vereiniget, sein Leben ein gottmenschliches, ein himmlisches
Leben ist. Wir sind seit der Sünde Adams allen Leidenschaften
unterworfen, und allen Sünden ausgesetzt; Christus aber wußte
von keiner Sünde[1] und von keiner Leidenschaft, und war „voll
der Gnade und Wahrheit.“[2] Wir können aus uns selbst weder
zum Gnadenleben noch zum himmlischen Leben gelangen; Christus
aber kann uns jenes und dieses ertheilen: „Allen aber, die ihn
aufnahmen, hat er Macht gegeben, Kinder Gottes zu werden,
denen nämlich, die an ihn glauben, welche — aus Gott geboren
sind.“[3] Er ist der natürliche Sohn Gottes, und wir können
durch ihn Kinder Gottes aus Gnade werden; er ist der natür=
liche Erbe Gottes, wir aber können aus Gnade seine Miterben
werden, wie der heilige Paulus an die Römer schreibt: „Ihr
habet den Geist der Kindschaft empfangen, in welchem wir rufen:
Abba (Vater). Denn der Geist selbst gibt Zeugniß unserem
Geiste, daß wir Kinder Gottes sind. Wenn aber Kinder, (sind
wir) auch Erben, nämlich Erben Gottes und Miterben Christi.“[4]
Diese Erben Gottes und Miterben Christi können wir aber nicht
werden, wenn wir nicht als Kinder Gottes Christo im Leben
der Gnade auf Erden, in der glorreichen Auferstehung nach
dem Tode, und in der ewigen Glorie des Himmels ähnlich und
gleichförmig werden, wie derselbe Apostel sagt: „Welche Gott
vorhergesehen, hat er auch vorherbestimmt, dem Bilde seines
Sohnes gleichförmig zu werden; damit er der Erstgeborne unter
vielen Brüdern sei. Welche er aber vorherbestimmt, die hat er
auch berufen; und welche er berufen, die hat er auch gerecht=
fertiget; welche er aber gerechtfertiget, die hat er auch verherr=
lichet.“[5] Diese Wahrheiten nun schärft uns der Völkerlehrer
dort, wo er von der Auferstehung des Herrn und von unserer
Auferstehung spricht, als Schlußfolgerungen für unser Leben
mit den kurzen Worten ein: „Der erste Mensch Adam ward
eine lebendige Seele, der letzte Adam (Christus) ward ein

---

[1] II. Cor. c. V. v. 21.   [2] Joann. c. I. v. 14.   [3] Ibid. v. 12. 13.
[4] Rom. c. VIII. v. 15. 16. 17.   [5] Ibid. v. 29. 30.

lebendigmachender Geiſt. Das Geiſtige iſt aber nicht das Erſte, ſondern das Thieriſche; dann das Geiſtige. Der erſte Menſch aus Erde iſt irdiſch, der zweite Menſch vom Himmel iſt himm= liſch. Wie der Irdiſche, ſo auch die Irdiſchen; und wie der Himmliſche, ſo auch die Himmliſchen. Gleichwie wir alſo das Bild des Irdiſchen getragen haben, ſo laſſet uns auch das Bild des Himmliſchen tragen." [1] Dieſelbe Folgerung drückt er noch klarer anderswo aus, wo er an die aus dem Heidenthume neubekehrten Chriſten von Epheſus ſchreibt: „Ich beſchwöre euch im Herrn, daß ihr nicht mehr wandelt, wie auch die Heiden wandeln in der Eitelkeit ihres Sinnes, deren Verſtand mit Finſterniß verdunkelt iſt, die entfremdet ſind dem Leben Gottes durch die Unwiſſenheit, die in ihnen iſt, durch die Blindheit ihres Herzens, die in Verzweiflung ſich der Unzucht ergeben haben, um jede Art von Unreinigkeit zu treiben, unerſättlich. Ihr aber habet nicht ſo Chriſtum kennen gelernt, wenn anders ihr ihn gehört, und durch ihn euch habet belehren laſſen, ſo wie die Wahrheit in Jeſus iſt; daß ihr in Anſehung des vorigen Wandels ableget den alten Menſchen, welcher nach den Gelüſten des Irrthums verdorben iſt. Erneuert euch aber im Geiſte eures Gemüthes, und ziehet den neuen Menſchen an, der nach Gott geſchaffen iſt in Gerechtigkeit und wahrhafter Heiligkeit." [2] Wollen wir mit Chriſtus eine glorreiche Auferſtehung feiern, ſo müſſen wir auch mit ihm ein heiliges Leben führen, und wollen wir mit Chriſtus triumphirend in den ewigen Himmel einziehen, ſo müſſen wir mit ihm, „dem Himmliſchen auch Himm= liſche ſein", nach dem Himmliſchen ſtreben: „Wenn ihr nun mit Chriſtus auferſtanden ſeid (aus dem Grabe der Sünde zum Leben der Gnade), ſo ſuchet, was droben iſt, wo Chriſtus iſt, der zur Rechten Gottes ſitzt. Was droben iſt, habet im Sinne, nicht was auf Erden. Denn ihr ſeid geſtorben (der Sünde), und euer Leben iſt verborgen mit Chriſtus in Gott. Wenn Chriſtus, euer Leben, erſcheinen wird, dann werdet auch ihr erſcheinen mit ihm in Herrlichkeit." [3] Dann können wir mit Paulus ſagen, der ſeine Lehre über die Auferſtehung mit den

---

[1] I. Cor. c. XV. v. 45.—50. [2] Ephes. c. IV. v. 17.—25. [3] Coloss. c. III. v. 1.—5.

Worten schließt: „Gott aber sei Dank, der uns den Sieg verliehen hat (über die Hölle, über die Sünde, über den Tod) durch unsern Herrn Jesum Christum"; und so sollen wir auch seiner Mahnung folgen, die er hinzufügt: „Darum, meine lieben Brüder! seid standhaft und unbeweglich; seid voll des Eifers im Werke des Herrn, allzeit; da ihr wisset, daß eure Arbeit nicht vergeblich ist im Herrn."[1]

---

[1] I. Cor. c. XV. v. 57. 58.

Zweites Buch.

Christus in seiner triumphirenden Himmelfahrt.[1]

Der göttliche Erlöser hat in seiner glorreichen Auferstehung den Sieg über seine persönlichen Feinde und den Sieg über alle Feinde der Menschheit, über die Hölle, über den Tod und über die Sünde gefeiert; in seiner Himmelfahrt feierte er den Triumpheinzug in sein himmlisches Reich, um da zu herrschen in alle Ewigkeit. „Nachdem der Herr Jesus Christus nach dem Leiden die Bande des Todes, welcher seine Macht über ihn, der von keiner Sünde wußte, durch seinen Angriff auf ihn verloren, zerrissen hatte; ist die Schwachheit in Kraft, die Sterblichkeit in Unsterblichkeit, die Schmach in Herrlichkeit übergegangen, die er durch viele Beweise geoffenbart, und durch den Anblick Vieler dargethan, bis er den Triumph des Sieges, den er von den Todten davongetragen hatte, auch in den Himmel einführte."[2]

Die heilige Kirche wendet auf die Himmelfahrt des Herrn die Psalmenstellen an:[3] „Gott ist aufgefahren im Jubelklange, der Herr im Posaunenschalle."[4] — „Deine Herrlichkeit ist erhöht über die Himmel."[5] — „Du bist überaus erhöht worden über alle Götter."[6] — „Der Herr hat im Himmel bereitet seinen Sitz."[7] Sie entlehnt als Bild seines ganzen Erlösungs-

---

[1] S. Thom. P. III. q. 57. [2] S. Leo P. Serm. 2. de Ascens. Dom.
[3] In Offic. de Ascens. Dom. [4] Psalm. XLVI. v. 6. [5] Psalm. VIII.
v. 2. [6] Psalm. XCXI. v. 9. [7] Psalm. CII. v. 19.

werkes von seinem Ausgange vom Vater bis zu seiner Rückkehr zu ihm vom Laufe und von der Wirksamkeit der Sonne aus den Worten des achtzehnten Psalmes: „In der Sonne hat er seine Wohnung gesetzt; und sie geht hervor, wie ein Bräutigam aus seiner Kammer. Er hat frohlockt, wie ein Riese, zu laufen den Weg. Vom äußersten Himmel ist ihr Ausgang, und ihre Rückkehr am Aeußersten desselben; und Niemand ist, der Sich verbergen kann vor ihrer Hitze."[1] Sie jubelt ihm entgegen: „Du durchbrichst das Dunkel der Unterwelt, lösest den Gefangenen die Ketten, und sitzest als Sieger im ruhmreichen Triumphe zur Rechten des Vaters."[2]

Der Herr selbst hat öfter von seiner Himmelfahrt geredet,[3] besonders aber in seinem feierlichen Abschiedsgebete nach dem letzten Abendmahle, in dem er zum Vater sprach: „Ich habe dich verherrlichet auf Erden; ich habe dein Werk vollbracht, das du mir zu verrichten gegeben hast. Und nun, Vater! verherrliche mich bei dir selbst mit jener Herrlichkeit, die ich bei dir hatte, ehe die Welt war."[4] — „Ich bin nicht mehr in der Welt, aber diese sind in der Welt, und ich komme zu dir."[5] — „Nun aber komme ich zu dir, und rede dieses in der Welt; damit sie meine Freude vollkommen in sich haben."[6] Nach seiner Auferstehung hat er zur Maria Magdalena, die vor Freude seine Füße umklammern wollte, gesprochen: „Rühre mich nicht an, denn ich bin noch nicht aufgefahren zu meinem Vater; gehe aber hin zu meinen Brüdern, und sage ihnen: Ich fahre hinauf zu meinem Vater und zu eurem Vater, zu meinem Gott und zu eurem Gott."[7] Das Alles hat der Herr als Gottmensch geredet, und es sollte die Himmelfahrt in seiner Menschheit vor sich gehen, seine Menschheit sollte so mit seiner Gottheit verherrlichet werden.

Die Himmelfahrt selbst berichtet der heilige Evangelist Marcus kurz also: „Und der Herr Jesus, nachdem er mit ihnen geredet hatte, wurde in den Himmel aufgenommen, und sitzt zur Rechten Gottes."[8] Der heilige Evangelist Lucas aber er-

---

[1] Psalm. XVIII. v. 6. 7.   [2] Hym. in I. Vesp. Festi.   [3] Joann. c. XIII. v. 33. 36., c. XIV. v. 12., c. XVI. v. 5. 16. 28.   [4] Ibid. c. XVII. v. 4. 5.   [5] Ibid. v. 11.   [6] Ibid. v. 13.   [7] Ibid. c. XX. v. 17. [8] Marc. c. XVI. v. 19.

zählt in seinem Evangelium dieses Geheimniß umständlicher, und
sagt: „Er führte sie (nach seiner letzten Erscheinung in Jeru=
salem) nach Bethanien (das ist, über Bethanien) hinaus; da
hob er seine Hände auf, und segnete sie. Und es geschah,
während er sie segnete, schied er von ihnen, und fuhr auf in
den Himmel. Und sie beteten ihn an, und kehrten nach Jeru=
salem mit großer Freude zurück."[1)]   In seiner Apostelgeschichte
setzt dieser Evangelist noch einige Umstände zu dieser Erzählung
hinzu, und schreibt, nachdem er berichtet, wie er ihnen nochmals
den heiligen Geist versprochen habe, weiter also: „Und als er
dieß gesagt hatte, ward er vor ihren Augen aufgehoben, und
eine Wolke entzog ihn ihren Blicken. Und als sie ihm nach=
schauten, wie er in den Himmel fuhr; sieh! da standen bei ihnen
zwei Männer in weißem Gewande, welche zu ihnen sprachen:
Ihr Männer von Galiläa! was stehet ihr da, und schauet gegen
den Himmel? Dieser Jesus, der von euch weg in den Himmel
aufgenommen worden ist, wird eben so wiederkommen, wie ihr
ihn in den Himmel hingehen gesehen habet. Hierauf kehrten sie
nach Jerusalem zurück von dem Berge, welcher Oelberg genannt
wird, der nahe bei Jerusalem ist, einen Sabbatweg davon."[2)]
Der Herr hat also seinen Triumphzug in den Himmel an jenem
Orte begonnen, an welchem er sein Leiden angefangen hatte;
und dieß ist die geschichtliche Thatsache desselben, wie sie die
göttlichen Urkunden berichten. Nun können wir sehen, welche
Erörterungen der heilige Thomas über dieses erhabene Schluß=
geheimniß des ganzen Erlösungswerkes anstellt. Er handelt
zuerst von der Zweckmäßigkeit desselben, und verschafft uns
schon damit mehr Licht zu tieferer Erkenntniß.

[1)] Luc. c. XXIV. v. 50.—53.   [2)] Act. Apost. c. I. v. 9.—13. Ein
Sabbatweg ist ein Weg von beiläufig 2000 Schritten.

Erster Abschnitt.

Die Himmelfahrt Christi war angemessen.[1]

Für gläubige Geister kann es über Gottes Werke keine
Frage geben, ob sie angemessen, oder nicht angemessen seien.
Wenn der englische Lehrer dennoch die Frage aufwirft, ob die
Himmelfahrt Christi angemessen war, und darüber eine Unter=
suchung anstellt; so will er weder diese Gottesthat noch deren
Angemessenheit in Zweifel ziehen, sondern unserm Verstande eine
klarere Einsicht in dieses Geheimniß ermöglichen. Er setzt die
Thatsache der Himmelfahrt des Herrn voraus, und führt zum
Beweise derselben einzig nur die Worte Christi an: „Ich fahre
auf zu meinem Vater und zu eurem Vater."[2] Dieß waren
Worte der Voraussagung, und gelten eben so viel, als tausend
andere Beweise; denn sie kamen aus dem Munde der ewigen
Wahrheit, welche weder betrogen werden, noch betrügen kann.
Was also Christus, der Herr, vorhergesagt hat, das mußte
geschehen, und ist geschehen. Damit begnügte sich der heilige
Thomas in Bezug auf die Thatsache der Himmelfahrt Christi,
obwohl er in seiner großen Gelehrsamkeit und bewunderungs=
würdigen Wissenschaft sehr viele andere Beweise aus der heiligen
Schrift, aus der Ueberlieferung und aus der Vernunft hätte
beibringen können. Er wendet sich dann sofort an die Erörterung
der Zweckmäßigkeit der Himmelfahrt, und führt zum Beweise
derselben zweierlei Gründe an.

Den ersten Grund entnimmt der heilige Lehrer aus der
Beschaffenheit des verklärten Leibes des Herrn, und sagt: „Der
Ort muß dem entsprechen, was am Orte sich befinden soll.
Christus hat nun durch die Auferstehung ein unsterbliches und
unverwesliches Leben begonnen. Der Ort aber, in dem wir
wohnen, ist ein Ort des Entstehens und der Verwesung, der
Himmel aber ist ein Ort der Unverweslichkeit. Deßhalb war
es nicht angemessen, daß Christus nach der Auferstehung auf
Erden blieb, sondern es war angemessen, daß er in den Himmel
auffuhr."[3] Der Leib des Herrn war nach der Auferstehung

---

[1] Loc. cit. ad 1.   [2] Joann. c. XX. v. 17.   [3] Loc. cit. o.

vergeistiget, unverweslich, unsterblich verklärt und verherrlichet;
auf Erden aber findet sich kein Ort, der für einen solchen Leib
zur Wohnung und zum Aufenthalte dienen könnte, sondern nur
alles Gegentheilige; und somit war es geziemend, daß dieser
Leib nicht auf der Erde blieb, sondern in den Himmel versetzt
wurde, der ein unvergänglicher und glorreicher Ort ist. Dieß
scheint auch die Ursache zu sein, warum Christus, der Herr,
während der vierzig Tage von der Auferstehung bis zur Himmel=
fahrt vor und nach seinen Erscheinungen nirgends sich aufge=
halten, nirgends gewohnt hat, und nirgends gesehen wurde.

Zu diesem Grunde können von Seite des Herrn noch an=
dere Gründe hinzugefügt werden. Einer dieser Gründe liegt in
den Worten des heiligen Paulus von Christus: „Daß er auf=
gefahren, was ist es Anderes, als daß er auch zuerst hinabge=
stiegen in die unteren Orte der Erde? Der hinabstieg, ist derselbe,
welcher auch hinauffuhr über alle Himmel, damit er Alles er=
füllete."[1] Es war nämlich angemessen, daß der göttliche Erlöser,
dessen Leib unter der Erde im Grabe, dessen Seele in den
„unteren Orten der Erde", in der Vorhölle war, und der sich daher
unter Alles erniedriget hat, auch über Alles erhöht wurde, nach
seinem Worte: „Wer sich selbst erniedriget, der wird erhöht
werden."[2] Der Apostel sagt von der Menschwerdung des Sohnes
Gottes: „Da er in Gottes Gestalt (wahrer Gott) war, hat er
es nicht für Raub gehalten, Gott gleich zu sein; aber er hat
sich selbst entäußert, Knechtesgestalt angenommen, ist den Men=
schen gleich, und im Aeußern wie ein Mensch erfunden worden."[3]
Er nennt die Menschwerdung eine „Selbstentäußerung" des
Sohnes Gottes; und deßhalb sagt er an einer andern Stelle:
„Offenbar groß ist das Geheimniß der Gottseligkeit, welches
geoffenbart ward im Fleische, gerechtfertiget im Geiste, geschaut
von den Engeln, geprediget den Heiden, geglaubt in der Welt,
aufgenommen in Herrlichkeit."[4]
Ein anderer Grund liegt in den Worten desselben Apo=
stels: „Er hat sich selbst erniedriget, und ist gehorsam geworden
bis zum Tode, ja bis zum Tode am Kreuze,"[5] wie der Größte

---

[1] Ephes. c. IV. v. 9. 10.   [2] Matth. c. XXIII. v. 12.   [3] Philipp.
c. II. v. 6. 7.   [4] I. Tim. c. III. v. 16.   [5] Philipp. c. II. v. 8.

der Verbrecher zwischen zwei Missethätern am Kreuze gestorben,
und als ein Auswurf der Menschheit[1] „mit Schmach gesättigt
worden."[2] Daher war es billig und angemessen, daß er mit
allen Ehren gekrönt wurde, wie der Völkerlehrer weiter sagt:
„Darum hat ihn Gott auch erhöht, und ihm einen Namen
gegeben, der über alle Namen ist; auf daß im Namen Jesus
sich alle Kniee beugen derer, die im Himmel, auf der Erde, und
unter der Erde sind, und alle Zungen bekennen, daß der Herr
Jesus Christus in der Herrlichkeit Gottes des Vaters ist."[3]

Christus, der Herr, hat durch sein Erlösungswerk die
Menschheit von dem ewigen Untergange gerettet, aus der Knecht=
schaft der Feinde befreit, zu ihrer ersten Bestimmung zurückge=
führt, und bewirkt, daß alle Menschen mit Leib und Seele in
das himmlische Reich der ewigen Seligkeit eingehen können. Es
war also billig und angemessen, daß er der Erste in dem von
ihm wieder geöffneten Himmel einzog, und die Erstlinge der
Erlösten, die Heiligen des alten Bundes, mit sich triumphirend
in denselben einführte. Auf diesen neuen Grund weist der
heilige Paulus hin, indem er die betreffende Psalmenstelle[4]
anführt, mit den Worten: „Jedem unter uns ist Gnade ver=
liehen nach dem Maße, wie Christus sie gegeben hat. Darum
heißt es: Er ist aufgefahren in die Höhe, hat gefangengeführt
die Gefangenschaft, und Gaben den Menschen ausgetheilt."[5]
Diesen Triumph des göttlichen Erlösers hat der Prophet voraus=
gesehen, und also beschrieben: „Hebet eure Thore (die Himmels=
pforten), ihr Fürsten (ihr Engel)! erhebet euch, ihr ewigen
Thore! daß einziehe der König der Herrlichkeit. Wer ist dieser
König der Herrlichkeit? Der Herr, der starke und mächtige,
der Herr, mächtig im Kriege. Hebet eure Thore, ihr Fürsten!
erhebet euch, ihr ewigen Thore! daß einziehe der König der
Herrlichkeit. Wer ist dieser König der Herrlichkeit? Der Herr
der Heerschaaren, dieser ist der König der Herrlichkeit."[6] Ueber
diese Worte des Psalmisten schreibt der heilige Ambrosius: „Es
kam der Sieger mit neuen, den Feinden abgenommenen Waffen=
rüstungen verherrlichet, der Herr in seinem heiligen Tempel.

---

[1] Psalm. XXI. v. 7. 8. 9. · [2] Thren. c. III. v. 30. [3] Philipp.
c. II. v. 9. 10. 11. [4] Psalm. LXVII. v. 19. [5] Ephes. c. IV. v. 7. 8.
[6] Psalm. XXIII. v. 7. 8. 9. 10.

Voran zogen die Engel und die Erzengel, in Verwunderung über die aus dem Tode gewonnene Beute; und obwohl sie wußten, daß Gott vom Fleische keinen Zuwachs erhalten könne, suchten sie doch im Hinblicke auf die Siegeszeichen des Kreuzes, dessen Herrschaft auf seinen Schultern war, und auf den Beute= antheil des triumphirenden Ewigen für ihn in seiner Rückkehr, als könnten die Pforten des Himmels, die ihn entlassen hatten, nicht fassen, gleichsam einen breiteren Weg. So wenig hatte der, welcher sich selbst entäußert, verloren. Es mußte aber dem neuen Sieger ein neuer Weg bereitet werden, weil da nicht Ein Mensch, sondern in dem Erlöser Aller die ganze Welt einzog." [1] Denn der Himmel wurde für alle Menschen geöffnet, und in Christus zog die menschliche Natur, die allen Menschen gemein= sam ist, in denselben ein.

Dieß sind nun Gründe, welche die Angemessenheit der Himmelfahrt in Beziehung auf Christus, den Herrn, selbst beweisen. Der heilige Thomas gibt aber noch eine andere Gattung von Gründen an, welche von unserer Seite herge= nommen sind.

Diese Gründe führt der englische Lehrer in der Antwort an, welche er auf einen Einwurf gibt, der also gefaßt ist: Christus hat die menschliche Natur zu unserem Heile angenommen; es wäre aber für die Menschen heilsamer gewesen, wenn er immer mit uns auf Erden wandelte, da er ja selbst gesagt hat: „Es wird eine Zeit kommen, wo ihr wünschen werdet, Einen Tag des Menschensohnes zu sehen, und ihr werdet ihn nicht sehen." [2] Damit sagte der Herr Tage der Trübsale und schwerer Prüfun= gen voraus, in welchen die Gläubigen seines Trostes und seiner Hilfe bedürftig sein würden. Es scheint also für das Heil der Menschen nicht angemessen gewesen zu sein, daß der Herr in den Himmel fuhr. Hierauf antwortet der heilige Thomas: „Obwohl die leibliche Gegenwart Christi den Gläubigen durch die Himmelfahrt entzogen worden ist, so ist doch die Gegenwart seiner Gottheit den Gläubigen immer nahe, nach seinem Worte: Sieh! ich bin bei euch alle Tage bis an das Ende der Welt. [3]

---

[1] De fide Libr. IV. c. 1.   [2] Luc. c. XVII. v. 22.   [3] Matth. c. XXVIII. v. 20.

Denn der in den Himmel aufgefahren ist, verläßt die an Kindes=
statt Angenommenen nicht, sagt der Papst Leo.[1]) Die Himmel=
fahrt Christi, durch welche er uns seine liebliche Gegenwart
entzogen hat, war aber für uns nützlicher, als es seine leibliche
Gegenwart gewesen wäre: Erstens, wegen der Vermehrung des
Glaubens, der auf das Unsichtbare gerichtet ist. Daher sprach
der Herr selbst zu seinen Jüngern, daß der heilige Geist bei
seiner Ankunft die Welt von der Gerechtigkeit überweisen werde,
nämlich von ihrer Gerechtigkeit, wie Augustinus sagt, weil der
Vergleich der Gläubigen mit den Ungläubigen ein Tadel dieser
ist;[2]) weßhalb er hinzufügt: Denn ich gehe zum Vater, und
ihr werdet mich dann nicht mehr sehen. Denn selig, die nicht
sehen, und glauben. Eure Gerechtigkeit wird es also sein, durch
welche die Welt überwiesen werden wird, daß ihr an mich, den
ihr nicht sehet, glaubet. Zweitens, zur Erhöhung der Hoffnung;
weßhalb er gesagt hat: Wenn ich hingegangen sein, und euch
einen Ort bereitet haben werde, will ich wieder kommen, und
euch zu mir nehmen; damit auch ihr seiet, wo ich bin.[3]) Denn
dadurch, daß Christus die angenommene menschliche Natur in
den Himmel versetzt, hat er uns Hoffnung gemacht, dorthin zu
gelangen; weil wo der Leib ist, sich auch die Adler versammeln.[4])
Daher wird auch bei Michäus gesagt: Es wird vor ihnen
hinaufziehen der Wegweiser.[5]) Drittens, um das Streben der
Liebe auf das Himmlische zu richten. Daher sagt der Apostel:
Was droben ist, suchet, wo Christus ist, der zur Rechten Gottes
sitzt. Was droben ist, habet im Sinne, nicht, was auf Erden.[6])
Denn wie gesagt ist: Wo dein Schatz ist, dort ist auch dein
Herz;[7]) und weil der heilige Geist die Liebe ist, welche uns
nach dem Himmlischen hinreißt: darum sprach der Herr zu den
Jüngern: Es ist euch gut, daß ich hingehe; denn wenn ich
nicht hingehe, wird der Tröster nicht zu euch kommen; gehe ich
aber hin, so werde ich ihn zu euch senden.[8]) In der Auslegung
dieser Worte sagt Augustinus:[9]) Ihr könnet den (heiligen) Geist
nicht fassen, so lange ihr fortfahret, Christum dem Fleische nach

---

[1]) Serm. 2. de Resurr. Dom. [2]) Tract. 95. in Joann. [3]) Joann.
c. XIV. v. 3. [4]) Matth. c. XXIV. v. 28. [5]) Mich. c. II. v. 13.
[6]) Collos. c. III. v. 1. 2. [7]) Matth. c. VI. v. 21. [8]) Joann. c.
XVI. v. 7. [9]) Tract. 94. in Joann.

zu kennen (das ist, an seiner leiblichen Gegenwart zu hängen).
Als aber Christus sie dem Leibe nach verlassen hatte, war nicht
nur der heilige Geist, sondern auch der Vater und der Sohn
bei ihnen."[1]

Die heiligen Schriften bieten uns noch andere Beweise
dafür, daß die Himmelfahrt Christi auch in Beziehung auf uns
höchst angemessen war. Denn das hohepriesterliche Amt hat der
Herr für uns vom Vater erhalten, und er führt dasselbe für
uns auch im Himmel fort. Es steht schon in der Weissagung
vom himmlischen Vater und vom Messias, von Christus, dem
Herrn, geschrieben: „Der Herr hat geschworen, und es wird
ihn nicht gereuen: Du bist der Priester in Ewigkeit nach der
Ordnung des Melchisedech."[2] Christus ist der ewige Priester,
„der, nachdem er (uns) von den Sünden gereiniget hat, zur
Rechten der Majestät in der Höhe sitzt,"[3] und sich auch dort
als Hoherpriester erweist. Denn „jeder Hohepriester, aus den
Menschen genommen, wird für die Menschen bestellt in ihren
Angelegenheiten bei Gott, damit er Gaben und Opfer für die
Sünden darbringe."[4] Ist also Christus ewiger Hohenpriester,
und sitzt er zur Rechten des Vaters im Himmel; so besorgt er
auch dort noch unsere Angelegenheiten, und bringt für uns
Gaben und Opfer dar. Er bringt, um von dem unblutigen
Opfer auf unsern Altären bis an das Ende der Welt nicht zu
reden, sein blutiges Opfer am Kreuze, das er ein für alle Mal
verrichtet hat,[5] in fortwährender Darstellung und Zuwendung
desselben an jeden Menschen dem himmlischen Vater dar, wie
dessen Verdienst jedem einzelnen Menschen in der Folge der
Zeiten zu seiner Erlösung zugewendet werden muß, und hat
auch darum seine Wundmale beibehalten, um dem Vater jenes
Opfer stets zu vergegenwärtigen. Er ist, und bleibt auch dort
unser Sachwalter und Fürsprecher: „Wenn Jemand gesündiget
hat, so haben wir einen Sachwalter beim Vater, Jesum Christum, den Gerechten, und dieser ist die Versöhnung für unsere
Sünden; doch nicht allein für die unsrigen, sondern auch für die
Sünden der ganzen Welt."[6] — „Christus Jesus, der gestorben

---

[1] Loc. cit. ad 3.   [2] Psalm. CIX. v. 4.   [3] Hebr.c. I. v. 3.   [4] Ibid.
c. V. v. 1.   [5] Ibid. c. IX. v. 12.   [6] I. Joann. c. II. v. 1. 2.

ist, ja der auch auferstanden ist, der zur Rechten Gottes sitzt, der auch für uns fürbittet."[1] — „Dieser aber hat, weil er ewig bleibt, ein ewiges Priesterthum, weßhalb er auch immer diejenigen retten kann, welche durch ihn Gott nahen; da er all= zeit lebt, um für uns fürzubitten."[2] Der heilige Augustinus sagt: „Christus bittet in uns, bittet für uns, und wird von uns gebeten. Er bittet in uns als unser Haupt, er bittet für uns als unser Priester, er wird von uns gebeten als unser Gott."[3] Daher die Aufforderung des Völkerlehrers: „Da wir nun einen so großen Hohenpriester haben, der die Himmel durch= drungen, Jesum, den Sohn Gottes; so lasset uns festhalten am Bekenntnisse. — Lasset uns also mit Zuversicht hinzutreten zum Throne der Gnade, damit wir Barmherzigkeit erlangen, und Gnade finden, wenn wir Hilfe nöthig haben."[4] Es ist daher auch aus diesem Grunde für uns vom größten Nutzen und Vortheile, daß Christus, der Herr, in den Himmel aufgefahren, und zur Rechten des Vaters sitzt.

Ein weiterer Grund, warum die Himmelfahrt des Herrn für ihn und für uns höchst angemessen war, liegt in den Worten des heiligen Apostels Paulus: „Welcher hinabgestiegen, ist der= selbe, welcher auch hinaufgefahren über alle Himmel, damit er Alles erfüllete."[5] Denn damit ist der Antritt seiner Herrschaft über Alles, was nicht Gott ist, angedeutet: „Christus ist hinab= gestiegen, und hinaufgefahren nach und nach von einem Orte zum andern, indem er nämlich aus der Unterwelt über den Himmel sich erhob; um in dem untersten, höchsten und mittleren Raume der Welt seine Herrlichkeit und Kraft zu zeigen, indem er überall seine Auserwählten in Freiheit setzte, seine Feinde bekämpfte, und ihnen die Beute nahm; und um so zu beweisen, daß er die Herrschaft über alle Geschöpfe ohne Ausnahme besitze, und nun den vollen Besitz der ganzen Welt antrete, und über= nehme. — Er ist hinabgestiegen, und hinaufgefahren, um Alles zu erfüllen sowohl mit seiner Macht, als auch mit seiner Majestät, mit seinem Siege, mit seiner Herrlichkeit, mit seinem Triumphe, mit seinem Eigenthume, mit seinem Reiche, mit seiner Herrschaft,

---

[1] Rom. c. VIII. v. 34.   [2] Hebr. c. VII. v. 24. 25.   [3] Enarrat. in Psalm. LXXXV.   [4] Hebr. c. IV. v. 14. 16.   [5] Ephes. c. IV. v. 9.

gleichsam mit seiner Besitzergreifung; wie ein König alle Städte
gleichsam mit seiner Macht, mit seiner Begleitung und mit seinem
Festgepränge erfüllt, wenn er in denselben seine Besitzergreifung
feiert, oder in dieselben triumphirend einzieht."[1] Das war die
Erfüllung der Weissagungen: „Es hat der Herr (der himmlische
Vater) zu meinem Herrn (zum Messias) gesprochen: Setze dich
zu meiner Rechten, bis ich deine Feinde zum Schemel deiner
Füße lege. Den Scepter deiner Macht wird der Herr ausgehen
lassen aus Sion. Herrsche inmitten deiner Feinde. Bei dir ist
die Herrschaft am Tage deiner Kraft im Glanze der Heiligen.
Aus dem Innern habe ich dich gezeugt vor dem Morgensterne."[2]
— „Ich aber (Christus) bin als König von ihm gesetzt über
Sion, seinen heiligen Berg, und verkündige sein Gesetz. Der
Herr (der Vater) hat zu mir gesagt: Du bist mein Sohn, heute
habe ich dich gezeugt. Begehre von mir, so will ich dir geben
die Heiden zu deinem Erbe, und zu deinem Eigenthume die
Enden der Erde. Du wirst sie (die Widerspenstigen und Feinde)
beherrschen mit eisernem Scepter, und sie wie Töpfergeschirr
zertrümmern."[3] Nun ist es aber doch höchst angemessen, daß
der König des Himmels und der Erde, der Beherrscher des
Weltalls nicht einen niedern, sondern den obersten Platz in seinem
Reiche einnehme, und nicht von unten nach oben, sondern von
oben nach unten und nach allen Seiten hin seine Macht übe.
Wie unschätzbares Gutes fließt aber daraus den Gläubigen zu,
daß ihr Herr und König die Welt regiert, alle ihre Feinde in
seiner Gewalt hat, und ihre Geschicke leitet! „Ich bin gewiß,
daß unser Leben sich nicht in Zufälligkeit bewegt, sondern von
Gott geordnet, und regiert wird."[4] — „Da Christus mit seiner
Menschheit in den Himmel hinauffuhr, hielt er die Erde und
den Himmel in seiner Gewalt."[5] — „In der Himmelfahrt des
Herrn ist das Reich des Teufels gefallen, und das Reich Christi
gekommen; denn als er in den Himmel fuhr, ist ihm Alles
unterworfen worden."[6] Die Himmelfahrt des Herrn bildet den
Schluß dieser Unterwerfung, welche der heilige Bernardus mit
den Worten beschreibt: „Christus ist über alle Himmel hinauf=

---

[1] Corn. a Lap. in h. l.   [2] Psalm. CIX. v. 1. 2. 3.   [3] Psalm.
II. v. 6.—10.   [4] S. Aug. Libr. medit. c. 33.   [5] S. Greg. M. Moral.
Libr. XXXI. c. 19.   [6] S. Hieronym. Super Psalm. XXI. v. 31.

gefahren; denn da er sich als den Herrn aller Dinge, die auf
der Erde, und im Meere, und in der Unterwelt sind, erwiesen
hatte; so erübrigte noch, daß er sich als den Herrn der Luft
und des Himmels durch ähnliche oder durch noch stärkere Beweise
erprobte. Denn die Erde hat ihn als ihren Herrn anerkannt,
als sie auf das Wort seiner Macht, da er mit starker Stimme
rief: Lazarus, komme heraus! den Todten zurückgab. Das
Meer hat ihn anerkannt, weil es sich unter seinen Füßen als
festen Boden erwies, so daß die Jünger meinten, es sei ein
Gespenst. Es hat ihn die Unterwelt anerkannt, deren eherne
Thore und Riegel er durchbrochen, und wo er jenen unersätt=
lichen Menschenmörder, der Teufel und Satan genannt wird,
gebunden hat. Wahrlich, der die Todten erweckt, die Aussätzigen
gereiniget, den Blinden das Augenlicht gegeben, die Lahmen
gekräftiget, und alle Schwachheit vertrieben hat, war der Herr
über Alles! — Um dein ungenähtes Kleid zu schließen, Herr
Jesus! um die Vollständigkeit unseres Glaubens herzustellen,
war noch übrig, daß du vor den Augen der Jünger als Herr
der Luft über alle Himmel hinauffuhrest. Und dann ist es er=
wiesen, daß du der Herr über Alles bist, weil du Alles in Allem
erfüllt hast; und nun gebührt es dir in der That, daß in deinem
Namen sich alle Kniee beugen derer, die im Himmel, auf Erden,
und unter der Erde sind, und alle Zungen bekennen, daß du in
der Herrlichkeit und zur Rechten des Vaters bist."[1] Für uns
aber gilt das Wort des heiligen Augustinus: „Der hinabge=
stiegen, sagt der Apostel, derselbe ist auch hinaufgefahren. Wer
ist der, welcher hinabgestiegen? Der Gott=Mensch. Wer ist der,
welcher hinaufgefahren? Derselbe Gott=Mensch. Was er für
dich angenommen, hat er in den Himmel erhoben, deinen irdi=
schen Leib hat er zum himmlischen gemacht. Die Menschheit,
die von Christus angenommen worden ist, herrscht nun, zur
Rechten des Vaters sitzend; und er ruft, ladet ein, mahnt, daß
die Seinigen von ihm das Reich empfangen möchten."[2] —
„Steigen wir indessen mit Christus im Geiste hinauf; wenn sein
verheißener Tag kommt, werden wir auch mit dem Leibe folgen."[3]

---

[1] Serm. 2. de Ascens. Dom.   [2] De symbol. Libr. IV. c. 7.   [3] Idem
Serm. 2. de Ascens. Dom.

Wollte man nach allem dem noch die Bemerkung machen, was ſich vollkommen wohl befinde, bewege ſich nicht, und ruhe; Chriſtus aber ſei ſeiner Gottheit nach das höchſte Gut, ſeiner Menſchheit nach auf's Höchſte verherrlichet; ſomit hätte Chriſtus keine Himmelfahrt feiern ſollen, die eine Bewegung von der Erde zum Himmel war: ſo iſt mit dem heiligen Thomas darauf zu erwiedern, daß jedes Geſchöpf irgendwie beweglich ſei;[1] daß der Leib des Herrn auch nach der Auferſtehung ein Geſchöpf geblieben; und daß es daher nicht für ungeziemend gehalten werden müſſe, wenn ihm eine Bewegung zugeſchrieben wird.[2] Als der Herr ſeinen Jüngern erſchienen war, ihnen ſeine Hände und Füße, ſeine Seite mit den Wundmalen zeigte, mit ihnen aß, und trank, und ſie vor der Himmelfahrt über Bethanien hinaus auf den Oelberg führte; hat er ſicherlich viele Bewegungen gemacht. Zudem iſt er den Seinigen weder während der vierzig Tage nach der Auferſtehung noch in der Himmel= fahrt mit verklärtem, ſondern mit ſeinem gewöhnlichen Leibe erſchienen, dem auch die gewöhnliche Bewegung wohl anſtand. Endlich iſt die Beweglichkeit Eine von den Gaben der Verklär= ung. Somit kann von dieſer Seite gegen die Himmelfahrt nichts eingewendet werden.

Sollte man ſich aber damit nicht zufrieden geben, und ſagen, eine Bewegung kann vernünftiger Weiſe nur um etwas Beſſeres willen, das man mit derſelben anſtrebt, geſchehen; für Chriſtus aber habe es weder der Seele noch dem Leibe nach im Himmel etwas Beſſeres gegeben, als er auf Erden beſeſſen; alſo habe er auch keinen vernünftigen Grund zur Himmelfahrt gehabt, und hätte dieſelbe daher auch unterbleiben ſollen: ſo muß man nicht vergeſſen, daß wir nicht dieſen Grund für ſeine Himmel angeführt haben, als hätte er im Himmel irgend einen Zuwachs an ſeinem Wohlſein erhalten, ſondern ganz andere Gründe ſowohl von ſeiner, als auch von unſerer Seite, welche dieſelbe höchſt angemeſſen erſcheinen laſſen. Indeſſen ſagt der heilige Thomas doch: „Er hat einen gewiſſen Zuwachs in Bezug auf die Angemeſſenheit des Ortes erlangt, und dieß gehört zum Wohlſein in der Herrlichkeit; nicht weil ſein Leib Etwas

----

[1] S. Aug. Super gen. et. lit. c. 14.   [2] Loc. cit. ad 1.

an Vollkommenheit oder an seiner Erhaltung gewann, sondern
nur wegen einer gewissen Anständigkeit, und diese gehörte gewisser
Maßen zu seiner Herrlichkeit. Darüber erfreute er sich aber
auch, nicht als wenn er damals erst neu sich darüber zu freuen
angefangen hätte, als er in den Himmel fuhr, sondern wie über
Etwas, das sich nun erfüllt habe, nach dem Worte des Psal=
mes:[1] Du wirst mir Freude geben vollauf durch dein Angesicht,
Wonne zu deiner Rechten ewiglich."[2]

Wenn der Herr aber dennoch nicht sogleich in den Himmel
aufgefahren, sondern noch vierzig Tage lang auf Erden geblieben
ist; so geschah dieß deßhalb, damit seine Auferstehung auf alle
Weise unleugbar bewiesen, die junge Kirche getröstet, und im
Glauben gestärkt, und sein Reich auf Erden noch mehr befestiget
würde: „Er hat sich nach seinem Leiden ihnen als lebendig
durch viele Beweise dargestellt, indem er ihnen durch vierzig
Tage erschien, und vom Reiche Gottes redete."[3]

Die Himmelfahrt des Herrn war für ihn der herrlichste
Triumph: „Gott ist aufgefahren, während die Juden höhnten,
die Teufel zitterten, die Engel frohlockten, die Apostel sich ver=
wunderten."[4] Die Himmelfahrt des Herrn ist für uns die
heilsamste Unterweisung und Belehrung: „Unser Erlöser hat
uns durch seinen Tod gelehrt, den Tod nicht zu fürchten; er
hat uns durch seine Auferstehung gelehrt, das Leben zuversichtlich
zu hoffen; er hat uns durch seine Himmelfahrt gelehrt, uns der
Erbschaft des himmlischen Vaterlandes zu rühmen."[5] Er ver=
leihe uns den Sieg über den Tod, führe uns in das ewige
Leben ein, und verleihe uns das himmlische Erbe, daß wir mit
ihm ewig triumphiren!

---

[1] Psalm. XV. v. 11.   [2] Loc. cit. ad 2.   [3] Act. Apost. c.
I. v. 3.   [4] S. Bonavent. Serm. 4. de Ascens. Dom.   [5] S. Greg.
M. Homil. 29. in Evang.

Zweiter Abschnitt.

Christus ist nicht nach seiner göttlichen, sondern nach seiner menschlichen Natur in den Himmel gefahren.[1]

Christus, der Herr, hat von seiner siegreichen Auferstehung und von seiner triumphirenden Himmelfahrt so viel geoffenbart, als uns nothwendig und heilsam war; Anderes hat er verborgen, wie der heilige Chrysostomus bemerkt: „Christus ist auferstanden, ohne daß es die Apostel sahen, aber er ist vor ihren Augen aufgefahren; weil auch der Anblick hier nicht Alles vermochte. Denn das Ende der Auferstehung haben sie gesehen, aber nicht den Anfang; von der Himmelfahrt aber haben sie den Anfang gesehen, nicht jedoch das Ende. Denn es wäre unnütz gewesen, den Anfang der Auferstehung zu sehen, da er ihnen gegenwärtig war, um mit ihnen darüber zu reden, und das Grab Zeugniß gab, daß er nicht mehr dort sei. Aber was auf die Himmelfahrt folgte, darüber mußten sie mündlich belehrt werden; — weil sie das so fern Gelegene mit den Augen nicht erkennen konnten. Daß er aber in den Himmel aufgenommen worden sei, darüber haben sie nachher die Engel selbst belehrt. — Es hat (der Engel) auch nicht gesagt: Von dem ihr gesehen habet, daß er aufgenommen worden sei; sondern: den ihr habet in den Himmel auffahren gesehen; um zu zeigen, daß es keine Aufnahme, sondern eine Auffahrt gewesen sei.“[2] Es sollte ihnen die Wahrheit der Auferstehung und die Wahrheit der Himmelfahrt bewiesen werden; um sie im Glauben zu stärken; und dazu war es hinreichend, daß sie das Ende der Auferstehung und den Anfang der Himmelfahrt sahen, wie der heilige Augustinus sagt: „Indem er die Menschheit in den Himmel trug, hat er gezeigt, daß den Gläubigen der Himmel geöffnet werden könne; und indem er den Besieger des Todes so erhöht, hat er den Siegern gezeigt, was folgen werde. Die Himmelfahrt des Herrn ist also eine Bekräftigung des katholischen Glaubens.“[3] Ebenso sagt der heilige Papst Leo: „Die Apostel und alle

---

[1] Loc. cit. a 2.   [2] Homil. 2. in Act. Apost.   [3] Serm. 170 de temp.

Jünger, welche über den Ausgang am Kreuze zitterten, und im Glauben an die Auferstehung in's Schwanken gerathen waren, sind durch die klare Wahrheit so gestärkt worden; daß sie, als der Herr in die Höhen des Himmels emporstieg, nicht nur von keiner Traurigkeit befallen, sondern auch von großer Freude erfüllt wurden."[1] Daraus zieht der heilige Petrus Chrysologus für uns den Schluß: „Er ist aufgefahren, nicht um sich in den Himmel zurückzubegeben, da er immer in dem Himmel geblieben ist; sondern um dich dorthin zu führen, den er auf solche Weise aus der Gefangenschaft befreit, und der Hölle entrissen hat. Lerne daraus, daß du, nachdem du als Mensch von Gott so erhöht worden bist, in den himmlischen Dingen standhaft verharrest, der du im Irdischen wankelmüthig und veränderlich warest."[2]

Wenn dieser heilige Lehrer sagt, daß „Christus immer in dem Himmel geblieben, und daher durch die Himmelfahrt nicht in denselben zurückgekehrt sei; so kann er dieß nur von seiner Gottheit, nicht aber von seiner Menschheit behaupten, da seine Menschheit in Wahrheit und thatsächlich von der Erde in den Himmel aufgenommen worden ist, wie es die Apostel und Jünger gesehen haben, und der Glaube es lehrt.[3] Christus ist also nicht seiner Gottheit nach, sondern seiner Menschheit nach in den Himmel gefahren.

Der heilige Thomas beweist diese Wahrheit mit folgenden Worten: „Man kann da zwei Dinge unterscheiden, nämlich die Beschaffenheit dessen, der in den Himmel fährt, und die Ursache der Himmelfahrt. Wird die Beschaffenheit dessen bezeichnet, der in den Himmel fährt, dann kann die Himmelfahrt Christo nach der Eigenthümlichkeit der göttlichen Natur nicht zukommen; sowohl weil es nichts Höheres, als die Gottheit gibt, zu der er emporsteigen könnte, als auch weil das Emporsteigen eine örtliche Bewegung ist, welche der göttlichen Natur nicht zukommt, da sie unbeweglich und unörtlich ist (wegen ihrer Unendlichkeit und Unermeßlichkeit). Aber auf solche Weise kommt die Himmelfahrt Christo seiner menschlichen Natur nach zu, welche an einen

---

[1] Serm. 1. de Ascens. Dom.   [2] De Symbol. Serm. 57.   [3] Symbol. Apost.

Ort gebunden, und der Bewegung unterworfen ist. Daher können wir in diesem Sinne sagen, daß Christus, in so fern er Mensch, nicht aber in so fern er Gott ist, in den Himmel gefahren sei. Wenn aber die Ursache der Himmelfahrt bezeichnet wird, muß man, da Christus in Kraft der Gottheit, nicht aber in Kraft der menschlichen Natur in den Himmel gefahren ist, sagen, daß Christus, nicht in wie fern er Mensch, sondern in wie fern er Gott ist, in den Himmel gefahren sei. Deßhalb sagt Augustinus:[1] „Von dem Unsrigen war es, daß der Sohn Gottes am Kreuze hing; von dem Seinigen aber, daß er in den Himmel fuhr."[2] Der Sohn Gottes hat in seiner Mensch= heit den Kreuzestod erlitten, und ist in Kraft seiner Gottheit in den Himmel gefahren.

Wenn daher geschrieben steht: „Gott ist aufgefahren im Jubelklange,"[3] und: „Der zum Himmel auffährt, ist dein Helfer;"[4] so ist durch die erstere Stelle der menschgewordene Gott, durch die letztere Gott bezeichnet, der Mensch werden sollte; denn die Himmelfahrt konnte, wie gesagt, nur in der angenommenen Menschheit und durch die Kraft der Gottheit bewerkstelliget werden."[5]

Wenn der heilige Paulus sagt: „Der hinabgestiegen, ist derselbe, welcher auch hinauffuhr;"[6] und wenn Christus, der Herr, selbst sagt: „Niemand steigt in den Himmel hinauf, als der von dem Himmel herabgestiegen ist;"[7] und wenn man daraus den Schluß ziehen wollte, Christus sei nicht als Mensch, sondern als Gott von dem Himmel herabgestiegen, also sei er auch als Gott in den Himmel hinaufgefahren: so löst diese Schwierigkeit der heilige Thomas auf folgende Weise. Er sagt: „Christo wird ein doppeltes Herabsteigen zugeschrieben; eines, von welchem gesagt wird, daß er vom Himmel herabgestiegen sei, und dieses wird dem Gott=Menschen zugeschrieben, in wie fern er Gott ist; denn dieses Herabsteigen ist nicht als eine örtliche Bewegung, sondern als eine Selbstentäußerung zu ver= stehen, durch welche er, da er in der Gestalt Gottes war, Knechtesgestalt angenommen hat.[8] Denn wenn gesagt wird, er

---

[1] Serm. de Ascens. 176. de temp.   [2] Loc. cit. o.   [3] Psalm. XLVI. v. 6.   [4] Deut. c. XXXIII. v. 26.   [5] Loc. cit. ad 1.   [6] Ephes. c. IV. v. 10.   [7] Joann. c. III. v. 13.   [8] Philipp. c. II. v. 6. 7.

habe sich selbst entäußert, so bedeutet dieß nicht, daß er Etwas
von seiner Vollkommenheit verloren, sondern daß er unsere Klein=
heit angenommen habe; so wird eben so gesagt, er sei vom
Himmel herabgestiegen, nicht als hätte er den Himmel verlassen,
sondern weil er die irdische Natur zur Einheit der Person an=
genommen hat. Ein anderes Herabsteigen ist aber jenes, durch
welches er in die unteren Theile der Erde hinabgestiegen; denn
dieses ist ein örtliches Hinabsteigen, weßhalb es Christo nach
der Beschaffenheit der menschlichen Natur zukommt."[1] Die
Menschwerdung des Sohnes Gottes ist in so fern ein Herab=
steigen vom Himmel, als er sich mit der niedrigen Menschheit
umkleidet, in derselben unter den Menschen gewandelt, und alles
menschliche Elend, die Sünde und das ausgenommen, was sich
mit seiner Würde nicht vertrug, auf sich genommen hat. „Es
gibt nichts Erhabeneres, als Gott, nichts Niedrigeres, als den
Lehm; und doch ist Gott mit solcher Herablassung in den Lehm
herabgestiegen, und der Lehm mit solcher Ehre zu Gott empor=
gestiegen, daß man glauben sollte, was immer Gott in demselben
gethan hat, habe der Lehm gethan, ein ebenso unaussprechliches
als unbegreifliches Geheimniß."[2] Diese Herablassung Gottes in
der Menschwerdung ist das Herabsteigen Gottes von dem Himmel,
und die Vereinigung der menschlichen Natur mit der Gottheit,
das Hinaufsteigen des Menschen zu Gott, in der Himmelfahrt
aber die Erhebung der menschlichen Natur in ihrer Vereinigung
mit der Gottheit deren Hinaufsteigen in den Himmel. So ist
der Gott=Mensch vom Himmel herabgestiegen, und der Gott=
Mensch in den Himmel hinaufgestiegen, wie dieß Christus
selbst in der angeführten Stelle klar ausspricht, indem er zu den
Worten: „Niemand steigt in den Himmel hinauf, als der von
dem Himmel herabgestiegen ist", erklärend hinzusetzte: „Nämlich
der Menschensohn, der im Himmel ist."[3] Dasselbe gilt von
dem Hinabsteigen Christi in die unteren Theile der Erde, in
wie fern nämlich die Seele Christi in ihrer Vereinigung mit
der Gottheit hinabgestiegen ist. So sagen denn auch der heilige
Cyprianus[4] und der heilige Hieronymus[5] von der Himmelfahrt

---

[1] Loc. cit. ad 2.　　[2] S. Bernard. Serm. 4. in Nativ. Vigil.　　[3] Joann.
c. III. v. 13.　　[4] Exposit. super Symbol. Apost. c. 18.　　[5] Epist.
18. ad. Rufin.

des Herrn: „Christus ist in den Himmel hinaufgefahren, nicht wo Gott, das Wort, vorher nicht war, denn es war immer in dem Himmel, und blieb in dem Vater; sondern wo das Fleisch gewordene Wort (das ist, als solches) vorher nicht gesessen ist."

Man könnte endlich noch in den Worten des Herrn eine Schwierigkeit finden: „Ich fahre hinauf zu meinem Vater,"[1] und: „Der Vater ist größer, als ich."[2] Denn man könnte sagen, wenn Christus zum Vater hinaufgefahren, so bedeutet dieß, daß er zu gleicher Glorie mit dem Vater emporgestiegen; das aber sei für die menschliche Natur nicht möglich; also habe er nur als Gott in den Himmel fahren können. Allein Christus, der Herr, konnte nicht ohne seine menschliche Natur zum Vater hinauffahren; wo also er mit seiner göttlichen Natur in der Gleichheit mit dem Vater ist, da ist er auch mit seiner mensch= lichen Natur, die aber deßhalb nicht der göttlichen Natur, nicht dem Vater gleich wird, sondern in sich dieselbe bleibt, und nur in ihrer persönlichen Vereinigung mit der göttlichen Natur auf demselben Throne sitzt, auf welchem Christus sitzt. Daher sagt der englische Lehrer: „Es wird gesagt, daß Christus zum Vater hinauffahre, in wie fern er zum Mitsitzer zur Rechten des Vaters hinauffährt; das aber kommt Christo einigermaßen nach seiner göttlichen, einigermaßen auch nach seiner menschlichen Natur zu."[3] Es kommt dieß Christo seiner göttlichen Natur nach zu, weil er in derselben dem Vater gleich ist; es kommt ihm seiner menschlichen Natur nach zu, weil sie mit seiner Person und Gottheit wesentlich vereiniget ist, und deßhalb der göttlichen Herrlichkeit und Seligkeit genießt, wie kein anderes Geschöpf. Es ist ausschließlich nur der menschlichen Natur des Sohnes Gottes gegeben, mit ihm auf dem Throne Gottes zur Rechten des Vaters zu sitzen. So ist Christus, nicht seiner göttlichen, sondern seiner menschlichen Natur nach zum Vater aufgefahren, der dem Sohne als Gott gleich ist, aber immer unendlich größer bleibt, als der Sohn als Mensch.

Wollen wir mit Christus unsere Himmelfahrt feiern; so müssen wir der Menschheit Christi ähnlich werden. Seine Mensch= heit wurde im ersten Augenblicke ihres Daseins mit seiner Gott= heit vereiniget. „Das Wort ist Fleisch geworden und hat unter

---

[1] Joann. c. XX. v. 17. [2] Ibid. c. XIV. v. 28. [3] Loc. cit. ad 3.

uns gewohnt;"[1]) so müssen wir vor Allem durch die heiligma=
chende Gnade der göttlichen Natur theilhaftig, und dadurch
lebendige Kinder Gottes werden. Christus hat auf Erden Alles
in der Vereinigung mit seinem himmlischen Vater gethan, und
dessen Willen erfüllt: „Wahrlich, wahrlich, sage ich euch, der
Sohn kann nichts aus sich thun, wenn er es nicht den Vater
thun sieht; denn Alles, was dieser thut, das thut auf gleiche
Weise auch der Sohn."[2]) — „Der mich gesendet hat, ist mit
mir, und er läßt mich nicht allein; weil ich allzeit thue, was
ihm wohlgefällig ist."[3]) So müssen wir mit Hilfe der erleuch=
tenden, bewegenden und vollbringenden Gnade in Allem den
Willen Gottes vollbringen, und Werke des ewigen Lebens ver=
richten. Christus hat alle Mühseligkeiten dieses Lebens auf sich
genommen, allen Leiden der Armuth, der Schmach und der
Schmerzen an Leib und Seele sich unterzogen, und ist am Kreuze
gestorben, immer aber ohne Sünde geblieben; so, sagt der heilige
Paulus, werden wir seine Miterben werden, „wenn wir mit
ihm leiden, damit wir auch mit verherrlichet werden",[4]) zugleich
aber auch die Sünden meiden, oder würdige Früchte der Buße
bringen, weil in das himmlische Jerusalem „nichts Unreines
eingehen kann."[5]) Christus hat allen Willen seines himmlischen
Vaters beharrlich bis an's Ende vollzogen, daß er sterbend sagen
konnte: „Es ist vollbracht;"[6]) so hat er auch uns erklärt: „Wer
ausharrt bis an's Ende, der wird selig werden."[7]) Dieser Weg
allein ist der Weg zu einer glorreichen Himmelfahrt. Wie viele
Menschen aber wandeln diesen Weg?

Der göttliche Heiland sagt: „Gehet ein durch die enge
Pforte; denn weit ist das Thor, und breit der Weg, der zum
Verderben führt; und Viele sind es, die da hindurch gehen.
Wie eng ist die Pforte, und wie schmal der Weg, der zum
Leben führt; und Wenige sind es, die ihn finden!"[8]) — „Einer
aber sprach zu ihm: Herr! sind es Wenige, die selig werden?
Da sprach er zu ihnen: Bemühet euch, einzugehen durch die
enge Pforte; denn ich sage euch: Viele werden suchen einzugehen;
und es nicht können. Wenn der Hausvater hineingegangen ist,

---

[1]) Joann. c. I. v. 14.   [2]) Ibid. c. V. v. 19.   [3]) Ibid. c. VIII.
v. 29.   [4]) Rom. c. VIII. v. 17.   [5]) Apoc. c. XXI. v. 27.   [6]) Joann.
c. XIX. v. 30.   [7]) Matth. c. X. v. 22.   [8]) Matth. c. VII. v. 13. 14.

und die Thüre verschlossen hat; dann werdet ihr draußen stehen, und euch anschicken, an die Thüre zu klopfen, und zu sagen: Herr, thue uns auf! und er wird antworten: Ich kenne euch nicht. — Weichet von mir Alle, ihr Uebelthäter! Da wird Heulen und Zähneknirschen sein, wenn ihr Abraham, Isaac und Jacob und alle Propheten im Reiche Gottes, euch aber hinausgestoßen sehet."[1] Es gibt, wie eine Himmelfahrt, so auch eine Höllen= fahrt; und wie Wenige denken daran, und nehmen es sich zu Herzen!

Dritter Abschnitt.

Christus ist aus eigener Macht in den Himmel gefahren.[2]

Von Henoch steht geschrieben: „Er wandelte mit Gott, und ward nicht mehr gesehen; denn Gott hat ihn weggenommen."[3] Es steht von ihm auch geschrieben: „Henoch hat Gott gefallen, und ward in das Paradies versetzt;"[4] und der heilige Paulus schreibt von ihm: „Durch den Glauben ward Henoch hinweg= genommen, damit er den Tod nicht sähe, und man fand ihn nicht; denn Gott hat ihn hinweggenommen, und vor der Hin= nahme hatte er das Zeugniß, Gott gefallen zu haben."[5] Dieser heilige Mann ist, ohne zu sterben, von der Erde verschwunden, in's Paradies versetzt worden, und lebt dort fort; aber nicht aus eigener Kraft, sondern durch die Allmacht Gottes; „denn Gott hat ihn hinweggenommen."

Bevor der Prophet Elias der Erde entrückt wurde, erzählt die heilige Schrift von ihm und von seinem Schüler Elisäus: „Als sie (durch den Fluß Jordan, den Elias mit seinem Mantel getheilt hatte) hindurch gegangen waren, sprach Elias zu Elisäus: Verlange, was ich dir thun soll, ehe ich von dir genommen werde. Und Elisäus sprach: Laß, ich bitte, deinen Geist doppelt in mir sein! Und er antwortete: Du hast ein schweres Ding von mir verlangt; aber wenn du mich siehst, wenn ich von dir

[1] Luc. c. XIII. v. 23.—29.   [2] Loc. cit. a. 3.   [3] Gen. c. V. v. 24.   [4] Eccli. c. XLIV. v. 16.   [5] Hebr. c. XI. v. 5.

genommen werde, wird dir werden, um was du gebeten hast; wenn du mich nicht siehst, wird es dir nicht werden. Und da sie fortgingen, und gehend redeten, sieh! da kam ein feuriger Wagen mit feurigen Pferden, welcher Beide von einander trennte; und Elias fuhr im Sturme gegen den Himmel."[1] Auch Elias ist nicht aus eigener Kraft zum Himmel gefahren, sondern „fort= genommen", und „auf feurigem Wagen von feurigen Pferden" emporgeführt worden.

Beiden Männern war diese Entrückung in das Paradies, in den Himmel, aus natürlichen Kräften nicht möglich; denn jeder Körper strebt seiner Natur nach nicht aufwärts, sondern abwärts. Soll daher der Mensch mit seinem Leibe von der Erde weg in das Paradies oder in den Himmel versetzt werden; so muß dieß von einer höheren und stärkeren Kraft geschehen. Weder Elias noch Elisäus haben sich aus eigener Macht von der Erde erhoben.

Die Entrückung dieser heiligen Männer von der Erde war ein Vorbild der Himmelfahrt Christi, des Herrn, aber kein Gleich= bild; denn während sie durch fremde Macht entführt wurden, ist Christus aus eigener Macht aufgefahren. Darüber schreibt der heilige Papst Gregorius: „Wie Joseph, der von den Brüdern verkauft worden ist, den Verkauf unseres Erlösers vorgebildet hat; so haben Henoch, der hinweggenommen, und Elias, der in den atmosphärischen Himmel erhoben worden ist, Beide die Himmelfahrt des Herrn bezeichnet. Der Herr hat also Vorher= verkünder und Gewährsmänner seiner Auferstehung gehabt, den einen vor dem (geschriebenen) Gesetze, den andern unter dem= selben; daß einst er kommen würde, der in Wahrheit die Himmel durchdringen könnte. Daher wird die Ordnung selbst in Beider Erhebung durch eine gewisse Zunahme unterschieden. Denn Henoch ist nach der Erzählung hinweggenommen, Elias aber zum Himmel erhoben worden, auf daß nachher derjenige käme, der weder hinweggenommen, noch emporgehoben werden, sondern der den ätherischen Himmel aus eigener Kraft durchdringen sollte."[2] Noch klarer hebt der heilige Lehrer diesen Unterschied hervor, indem er insbesondere von Elias spricht, und sagt: „Es ist zu

---

[1] IV. Reg. c. II. v. 8.—12.   [2] Homil. 29. in Evang.

bemerken, daß Elias, wie man liest, auf einem Wagen aufge=
fahren sei, um nämlich offen darzuthun, daß ein bloßer Mensch
hiezu einer fremden Hilfe bedurfte. Denn durch Engel sind
jene Hilfsmittel gewährt, und gezeigt worden; weil der, welchen
die Schwachheit seiner Natur beschwerte, aus sich nicht einmal
zum atmosphärischen Himmel emporzusteigen vermochte. Von
unserm Erlöser aber liest man, daß er nicht auf einem Wagen,
nicht von Engeln emporgetragen worden sei; weil nämlich er, der
Alles gemacht hat, über Alles von der eigenen Kraft erhoben
worden ist. Denn er ist dorthin zurückgekehrt, wo er war; und
er ist von daher zurückgekehrt, wo er blieb; weil er, während
er mit seiner Menschheit in den Himmel fuhr, mit seiner Gott=
heit sowohl die Erde als auch den Himmel gleicherweise in sich
schloß."[1] Christus ist also aus eigener Macht in den Himmel
gefahren.

Aber scheint nicht die Schrift gerade das Gegentheil zu
sagen? Denn es steht geschrieben: „Und der Herr Jesus, nach=
dem er mit ihnen geredet hatte, wurde in den Himmel aufge=
nommen;"[2] und: „Er ward vor ihren Augen aufgenommen;"[3]
selbst die Engel haben zu den Augenzeugen gesprochen: „Dieser
Jesus, der von euch weg in den Himmel aufgenommen worden
ist, wird eben so wieder kommen."[4] Von dem aber gesagt ist,
daß er aufgenommen worden sei, wie kann man von ihm behaupten,
daß er hinaufgefahren, daß er hinaufgestiegen sei, und zwar
aus eigener Macht? Allein die heilige Schrift sagt von Christus
auch schon in der Weissagung: „Gott ist aufgefahren im Jubel=
klange:"[5] — „Der über den Himmel des Himmels hinauf=
fährt:"[6] — „Wer ist — jener Schöne in seinem Gewande,
einherschreitend in der Fülle seiner Kraft?"[7] Die heiligen
Engel haben auf dem Oelberge zu ihren Worten ausdrücklich
hinzugefügt: „Er wird so wieder kommen, wie ihr ihn in den
Himmel gehen gesehen habet;"[8] und der heilige Paulus sagt:
„Er ist aufgefahren über alle Himmel, damit er Alles erfüllete."[9]
Das Wort „auffahren" ist in dem lateinischen Texte mit dem

---

[1] Idem ibid.   [2] Marc. c. XVI v. 19.   [3] Act. Apost. c. I. v. 9.
[4] Ibid. v. 11.   [5] Psalm. XLVI. v. 6.   [6] Psalm. LXVII. v. 34.
[7] Isai. c. LXIII. v. 1.   [8] Act. Apost. c. I. v. 11.   [9] Ephes.
c. IV. v. 10.

Worte „hinaufsteigen"[1]) gegeben. Wer aber hinauffährt, hinauf=
steigt, einherschreitet in der Fülle seiner Kraft, hinaufgeht; der
wird wahrlich nicht aufgenommen, und nicht hinaufgetragen,
sondern bewegt sich aus eigener Kraft. Scheinen sich also diese
Schriftstellen nicht zu widersprechen? Allein wenn man die Sache
näher betrachtet, so wird man finden, und sich überzeugen, daß
Beides wahr sei; daß nämlich Christus, der Herr, sowohl in
den Himmel aufgenommen worden, als auch, daß er aus eigener
Macht sich in den Himmel erhoben habe.

Denn es ist wohl zu beachten, daß in Christus die Eine
göttliche Person, die göttliche Natur und die menschliche Natur
vereiniget seien, und daß seine menschliche Natur nach der Auf=
erstehung und in der Himmelfahrt nicht mehr in ihrem natür=
lichen, sondern im verklärten Zustande sich befand. Betrachtet
man nun die menschliche Natur Christi für sich und in ihrem
natürlichen Zustande, so muß man sagen, daß sie nicht aus
eigener Macht in den Himmel hinaufgestiegen, sondern aufge=
nommen worden sei. Betrachtet man aber seine menschliche
Natur in ihrer Vereinigung mit der göttlichen Person und mit
der göttlichen Natur und in ihrer Glorie, so muß man sagen,
daß Christus aus eigener Macht in den Himmel sich erhoben
habe. Denn die Handlungen sind der Person zuzuschreiben;[2])
somit ist also die Himmelfahrt Christi zuerst seiner Person in
ihrer Vereinigung mit der menschlichen Natur, ihm als dem
Gottmenschen zuzuschreiben, und Christus als Gottmensch aus
eigener Macht in den Himmel gefahren. Betrachtet man die
menschliche Natur in ihrer Verklärung, in welcher der Leib dem
Geiste vollkommen unterworfen ist, und, wohin der Geist will,
versetzt wird, der Geist aber für den verklärten Leib auch einen
verklärten Ort wünschen muß; so hatte auch die verklärte Mensch=
heit Christi die Macht, sich in den Himmel zu versetzen, und
muß man auch aus diesem Grunde sagen, daß Christus aus
eigener Macht in den Himmel gefahren sei. So schreibt denn
der englische Lehrer: „In Christus ist eine zweifache Natur,
nämlich die göttliche und die menschliche Natur. Es kann also
seine Kraft nach beiden Naturen in Betracht gezogen werden.

---

[1]) Ascendit.   [2]) Principio, quod operatur.

Aber nach seiner menschlichen Natur kann auch eine zweifache
Kraft in Betracht kommen; eine natürliche, welche aus den Grund=
ursachen der Natur hervorgeht, und aus dieser Kraft ist Christus
offenbar nicht in den Himmel aufgefahren; eine andere Kraft
aber ist in der menschlichen Natur Christi die Kraft der Glorie,
und nach dieser ist Christus in den Himmel aufgefahren. —
Denn der Gehorsam des verklärten Leibes gegen die selige Seele
wird so groß sein, daß, wie Augustinus sagt, der Leib ohne
Verzug dort sein werde, wo der Geist ihn haben will; und der
Geist wird nichts Anderes wollen, als was sich für den Geist
und für den Leib geziemen kann.[1] Es geziemt sich aber für
den verklärten und unsterblichen Leib, daß er an einem himm=
lischen Orte sei. Deßhalb ist der Leib Christi durch die Kraft
der Seele, welche dieß wollte, in den Himmel gefahren. Wie
aber der Leib durch die Theilnahme an der Seele verklärt wird,
so wird, wie Augustinus sagt, die Seele durch die Theilnahme
an Gott selig.[2] Daher ist die erste Grundursache der Himmel=
fahrt die göttliche Kraft. Christus ist also aus eigener Kraft
in den Himmel gefahren, und zwar erstens aus seiner göttlichen
Kraft, zweitens aus der Kraft der verklärten Seele, welche den
Leib bewegt, wie sie will."[3]

Hiernach lösen sich alle etwaigen Bedenken und Schwierig=
keiten von selbst. Denn wollte Jemand die Schriftstellen geltend
machen, in welchen gesagt wird, daß Christus von Gott aufer=
weckt,[4] und daraus den Schluß ziehen, daß der Herr ebenso
von Gott in den Himmel aufgenommen worden sei; so erwidert
der heilige Thomas: „Wie von Christus gesagt wird, daß er
aus eigener Kraft auferstanden, und doch vom Vater auferweckt
worden sei, weil die Kraft des Vaters und des Sohnes dieselbe
ist; so ist Christus auch aus eigener Kraft in den Himmel
gefahren, und doch vom Vater erhoben, und aufgenommen
worden,"[5] weil hier ebenfalls die wirkende Kraft des Vaters
und des Sohnes die eine und dieselbe war.

Befremdet es, daß, was von Natur schwer ist, und nieder=
strebt, sich selbst aufwärts bewegen soll, wie dieß bei der Himmel=

[1] De civ. Dei Libr. XXII. c. ult. [2] Tract. 23. in Joann. [3] Loc.
cit. o. [4] Rom. c. IV. VIII. X., I. Cor. c. VI. XV., I. Thessal. c. I.,
I. Petr. c. I. etc. [5] Loc. cit. ad 1.

fahrt des Herrn hätte geschehen müssen; so „beweist dieß nur,
daß Christus nicht mit jener Kraft in den Himmel gefahren sei,
welche der menschlichen Natur natürlich ist. Er ist aber doch
aus eigener Kraft, welche die göttliche Kraft ist, und aus eigener
Kraft, welche die Kraft der seligen Seele ist, aufgefahren. Denn
obwohl aufwärts zu streben, gegen die Natur des menschlichen
Leibes nach seinem gegenwärtigen Zustande ist, in welchem er
nicht gänzlich dem Geiste unterworfen ist; so ist es doch nicht
gegen die Natur des verklärten Leibes, und kein Zwang, der
geübt wird, da seine ganze Natur durchaus dem Geiste unter=
worfen ist." [1]

Eine größere Schwierigkeit könnte man darin finden, daß
die Christo eigene Kraft die göttliche Kraft, deren Wirkung aber
eine augenblickliche und plötzliche ist, und daß somit seine Himmel=
fahrt von den Jüngern nicht hätte gesehen werden können. Der
heilige Thomas antwortet darauf: „Obwohl die göttliche Kraft
unendlich ist, und unendlich wirkt, was den Wirkenden betrifft;
so wird doch die Wirkung seiner Kraft von den Dingen
nach deren Fassungskraft und nach Gottes Anordnung aufge=
nommen. Der Leib Christi war aber nicht fähig, augenblicklich
von Ort zu Ort bewegt zu werden; weil er sich dem Raume
anschmiegen mußte, nach dessen Theilung die Zeit getheilt wird.
Deßhalb war es auch nicht nothwendig, daß der von Gott
bewegte Leib augenblicklich sich bewegte, sondern mit einer Schnellig=
keit, wie sie Gott bestimmte." [2]

Die Heiligen Hieronymus, [3] Augustinus, [4] Paulinus [5] und
Beda [6] berichten, und bezeugen, daß Christus, der Herr, auf
jener Stelle des Oelberges, von welcher er in den Himmel auf=
gefahren ist, zur ewigen Erinnerung den Eindruck seiner Fuß=
stapfen hinterlassen habe, die niemals ausgetilgt, verwischt, oder
bedeckt werden konnten, und über welchen die heilige Helena eine
Kirche erbaut hat. Die Worte des heiligen Hieronymus lauten:
„Der Oelberg liegt auf der Ostseite von Jerusalem, und da=
zwischen fließt der Bach Cedron. Auf demselben sind die letzten
Fußstapfen des Herrn der Erde eingedrückt, und werden auch

---

[1] Ibid. ad 2.	[2] Loc. cit. ad 3.	[3] De locis hebraic.	[4] Tract.
47. in Joann.	[5] Epist. 11. ad Sever.	[6] De locis sanct. c. 7.

heute noch gezeigt. Obschon die Gläubigen von dieser Erde täglich fortnehmen, so versetzen sich diese heiligen Fußstapfen doch sofort wieder in den früheren Zustand zurück. Da endlich eine Kirche, in deren Mitte sie sich befinden, von runder Gestalt und herrlicher Kunst darüber aufgebaut wurde; konnte doch, wie die Ueberlieferung sagt, die Kuppel derselben wegen der Auffahrt des Leibes des Herrn auf keine Weise bedeckt, und geschlossen werden, sondern sein Uebergang von der Erde in den Himmel erscheint da immer geöffnet." [1]

Der heilige Augustinus faßt die ganze Lehre von der Himmelfahrt des Herrn in die wenigen Worte zusammen: „Der Herr ist in den Himmel hinaufgestiegen, sein Leib aber ist nicht hinaufgestiegen, sondern in den Himmel erhoben worden; indem jener ihn erhob, der hinaufgestiegen ist." [2] Klarer und deut= licher spricht der heilige Cyprianus: „Nicht mit einem gemachten Fahrzeuge, nicht mit Hilfe von Wagen, nicht von Engeln getra= gen, ist Christus erhoben worden; sondern er hat im Gebrauche der eigenen Macht seiner göttlichen Natur das Fleisch in den Himmel eingeführt, und den verklärten Leib dem Anblicke des Vaters dargestellt." [3] Das ist die Lehre des Glaubens, und so hat die heilige Kirche immer geglaubt, und gelehrt.

Christus, der die Macht hatte, aus eigener Kraft in den Himmel aufzufahren, hat aber auch die Macht, uns in den Himmel zu führen; weßhalb der heilige Papst Leo sagt: „Die Himmelfahrt Christi ist unsere Erhebung" (in den Himmel); und er gibt den Grund an: „Wohin die Glorie des Hauptes vorangegangen ist, dahin wird auch die Hoffnung des Leibes berufen." [4] Daraus zieht er dann den Schluß: „Lasset uns also in geziemendem Jubel frohlocken, Geliebteste! und in frommer Danksagung uns erfreuen. Denn heute sind wir nicht nur als Besitzer des (ersten) Paradieses bestätiget worden, sondern auch in Christus in die Höhen der Himmel eingedrungen, und haben durch die unaussprechliche Gnade Christi Größeres gewonnen, als wir durch den Neid des Teufels verloren hatten. Denn die der giftgeschwollene Feind aus der Glückseligkeit der ersten

---

[1] Idem ibid. [2] De agon. christian. c. 25. [3] De Ascens. Christi c. 3. [4] Serm. 1. de ascens. Dom.

Wohnung (des irdischen Paradieses) vertrieben, hat der Sohn Gottes sich einverleibt, und zur Rechten des Vaters hingesetzt, mit welchem er lebt, und regiert in der Einigkeit des heiligen Geistes in alle Ewigkeit. Amen."[1])

Vierter Abschnitt.

Christus ist über alle Himmel hinaufgefahren.[2])

Die machabäische Mutter sprach zu ihrem jüngsten Sohne, der durch die Peinen seiner Marter und durch die verlockendsten Verheißungen zum Abfalle gereizt wurde: „Ich bitte, Kind! zum Himmel aufzuschauen; — so wird es geschehen, daß du diesen Henker nicht fürchtest; sondern sei würdig deiner Brüder, und nimm, an ihren Leiden theilnehmend, den Tod an; damit ich dich in jener Erbarmung (im ewigen Leben) mit deinen Brüdern wieder erhalte."[3]) Der gläubige und hoffnungsvolle Aufblick zum Himmel verleiht Todesverachtung. Der heilige Martinus lag sterbend auf seinem Schmerzensbette, und heftete seine Augen an den Himmel. Man bat ihn, nicht immer auf dem Rücken zu liegen, sondern sich auch auf die Seite zu wenden, um die Schmerzen zu mildern. Er antwortete: „Lasset mich lieber den Himmel, als die Erde, anschauen, damit der Geist nun, da er zum Herrn geht, seinen Weg wandle."[4]) Der sehnsuchtsvolle Anblick des Himmels lehrt, die Leiden dieses Lebens nicht zu achten. Der heilige Macarius von Alexandria befolgte, was der heilige Paulus sagt: „Unser Wandel ist im Himmel;"[5]) und er lebte mehr im Himmel, als auf der Erde. Wenn seine Seele sich zu etwas Anderem hinwenden wollte, rief er ihr zu: „Hüte dich, meine Seele! vom Himmel auf die Erde herabzusteigen. Im Himmel findest du deinen Gott und seinen ganzen Hofstaat. Nur im Himmel ist Licht für den Menschen; nur dort findet er Sicherheit, ist er wahrhaft glücklich, und liebt er Gott vollkommen."[6]) Der betrachtende Blick in den Himmel

---

[1]) Idem ibid. [2]) Loc. cit. n. 4. [3]) II. Machab. c. VII. v. 28. 29.
[4]) Offic. Fest. Lect. VI. [5]) Philipp. c. III. v. 20. [6]) In vita.

lehrt, alle Freuden der Erde zu verschmähen. Der heilige Igna=
tius pflegte oft und lange zum Himmel emporzuschauen, und
dabei auszurufen: „Wie ekelt mich die Erde an, wenn ich den
Himmel betrachte!"[1] Das Auge, zum Himmel erhoben, lehrt
die Weltverachtung. Der seraphische heilige Franziskus lag einst
schwer krank darnieder, und hatte noch schwerere Seelenleiden
und Versuchungen zu erdulden, daß er in diesem heißen Kampfe
schon zu erliegen fürchtete. Da erhob er seine Augen zum
Himmel, der noch in der goldenen Abendsonne erstrahlte, und
rief, wie von neuer Kraft gestärkt, begeistert aus: „O wie
majestätisch schön ist schon dieser prächtige Vorhang, der mir
des Himmels unnennbare Herrlichkeit verbirgt! Wie ungleich
schöner muß es dort sein vor dem Throne des göttlichen Lammes,
das mir vorangegangen ist, um mir dort eine Wohnung zu
bereiten! Ach! was ist doch der Erde Pracht und Reichthum
gegen jene Seligkeiten, was der kurze Schmerz gegen die ewigen
Freuden, was der vergängliche Kampf gegen den Triumph dort
oben in jenen seligen Höhen! O himmlischer Strahl einer so
beglückenden Hoffnung, erlisch mir nimmer!" Es kam neue
Ruhe in seine Seele, und Muth und Kraft in sein Herz, daß
er ritterlich kämpfte, und glänzend siegte.[2] Die Hoffnung auf
den Himmel verleiht Muth und Sieg im Kampfe. Bedächten
doch die Menschen die inhaltsschweren Worte des heiligen Ber=
nardus: „Wer sich nach dem Himmlischen sehnt, findet an dem
Irdischen keinen Geschmack;"[3] und des heiligen Ambrosius: „Nie=
mand kann den Lohn des Himmelreiches erlangen, welcher von
weltlicher Begierlichkeit niedergedrückt wird, und sich nicht zu
erheben vermag."[4]

Christus, der Herr, hat zu seinen Jüngern gesprochen:
„Im Hause meines Vaters sind viele Wohnungen. Wenn es
nicht so wäre, hätte ich es euch gesagt; denn ich gehe hin, euch
einen Ort zu bereiten. Und wenn ich werde hingegangen sein,
und euch einen Ort werde bereitet haben; will ich wieder
kommen, und euch zu mir nehmen; damit, wo ich bin, auch
ihr seiet."[5] Mit diesen Worten hat der Herr erklärt, daß seine

---

[1] In vita. [2] Brugger's Exempelbuch. [3] Epist. 3. [4] Libr.
V. super Luc. c. VI. v. 20. [5] Joann. c. XIV. v. 2. 3.

Himmelfahrt auch den Zweck hatte, uns eine ähnliche Himmel=
fahrt zu bereiten, und uns zu sich in die ewigen Wohnungen
aufzunehmen. Aber er hat auch zugleich gesagt, daß es im
Himmel viele Wohnungen gebe, und damit angedeutet, was der
heilige Hieronymus über diese Worte schreibt: „Verschieden sind
im Himmelreiche die Wohnungen nach den Verdiensten der Ein=
zelnen; denn die Verschiedenheit der guten Werke bewirkt eine
Verschiedenheit der Belohnungen, und wie sehr Jemand hier in
Heiligkeit glänzt, so sehr wird er dort in Herrlichkeit strahlen."[1]
Denken wir uns nun die verschiedenen Stufen der himmlischen
Glorie und Seligkeit durch alle Chöre und Hierarchien von den
untersten Engeln bis zu den obersten Seraphinen hinauf in
immer wachsendem Glanze der Verklärung, und bedenken wir,
daß der Herr keine dieser verschiedenen Stufen uns angewiesen,
sondern es uns überlassen habe, welche wir ersteigen wollen,
aber doch jede nach unseren Verdiensten bemessen werde; so muß
dieß der mächtigste Sporn für uns sein, uns durch gute Werke
und Verdienste so hoch zu erschwingen, als es mit der Gnade
Gottes nur möglich ist. Gott hat einst der heiligen Theresia
in einem Gesichte, wie sie selbst in ihrer Lebensbeschreibung er=
zählt, den Abstand zwischen den verschiedenen Stufen der himm=
lischen Seligkeit gezeigt, und sie sagt, dieser Abstand sei so groß,
daß sie bereit gewesen wäre, alle Leiden dieser Erde bis an das
Ende der Welt zu erdulden, um auch nur Einen höheren Grad
dieser himmlischen Glorie zu erreichen.

Es sind nun wohl alle Engel und Heiligen im Himmel,
und genießen alle die wesentliche Seligkeit in der Anschauung
und in dem Besitze des dreieinigen Gottes in vollkommener
Sättigung, Jeder der Seligen nach seiner Fassungskraft, die sich
nach seinem Verdienste richtet; aber weder ein Engel noch ein
Heiliger erreicht in der Glorie des Himmels den Thron, auf
welchem Jesus Christus, der Gottmensch, zur Rechten seines
Vaters sitzt.

Denn in Christus ist die menschliche Natur mit der gött=
lichen Natur wesentlich und persönlich vereiniget, während die
Engel und die Heiligen an der göttlichen Natur nur durch die

---

[1] Epist. 1. ad Demetriadem.

Gnade theilnehmen, und angenommene Kinder Gottes sind, der Gottmensch aber der natürliche Sohn Gottes ist, weßhalb ihm göttliche Verherrlichung und Herrlichkeit gebührt. Daher sagt der heilige Johannes in der geheimen Offenbarung: „Ich sah, und hörte die Stimme vieler Engel um den Thron und um die lebenden Wesen und um die Aeltesten; und ihre Zahl war tausendmal tausend, und sie sprachen mit starker Stimme: „Würdig ist das Lamm, das getödtet worden ist, zu empfangen Macht, und Gottheit, und Weisheit, und Stärke, und Ehre, und Preis, und Lob. Und alle Creatur, die im Himmel ist, und auf Erden, und unter der Erde, und die auf dem Meere, und die in demselben ist, Alle hörte ich sagen: Dem, der auf dem Throne sitzt, und dem Lamme sei Lob, und Ehre, und Preis, und Macht in alle Ewigkeit! Und die vier lebenden Wesen[1]) sprachen: Amen! Und die vierundzwanzig Aeltesten[2]) fielen auf ihr Angesicht nieder, und beteten den an, der lebt in alle Ewigkeit."[3]) Der ganze Himmel huldiget dem Erlöser, und bringt ihm göttliche Verehrung dar, wie dieß keinem Geschöpfe geschieht, und geschehen darf.

Die Verdienste des göttlichen Erlösers sind ohne Vergleich und unermeßlich größer, werthvoller und erhabener, als die Verdienste aller Engel und Heiligen zusammengenommen; und daher gebührt ihm auch ein Lohn in der Glorie und Seligkeit, auf welchen alle Himmelsbewohner miteinander keinen Anspruch machen können; besonders da sie ihre Verdienste seinen Verdiensten und seinen Gnaden verdanken, und ihre Verklärung nur eine Antheilnahme an seiner Verklärung ist. Deßhalb berichtet der heilige Johannes an einer andern Stelle der geheimen Offenbarung: „Ich hörte die Zahl der Bezeichneten (der Auserwählten): Hundert vierundvierzig tausend Bezeichnete aus allen Stämmen der Kinder Israels. — Nach dieser sah ich eine große Schaar (aus den Heiden Auserwählte), die Niemand zählen konnte; aus allen Nationen und Stämmen, und Völkern, und Sprachen, vor dem Throne und im Angesichte des Lammes stehend, angethan mit weißen Kleidern, und Palmen in ihren Händen. Und sie riefen mit starker Stimme, indem sie sprachen:

---

[1]) Die obersten Engel. [2]) Die Heiligen. [3]) Apoc. c. V. v. 11.–14.

Heil unserm Gott, der auf dem Throne sitzt, und dem Lamme! Und alle Engel standen rings um den Thron, und um die Aeltesten, und um die vier lebenden Wesen, und fielen vor dem Throne auf ihr Angesicht nieder, und beteten Gott an, und sprachen: Amen! Lob, und Herrlichkeit, und Weisheit, und Dank, Ehre, und Macht, und Kraft sei unserm Gott in alle Ewigkeit! Amen. Und es sprach Einer von den Aeltesten, und sagte zu mir: Diese, mit weißen Kleidern angethan, wer sind sie, und woher sind sie gekommen? Und ich sprach zu ihm: Mein Herr! du weißt es. Und er sprach zu mir: Es sind die, welche aus großer Trübsal gekommen, und ihre Kleider gewaschen, und weiß gemacht haben im Blute des Lammes. Darum sind sie vor dem Throne Gottes und dienen ihm Tag und Nacht in seinem Tempel; und der auf dem Throne sitzt, wird über ihnen wohnen. Sie werden nicht mehr hungern, noch dürsten, und es wird nicht mehr auf sie fallen die Sonne, noch irgend eine Hitze; denn das Lamm in der Mitte vor dem Throne wird sie weiden, und zu den Quellen des lebendigen Wassers führen, und Gott wird alle Thränen abwischen von ihren Augen."[1] Die Verdienste Christi haben von seiner göttlichen Person und von seiner Gottheit einen göttlichen Werth, und daher gebührt ihnen ein göttlicher Lohn. So sehen wir hier denn auch, daß Gott und dem göttlichen Lamme die gleiche göttliche Verehrung und Anbetung von allen Himmelsbewohnern gezollt wird, die, wie Diener zu ihrem Könige auf seinem Throne, zu ihm aufblicken, ihm huldigen, und, wie von seiner Gnade in der Prüfungszeit, so in ihrer Herrlichkeit von seiner Herrlichkeit die Wasser des ewigen Lebens schöpfen.

Christus, der Gottmensch, hat sich unter Alles erniedriget, und verdemüthiget; darum ist er über Alles erhöht worden, nach seinem eigenen Worte: „Wer sich erniedriget, wird erhöht werden."[2] Daher beschreibt der heilige Paulus den ganzen Christus mit folgenden Worten: „Da er in Gottes Gestalt (wahrer Gott) war, hat er es nicht für einen Raub gehalten, Gott gleich zu sein; er hat sich aber selbst entäußert, indem er Knechtesgestalt annahm, den Menschen gleich), und im Aeußern

---

[1] Ibid. c. VII. v. 4. 9.—17.   [2] Matth. c. XXIII. v. 12.

wie ein Mensch erfunden ward. Er hat sich selbst erniedriget, und ist gehorsam geworden bis zum Tode, ja bis zum Tode am Kreuze. Darum hat ihn Gott auch erhöht, und ihm einen Namen gegeben, der über alle Namen ist; auf daß sich im Namen Jesus alle Kniee beugen derer, die im Himmel, auf der Erde, und unter der Erde sind, und alle Zungen bekennen, daß der Herr Jesus Christus in der Herrlichkeit Gottes des Vaters ist."[1]

In Bezug auf den göttlichen Leib des Herrn schreibt der heilige Thomas: "Einen je vollkommeneren Antheil manche Körper an der göttlichen Güte haben, einen desto höheren Platz nehmen sie auch in der körperlichen Ordnung ein, die eine örtliche Ordnung ist. Daher sehen wir, daß die Körper, welche eine vollkommenere Wesensform haben, auch natürlicher Weise eine höhere Stellung einnehmen; denn durch die Wesensform nimmt jeder Körper Antheil an` dem göttlichen Sein. Einen größeren Antheil aber an der göttlichen Güte nimmt ein Körper durch die Glorie, als was immer für ein natürlicher Körper durch die Wesensform seiner Natur; und es ist klar, daß unter den übrigen glorreichen Körpern der Leib Christi in größerer Glorie strahlt (weil er der Leib der göttlichen Person und mit der Gottheit vereiniget ist, und das Werkzeug der Verdienste des Gottmenschen war). Daher ist es für denselben das Angemessenste, daß er über allen Körpern seinen Platz in der Höhe hat."[2]

Man mag nun den Himmel als den Besitz und Genuß Gottes in der Herrlichkeit und Seligkeit für die Seele, oder als den Ort der Verklärung für den Leib betrachten; so ist in beiderlei Beziehung an Christus, unserm Herrn, das Wort des Völkerlehrers erfüllt, und zu glauben: "Er ist aufgefahren über alle Himmel, damit er Alles erfüllete,"[3] auch mit seiner Macht, Herrschaft und Herrlichkeit.

Diese Wahrheit wird uns in einem noch helleren Lichte erscheinen, wenn wir die Einwendungen prüfen, welche gegen dieselbe erhoben werden könnten. Es wird in den Psalmen gesagt: "Der Herr ist in seinem heiligen Tempel, der Herr hat

---

[1] Philipp. c. II. v. 6.—12.   [2] Loc. cit. o.   [3] Ephes. c. IV. v. 10.

im Himmel seinen Sitz;"[1]) und Christus hat uns beten gelehrt: „Vater unser, der du bist in dem Himmel."[2]) Wenn also der Herr, wenn der Vater im Himmel ist, im Himmel seinen Sitz hat, Christus zum Vater aufgefahren ist, und zu seiner Rechten sitzt; wie kann dann gesagt werden, daß er über alle Himmel aufgefahren sei? Der englische Lehrer antwortet: „Es wird gesagt, daß Gott seinen Sitz im Himmel habe, nicht als wenn dieser ihn in sich enthielte, sondern vielmehr weil dieser in ihm enthalten ist. Daher muß nicht ein Theil des Himmels höher sein, als er, sondern er muß über allen Himmeln sein."[3])

Würde man aber in Bezug auf den heiligsten Leib des Herrn sagen, jeder Leib müsse an einem Orte sein, außer allen Himmeln aber gebe es keinen Ort, und daher könne der heiligste Leib Christi nicht über allen Himmeln sein; so müßte man Folgendes zur Antwort geben. Jeder Körper bildet durch sich selbst einen Ort, auch der verklärte Leib; denn er muß irgend= wo sein, und dieses Wo ist er selbst, und ist sein Ort. Denn die Leiber sind nicht unermeßlich und unbegränzt, sondern beschränkt, und befinden sich innerhalb gewisser Gränzen. Das gilt selbst von allen ihren Bewegungen und von allen Thätig= keiten geistiger und aller erschaffenen Wesen. Nun aber über= trifft die Verklärung des Leibes Christi unermeßlich die Ver= klärung aller andern glorreichen Leiber, und bildet daher einen unermeßlich höheren Ort. Somit muß man auch sagen, daß er über alle Himmel erhoben worden sei. Der heilige Thomas gibt noch eine andere Erklärung, und sagt: „Dem Orte steht es zu, Etwas in sich zu enthalten. — Die verklärten Leiber aber, und vorzüglich der Leib Christi, bedürfen nicht, irgendwo enthalten zu sein; weil sie nichts von den himmlischen Körpern, sondern Alles von Gott vermittelst der Seele empfangen. Daher hindert auch nichts, daß der Leib Christi außerhalb aller Um= fassung der himmlischen Körper und an keinem Orte, der ihn in sich schlöße, sich befinde. Es ist auch nicht nöthig, daß außer= halb des Himmels eine Leere sei; denn wenn es da auch keine Kraft gibt, welche einen Körper in sich aufnehmen könnte, so liegt doch die Kraft, dahin zu gelangen, in Christus."[4])

---

[1]) Psalm. X. v. 5.   [2]) Matth. c. VI. v. 9.   [3]) Loc. cit. ad 1.
[4]) Loc. cit. ad 2.

Wollte man geltend machen, daß „eine Wolke ihn vor ihren Blicken aufgenommen habe,"[1] eine Wolke aber ſich nicht über die Himmel erheben, und Chriſtus daher auch nicht über alle Himmel hinaufgefahren ſein könne; ſo antwortet der engliſche Lehrer: „Jene Wolke hat dem hinauffahrenden Chriſtus keine Unterſtützung geleiſtet nach Art eines Fahrzeuges; ſondern ſie iſt als ein Zeichen der Gottheit erſchienen, wie die Glorie Gottes dem Volke Iſrael durch eine Wolke über dem Zelte ſich gezeigt hat."[2] Denn in dieſem Sinne bedient ſich Gott dieſes Bildes, wie auch von der Verklärung Chriſti auf dem Berge Tabor geſchrieben ſteht: „Als er noch redete, ſieh! da überſchattete ſie eine lichte Wolke;"[3] und wie der heilige Petrus davon die Erklärung gibt: „Wir waren Augenzeugen ſeiner Herrlichkeit. Denn er empfieng von Gott, dem Vater, Ehre und Herrlichkeit, als aus hochherrlichem Glanze dieſe Stimme auf ihn herab erſcholl: Dieſer iſt mein geliebter Sohn, an dem ich Wohlge= fallen habe, ihn höret."[4] Selbſt von dem verklärten Heilande im Himmel ſagt der heilige Johannes in der geheimen Offen= barung: „Und ich ſah, und ſieh! eine weiße Wolke, und auf der Wolke ſaß Einer gleich dem Menſchenſohne, der auf ſeinem Haupte eine goldene Krone hatte."[5] Jene Wolke war alſo ein Sinnbild der Verklärung und Herrlichkeit des Herrn, die ſich von nun an dem ganzen Himmel offenbaren ſollte.

Endlich könnte noch die Schwierigkeit Bedenken erregen, daß Chriſtus dort ewig bleibt, wohin er hinaufgefahren iſt, und ſo müßte auch ſein Leib ewig dort ruhen; daß dieß aber der Natur eines Leibes widerſpreche, der veränderlich iſt; und daß ſomit Chriſtus nicht über alle Himmel hinaufgefahren ſein könne. Darauf erwidert der heilige Thomas: „Der verklärte Leib hat dieß nicht aus den Grundkräften ſeiner Natur, daß er im Himmel, und über dem Himmel ſein kann; ſondern das hat er von der ſeligen Seele, von welcher er die Glorie empfängt. Wie alſo die Bewegung des verklärten Leibes nach oben keine gewaltſame iſt, ebenſo iſt auch deſſen Ruhe keine gewaltſame; weshalb auch nichts entgegenſteht, daß ſie eine ewige ſei."[6]

---

[1] Act. Apost. c. I. v. 9.   [2] Loc. cit. ad 4.   [3] Matth. c. XVII. v. 5.   [4] II. Petr. c. I. v. 17.   [5] Apoc. c. XIV. v. 14.   [6] Loc. cit. ad 5.

Wie die Auffahrt in den Himmel aus der Verklärung hervor=
ging, so ist auch die Ruhe daselbst eine Wirkung der Verklärung;
und wie die Verklärung ewig währt, so muß auch die Ruhe
ewig dauern. Diese Ruhe widerspricht also nicht der Natur
des Leibes, sondern kommt ihm als ein Ausfluß seiner Ver=
klärung zu. Uebrigens können wir die Geheimnisse des Himmels
niemals vollkommen ergründen, und auch nicht erfassen, bis wir
dieselben durch Gottes Gnade und Erbarmung schauen werden.
Es muß uns indessen genügen, was uns der gotterleuchtete
englische Lehrer darüber sagt, und darüber hinaus bedenken,
was der heilige Augustinus schreibt: „Erforschen zu wollen,
wo und wie dort der Leib des Herrn sei, ist neugierig und
überflüssig; nur muß man glauben, daß er im Himmel (und
über allen Himmeln) sei."[1]

Da aber der Himmel auch uns offen steht, und er unser
letztes Ziel und Ende ist; und da der heilige Paulus, der in
den dritten Himmel entzückt worden ist, uns als Augenzeuge
sagt: „Was kein Auge gesehen, und kein Ohr gehört hat, und
in keines Menschen Herz gekommen ist, und was Gott denen
bereitet hat, die ihn lieben, das hat uns Gott geoffenbart durch
seinen Geist; denn der Geist erforscht Alles, auch die Tiefen
der Gottheit:"[2] so soll doch unser Herz vom Verlangen nach
dem Himmlischen erglühen, über alles Irdische unser Geist sich
erheben, und unser ganzer Wandel mehr im Himmel, als auf
der Erde sein. Daher schreibt der heilige Papst Gregorius:
„Wenn wir erwägen, geliebteste Brüder! was und wie groß
das ist, was uns im Himmel verheißen wird; so hat vor unserm
Geiste Alles keinen Werth mehr, was auf Erden gefunden wird.
Denn irdischer Besitz ist im Vergleiche mit der himmlischen
Glückseligkeit eine Last, nicht eine Hilfe. Das zeitliche Leben,
mit dem ewigen Leben verglichen, ist eher ein Tod zu nennen,
als ein Leben. Denn was ist die täglich hinschwindende Ver=
weslichkeit Anderes, als eine Verlängerung des Todes? Welche
Zunge aber kann es aussprechen, oder welcher Verstand vermag
es zu fassen, wie groß die Freuden jener himmlischen Stadt
seien: unter den Chören der Engel zu weilen, mit den seligsten

---

[1] De fide et symbol. c. 6.		[2] I. Cor. c. II. v. 9. 10.

Geistern der Glorie des Schöpfers beizuwohnen, das gegen=
wärtige Antlitz Gottes zu schauen, das unbegränzte Licht zu
sehen, keine Todesfurcht zu fühlen, des Geschenkes ewiger Unver=
weslichkeit sich zu erfreuen? Wenn man davon hört, erglüht
das Herz, und wünscht, dort sich zu befinden, wo es sich ohne
Ende zu erfreuen hofft. Aber zu großen Belohnungen kann
man nicht gelangen, außer durch große Arbeiten. Daher sagt
auch Paulus, der herrliche Prediger: Es wird nicht gekrönt
werden, außer wer gesetzmäßig gestritten hat. Ergötzt also den
Geist die Größe der Belohnung, so soll ihn auch der Kampf
der Mühsale nicht abschrecken."[1] Daher auch die Mahnung
des heiligen Apostels Johannes: „Geliebteste! jetzt sind wir
Kinder Gottes; und es ist noch nicht offenbar, was wir sein
werden. Wir wissen aber, daß wir, wenn er erscheinen wird,
ihm ähnlich sein werden; denn wir werden ihn sehen, wie er
ist. Und Jeder, welcher diese Hoffnung auf ihn setzt, heiliget
sich, gleichwie auch er heilig ist."[2] Aber leider! denken viele
Menschen nicht an den Himmel, und deßhalb auch nicht an ihre
Heiligung, sondern vergraben sich in das Irdische und in die
niedrigen Genüsse desselben, bis sie mit dem Himmel auch die
Erde verlieren, und ewig zu Grunde gehen, wie der heilige
Chrysostomus klagt: „Wir werden nicht von einem Lande in
ein anderes Land berufen, wie Abraham, sondern von der Erde
in den Himmel; und doch bezeigen wir nicht dieselbe Freudigkeit
im Gehorchen, wie jener Gerechte. Die Menschen bekunden eine
solche Gleichgiltigkeit, daß sie das Augenblickliche dem ewig
Bleibenden, und die Erde dem Himmel vorziehen."[3] — „Was
gibt es Wahnsinnigeres, als mit dem Verluste des Himmels
flüchtigen Sklaven und heillosen Menschen nachzulaufen?"[4] —
„Wer des Himmels beraubt wird, mit welchen Thränen ist der
zu beweinen, wenn er beweint werden kann!"[5]

Eine Hauptursache aber, warum so Viele nach dem Himmel
kein Verlangen haben, an den Himmel gar nicht denken, für
den Himmel nicht leben, und daher den Himmel auch in Ewig=
keit nicht besitzen werden, ist die Unwissenheit, die Unkenntniß

---

[1]) Homil. 37. in Evang. [2]) I. Joann. c. III. v. 2. 3. [3]) Homil.
31. super Gen. [4]) Homil. 72. super Matth. [5]) Homil. 23. in Epist
ad Hebr.

in himmlischen Dingen; deßhalb wollen wir uns von dem heiligen
Thomas über die Himmelfahrt des Herrn noch weiter belehren
lassen, da unsere Himmelfahrt seiner Himmelfahrt ähnlich sein
soll. Denn „die leibliche Himmelfahrt Christi ist die geistige
Erhebung des Herzens zu Gott."[1]

Fünfter Abschnitt.

Der Leib Christi ist über alle geistigen Wesen erhoben worden.[2]

Vor der genannten Unwissenheit und Unkenntniß will der
heilige Paulus die Menschen bewahren, zu diesem Zwecke ihre
Herzen durch die Betrachtung der Himmelfahrt Christi zu Gott
erheben, und schreibt deßhalb an die Ephesier: „Ich höre nicht
auf, um euretwillen zu danken, und in meinen Gebeten eurer
zu gedenken, daß der Gott unsers Herrn Jesu Christi, der Vater
der Herrlichkeit, euch den Geist der Weisheit und der Offen=
barung geben wolle, um ihn zu erkennen, erleuchtete Augen
eures Herzens, daß ihr einsehet, welche Hoffnung seiner Berufung,
und welcher Reichthum der Herrlichkeit seiner Erbschaft in den
Heiligen, und welche überschwängliche Größe seiner Macht in
uns, die wir glauben, gemäß der Wirkung der Macht seiner
Stärke sei, die er in Christus gewirkt hat; da er ihn von den
Todten auferweckt, und zu seiner Rechten im Himmel gesetzt
hat, über jede Fürstlichkeit, und Macht, und Kraft, und Herr=
schaft, und jeden Namen, der genannt wird nicht nur in dieser
Welt, sondern auch in der zukünftigen. Und Alles hat er seinen
Füßen unterworfen, und ihn zum Haupte über die ganze Kirche
gesetzt, welche sein Leib ist, und die Fülle dessen, der die Fülle
von Allem in Allem ist."[3] In diesen Worten des Apostels
ist schon der Beweis für die Wahrheit enthalten, welche der
heilige Thomas in diesem Abschnitte erörtern will; nämlich daß

---

[1] Thom. a Kemp. de Ascens. c. 4.   [2] Loc. cit. a. 5.   [3] Ephes.
c. I. v. 16.—23.

Christus auch dem Leibe nach über alle Himmel, und folglich auch über alle geistigen Wesen hinaufgefahren sei.

Denn wo Christus ist, da ist auch sein Leib, der von seiner Person und Gottheit ewig nicht getrennt werden kann. Ja Christus ohne die menschliche Natur, würde aufhören, Christus zu sein. Sitzt nun Christus zur Rechten des Vaters, ist sein Name über alle Namen in der Zeit und Ewigkeit, ist Alles seinen Füßen unterworfen, und er die Vollendung Alles in Allem; so ist er auch seinem heiligsten Leibe nach über alle nicht bloß körperlichen, sondern auch geistigen Wesen erhoben. Es kann Solches von keinem geistigen Wesen weder in seiner Natur noch in seiner Glorie ausgesagt werden.

Daher gebührt Christo auch alles Lob und alle Verherr= lichung von allen Geschöpfen im Himmel und auf Erden, gött= liche Verehrung und wahre Anbetung nicht nur in seiner Gott= heit, sondern auch in seiner mit der Gottheit vereinigten Menschheit. So finden auch auf Christus und auf seine Kirche die Worte des Psalmes ihre Anwendung: „Lobet den Herrn, ihr Diener! lobet den Namen des Herrn. Der Name des Herrn sei gebenedeit von nun an bis in Ewigkeit! Vom Aufgange der Sonne bis zum Untergange sei gelobt der Name des Herrn! Hoch über alle Völker ist der Herr, und über die Himmel seine Herrlich= keit. Wer ist, wie der Herr, unser Gott, der in der Höhe wohnt, der auf das Niedrige schaut im Himmel und auf Erden?"[1]

Alle Beweise, die wir im vorigen Abschnitte für die Auffahrt des Herrn über alle Himmel angeführt, haben auch in Bezug auf die Erhebung seines göttlichen Leibes über alle geistigen Wesen ihre volle Geltung, und brauchen hier nicht wiederholt zu werden; denn über allen Himmeln gibt es auch kein anderes geschöpfliches Wesen mehr.

Der heilige Thomas aber geht in dieser Beweisführung auf folgende Weise vor. „Es gebührt einer Sache ein um so höherer Ort, je würdiger sie ist; es mag ihr nun ein Ort nach Art einer körperlichen Berührung, wie den Körpern, oder nach Art einer geistigen Berührung gebühren, wie den geistigen Wesen, denn hiernach gebührt den geistigen Wesen nach einer gewissen

---

[1] Psalm. CXII. v. 1.—7.

Angemessenheit ein himmlischer Ort, welcher der höchste der
Orte ist, weil diese Wesen in der Ordnung der Wesen die höchsten
sind. Der Leib Christi aber übertrifft, obwohl er in Anbetracht
seiner körperlichen Natur den geistigen Wesen nachsteht, doch in
Anbetracht seiner Würde wegen der Vereinigung, durch welche
er persönlich mit Gott verbunden ist, die Würde aller geistigen
Wesen. Und deßhalb gebührt ihm auf Grund der genannten
Angemessenheit ein höherer Ort über jedes, auch geistiges
Geschöpf hinaus."[1]

Wollte man dagegen sagen, daß die Orte den körperlichen
und geistigen Wesen nicht auf gleiche Weise angemessen werden
können; daß man also hierin zwischen dem verklärten Leibe
Christi und den geistigen Wesen keinen Vergleich anstellen, und
daher nicht behaupten könne, daß der heiligste Leib Christi im
Himmel sich an einem höheren Orte befinde, als die geistigen
Wesen: so ist darauf zu antworten, es handle sich hier nicht
um die Art und Weise, wie sich körperliche und geistige Wesen
zu ihren Orten verhalten, welche eine verschiedene ist, sondern
um die Höhe, um die Erhabenheit und um den Rang der Orte
selbst; und in dieser Beziehung muß der Ort des verklärten
Leibes Christi ein vorzüglicherer sein, als alle Orte der geistigen
Wesen. „Denn in dieser Beziehung ist ein Vergleich am Platze,
und gilt für alle der gemeinschaftliche Grund, daß dem würdigeren
Wesen ein höherer Ort angewiesen werde."[2]

Wenn auch ferner nach dem heiligen Augustinus „ein Geist
vor jedem Körper den Vorzug hat;"[3] und gesagt werden könnte,
daß deßhalb den geistigen Wesen ein höherer Ort gebühre, als
dem Leibe des Herrn: „so gilt dieß wohl in Bezug auf die
Beschaffenheit der körperlichen Natur, nicht aber in Bezug auf
die Vereinigung"[4] des Leibes Christi mit der Gottheit, welche
keinem, wenn auch verklärtem Geiste, zukommt; und hierin liegt
eben seine Würde, wegen welcher ihm ein erhabenerer Ort gebührt.

In der natürlichen Ordnung der Dinge gibt es endlich
gewiß keinen höheren Ort, als die Orte der Geister, welche ihrer
Würde, in der sie alle körperlichen Wesen übertreffen, angemessen

---

[1] Loc. cit. o.　　[2] Loc. cit. ad 1.　　[3] De vera Relig. c. 55.
[4] Loc. cit. ad 2.

sein müssen; und somit gibt es für Leiber in ihrem natürlichen
Zustande auch keine höheren Orte, als die der Geister, und
können sie selbst diese nicht erreichen. Aber hier handelt es sich
nicht um die natürliche Ordnung, und in Bezug auf den Leib
des Herrn selbst nicht um die Ordnung der Geschöpfe in der
Verklärung und Glorie des Himmels, sondern um eine noch
unermeßlich höhere Ordnung, in welcher die Geschöpfe mit Gott
nahe und zunächst vereiniget werden; und in dieser Ordnung
steht der Leib des Herrn vor allen Geistern Gott zunächst, weil
er mit der Gottheit persönlich vereiniget ist. Bringt man also
„die Würde derjenigen in Anschlag, welchen ein Ort zugetheilt
wird; so gebührt es dem Leibe Christi, daß er über allen
geistigen Geschöpfen seinen Platz habe." [1]

Auch wir sind berufen, nicht nur der Seele nach, sondern
auch mit dem Leibe in den Himmel aufgenommen zu werden;
und es steht dort unter den vielen Wohnungen auch für uns
ein Ort bereit, wo an unserm Leibe das Wort des heiligen
Dulders Job sich erfüllen soll: „Ich weiß, daß mein Erlöser
lebt, und ich werde am jüngsten Tage von der Erde aufer=
stehen; und ich werde wieder umgeben werden mit meiner Haut,
und ich werde in meinem Fleische meinen Gott sehen. Ich selbst
werde ihn sehen, und meine Augen werden ihn anschauen, und
nicht ein Anderer; diese meine Hoffnung ruht in meinem
Busen." [2] Aber in die himmlische Stadt „wird nichts Unreines
eingehen," [3] und diese Reinheit muß durch ein heiliges Leben
mit dem Leibe und mit der Seele auf Erden erworben werden.
Dazu hat Christus, der Herr, für uns die Mittel in seiner
Kirche hinterlegt; und es liegt nur an uns, dieselben zu gebrauchen.
Gebrauchen wir sie recht, so werden wir Tempel Gottes, wie
Christus selbst sagt: „Wenn mich Jemand liebt, so wird er
mein Wort halten, und mein Vater wird ihn lieben; und wir
werden zu ihm kommen, und Wohnung bei ihm nehmen;" [4]
und wie der Völkerlehrer sagt: „Ihr seid ein Tempel des
Lebendigen Gottes." [5] Wir werden Christo einverleibt, wie der
heilige Paulus ebenfalls lehrt: „Wisset ihr nicht, daß eure

---

[1] Loc. cit. ad 3.   [2] Job. c. XIX. v. 25.—28.   [3] Apoc. c.
XXI. v. 27.   [4] Joann. c. XIV. v. 23.   [5] II. Cor. c. VI. v. 15.

Leiber Glieder Christi sind?"[1] Unsere Leiber werden selbst
heilige Tempel Gottes, wie derselbe Apostel mit den Worten
lehrt: „Wisset ihr nicht, daß eure Glieder ein Tempel des
heiligen Geistes sind, der in euch ist, den ihr von Gott habet,
und daß ihr nicht euch selbst gehöret? Denn ihr seid um theuern
Preis erkauft. Verherrlichet, und traget Gott in eurem Leibe."[2]
Ein solches Heiligthum Gottes wird der Christ auch dem Leibe
nach durch die heiligen Sakramente, durch das Gebet, durch die
Segnung und Weihe, durch die Salbung mit dem Chrisame und
mit dem heiligen Oele von Seite der heiligen Kirche, welche
deßhalb auch die Leiber der Verstorbenen unter Gebet und
Psalmengesang in geweihtes Erdreich legt, und für die Aufer=
stehung und für die Aufnahme in den Himmel aufbewahrt.

Daraus ist ersichtlich, wie heilig der Christ seinen Leib
bewahren, und behandeln soll. Er soll ihn vor allem Sünd=
haften bewahren, dessen Gelüste bezähmen, und über ihn mit
aller Sorgfalt wachen, wie der heilige Paulus gerade im Hin=
blicke auf die Auferstehung warnt, und mahnt: „Demnach,
Brüder! sind wir nicht Schuldner des Fleisches, daß wir nach
dem Fleische wandeln. Denn wenn ihr nach dem Fleische
wandelt, werdet ihr sterben; wenn ihr aber mit dem Geiste die
Werke des Fleisches ertödtet, werdet ihr leben."[3] Und wieder:
„Wenn aber Jemand den Tempel Gottes entheiliget, den wird
Gott zu Grunde richten; denn der Tempel Gottes ist heilig,
und der seid ihr."[4] Und noch einmal von den Werken des
Fleisches: „Das aber sage ich, Brüder! daß Fleisch und Blut
das Reich Gottes nicht besitzen können; und die Verwesung wird
nicht die Unverweslichkeit besitzen. Sieh! ich sage euch ein
Geheimniß. Wir werden zwar Alle auferstehen, aber wir werden
nicht Alle umgewandelt werden."[5] Wie könnten sündenbefleckte
Leiber verklärt werden? Wie könnten unreine Augen Gott an=
schauen? Wie könnten dem Heile verstopfte, und von sündhaften
Reden angefüllte Ohren die himmlischen Lobgesänge der Engel
und Heiligen hören? Wie könnten lasterhafte Zungen dort mitsin=
gen? Wie könnten Wohnstätten des Satans unter den Wohnungen

---

[1] I. Cor. c. VI. v. 15.   [2] Ibid. v. 19 20.   [3] Rom. c. VIII.
v. 12. 13.   [4] I. Cor. c. III. v. 17.   [5] Ibid. 50. 51.

des Himmels einen Platz finden? Daher die dringenden Mahnun=
gen des Völkerapostels an die aus dem Heidenthume bekehrten
Christen: „Lasset die Sünde nicht herrschen in eurem sterblichen
Leibe, daß ihr seinen Gelüsten gehorchet; noch gebet eure Glieder
der Sünde hin als Werkzeuge der Ungerechtigkeit, sondern gebet
euch Gott als lebendig Gewordene von den Todten, und eure
Glieder Gott als Werkzeuge der Gerechtigkeit. — Dank aber sei
Gott, daß ihr, die ihr Knechte der Sünde gewesen, von Herzen der
Lehre gehorsam, jene Gestalt gewonnen habet, in die ihr über=
wiesen worden seid. Befreit nämlich von der Sünde, seid ihr
der Gerechtigkeit dienstbar geworden. — Denn gleichwie ihr eure
Glieder in den Dienst der Unreinigkeit und Gottlosigkeit hinge=
geben habet zur Gottlosigkeit, so gebet nun eure Glieder dem
Dienste der Gerechtigkeit hin zur Heiligung. Denn als ihr
Knechte der Sünde waret, seid ihr frei von der Gerechtigkeit
gewesen. Welche Frucht hattet ihr aber damals von den Dingen,
deren ihr euch nun schämet? Denn das Ende davon ist der
Tod. Nun aber befreit von der Sünde, aber Knechte Gottes
geworden, habet ihr zu eurer Frucht die Heiligung, und als
Ende das ewige Leben.“[1]　Der Leib muß das Werkzeug der
Seele zur Heiligung sein, damit er im Himmel an der Ver=
klärung der Seele theilnehmen kann; und deßhalb sagt der
Apostel: „Darum bitte ich euch, Brüder! um der Erbarmungen
Gottes willen, daß ihr eure Leiber als ein lebendiges, heiliges,
Gott wohlgefälliges Opfer darbringet, und euer Gottesdienst
vernünftig sei.“[2]　Können wir liebvoller, dringender und ernster
gewarnt, gemahnt, und aufgefordert werden, heilig zu sein an
Leib und Seele? Dazu dienen aber ebenso diese Erwägungen
über die glorreichen Geheimnisse des Herrn; denn auch sie
bezwecken unser Heil.

---

[1] Rom. c. VI. v. 12. et seqq.　[2] Ibid. c. XII. v. 1.

Sechster Abschnitt.

Die Himmelfahrt Christi ist die Ursache unseres Heiles.[1]

Alle Geheimnisse des Herrn sind Erlösungswerke von seiner Menschwerdung an bis zu seiner himmlischen Verklärung auf dem Throne der Herrlichkeit zur Rechten seines Vaters. Er ist in Allem unser Erlöser, und die Ursache unseres Heiles. Aber wie ist er denn dieß in seiner Himmelfahrt, da diese ja vielmehr seine Belohnung für das Erlösungswerk, als eine Ursache unseres Heiles ist? Denn der Lohn kann doch keine verdienende Ursache für etwas Anderes, kein Verdienst sein, und ohne Verdienst kann man auch nichts verdienen. Allein der göttliche Erlöser ist durch seine Himmelfahrt die Ursache unseres Heiles nicht in so fern, als hätte er durch seine Himmelfahrt unser Heil erst verdient, sondern in so fern, als unser Heil in der Wirksamkeit seiner Himmelfahrt liegt. Denn diese Wirksamkeit besteht eben darin, daß die Glieder folgerichtig dort sein müssen, wo das Haupt ist, oder daß das lebendige Haupt naturgemäß auch seine lebendigen, mit ihm verbundenen Glieder mit sich führen müsse. So beweist ja auch der heilige Paulus die Auferstehung der Todten dadurch, daß Christus auferstanden ist, als die nothwendige Folge seiner Auferstehung, und schreibt: „Wenn Christus gepredigt wird als der, welcher von den Todten auferstanden ist; wie sagen dann Einige unter euch, es sei keine Auferstehung der Todten? Wenn keine Auferstehung der Todten ist, so ist auch Christus nicht auferstanden."[2] Die Auferstehung Christi hängt mit der Auferstehung der Todten so nothwendig zusammen, wie das Haupt mit seinen Gliedern. Dasselbe gilt aus dem gleichen Grunde von der Himmelfahrt des Herrn.

Der Apostel führt als weitern Beweis für die Auferstehung der Todten an, daß Christus der Erstling der Auferstandenen ist: „Nun aber ist Christus von den Todten auferstanden, der Erstling der Entschlafenen."[3] Denn wo ein Erster ist, da müssen Andere nachfolgen, und daher setzt er bei: „Jeder aber in seiner

---

[1] Loc. cit. a. 6.   [2] I. Cor. c. XV. v. 12. 13.   [3] Ibid. v. 20.

Ordnung. Der Erstling ist Christus; darnach die, welche Christo angehören, und an seine Ankunft geglaubt haben."[1]) So ist Christus, der Herr, auch der Erste in den Himmel aufgefahren; „was aber das Erste in jeder Gattung ist, das ist auch die Ursache alles dessen, was in derselben Gattung folgt;"[2]) zwar nicht als hervorbringende Ursache, wohl aber als die Ursache der Wirksamkeit in dieser Ordnung. Daher sagt der heilige Thomas: „Die Himmelfahrt Christi ist die Ursache unseres Heiles nicht nach Art eines Verdienstes, sondern nach Art einer Wirksamkeit."[3]) Denn unser Heil kann nur durch unsere eigene Himmelfahrt seinen Abschluß finden, den es ohne die Himmel= fahrt des Herrn nicht geben würde; und so ist die Himmelfahrt Christi die Ursache unseres Heiles.

Geht aus allem dem aber nicht hervor, daß die Himmel= fahrt Christi nur dadurch die Ursache unseres Heiles sei, daß sie die Ursache unserer Himmelfahrt ist? Diese jedoch hat uns das Leiden Christi verdient, welches daher auch die Ursache der= selben ist; denn der heilige Paulus sagt: „Mit Einem Opfer hat er auf ewig die Geheiligten zur Vollendung gebracht;" und: „Wir haben zuversichtliche Hoffnung, in das Heiligthum durch das Blut Christi einzugehen."[4]) Wie kann man also der Himmel= fahrt Christi unser Heil als Ursache zuschreiben? — Wenn ein Verbrecher, für immer aus dem Vaterlande verbannt, in einer weit entfernten Wildniß leben muß, der Sohn des Fürsten aber für ihn Genugthuung leistet, den Vater versöhnt, alle Hinder= nisse der Rückkehr beseitiget, den Verbannten aufsucht, ihm den Weg zur Rückkehr bahnt, ihn selbst zurückführt, und in sein früheres Eigenthum wieder einsetzt; so ist dieser gute Sohn nicht nur durch seine Vermittlung beim Vater, sondern auch durch seine Zurückführung in's Vaterland die Ursache der Befreiung und des ganzen neuen Glückes des Verbrechers. So sagt nun der heilige Thomas: „Das Leiden Christi ist die Ursache unserer Himmelfahrt, um eigentlich zu reden, durch die Entfernung der Sünde, welche das Hinderniß bildete, und nach Art des Ver= dienstes; die Himmelfahrt Christi aber ist direkt die Ursache

---

[1]) Ibid. v. 23.   [2]) S. Thom. P. III. q. 56. a. 1. o.   [3]) Loc. cit. ad 1.   [4]) Hebr. c. X. v. 14. 19.

unserer Himmelfahrt, indem sie gleichsam dieselbe im Haupte begann, mit welchem sich die Glieder verbinden müssen;"[1]) weil es sonst ein Haupt ohne Leib und Glieder, also gar kein Haupt sein würde.

Wenn ferner Gott durch den Propheten spricht: „Mein Heil wird ewig bleiben;"[2]) so müßte daher auch das Heil Christi ein ewiges, mit ihm aber zugleich unser Heil ein ewiges, und deßhalb Christus ewig im Himmel sein. Nun aber ist Christus nach seiner Himmelfahrt mehrmals leibhaft zur Erde herabge= stiegen; denn so ist er dem heiligen Paulus erschienen,[3]) so ist er vielen Heiligen erschienen, und die Engel haben zur ver= sammelten Menge auf dem Oelberge gesprochen: „Dieser Jesus, der von euch weg in den Himmel aufgenommen worden ist, wird ebenso wieder kommen, wie ihr ihn in den Himmel gehen gesehen habet."[4]) Wie kann also die Himmelfahrt Christi die Ursache unseres Heiles sein? — Die Zurückführung des oben genannten Verbrechers und Verbannten von Seite des Fürsten= sohnes bleibt sicherlich die Ursache der Wiedereinsetzung des Letzteren in seinen heimatlichen Besitz und in alle seine heimat= lichen Rechte, wenn auch jener Fürstensohn zu Zeiten das Reich verläßt, und dann wieder zurückkehrt. Es ist zwar Christus, der Herr, dem heiligen Paulus wirklich mit seinem Leibe er= schienen, denn der Apostel stellt diese Erscheinung den übrigen Erscheinungen nach der Auferstehung gleich, und führt dieselbe, wie die andern, als Beweis für die wahrhafte Auferstehung an: „Zuletzt aber, nach Allen, ist er auch mir als einer unzeitigen Geburt erschienen."[5]) Als einen solchen Beweis aber könnte er diese Erscheinung nicht verwenden, wenn ihm der Herr nicht in seinem Leibe erschienen wäre.[6]) Ebenso wird Christus zum letzten Gerichte in seinem Leibe erscheinen; denn von ihm sprach Petrus zum Hauptmanne Cornelius: „Er hat uns geboten, dem Volke zu predigen, und zu bezeugen, daß er es sei, der von Gott verordnet worden zum Richter der Lebendigen und der Todten;"[7]) der Heiland selbst hat erklärt: „Sie werden den Menschensohn kommen sehen in den Wolken des Himmels mit

---

[1]) Loc. cit. ad 2.   [2]) Isai. c. LI. v. 6.   [3]) Act. Apost. c. IX. v. 3.—8.   [4]) Ibid. c. I. v. 11.   [5]) I. Cor. c. XV. v. 8.   [6]) Loc. cit. ad 3.   [7]) Act. Apost. c. X. v. 42.

großer Kraft und Herrlichkeit;"[1]) und er hat vom Vater gesagt:
„Er hat ihm (dem Sohne) die Macht gegeben, Gericht zu halten,
weil er der Menschensohn ist."[2]) Wie Christus als Gottmensch
der Erlöser ist, so ist er auch als Gottmensch der Richter der
Menschheit, weil mit dem letzten Gerichte die Erlösung ihren
Abschluß findet, durch welchen er die gerettete Menschheit in die
ewige Seligkeit eingeführt; als Gottmensch aber kann er ohne
die menschliche Natur weder erscheinen, noch handeln. Endlich
macht der englische Lehrer die Bemerkung: „Indem Christus
einmal in den Himmel aufgefahren ist, hat er für sich und für
uns das ewige Recht auf die himmlische Wohnung und die
Würdigkeit für dieselbe erworben; und dieser Würdigkeit benimmt
es nichts, wenn Christus aus irgend einer Verfügung zuweilen
leiblich auf die Erde herabsteigt; um sich entweder Allen zu
zeigen, wie im Gerichte, oder um sich Jemanden besonders zu
zeigen, wie dem Paulus."[3])

Will man aber vollgiltige Gründe kennen lernen, warum
die Himmelfahrt Christi die Ursache unseres Heiles ist, und
zugleich sehen, auf welche Weise durch dieselbe unser Heil bewirkt
wird; so belehrt uns darüber der heilige Thomas auf folgende
Weise. Er schreibt: „Die Himmelfahrt Christi ist die Ursache
unseres Heiles in doppelter Beziehung; in einer Beziehung von
unserer Seite, in einer anderen Beziehung von seiner Seite.
Von unserer Seite, in wie fern durch die Himmelfahrt Christi
unser Geist zu ihm hingezogen wird; indem erstens durch seine
Himmelfahrt unser Glaube; zweitens unsere Hoffnung; drittens
unsere Liebe Gelegenheit zur Uebung finden; viertens dadurch
auch unsere Ehrfurcht gegen ihn vermehrt wird, weil wir ihn
nun nicht mehr bloß für einen irdischen Menschen betrachten
können, sondern für einen himmlischen ansehen müssen, wie der
Apostel sagt: Wenn wir auch Christum dem Fleische nach gekannt
haben (das ist, als sterblichen Menschen)[4]), so kennen wir ihn
doch jetzt nicht mehr (so).[5]) Von seiner Seite aber in Bezug
auf das, was er durch seine Himmelfahrt um unseres Heiles
willen gethan hat. Er hat nämlich erstens uns den Weg bereitet,

---

[1]) Matth. c. XXIV. v. 30.   [2]) Joann. c. V. v. 27.   [3]) Loc. cit.
ad 3.   [4]) Gloss. ord. et interl. Petri Lomb.   [5]) II. Cor. c. V. v. 16.

um in den Himmel hinaufzusteigen, wie er selbst gesagt hat:
Ich gehe hin, um euch einen Ort zu bereiten;[1] denn weil er
unser Haupt ist, so müssen auch die Glieder dorthin folgen,
wohin er vorangegangen ist, weßhalb er hinzugesetzt: Damit,
wo ich bin, auch ihr seiet."[2] Zum Beweise dessen hat er auch
die Seelen der Heiligen, welche er aus der Unterwelt befreit,
in den Himmel geführt, nach dem Worte des Psalmes: Du bist
in die Höhe hinaufgefahren, hast die Gefangenschaft gefangen
genommen;[3] weil er nämlich jene, welche vom Teufel gefangen=
genommen worden waren (schon wegen der Erbsünde), mit sich
in den Himmel geführt, wie an einen Ort, welcher der mensch=
lichen Natur fremd ist, als Gefangene durch eine gute Gefangen=
nehmung, weil sie durch Siegen erworben worden sind. Zweitens,
weil, wie der Hohepriester im alten Testamente in das Heilig=
thum eintrat, um Gott sich für das Volk darzustellen, so auch
Christus in den Himmel eingegangen ist, um für uns zu bitten.[4]
Denn die Darstellung seiner selbst in der menschlichen Natur, die
er in den Himmel getragen hat, ist schon eine Fürbitte für uns;
daß Gott, seitdem er die menschliche Natur in Christus so er=
höht hat, auch jener sich erbarme, für welche der Sohn Gottes
die menschliche Natur angenommen hat. Drittens, um, da er
als Gott und Herr auf dem Himmelsthrone sitzt, von dort aus
göttliche Gaben den Menschen zuzusenden nach dem Worte: Er
ist hinaufgefahren über alle Himmel, damit er Alles erfüllete;[5]
nämlich mit seinen Gütern."[6] So schreibt der heilige Lehrer,[7]
um zu beweisen, und zu zeigen, wie Christus, der Herr, auch
durch seine Himmelfahrt die Ursache unseres Heiles ist; er ist,
und bleibt auch im Himmel noch unser Heiland. Christus ist
durch seine Himmelfahrt die hervorbringende Ursache unseres
Heiles, in wie fern, wo das Haupt ist, auch die Glieder sein
müssen, und unser Heil im Himmel den Abschluß findet; die
vorbildliche Ursache, weil wir ihm ähnlich sein werden;[8] die
werkzeugliche Ursache aber aus denselben Gründen und auf die=
selbe Weise, wie die Auferstehung es in Bezug auf unsere Auf=
erstehung ist. „O glückliche und glorreiche Himmelfahrt, durch

---

[1] Joann. c. XIV. v. 2.   [2] Ibid. v. 3.   [3] Psalm. LXVII. v. 19.
[4] Hebr. c. VII. v. 25.   [5] Ephes. c. IV. v. 10.   [6] Gloss. interl.
[7] Loc. cit. o.   [8] Rom. c. VIII. v. 17.. I. Joann. c. III. v. 2.

welche die menschliche Natur über alle Engel erhoben worden ist, und der Fall der verlornen Engel durch die Zahl der auserwählten Menschen wieder aufgerichtet wird!"[1]

Wie beseligend ist daher dieser Glaube an die Himmelfahrt unseres göttlichen Erlösers, welches Vertrauen muß in uns dieselbe erwecken, und welchen Muth uns einflößen, dem Herrn und seinem Beispiele in diesem Leben zu folgen; damit wir am Ende desselben eine ähnliche Himmelfahrt feiern, und mit ihm ewig triumphiren können! So ruft uns auch der heilige Paulus zu: „Weil wir nun, Brüder! zuversichtliche Hoffnung haben, in das Heiligthum durch das Blut Christi einzugehen, wohin er uns einen neuen und lebendigen Weg durch den Vorhang, das ist, durch sein Fleisch, bereitet hat, und weil wir einen großen Priester über das Haus Gottes haben; so lasset uns hinzutreten mit aufrichtigem Herzen, mit vollkommenem Glauben, nachdem unsere Herzen vom bösen Gewissen besprengt (gereiniget) sind, und der Leib gewaschen ist mit reinem Wasser; lasset uns unwandelbar festhalten am Bekenntnisse unserer Hoffnung, (denn getreu ist, der die Verheißung gemacht hat); und lasset uns auf einander Acht haben, um zu eifern in der Liebe und in guten Werken."[2]

---

[1]) Thom. a Kemp.   [2]) Hebr. c. X. v. 19.--25.

Drittes Buch.

Christus sitzt zur Rechten des Vaters im Himmel.[1]

Was der heilige Apostel Paulus von der Auferstehung Christi und von der Auferstehung der Todten sagt: „Der Erstling ist Christus, darnach die, welche Christo angehören,"[2] dasselbe gilt auch von der Himmelfahrt; und in beiden Geheimnissen ist Christus der Erstling nicht nur der Zeit nach, nicht nur der Ursache nach, nicht nur der Vorbildlichkeit nach, sondern, weil der Würde und dem Verdienste nach, auch der Höhe der Erhebung nach. Darüber spricht der heilige Chrysostomus also: „Wie er die Erstlinge unserer Natur angenommen, so hat er sie auch dem Herrn zurückgestellt. Und wie es auf einem ährenvollen Felde geschieht, wenn Jemand aus wenigen Aehren, die er gesammelt, einen kleinen Bündel macht, diesen Gott zum Opfer bringt, und so den Segen für das ganze Feld erlangt; also hat auch Christus gethan, der durch jenes Eine Fleisch (durch seine Menschheit) als Erstling den Segen über unser ganzes Geschlecht gebracht. Aber warum hat er nicht die ganze Natur (das ganze Menschengeschlecht) dargebracht? Weil dieß nicht die Erstlinge darbringen hieße, wenn Jemand das Ganze darbrächte; sondern wenn er etwas Kleines opfert, und durch dieses Kleine den Segen über das Ganze bringt. Aber wenn es die Erstlinge waren, könnte Jemand sagen, so mußte der

---

[1] S. Thom. P. III. q. 58.   [2] I. Cor. c. XV. v. 23.

zuerst geschaffene Mensch dargebracht werden; denn die Erstlinge sind, die zuerst genommen werden, und zuerst sprossen. Aber man kann das nicht für Erstlinge halten, Liebster! wenn wir die erste Frucht darbringen, die leicht ist, und verflüchtiget; sondern wenn wir die volle und vollkommene Frucht opfern. Da also jene Frucht der Sünde unterworfen war, darum ward sie nicht dargebracht, obwohl sie die erste war; aber diese war frei von der Sünde, und deßhalb wurde sie dargebracht, obwohl sie später war; denn dieß sind Erstlinge. — Du siehst also, daß nicht die erste Frucht, die hervorgebracht wird, sondern die gute und vollkommene Erstlinge genannt werden. Und dieß sagen wir in Ansehung des Fleisches, welches er dargebracht hat. Er hat also die Erstlinge unserer Natur dem Vater dargebracht, und dieses dargebrachte Geschenk nahm der Vater wegen der Würde dessen, der es darbrachte, und wegen der Reinheit dessen, was dargebracht wurde, mit solcher Bewunderung auf, daß er es in seine eigenen Hände nahm, und sich zunächst aufstellte, indem er sprach:[1] Setze dich zu meiner Rechten."[2]

Da sehen wir, was bis zum Throne Gottes zur Rechten des himmlischen Vaters erhoben worden ist, nämlich „das Fleisch", die menschliche Natur in Christus; als was diese Natur dem Vater dargebracht wurde, nämlich als Erstlinge", als Erstlings= frucht des Erlösungswerkes Christi; wozu sie dargebracht wurde, nämlich „als Geschenk", als Opfergabe, als Huldigung dem Urheber aller Dinge; wie dieses Huldigungsopfer vom Vater aufgenommen wurde, nämlich „mit Bewunderung", mit Freude und Wohlgefallen; warum mit Freude und Wohlgefallen, näm= lich „wegen der Würde dessen, der es darbrachte, und wegen der Reinheit dessen, was dargebracht wurde", da es der Gott= mensch war, der es darbrachte, und die mit seiner Gottheit persönlich vereinigte menschliche Natur, welche dargebracht wurde; endlich die Aufnahme selbst, nämlich die Erhebung auf „den Sitz zur Rechten des Vaters."

Derselbe heilige Lehrer sagt uns, was für eine Erhebung es war, indem er also fortfährt, darüber zu reden: „Zu welcher Natur hat Gott gesprochen: Setze dich zu meiner Rechten? Es

---

[1] Psalm. CIX. v. 1.   [2] Serm. de Ascens. Dom.

ist klar, daß dieß zu jener Natur gesagt worden sei, welche vernommen hatte: Du bist Erde, und sollst wieder zu Erde zurückkehren. War es nicht genug, über die Himmel erhoben zu werden? War es nicht genug, mit den Engeln zu gleichem Range erhoben zu werden? Wäre nicht schon dieß eine unaus= sprechliche Ehre? Aber sie stieg empor über die Engel, sie über= schritt die Erzengel, sie erhob sich über die Cherubim, sie er= schwang sich über die Seraphim, sie überstieg die Mächte, und ruhte nicht eher, als bis sie den Thron des Herrn selbst erreicht hatte. Siehst du nicht, welcher Zwischenraum vom Himmel bis zur Erde liegt? Aber fangen wir vielmehr vom Untersten an. Siehst du nicht welcher Zwischenraum von der Hölle bis zur Erde liegt? Und dann von der Erde zum Himmel? Und wieder vom Himmel bis zum höheren Himmel, und von diesem bis zu den Engeln, bis zu den oberen Mächten, bis zum königlichen Throne selbst? Ueber diesen ganzen Zwischenraum und Raum hat er unsere Natur erhoben. Sieh! auf wie niedriger Stufe sie gestanden, und wie hoch sie emporgestiegen; denn es war nicht möglich, tiefer hinabzusteigen, als der Mensch hinabgestiegen war, und auch nicht höher hinaufzusteigen, als wohin ihn Christus erhoben hat."[1]

So bemüht sich der heilige Chrysostomus in seiner Beredt= samkeit uns eine Ahnung davon zu verschaffen, bis zu welcher Höhe der Herrlichkeit und Verklärung die menschliche Natur in Christus erhoben worden sei. Aber das Wort des Glaubens: „Er sitzt zur rechten Hand Gottes, des allmächtigen Vaters;"[2] sagt noch unendlich mehr, und deutet auf etwas Unbegreifliches und Unergründliches hin, so lange und so tief wir auch forschen mögen. Wir wissen nach allem dem noch nicht, was „die Rechte des Vaters", und was „das Sitzen" zu dieser Rechten bedeutet. Der heilige Thomas ist bemüht, auch darüber tiefer einzugehen, und erörtert zu diesem Zwecke folgende Fragen: Ob Christus zur Rechter Gottes des Vaters sitze; ob ihm dieß nach seiner göttlichen Natur zukomme; ob es ihm nach seiner menschlichen Natur zukomme; und ob dieß ihm eigenthümlich sei? Wir wollen ihm nun auch in diesen Erörterungen folgen. Denn jede größere

---

[1] Ibid.   [2] Symb. Apost.

Kenntniß Jesu Christi ist ein unschätzbarer Gewinn, und der heilige Apostel Paulus sagt: „Was mir Gewinn war, das habe ich um Christi willen für Schaden gehalten. Ja, ich halte auch Alles für Schaden wegen der Alles übertreffenden Erkenntniß Jesu Christi, meines Herrn, um dessen willen ich auf Alles verzichtet habe, und es für Koth erachte, damit ich Christum gewinne, und in ihm erfunden werde, nicht mit meiner Gerechtigkeit, die aus dem Gesetze ist, sondern mit jener, die aus dem Glauben Christi Jesu ist, mit der Gerechtigkeit aus Gott durch den Glauben; so daß ich ihn erkenne und die Kraft seiner Auferstehung und die Gemeinschaft seiner Leiden, indem ich ihm ähnlich werde im Tode, um auf irgend eine Weise zur Auferstehung von den Todten zu gelangen."[1]) Die größere Erkenntniß führt zu größerer Liebe, die größere Liebe zur größeren Nachahmung Christi, die größere Nachahmung zu größerer Aehnlichkeit mit ihm im Leben, im Tode, in der Auferstehung, in der Himmelfahrt, in der Glorie des Himmels.

Erster Abschnitt.

Christus sitzt zur Rechten Gottes des Vaters.[2])

Was das Sitzen des göttlichen Erlösers zur Rechten seines himmlischen Vaters bedeute, erklärt uns der heilige Apostel Paulus mit folgenden Worten: „Mehrmals und auf vielerlei Weise hat Gott einst zu den Vätern durch die Propheten geredet, zuletzt hat er in diesen Tagen zu uns durch den Sohn geredet, welchen er zum Erben über Alles gesetzt, durch den er auch die Welt gemacht hat; welcher, da er der Abglanz seiner Herrlichkeit, und das Ebenbild seines Wesens ist, und durch das Wort seiner Kraft Alles trägt, nachdem er (uns) von Sünden gereiniget hat, zur Rechten der Majestät in der Höhe sitzt, der um so viel besser, als die Engel, geworden, je vorzüglicher der Name ist, den er vor ihnen ererbt hat; denn zu welchem der Engel sprach (Gott) je: Du bist mein Sohn, heute habe ich dich gezeugt?

---

[1]) Philipp. c. III. v. 7.—12.   [2]) Loc. cit. a. 1.

Und wiederum: Ich werde ihm Vater, und er wird mir Sohn sein? Und wenn er den Erstgebornen abermal in die Welt einführt, spricht er: Es sollen ihn anbeten alle Engel Gottes! Und in Hinsicht auf die Engel sagt er zwar: Er macht seine Engel zu Winden, und seine Diener zu Feuerflammen; aber zum Sohne spricht er: Dein Thron, o Gott! steht immer und ewig; ein Scepter der Gerechtigkeit ist der Scepter deines Reiches; du liebst die Gerechtigkeit, und hassest das Unrecht; darum hat dich, o Gott! dein Gott mit dem Oele der Freude gesalbt mehr, als deine Genossen. Ferner: Du hast im Anfange, o Herr! die Erde gegründet, und die Werke deiner Hände sind die Himmel. Sie werden vergehen, du aber wirst bleiben; und alle werden, wie ein Kleid, veralten, und, wie ein Gewand, wirst du sie verändern, und sie werden sich verändern; du aber bist derselbe, und deine Jahre werden nicht aufhören. Und zu welchem der Engel hat er je gesagt: Setze dich zu meiner Rechten, bis ich deine Feinde zum Schemel deiner Füße gelegt habe?"[1]

Hier spricht der Apostel nicht vom ewigen Worte nur seiner Gottheit nach, sondern von dem menschgewordenen Worte, von dem eingefleischten Sohne Gottes, und von diesem sagt er, daß er „der natürliche Sohn Gottes sei", daß ihn „Gott zum Erben über Alles gesetzt habe", daß „alle Engel ihn anbeten, und ihm dienen", dieß „der Scepter der Gerechtigkeit der Scepter seines Reiches sei", daß seine Seligkeit „diejenige aller Engel und Menschen übertreffe", daß „er der Herr und Herrscher über Alles sei", daß „er sich nicht ändern", und keiner Veränderlichkeit unterworfen sei. Er lehrt also, daß Christus die gleiche göttliche Herrlichkeit und Seligkeit, die gleiche göttliche Macht und Herrschaft mit dem Vater besitze; und dieß bedeutet „die Rechte Gottes". In diesem unveränderlichem Besitze und Genusse ruht er auch in alle Ewigkeit; und dieß bedeutet „das Sitzen" zur Rechten des Vaters. Das ist die Auslegung und Erklärung der heiligen Lehrer.

Denn der heilige Johannes Damascenus sagt: „Wir nennen die Rechte des Vaters nicht etwas Räumliches; denn wie könnte derjenige, welcher unumschränkbar ist, eine räumliche Rechte

---

[1] Hebr. c. I. v. 1.—13.

erhalten? Denn eine Rechte und Linke gibt es bei jenen, welche beschränkt sind. Die Rechte des Vaters nennen wir die Herr= lichkeit und Ehre der Gottheit."[1] Der heilige Augustinus schreibt von Christus, dem Herrn: „Er ist selig, und der Name seiner Seligkeit ist die Rechte des Vaters."[2] Er sagt ferner: „Unter der Rechten verstehet die Macht, welcher dieser von Gott angenommene Mensch (der Gottmensch) empfangen hat, um als Richter zu kommen, nachdem er gekommen ist, um gerichtet zu werden."[3] Unter dem Ausdrucke „Sitzen" aber versteht er den bleibenden und ewigen Besitz seiner Herrlichkeit, Seligkeit und Macht, indem er sagt: „Unter Sitzen verstehet das Wohnen, wie man auch von einem Menschen sagt: Er saß in seinem Vaterlande drei Jahre. So also haltet dafür, daß Christus in der Rechten Gottes des Vaters wohne."[4] Endlich bedeutet das Sitzen auch die göttliche Würde, in der Christus auf seinem Throne sitzt, wie der heilige Thomas sagt:[5] „Unter dem Namen Sitzen können wir Zweierlei verstehen, nämlich die Ruhe nach dem Worte bei Lucas: Ihr aber sitzet (bleibet) in der Stadt,[6] und auch die königliche oder richterliche Gewalt nach dem Worte: Der König, der auf dem Throne des Gerichtes sitzt, zerstreut mit seinem Blicke alles Böse."[7] Dann führt der englische Lehrer die Gründe an, warum dieses Sitzen zur Rechten Gottes des Vaters, dem göttlichen Erlöser zukommt.

„In beiden Beziehungen" (nämlich in Bezug auf die Ruhe und auf die königliche oder richterliche Gewalt), sagt er, „kommt es Christo zu, zur Rechten des Vaters zu sitzen, und zwar einer= seits, weil er ewig unverweslich in der Seligkeit des Vaters bleibt, die dessen Rechte genannt wird, nach dem Worte des Psalmes: Du wirst mir — Wonne geben zu deiner Rechten ewiglich;[8] — andererseits wird gesagt, daß Christus zur Rechten Gottes des Vaters sitze, weil er mit dem Vater regiert, und von ihm die richterliche Gewalt hat, wie der, welcher zur Rechten eines Königs sitzt, demselben beisitzt im Regieren und Richten."[9] Er führt auch zugleich die oben genannten Stellen des heiligen Augustinus an.

[1] De fide orthod. Libr. IV. c. 11.   [2] De Symbol. Libr. 1. c. 14.
[3] Ibid. Libr. II. c. 7.   [4] Ibid. Libr. I. c. 14.   [5] Loc. cit. o.   [6] Luc. c. XXIV. v. 49.   [7] Prov. c. XX. v. 8.   [8] Psalm. XV. v. 11.
[9] Loc. cit. o.

Uebrigens sind alle diese Wahrheiten bestimmt und klar in der heiligen Schrift ausgesprochen; daß er ewiglich zur Rechten des Vaters sitze;[1] daß er die Seligkeit des Vaters genieße, wie er in den Psalmen zu ihm spricht: „Du wirst mir Freude geben vollauf durch dein Angesicht;[2] daß er die Herrlichkeit und Glorie des Vaters besitze, wie er dieß im Gebete zu ihm ausgesprochen: „Vater! verherrliche mich bei dir selbst mit jener Herrlichkeit, die ich bei dir hatte, ehe die Welt war;"[3] daß er mit dem Vater dieselbe Regierungs= und Herrschergewalt habe; wie von ihm gesagt ist: „Dein Thron, o Gott! steht immer und ewig; ein Scepter der Gerechtigkeit ist der Scepter deines Reiches,"[4] und wie er selbst in der Weissagung gesprochen hat: „Ich aber bin als König von ihm (dem Vater) über Sion gesetzt, seinen heiligen Berg, und verkündige sein Gesetz. Der Herr hat zu mir gesagt: Du bist mein Sohn, heute habe ich dich gezeugt. Begehre von mir, so will ich dir geben die Heiden zu deinem Erbe, und zu deinem Eigenthume die Enden der Erde. Du wirst sie beherrschen mit eisernem Scepter, und wie Töpfergefäß sie zertrümmern (nämlich alle Feinde)."[5] Von seiner Richtergewalt hat der Herr erklärt: „Der Vater richtet Niemanden, sondern hat das ganze Gericht dem Sohne über= geben; damit Alle den Sohn ehren, wie sie den Vater ehren;"[6] und wieder: „Er (der Vater) hat ihm Macht gegeben, auch Gericht zu halten, weil er der Menschensohn ist."[7] Er hat auch seine Ankunft zum Weltgerichte angekündiget, und sein Gericht selbst vorhergesagt.[8] Daher schreibt der heilige Apostel Paulus: „Wir Alle müssen offenbar werden vor dem Richter= stuhle Christi, damit Jeder empfange, je nachdem er in seinem Leibe Gutes oder Böses gethan hat."[9] Das ist der Inhalt des Glaubensbekenntnisses, welches uns die Apostel gelehrt haben: „Ich glaube an Jesum Christum, — der sitzet zur rechten Hand Gottes, des allmächtigen Vaters, von dannen er kommen wird, zu richten die Lebendigen und die Todten."[10]

---

[1] Rom. c. VIII. v. 34., Ephes. c. I. v. 20., Hebr. c. I. v. 3. et c. X. v. 12., Coloss. c. III. v. 1., I. Petr. c. III. v. 22. [2] Psalm. XV. v. 11. [3] Joann. c. XVII. v. 5. [4] Psalm. XLIV. v. 7. Hebr. c. I. v. 8. [5] Psalm. II. v. 6.—10. [6] Joann. c. V. v. 22. 23. [7] Ibid. v. 27. [8] Matth. c. XXV. v. 31. et seqq. [9] II. Cor. c. V. v. 10. [10] Symbol. Apost.

Zur näheren Erklärung des Sitzens zur Rechten Gottes des Vaters dürfen wir nicht außer Acht lassen, daß es sich hier nicht um eine örtliche oder räumliche Stellung handle, sondern daß das Wort der Schrift, weil zu Menschen in der Sprache der Menschen gesprochen, den Zustand der Herrlichkeit, der Seligkeit und der Gewalt bedeute, in welchem Christus, der Herr, im Himmel thront.[1]

Daher kann man auch keineswegs sagen, daß, wenn Christus zur Rechten des Vaters säße, der Vater sich zu seiner Linken befinden müßte, was unstatthaft wäre; denn der heilige Augustinus sagt: „Wenn wir es fleischlich auffaßten, daß nämlich Christus zur Rechten des Vaters sitze; so würde dieser zur Linken sich befinden; dort aber ist Alles rechte Hand, weil es daselbst keine linke Hand gibt;"[2] nämlich in der ewigen Seligkeit, eben weil da nicht von Ort und Raum die Rede ist.[3]

Aus dem gleichen Grunde können dagegen auch nicht die Worte des heiligen Stephanus angeführt werden, die er vor dem Hohenrathe der Juden gesprochen hat: „Sieh! ich sehe den Himmel offen, und den Sohn des Menschen zur Rechten Gottes stehen;"[4] als wenn dieses Stehen mit jenem Sitzen im Widerspruche stünde. Denn diese Worte des heiligen Blutzeugen Christi beweisen eben, daß jenes Sitzen und auch dieses Stehen nicht in körperlicher Bedeutung zu nehmen seien. Der heilige Papst Gregorius findet in beiden Ausdrücken einen viel höheren Sinn, und sagt: „Sitzen ist die Sache des Richtenden, Stehen aber die Sache des Kämpfenden, oder des Helfenden. Stephanus sah ihn also, da er sich im mühsamen Kampfe befand, als Stehenden; aber Marcus beschreibt ihn nach der Himmelfahrt als Sitzenden, weil er nach der glorreichen Himmelfahrt am Ende als Richter erscheinen wird."[5] Die heilige Schrift widerspricht sich nirgens, ist aber nach der Erklärung und Auslegung der heiligen Väter und Lehrer, welche vom Geiste Gottes erfüllt waren, zu verstehen, wie dieß die heilige Kirche befiehlt.

Diese Wahrheiten müssen uns ermuthigen, und begeistern, über alles Irdische, Zeitliche und Vergängliche uns zum Himm=

---

[1] Loc. cit. ad 1.   [2] De Symbol. c. 4.   [3] Loc. cit. ad 2.   [4] Act. Apost. c. VII. v. 55.   [5] Homil. 29. in Evang. Loc. cit. ad 3.

lischen, Göttlichen und Ewigen zu erheben, wozu wir berufen
sind. Denn wir sollen ewig bei Christus im Himmel sein, wie
er selbst es verheißen hat: „Ich werde euch zu mir nehmen;
damit auch ihr seiet, wo ich bin."[1]) Wir sollen mit ihm sein
Reich theilen, wie er uns beten gelehrt: „Zukomme uns dein•
Reich!"[2]) und uns die Verheißung gegeben hat: „Ich bereite
euch das Reich, wie mir es mein Vater bereitet hat."[3]) Wir
sollen im Himmel mit Christus herrschen, nach seinem Worte:
„Wer überwindet, dem will ich geben, mit mir auf meinem Throne
zu sitzen; gleichwie auch ich überwunden, und mit meinem Vater
auf seinen Thron mich gesetzt habe."[4]) Wir sollen mit Christus
im Himmel verherrlichet werden, wie der heilige Paulus ver=
sichert, indem er an die Thessalonicher schreibt: „Ihr wisset,
daß wir Jeden von euch (wie ein Vater seine Kinder) gebeten,
getröstet, und beschworen haben, daß ihr würdig wandeln möget
Gottes, der euch zu seinem Reiche und zu seiner Herrlichkeit
berufen hat;"[5]) und von dieser Herrlichkeit sagt der heilige Augu=
stinus: „Wie diese künftige Herrlichkeit beschaffen sein, und in
welchem Reichthume sie erblühen, und in welchem Glanze sie
erstrahlen werde; das können wir anpreisen, aber nicht erklären."[6])
Im Himmel sollen wir an der Seligkeit Christi theilnehmen,
wie er es selbst mit den Worten betheuert hat, die er am Gerichts=
tage Jedem seiner treuen Diener zurufen wird: „Wohlan, du
guter und getreuer Knecht! weil du über Weniges getreu gewesen
bist, will ich dich über Vieles setzen; gehe ein in die Freude
deines Herrn."[7]) Er hat auch seinen Jüngern die Verheißung
gegeben: „Ich bereite euch das Reich, wie es mir mein Vater
bereitet hat; daß ihr esset, und trinket an meinem Tische."[8])
Der Psalmist hat im Geiste diese Freude geschaut, und darüber
gejubelt: „Ich werde gesättiget werden, wenn deine Herrlichkeit
sich zeigen wird:"[9]) — „Wie groß ist die Menge deiner Süßig=
keit, Herr, welche du denen aufbewahrest, die dich fürchten!"[10])
„Sie werden trunken werden von dem Ueberflusse deines Hauses,

---

[1]) Joann. c. XIV. v. 9.		[2]) Matth. c. VI. v. 10.		[3]) Luc. c.
XXII. v. 27. [4]) Apoc. c. III. v. 21., II. Tim. c. II. v. 12. [5]) I. Thessal.
c. II. v. 11. 12. [6]) Serm 1. de verbis Apost. [7]) Matth. c. XXV. v. 21.
[8]) Luc. c. XXII. v. 29. 30. [9]) Psalm. XVI. v. 15. [10]) Psalm.
XXX. v. 20.

und mit dem Strome deiner Wonne wirſt du ſie tränken."[1]) Von dieſem Reiche der himmliſchen Seligkeit ſagt der heilige Bernardus: „Wie groß iſt jenes Reich! Da verlaſſen uns der Sinn, die Einbildung, die Vernunft, das Verſtändniß; denn es iſt groß, weil durch die Länge der Ewigkeit endlos, durch die Breite des Umfanges gränzenlos, durch die Höhe der Erhaben= heit unerreichbar."[2]) In dieſem himmliſchen Reiche werden endlich die Seligen mit Chriſtus „herrſchen in alle Ewigkeit;"[3]) und dieſes unendlich ſelige und beſeligende Reich iſt der Beſitz und Genuß Gottes, Gott ſelbſt, wie Gott zu Abraham geſprochen hat: „Ich bin dein überaus großer Lohn."[4])

Im Aufblicke zu dieſen unbeſchreiblichen Herrlichkeiten ruft der heilige Anſelmus ſich ſelbſt und jedem Menſchen zu: „Warum ſchweifeſt du, Menſchlein! durch Vieles umher, indem du Güter ſucheſt für deine Seele und für deinen Leib? Liebe das Eine Gut, in welchem alle Güter ſind, und das genügt. Sehne dich nach dem einfachen Gute, das alles Gute iſt, und es iſt genug. Denn was liebeſt du, mein Fleiſch? Was verlangſt du, meine Seele? Dort iſt, dort iſt, was immer ihr liebet, was immer ihr verlanget."[5]) Die Erdengüter können keinen Menſchen wahr= haft glücklich machen; denn wahr iſt, was der heilige Bona= ventura ſchreibt: „Wie können Leckereien den Menſchen glücklich machen, welche nach dem Genuſſe Ekel erzeugen, im Magen verfaulen, und oft Krankheiten und den Tod verurſachen? Wie können ihn ausgelaſſene Lüſte glücklich machen, da ſie endlich Traurigkeit herbeiführen, die Kräfte des Leibes ſchwächen, und zum Tode vorbereiten? Wie können ihn Ehren glücklich machen, da ſie, je höher ſie den Menſchen erheben, ihm nur einen um ſo tieferen Sturz bereiten? Wie können ihn auch die Reich= thümer glücklich machen, die ihn um ſo leichter den Dolchen der Räuber ausſetzen? Wo das wahre Gute fehlt, da kann die wahre Glückſeligkeit nicht ſein."[6]) Der Menſch iſt nicht für die Erde, ſondern für den Himmel erſchaffen; „daher iſt unruhig unſer Herz, bis es ruht in Gott, ſeinem Schöpfer."[7])

---

[1]) Pſalm. XXXV. v. 9.   [2]) Serm. in Dom. 5. post. Epiph.   [3]) Apoc. c. XXII. v. 5.   [4]) Gen. c. XV. v. 1.   [5]) Proslog. c. 25.   [6]) Serm. 7. de SS. Apost.   [7]) S. Aug. Confess. c. 1.

Zweiter Abschnitt.

Das Sitzen zur Rechten des Vaters kommt Christo als Gott zu.[1]

Nachdem wir nun die Bedeutung der beiden Worte, nämlich was unter dem Ausdrucke: „Die Rechte des Vaters", und unter dem Ausdrucke: „Sitzen" zur Rechten des Vaters, zu verstehen sei, kennen gelernt haben; können wir weiter untersuchen, ob Christo, dem Herrn, dieses „Sitzen zur Rechten des Vaters" als Gott, oder als Menschen, oder sowohl als Gott als auch als Menschen zukomme.

Bedeutet „das Sitzen zur Rechten des Vaters" den Besitz der gleichen göttlichen Seligkeit, Herrlichkeit, Würde, Macht und Richtergewalt mit dem Vater; so ergibt sich daraus von selbst, daß dasselbe Christo als Gott, als dem eingebornen Sohne des himmlischen Vaters zukomme. Denn wenn wir mit dem heiligen Johannes Damascenus „unter der Rechten des Vaters die Glorie und Herrlichkeit der Gottheit verstehen;"[2] so „war der Sohn Gottes in derselben von Ewigkeit her als Gott und als von der gleichen Wesenheit mit dem Vater."[3] Denn der Sohn Gottes hat durch seine ewige Zeugung vom Vater von ihm dieselbe göttliche Natur und Wesenheit mit aller Vollkommenheit derselben erhalten, ist mit ihm der Eine und derselbe Gott, und nur der Person nach von demselben verschieden, das Wesensbild des Vaters, wie der heilige Paulus sagt, daß er „der Abglanz seiner Herrlichkeit und das Ebenbild seines Wesens ist, und durch das Wort seiner Macht Alles trägt;"[4] und wie von ihm als der ewigen Weisheit geschrieben steht: „Sie ist ein Hauch der Kraft Gottes, und ein reiner Ausfluß der Klarheit des allmächtigen Gottes. — Sie ist der Glanz ewigen Lichtes, und der makellose Spiegel der Herrlichkeit Gottes, und das Bild seiner Güte."[5] Daher stellt der heilige Thomas folgende Beweisführung an: „Unter dem Namen „Rechte" können drei Dinge verstanden werden; einmal nach Johannes Damascenus die Glorie der

---

[1] Loc. cit. a. 2.   [2] De fide orthod. Libr. IV. c. 2.   [3] Loc. cit. o.   [4] Hebr. c. I. v. 3.   [5] Sap. c. VII. v. 25. 26.

Gottheit; dann nach Augustinus die Seligkeit des Vaters; her=
nach die richterliche Gewalt. Das Sitzen aber bedeutet entweder
das Wohnen, oder die königliche, oder die richterliche Würde.
Daher ist das Sitzen zur Rechten des Vaters nichts Anderes,
als zugleich mit dem Vater die Glorie der Gottheit und Selig=
keit und richterliche Gewalt besitzen, und dieß unveränderlich und
königlich. Dieß aber kommt dem Sohne Gottes zu, in wie fern
er Gott ist. Daher ist es klar, daß Christus, in wie fern er
Gott ist, zur Rechten des Vaters sitzt; jedoch in dem Sinne,
daß das Vorwort „zu“, welches übergehend ist, nur eine Unter=
scheidung der Person und die Ordnung des Ursprunges bedeutet,
nicht aber einen Grad der Natur, oder der Würde, den es in
den göttlichen Personen nicht gibt;“[1] das heißt, daß, weil der
Sohn und der Vater dieselbe göttliche Natur haben, hierin
zwischen ihnen kein Unterschied sei, sondern nur die Verschieden=
heit der Personen bezeichnet werde, da der Sohn vom Vater
gezeugt ist, und somit als Person sich zum Vater verhält, wie ein
Sohn zu seinem Vater. Darnach lösen sich auch alle Schwierig=
keiten, welche gegen diese Wahrheit erhoben werden könnten.

In der Schrift wird der Sohn Gottes, der Messias selbst
der Arm Gottes genannt; denn der Prophet Isaias sagt: „Der
Arm des Herrn, wem ist er geoffenbart worden?“[2] und darunter
kann auch die Rechte des Herrn verstanden werden. Wenn also
der Sohn Gottes der Arm, die Rechte des Vaters ist, wie kann
von ihm gesagt werden, daß er zur Rechten des Vaters sitze?
Darauf antwortet der englische Lehrer: „Der Sohn Gottes
wird die Rechte des Vaters genannt, in wie fern ihm dieß eigen=
thümlich zukommt, wie er auch die Kraft des Vaters genannt
wird; aber die Rechte, in der oben genannten dreifachen Bedeu=
tung genommen, ist etwas den drei Personen Gemeinschaftliches.“[3]
Es ist wahr, daß der Sohn, in wie fern er die Rechte des Vaters
ist, nicht zur Rechten des Vaters sitzen kann; und versteht man
unter der Rechten die Seligkeit, Herrlichkeit, Macht und Richter=
gewalt, so ist dieses Alles allen drei göttlichen Personen gemein=
schaftlich, und daher auch die allen drei göttlichen Personen
gemeinschaftliche Rechte, wie sie die Eine und dieselbe gemein=

---

[1] Loc. cit. o.   [2] Isai. c. LVI. v. 1.   [3] Loc. cit. ad 1.

schaftliche göttliche Natur und Wesenheit haben, zu welcher die Seligkeit, Herrlichkeit, Macht und Richtergewalt gehören. Als Sohn aber sitzt er zu dieser Rechten des Vaters, dem sie ursprünglich angehört, weil er dieselbe vom Vater durch die Zeugung empfangen hat. Versteht man aber unter der Rechten die Kraft des Vaters, so ist der Sohn als Gott auch diese Kraft des Vaters, durch welche er Alles wirkt,[1] Alles erhält,[2] und in welcher Alles besteht;[3] aber in diesem Sinne kann man nicht sagen, daß er zur Rechten des Vaters sitze, weil ihm diese Kraft als dem Sohne eigenthümlich zukommt, und deßhalb nicht gesagt werden kann, er sitze bei derselben.

Es steht ferner geschrieben: „Der Herr Jesus, nachdem er mit ihnen geredet hatte, wurde in den Himmel aufgenommen, und sitzt zur Rechten Gottes."[4] Könnte man nun nicht sagen: Christus ist nicht als Gott in den Himmel aufgenommen worden; also sitzt er auch nicht als Gott zur Rechten Gottes? Hierauf muß erwiedert werden: Christus ist allerdings nicht als Gott, sondern als Mensch in den Himmel aufgenommen worden; aber er ist wegen der persönlichen Vereinigung seiner Menschheit mit der Gottheit zur göttlichen Seligkeit, Herrlichkeit, Würde, Macht und richterlichen Gewalt erhoben worden, und in diesen Dingen liegt die Bedeutung des Sitzens zur Rechten Gottes. Diese Dinge aber gebühren Christo als Gott, nicht wegen irgend einer Aufnahme zu denselben, sondern wegen seiner ewigen Zeugung vom Vater, durch welche er der Sohn Gottes, und wahrer Gott ist. So sagt der heilige Thomas: „Christus ist als Mensch zur göttlichen Herrlichkeit aufgenommen worden, welche im genannten Sitzen bezeichnet ist; diese göttliche Herrlichkeit aber gebührt Christo als Gott, nicht wegen einer Aufnahme, sondern wegen seines ewigen Ursprunges."[5] Somit sitzt er als Gott zur Rechten des Vaters. Aber folgt daraus nicht etwas ganz Ungereimtes?

Denn Christus ist als Gott dem Vater und dem heiligen Geiste gleich. Wenn also Christus als Gott zur Rechten des Vaters sitzt; so muß man aus gleichem Grunde sagen, daß auch der

---

[1] Joann. c. I. v. 1.—4.   [2] Hebr. c. I. v. 4.   [3] Coloss. c. I v. 16. 17.   [4] Marc. c. XVI. v. 19.   [5] Loc. cit. ad 2.

heilige Geist zur Rechten des Vaters und des Sohnes, und der Vater selbst zur Rechten des Sohnes und des heiligen Geistes sitze, was doch ganz ungereimt zu sein scheint. Was ist darauf zu antworten? Der englische Lehrer schreibt: „Es kann auf keine Weise gesagt werden, daß der Vater zur Rechten des Sohnes oder des heiligen Geistes sitze; weil der Sohn und der heilige Geist ihren Ursprung vom Vater herleiten, nicht aber umgekehrt. Doch kann eigentlich gesagt werden, daß der heilige Geist im vorgenannten Sinne zur Rechten des Vaters und des Sohnes sitze, obgleich es dem Sohne auf eine eigenthümliche Weise zu= kommt, weil ihm die Gleichheit eigenthümlich beigelegt wird." [1]

• Der heilige Lehrer will sagen: Das Sitzen zur Rechten ist im ewigen Ursprunge der göttlichen Personen begründet, und zwar in Beziehung (ad) auf die göttliche Seligkeit, Herrlichkeit, Würde, Macht und Richtergewalt. Nun aber hat der Vater keinen Ursprung, sondern er ist von und aus sich selbst ewig. Somit kann von ihm nicht gesagt werden, er sitze zur Rechten des Sohnes oder des heiligen Geistes, eben weil er seinen Ursprung nicht von ihnen hat. Vom Sohne aber muß gesagt werden, daß er zur Rechten des Vaters sitze, weil er vom Vater seinen Ursprung herleitet; es kann aber von ihm nicht gesagt werden, daß er auch zur Rechten des heiligen Geistes sitze; weil er seinen Ursprung nicht auch vom heiligen Geiste herleitet. Vom heiligen Geiste aber kann gesagt werden, daß er zur Rechten des Vaters oder des Sohnes sitze, weil er seinen Ursprung sowohl vom Vater als auch vom Sohne herleitet. Da aber die Herleitung des Ursprunges des Sohnes von jener des heiligen Geistes ver= schieden ist, indem der Sohn vom Vater dieselbe durch die ewige Zeugung erhält, der heilige Geist aber weder vom Vater noch vom Sohne gezeugt wird, sondern von Beiden zugleich ausgeht; so ist auch das Sitzen des Sohnes vom Sitzen des heiligen Geistes verschieden, und jenes dem Sohne, dieses dem heiligen Geiste eigenthümlich. Der Sohn ist das wesentliche und persön= liche Gleichbild des Vaters, der heilige Geist aber ist die wesens= gleiche und persönliche Liebe des Vaters und des Sohnes, und daher die wesensgleiche und persönliche Vereinigung Beider, weil

---

[1] Loc. cit. ad 3.

die Liebe vereiniget; weßhalb der heilige Augustinus sagt: „Im Vater ist die Einheit, im Sohne die Gleichheit, im heiligen Geiste die Uebereinstimmung (Verbindung) der Einheit und der Gleichheit."[1]

Es ist zwar wahr, was derselbe heilige Kirchenlehrer sagt: „Vieles ist es, was über die Unaussprechlichkeit der Dreifaltig=keit gesagt wird, nicht, damit sie selbst zum Ausdrucke komme, sonst wäre sie ja nicht unaussprechlich; sondern damit man, nach=dem es gesagt ist, einsehe, daß sie selbst nicht zum Ausdrucke kommen könne."[2] Aber er sagt auch: „Die ganze christliche Sorgfalt wacht darüber, daß die Dreifaltigkeit mit frommem Sinne und mit Mäßigung erkannt werde."[3] Je mehr man die Geheimnisse Gottes erkennt, desto mehr wächst in uns die Ehrfurcht und Liebe gegen Gott, so wie auch die Sehnsucht, dieses unaus=sprechliche Gut zu besitzen, und daher auch das Streben nach demselben. Der Weg dahin aber ist Christus, und daher ist uns die immer vollkommenere Erkenntniß und Nachfolge des gött=lichen Erlösers nicht nur nützlich und heilsam, sondern auch nothwendig. Darum wollen wir uns auch nicht ermüden lassen, unter der Führung des englischen Lehrers ihn, „das große Geheimniß,"[4] immer besser kennen zu lernen.

Dritter Abschnitt.

Das Sitzen zur Rechten des Vaters kommt Christo auch als Menschen zu.[5]

Diese Wahrheit beweisen Schriftsteller des alten und des neuen Testamentes. Denn in den Psalmen spricht der himm=lische Vater zu seinem Sohne: „Setze dich zu meiner Rechten, bis ich deine Feinde zum Schemel deiner Füße lege."[6] Dieser ganze Psalm bezieht sich auf den Messias, und diese Worte sind nicht zum Sohne Gottes als dem ewigen Worte des Vaters,

---

[1] De doctr. christian. Libr. I. c. 5. [2] Epist. ad Elpidium. [3] De Libr. arbitr. Libr. III. c. 21. [4] I. Tim. c. III. v. 16. [5] Loc. cit. ad 3. [6] Psalm. CIX. v. 1.

sondern zum menschgewordenen Worte, zum Gottmenschen gespro=
chen. Denn als Gott sitzt er von Ewigkeit her zur Rechten des
Vaters, und brauchte sich nicht erst zu setzen. Auch der Vater
konnte zu ihm nicht sagen: „Setze dich!" da er ohnehin schon
saß. Es waren also diese Worte zum Sohne nach seiner Mensch=
werdung, zum Gottmenschen gesprochen. Als Gottmensch aber
konnte er sich nicht ohne seine Menschheit zur Rechten des Vaters
setzen. Daher sitzt Christus, der Herr, auch als Mensch zur
Rechten des Vaters.

Bei den heiligen Evangelisten Marcus[1]) und Lucas[2]) führt
Christus selbst die genannte Psalmenstelle in diesem Sinne an.
In demselben Sinne führte sie der heilige Petrus in seiner
Rede vor den versammelten Bewohnern Jerusalems an.[3]) Das=
selbe that der heilige Paulus;[4]) und er verkündete diese Wahr=
heit allenthalben in seinen Briefen;"[5]) von dem heiligen Stephanus
aber steht, als er vor dem Hohenrathe der Juden sich verant=
worten mußte, geschrieben: „Er aber, voll des heiligen Geistes,
blickte zum Himmel auf, und sah die Herrlichkeit Gottes, und
Jesum stehen zur Rechten Gottes, und sprach: Sieh, ich sehe
den Himmel offen, und den Sohn des Menschen zur Rechten
Gottes sitzen."[6])

Wie nun dieses Sitzen Christi als des Menschensohnes zur
Rechten Gottes zu verstehen sei, erklärt uns der heilige Thomas
auf folgende Weise. „Unter dem Namen Rechte des Vaters
versteht man entweder die Herrlichkeit der Gottheit selbst, oder
deren ewige Seligkeit, oder die richterliche und königliche Gewalt.
Das Vorwort zu aber bedeutet ein gewisses Hinzutreten (zur
Rechten des Vaters), und damit wird eine Uebereinstimmung
(Gleichheit) mit einer gewissen Unterscheidung (Verschiedenheit)
bezeichnet. Dieß kann nun auf dreierlei Weise stattfinden; einer=
seits so, daß die Uebereinstimmung in der Natur, und die
Unterscheidung in der Person sei, und so sitzt Christus als der
Sohn Gottes zur Rechten des Vaters, weil er dieselbe Natur

---

[1]) Marc. c. XII. v. 36.   [2]) Luc. c. XX. v. 42.   [3]) Act. Apost.
c. II. v. 24.—36.   [4]) Hebr. c. I. v. 13.   [5]) Rom. c. VIII. v. 34.,
Ephes. c. I. v. 20., Coloss. c. III. v. 1., Hebr. c. I. v. 3., c. X. v. 12.
[6]) Act. Apost. c. VII. v. 55.

mit dem Vater hat, weßhalb die vorbenannten Dinge dem Sohne, wie dem Vater, wesentlich zukommen; und das heißt, in der Gleichheit sein. Andererseits (kann dieß stattfinden) in Bezug auf die Gnade der Vereinigung, welche im Gegentheile die Verschiedenheit der Natur und die Einheit der Person bedeutet; und auf diese Weise ist Christus als Mensch der Sohn Gottes, und sitzt er folglich zur Rechten des Vaters, jedoch so, daß diese Weise nicht die Beschaffenheit der Natur, sondern die Einheit der Person bezeichnet. Drittens kann unter dem vorgenannten Hinzutreten die innewohnende (heiligmachende) Gnade verstanden werden, welche in Christus reichlicher ist, als in allen andern Geschöpfen, dergestalt, daß die menschliche Natur selbst in Christus seliger ist, als in den übrigen Geschöpfen, und die königliche und richterliche Gewalt besitzt. Wenn also die Art und Weise die Beschaffenheit der Natur bezeichnet, so sitzt Christus als Gott zur Rechten des Vaters, das heißt, in der Gleichheit des Vaters; als Mensch aber sitzt er zur Rechten des Vaters, das ist, in den vorzüglicheren väterlichen Gütern vor den übrigen Geschöpfen, nämlich in größerer Seligkeit und im Besitze der richterlichen Gewalt. Bedeutet aber die Art und Weise die Einheit der Person, so sitzt er auch so zur Rechten des Vaters, in der Gleichheit der Ehre; in wie fern wir nämlich mit derselben Ehre den Sohn Gottes mit der angenommenen Natur verehren."[1]

Dieselben Wahrheiten verkünden auch die andern heiligen Lehrer, welche über dieses Geheimniß gesprochen, und geschrieben haben. Versteht man unter dem Sitzen zur Rechten des Vaters die mit dem Vater gleiche göttliche Natur des ewigen Wortes, so sagt der heilige Athanasius: „Was bedeutet das Sitzen zur Rechten des Vaters Anderes, als daß die Gottheit des Vaters und die Gottheit des Sohnes dieselbe sei?"[2]

Versteht man unter dem Sitzen zur Rechten des Vaters die Aufnahme der Menschheit Christi wegen der Einen göttlichen Person Christi zur göttlichen Ehre und Verherrlichung, so sagt der heilige Johannes Damascenus: „Durch das Wort der väterlichen Rechte bezeichnen wir die Ehre und Herrlichkeit der Gottheit, in welcher der Sohn Gottes, da er als Gott und mit dem

---

[1] Loc. cit. o.　　[2] Orat. 2. contr. Arian.

Vater gleich wesentlich in derselben von Ewigkeit her war, zuletzt Fleisch geworden, auch körperlich mit ihm sitzt, indem nämlich sein Fleisch zu derselben Herrlichkeit erhoben worden ist."[1] Ebenso spricht der heilige Papst Leo: „Es war in der That eine wichtige und unaussprechliche Ursache, sich zu freuen, als im Angesichte der heiligen Versammlung die Natur des mensch= lichen Geschlechtes über die Würde aller himmlischen Geschöpfe emporstieg, hinan über alle englischen Ordnungen, die auch über die Höhen der Erzengel erhoben werden, und in keiner Erhaben= heit ein Ziel ihrer Erhebung finden sollte, außer in der Auf= nahme zum Mitsitze mit dem Vater, um auf dem Throne an seiner Herrlichkeit theilzunehmen, da er der Natur nach mit ihm als Sohn verbunden war."[2]

Versteht man unter dem Sitzen zur Rechten des Vaters die königliche Gewalt über alle Geschöpfe, so sagt der heilige Papst Gregorius über jene Worte aus der geheimen Offenbarung: „Auf seinem Kleide und auf seiner Hüfte ist geschrieben: König der Könige und Herr der Herrschenden;"[3] daß „Kleid" und „Hüfte" die Menschwerdung bedeuten, und das, was auf den= selben geschrieben steht, von Christus als dem Menschen gesagt sei.[4] Unter „Kleid" und „Hüfte" kann auch das Leiden und Sterben Christi verstanden werden; denn „die Hüfte und das Kleid Christi sind mit Blut besprengt worden, und durch das Verdienst dieses Blutes und des Leidens ist Christus der König der Könige und der Herr der Herrschenden geworden. Wie er also auf dem Haupte den Namen der Gottheit trägt, deren Sinnbild das Haupt ist (nach dem Worte: Auf seinem Haupte waren viele Kronen, und er hatte einen geschriebenen Namen, den Niemand kennt, als er selbst);[5] so trägt er auf der Hüfte seiner Menschheit einen Namen, den Alle kennen, nämlich daß er als Mensch der König der Könige und der Herr der Herr= schenden ist."[6]

Versteht man endlich unter dem Sitzen zur Rechten des Vaters die richterliche Gewalt, so gebührt dieselbe Christo auch als Menschen, wie dieß alle Schriftstellen beweisen, welche von

---

[1] De orthod. fide Libr. IV. c. 2.   [2] Serm. 73.   [3] Apoc. c. XIX. v. 16.   [4] Homil. 15. in Ezech.   [5] Apoc. c. XIX. v. 12. [6] Corn. a Lap. in Apoc. c. XIX. v. 16.

ihm als Richter sprechen, und diese Gewalt ihm als Gott=
Menschen und als Menschensohne zuschreiben; weil er dieselbe
als Mensch durch seine freiwillige und unschuldige Unterwerfung
unter alle menschlichen Richterstühle und durch seine freiwillige
und unschuldige Verurtheilung zum Tode verdient hat, wie er
selbst darauf hingewiesen, indem er zu seinen Richtern im Hohen=
rathe sprach: „Von nun an werdet ihr den Menschensohn zur
Rechten der Kraft Gottes sitzen, und auf den Wolken des Himmels
kommen sehen."[1] Er hat auch an einer andern Stelle erklärt:
„Des Menschen Sohn wird in der Herrlichkeit seines Vaters
mit seinen Engeln kommen, und dann Jedem vergelten nach
seinen Werken."[2] Er spricht da immer von sich als von dem
Menschensohne, als von dem Menschen. Er besitzt die richter=
liche Gewalt auch als Mensch. Daher schreibt der heilige Augu=
stinus: „Im Gerichte über die Lebendigen und Todten wird
den Vater Niemand sehen, sondern Alle werden den Sohn sehen,
weil er des Menschen Sohn ist; damit er auch von den Gott=
losen gesehen werden kann, da auch jene ihn sehen werden, die
ihn durchstochen haben."[3]

So sitzt nun Christus auch als Mensch zur Rechten seines
himmlischen Vaters in der göttlichen Seligkeit, Herrlichkeit, Macht,
Würde und Richtergewalt.

Wenn also der heilige Johannes Damascenus sagt: „Die
Rechte des Vaters nennen wir die Glorie und Würde der
Gottheit,"[4] welche der menschlichen Natur nicht zukommen kann;
so ist dieß so zu verstehen, „daß die Menschheit Christi nicht
nach der Beschaffenheit ihrer Natur die Glorie und Würde der
Gottheit, dieselbe jedoch vermöge der Person besitze, mit welcher
sie vereiniget ist."[5] Deßhalb setzt der heilige Johannes zu den
oben angefügten Worten hinzu: „In welcher (Glorie und Würde
der Gottheit) der Sohn Gottes als Gott und dem Vater gleich=
wesentlich von Ewigkeit her besteht, und mit seinem verherrlichten
Fleische sitzt; denn er wird mit derselben Anbetung sammt seinem
Fleische von allen Geschöpfen angebetet."[6]

---

[1] Matth. c. XXVI. v. 64.   [2] Ibid. c. XVI. v. 27.   [3] De Trinit.
Libr. I. c. 13.   [4] De orthod. fide Libr. IV c. 2.   [5] Loc. cit. ad 1.
[6] Loc. cit.

Eben so wenig kann dieser Wahrheit die Stelle des heiligen Paulus entgegengestellt werden, an der er sagt, daß der Sohn Gottes dem Vater unterworfen sein werde: „Wenn ihm Alles unterworfen sein wird, dann wird auch der Sohn selbst dem unterworfen sein, der ihm Alles unterworfen hat, damit Gott Alles in Allen sei;"[1] und man kann daraus nicht folgern, daß Christus, wenn er dem Vater unterworfen ist, als Mensch nicht mit ihm regieren, und herrschen könne, da, wer mitregiert, und mitherrscht, nicht zugleich unterworfen sein kann.   Denn „Christus ist als Mensch zwar der Beschaffenheit der menschlichen Natur nach dem Vater unterworfen, und darnach kommt ihm das Sitzen zur Rechten des Vaters nicht vermöge einer Gleichheit, in wie fern er Mensch ist, zu.   So aber gebührt ihm doch das Sitzen zur Rechten des Vaters, in wie fern dadurch der Vorzug in der Seligkeit und die richterliche Gewalt über alle Geschöpfe bezeichnet wird."[2]   Denn auch dieß bedeutet das Sitzen zur Rechten des Vaters, und so sitzt er daselbst als Mensch.

Man kann endlich auch die Worte Christi: „Der Vater ist größer, als ich;"[3] gegen die erörterte Wahrheit nicht geltend machen, und sagen, die göttliche Ehre, die göttliche Würde und die göttlichen Güter bedeuten ja eine Gleichheit mit Gott; diese Gleichheit aber komme dem Menschen nicht zu; also könne Christus auch in diesem Sinne nicht als Mensch zur Rechten des Vaters sitzen.   Allein, wenn auch zugegeben werden muß, daß Christus nach seiner menschlichen Natur nicht in der Gleichheit mit dem Vater sein könne; so ist er doch in dieser Gleichheit mit dem Vater seiner göttlichen Person nach, und diese Person hat die menschliche Natur unzertrennbar angenommen; sie ist die Natur dieser Person geworden.   Als solcher gebührt ihr aber wegen ihrer göttlichen Person auch die göttliche Ehre und Würde.   Die vorzüglicheren göttlichen Güter vor allen übrigen Geschöpfen aber gebühren der Menschheit Christi auch als solcher;[4] weil sie an Gnadenfülle, an Verdiensten und an Seligkeit alle Geschöpfe unermeßlich und unerreichbar übertrifft, und die Richtergewalt über alle Geschöpfe besitzt.

---

[1] I. Cor. c. XV. v. 28.   [2] Loc. cit. ad 2.   [3] Joann. c. XIV. v. 28.   [4] Loc. cit. ad 3.

Zur Theilnahme an der Seligkeit und Herrlichkeit, an dem Reiche und an der Herrschaft des Herrn im Himmel, selbst am Gerichte sind Alle, die gerecht und heilig leben, und als Gerechte und Heilige vollenden, berufen, wie die Glieder des Leibes an dem Wohlbefinden und an der Verherrlichung des Hauptes ihren Antheil haben. Es ist aber die Bedingniß gesetzt, daß wir dem göttlichen Erlöser auch im Leben und im Tode gleichförmig werden. Wir müssen dadurch den Himmel verdienen, wie der Herr selbst seine Verklärung und Herrlichkeit, die seiner Mensch= heit schon wegen ihrer Vereinigung mit der Gottheit gebührte, in seiner Menschheit überdieß als Lohn für seine Verdienste sich erworben hat, nach seinem Worte: „Mußte nicht Christus dieß leiden, und so in seine Herrlichkeit eingehen?"[1] Es kostet Arbeiten, Leiden, Kämpfe und Opfer, wie sie die göttliche Vor= sehung Jedem zumißt. Der heilige Papst Leo sagt: „Nicht denen, die da schlafen, wird das Himmelreich zu Theil, und die ewige Seligkeit jenen, die im Müßiggange und in der Trägheit dahinstarren, nicht aufgedrungen werden."[2] Der göttliche Heiland selbst hat erklärt: „Das Himmelreich leidet Gewalt, und die Gewalt brauchen, reißen es an sich;"[3] und ferner: „Gehet ein durch die enge Pforte; denn weit ist das Thor, und breit der Weg, welcher zum Verderben führt; und Viele sind es, die da hindurchgehen. Wie enge ist die Pforte, und schmal der Weg, welcher zum Leben führt; und Wenige sind es, die ihn finden."[4] Ebenso schreibt der heilige Paulus: „Wer auch im Wettkampfe streitet, wird nicht gekrönt, wenn er nicht gesetzmäßig gekämpft hat."[5] Daher „machen nicht die lasterhaften und todbringenden Ergötzlichkeiten selig, nicht der Reichthum, der zur Genußsucht reizt, nicht die eitle Ehrsucht, nicht die vergänglichen Würden, sondern nur die Unschuld, nur die Gerechtigkeit, deren gesetz= mäßiger und würdiger Lohn die Unsterblichkeit ist."[6] So sagt auch der heilige Augustinus: „Zum Himmelreiche führen nicht die Herrlichkeit der Welt, nicht die Menge der Reichthümer, nicht der Adel des Geschlechtes, nicht die Wissenschaft, nicht die Weisheit, nicht die Beredtsamkeit, sondern nur die Gnade, und

---

[1] Luc. c. XXIV. v. 26. [2] Serm. 5. de Epiphan. [3] Matth. c. XI. v. 12. [4] Ibid. c. VII. v. 13. 14. [5] II. Tim. c. II. v. 5. [6] Lact. Firm. De ira Dei Libr. I. c. 23.

die Tugenden, und die guten Werke."[1] Da wir aber Alle
Sünder sind, gilt uns auch das Wort des heiligen Bonaventura:
„Durch Mühsal und Leiden, durch Seufzen und Weinen gewinnt
man das Reich Gottes; durch Lust und Ehre geht das Paradies
verloren."[2] Ist aber der ewige Himmel nicht Alles werth?
„Darum ermüden wir nicht", sagt der heilige Paulus, „sondern
wenn auch unser äußerer Mensch aufgerieben wird, so wird doch
der innere von Tag zu Tag erneuert. Denn unsere gegenwärtige
Trübsal, die augenblicklich und leicht ist, bewirkt eine über=
schwängliche, ewige, Alles überwiegende Herrlichkeit in uns."[3]
— „Denn ich halte dafür, daß die Leiden dieser Zeit nicht zu
vergleichen seien mit der zukünftigen Herrlichkeit, die an uns
offenbar werden wird."[4] Denn wir werden an der Herrlichkeit
Christi theilnehmen, und ihm in derselben in dem Grade gleich=
förmig sein, in welchem wir ihm auf Erden in der Heiligkeit
und Vollkommenheit gleichförmig gewesen sein werden, wiewohl
wir weder hier noch dort eine Gleichheit mit ihm erreichen
können.

Vierter Abschnitt.

Das Sitzen zur Rechten des Vaters ist Christo eigenthümlich.[5]

Das Sitzen zur Rechten des Vaters, wie wir es bisher
erwogen haben, ist Christo, dem Herrn eigenthümlich, und kommt
ihm allein, einzig und ausschließlich zu. Diese Wahrheit bedürfte
eigentlich keines ferneren Beweises mehr, sondern ist aus dem,
was wir bisher erörtert haben, von selbst klar und einleuchtend.
Denn diese Folgerung zieht auch der heilige Thomas, indem
er schreibt: „Es ist gesagt, daß Christus zur Rechten des Vaters
sitze, in wie fern er nach der göttlichen Natur in der Gleichheit
des Vaters ist, nach der menschlichen Natur aber in einem vor=
züglicherem Besitze der göttlichen Güter vor allen andern Geschöpfen
sich befindet. Beides aber kommt Christo allein zu. Daher

---

[1]) Serm. 23. ad Fratr. in eremo.   [2]) In Alphab. Religios. lect. 11.
[3]) II. Cor. c. IV. v. 16. 17.   [4]) Rom. c. VIII. v. 18.   [5]) Loc. cit. a. 4.

kommt es keinem Andern, weder einem Engel, noch einem Menschen,
zu, zur Rechten des Vaters zu sitzen, sondern nur Christo
allein."[1] Christus steht als das persönliche und ewige Wort
des Vaters zum Vater in der Beziehung des natürlichen Sohnes,
und diese Beziehung bedeutet „das Sitzen". Als der ewige
Sohn des Vaters besitzt Christus mit dem Vater dieselbe gött=
liche Natur und Wesenheit, dieselbe Gottheit, und diese bedeutet
„die Rechte des Vaters." Nun aber kann kein bloßes Geschöpf
in der Beziehung eines natürlichen Sohnes zum himmlischen
Vater stehen, denn es müßte eine göttliche Person werden; und
kein Geschöpf kann mit Gott dem Vater die gleiche göttliche
Natur und Wesenheit, die gleiche Gottheit besitzen, denn es müßte
Gott werden. Somit kann auch kein Geschöpf so zur Rechten
des Vaters sitzen, und kommt dieß einzig, allein und eigenthümlich
Christo als Gott und als dem natürlichen Sohne Gottes zu.

Die vorzüglichsten Güter Gottes besitzt Christus als Mensch
wegen der Gnadenfülle, wegen der Verdienste und wegen der
Würde seiner menschlichen Natur in ihrer wesentlichen und
persönlichen Vereinigung mit der Gottheit, und auch hierin kann
ihm kein Geschöpf gleichkommen. Wird also dieß unter dem
Sitzen zur Rechten des Vaters verstanden; so kommt es Christo
auch als Menschen ausschließlich zu, so zur Rechten des Vaters
zu sitzen.

Diese Wahrheit hat der heilige Paulus der Welt verkündet,
indem er von dem menschgewordenen Sohne Gottes an die
Hebräer geschrieben: „Wenn er (der Vater) den Erstgebornen
abermals in die Welt einführt, spricht er: Es sollen ihn anbeten
alle Engel Gottes! Und in Bezug auf die Engel sagt er zwar:
Er macht seine Engel zu Winden (wegen ihrer Schnelligkeit in
der Vollziehung seiner Befehle), und seine Diener zu Feuer=
flammen (wegen ihrer Kraft in der Ausführung der Befehle);
aber zum Sohne spricht er: Dein Thron, o Gott! steht immer
und ewig. — Und zu welchem der Engel hat er je gesagt:
Setze dich zu meiner Rechten, bis ich deine Feinde zum Schemel
deiner Füße gelegt haben werde? Sind sie nicht alle dienende
Geister, ausgesendet zum Dienste um derer willen, welche die

---

[1]) Loc. cit. o.

Erbschaft des Heiles erlangen werden."[1]   Da werden Christo,
dem Herrn, göttliche Güter zugeeignet, wie sie kein Engel besitzt,
und alle Engel vom Sitzen zur Rechten Gottes ausgeschlossen.
Daraus zieht der heilige Thomas die Schlußfolgerung: „Nun
aber stehen die Engel höher, als die andern Geschöpfe. Also
kommt es keinem Andern, als Christo, zu, zur Rechten des
Vaters zu sitzen."[2]

Aber es hat ja Christus, der Herr, selbst erklärt, daß auch
Menschen mit ihm zur Rechten des Vaters sitzen werden. Denn
als die Mutter der Söhne des Zebedäus den Herrn gebeten
hatte: „Sprich, daß diese meine zwei Söhne in deinem Reiche,
einer zu deiner Rechten, und einer zu deiner Linken, sitzen
werden;"[3] wendete sich Christus zu diesen Söhnen, und sprach:
„Ihr wisset nicht, um was ihr bittet. — Das Sitzen zu meiner
Rechten oder Linken euch zu geben, steht nicht mir zu, sondern
welchen es von meinem Vater bereitet ist."[4] Also gibt es auch
für Andere ein Sitzen zur Rechten des Vaters mit Christus,
und kommt dieß nicht Christo allein zu. Darauf antwortet der
heilige Chrysostomus: „Jener Ort (nämlich der Sitz zur Rechten
Gottes) ist Allen unzugänglich, nicht nur den Menschen, sondern
auch den Engeln, wie ihn auch Paulus als den bezeichnet,
welcher dem Eingebornen besonders eigen ist, indem er sagt:
Zu welchem der Engel hat er je gesprochen: Setze dich zu
meiner Rechten? Der Herr hat also nicht, als wenn es Solche
gäbe, die dort sitzen würden, sondern nur denen, die da fragten,
auf ihre Bitte geantwortet; denn um dieses Eine nur haben sie
ersucht, bei ihm zu sein."[5] Uebrigens würde das Sitzen zur
Rechten des Sohnes nur die verhältnißmäßige und entsprechende
Theilnahme an den Gütern Gottes, an der Seligkeit und Herrlichkeit des Himmels bedeuten.

Wenn aber der heilige Paulus schreibt: „Gott aber, der
reich ist an Erbarmung, hat um seiner überaus großen Liebe
willen, mit der er uns geliebt, uns, die wir todt waren in
Sünden, mitbelebt in Christus, durch dessen Gnade ihr erlöst
worden seid, und mitauferweckt, und mitversetzt in den Himmel

---

[1] Hebr. c. I. v. 6.—14.   [2] Loc. cit. o.   [3] Matth. c. XX. v. 21.
[4] Ibid. v. 22. 23.   [5] Homil. 66. in Matth.

in Christus Jesus;"[1] lehrt der Apostel damit nicht offenbar, daß die Heiligen im Himmel mit Christus zur Rechten des Vaters mitsitzen werden, und daß dieß also Christo nicht eigen= thümlich zukomme? Allein Christus, der Herr, hat seinen mensch= lichen Leib auferweckt, ihn wieder belebt, und seine menschliche Natur in den Himmel zur Rechten des Vaters versetzt; in ihm ist also die menschliche Natur so erhoben worden. Da nun die Heiligen alle der menschlichen Natur theilhaftig sind, so ist diese ihre Natur in Christus so verherrlichet worden; und daher kann man in so fern sagen, auch sie seien in Christus so verherrlichet worden. Daraus folgt aber keineswegs, daß diese menschliche Natur auch in andern Individuen, welche derselben theilhaftig sind, so, wie in Christus, verherrlichet werden müsse, oder ver= herrlichet werden könne. Oder folgt daraus, daß alle Menschen dieselbe Natur besitzen, auch, daß alle menschlichen Individuen dieselben Kräfte und Fähigkeiten besitzen müssen, dieselben Ver= dienste sich erwerben können, denselben Lohn sich zu verschaffen vermögen, fähig seien, alle Staatsämter zu versehen, und für würdig befunden werden, zu regieren, zu richten, auf Herrscher= thronen zu sitzen? Daß der Apostel seine Worte in keinem andern Sinne verstanden habe, erhellt auch daraus, daß alle jene, an die er sie gerichtet hat, und er selbst noch nicht gestorben, somit noch nicht auferweckt, nicht wieder belebt, nicht in den Himmel versetzt waren. Gleichwohl aber redete er von allem dem, als wenn es schon geschehen wäre. Er konnte daher nur die mensch= liche Natur Christi verstehen, an welcher dieses Alles bereits vollzogen war, in derselben auch unsere Natur sehen, und daher in Christus uns miteinbegreifen. Dazu aber hatte er den triftigsten Grund. Denn im Haupte werden auch die Glieder geehrt, und verherrlichet. Nun aber ist Christus unser Haupt.[2] Somit konnte der Apostel das, was er hier von Christus gesagt hat, auch von uns sagen; besonders da wir berufen sind, daran wirklich theilzunehmen. Daher schreibt der heilige Thomas: „Weil Christus unser Haupt ist, ist das, was Christo zu Theil geworden, auch uns zu Theil geworden. Weil er also schon

---

auferweckt worden ist, deßhalb sagt der Apostel, daß Gott in
ihm gewisser Maßen auch uns mitauferweckt habe, obwohl wir
in uns selbst noch nicht auferweckt worden sind, sondern erst
auferweckt werden müssen, nach dem Worte: Der Jesum Christum
von den Todten auferweckt hat, wird auch eure sterblichen Leiber
lebendig machen;[1] und nach derselben Redeweise fügt der Apostel
hinzu, daß er uns in den Himmel mitversetzt habe, nämlich
eben dadurch, daß unser Haupt, welches Christus ist, dort
sitzt."[2] Nach dem jüngsten Tage aber wird das Wort des
Apostels an den Heiligen des Himmels in aller Wirklichkeit
erfüllt sein; denn sie werden mit Christus auferweckt, mit ihm
wiederbelebt, und mit ihm in den Himmel versetzt sein. Was
aber unter bestimmten Bedingnissen unfehlbar sein wird, und
was man in der Erfüllung dieser Bedingnisse mit Sicherheit
hofft, das besitzt man gleichsam schon jetzt; und in diesem Sinne
gilt das Wort des Apostels für Alle, die ein heiliges Leben
führen, auch in der Gegenwart. In sittlicher Beziehung endlich
verwirklichet sich das Wort des Völkerlehrers alle Tage in den
Sündern, die vom Tode der Sünde auferweckt werden, in den
Gerechtfertigten, welche in der Gnade und in der Kindschaft
Gottes zu guten und verdienstlichen Werken belebt werden, und
in den Heiligen, „deren Wandel im Himmel ist."[3] — „Aber
Alles und in Allem ist Christus."[4]

Eine weitere Schwierigkeit könnte sich aus dem Begriffe
des Sitzens zur Rechten Gottes ergeben. Denn der heilige
Augustinus sagt: „Christus sitze zur Rechten des Vaters, bedeutet
so viel, als er wohne in seiner Seligkeit."[5] Aber dasselbe muß
man ja von allen Engeln und Heiligen sagen. Wie kann also
dieses Sitzen, dieses Wohnen in der Seligkeit des Vaters Christo
ausschließlich und eigenthümlich zugeschrieben werden? Darauf
ist zu erwiedern: Es besteht unter den Sitzen und Wohnungen
des Himmels ein großer Unterschied; denn Christus, der Herr,
selbst sagt: „Im Hause meines Vaters sind viele Wohnungen."[6]
Denn die Wohnungen bedeuten den himmlischen Lohn, die ewige
Seligkeit, welche dem Wesen nach alle Himmelsbewohner in der

---

[1] Rom. c. VIII. v. 11.   [2] Loc. cit. ad 1.   [3] Philipp. c. III.
v. 20.   [4] Coloss. c. III. v. 11.   [5] De symbol. Libr. c. 4.   [6] Joann.
c. XIV. v. 2.

Anschauung und im Besitze Gottes genießen; die Vielheit der Wohnungen aber weist auf das verschiedene Maß der Seligkeit hin, welches nach der Verschiedenheit der Verdienste und der Würdigkeit ein verschiedenes ist. „Das Wort v i e l e deutet an, daß im Himmel die Grade und Ordnungen der Seligkeit und Herrlichkeit verschieden sein werden. Jeder Heilige wird im Himmel seinen Platz haben, jeder seine Seligkeit, jeder seine Herrlichkeit, nach seinen Verdiensten aber verschieden."[1] Doch wird kein Heiliger den andern beneiden; denn der heilige Papst Gregorius sagt: „In den vielen Wohnungen wird die Verschiedenheit der Belohnungen eine einträchtige sei; weil uns in jenem Frieden eine so mächtige Liebe verbindet, daß Jeder, was er an sich nicht empfangen hat, an dem Andern empfangen zu haben, sich freut."[2] Sind nun die Grade der Seligkeit im Himmel nach der Verschiedenheit des Verdienstes und der Würdigkeit verschieden, so ist die Glorie des Herrn, weil auch sein Verdienst und seine Würde, über den ganzen Himmel unermeßlich und unerreichbar erhaben; und daher sagt der heilige Thomas:[3] „Weil die Rechte die göttliche Seligkeit ist; so bedeutet das Sitzen zur Rechten (in Christus) nicht, einfachhin in der Seligkeit sein, sondern die Seligkeit mit einer Herrschergewalt und als die ihm eigenthümliche und natürliche besitzen; und dieß kommt Christo allein zu, nicht aber irgend einem andern Geschöpfe. Man kann jedoch sagen, daß jeder Heilige, welcher in der Seligkeit ist, zur Rechten Gottes sich befinde. Daher ist gesagt: „Die Schafe wird er (Christus im Gerichte) zu seiner Rechten stellen;"[4] und dieß wegen der Theilnahme an der Seligkeit und Herrlichkeit des göttlichen Erlösers, wie er zu seinen Aposteln gesprochen: „Wahrlich sage ich euch), daß auch ihr, die ihr mir nachgefolgt seid, bei der Wiedergeburt, wenn des Menschen Sohn auf dem Throne seiner Herrlichkeit sitzen wird, auf zwölf Thronen sitzen, und die zwölf Stämme Israels richten werdet;"[5] und die Verheißung gegeben hat: „Wer überwindet, dem will ich geben, mit mir auf meinem Throne zu sitzen; gleichwie auch ich über-

---

[1] Corn. a Lap. in h. l.　　[2] Moral. c. 31.　　[3] Loc. cit. ad 2.
[4] Matth. c. XXV. v. 33.　　[5] Ibid. c. XIX. v. 28.

wunden, und mit meinem Vater auf seinen Thron mich gesetzt habe."[1] Hieher gehört auch sein anderes Wort: „Ich bereite euch das Reich, wie es mir mein Vater bereitet hat; daß ihr esset, und trinket an meinem Tische in meinem Reiche."[2] Theil=nehmer aus Gnade sind die Heiligen, aber nicht Eigenthümer von Natur aus; und das ist in diesem unendlichen Besitze der unendliche Unterschied zwischen dem Sitzen Christi und dem Sitzen der Heiligen zur Rechten Gottes, wie auch der Unter=schied in der Person, in der Gnadenfülle, in den Verdiensten ein unermeßlicher ist.

Könnte man endlich aus jenen Worten des Herrn: „Wer überwindet, dem will ich geben, mit mir auf meinem Throne zu sitzen; gleichwie auch ich überwunden, und mich mit meinem Vater auf seinen Thron gesetzt habe;"[3] nicht den Schluß ziehen: Auf dem Throne des Vaters sitzen, bedeutet, zu seiner Rechten sitzen; also sitzen auch Andere mit ihm zur Rechten des Vaters? Was ist darauf zu erwiedern? Der Thron bedeutet die oberste Herrschergewalt über ein Reich, in welcher auch die Richtergewalt eingeschlossen ist. Es werden nun alle Heiligen mit Christus im Himmel regieren,[4] und mit ihm über die Feinde des Reiches Gottes zu Gericht sitzen,[5] wie sie auch Miterben Christi sein werden;[6] aber dieses Alles werden sie nicht als etwas ihnen eigenthümlich Zukommendes und als natürliche Kinder Gottes, wie Christus, sondern aus Gnade, und zwar durch die Gnade Christi, und als an Kindesstatt angenommene Kinder Gottes[7] besitzen; weßhalb auch der heilige Papst Gregorius sagt: „Weil wir die Herrschaft des Gerichtes vermöge der Kraft Christi empfangen, deßhalb sitzen wir gleichsam auf seinem Throne."[8] So lehrt auch der heilige Thomas, indem er sagt: „Durch den Thron wird die richterliche Gewalt bezeichnet, die Christus vom Vater hat; und darnach wird gesagt, daß er auf dem Throne des Vaters sitze. Andere Heilige aber haben dieselbe von Christus; und darnach wird von ihnen gesagt, daß sie auf dem Throne Christi sitzen;[9] nicht aber, daß sie auf dem Throne des Vaters sitzen. Christus besitzt das Reich, die Herrschaft und die Richter=

---

[1] Apoc. c. III. v. 21.   [2] Luc. c. XII. v. 29. 30.   [3] Loc. cit.
[4] Apoc. c. XXII. v. 5.   [5] I. Cor. c. VI. v. 3.   [6] Rom. c. VIII. v. 17.
[7] Ibid. v. 15. 16. 17.   [8] Moral. Libr. XXVI. c. 26.   [9] Loc. cit. ad 3.

gewalt als der natürliche Sohn und Erbe des Vaters, die Heiligen
aber nehmen daran als angenommene Kinder und Erben Antheil.
„Deßhalb haben auch die Söhne des Zebedäus nur einen Vorzug
vor Andern in der Theilnahme an der Richtergewalt Christi
verlangt, und daher nicht gebeten, zur Rechten oder Linken des
Vaters, sondern zur Rechten oder Linken Christi zu sitzen."[1]

Diese große Wahrheit gewährt Trost, Muth und Kraft den
Heiligen in allen Trübsalen, Leiden und Verfolgungen von Seite
der Bösen während ihres Lebens auf Erden. Beraubt man sie
ihres Eigenthums, so erhalten sie das Reich Christi im Himmel.
Beraubt man sie ihrer Ehre und ihres guten Namens, so erhalten
sie die himmlische Glorie und Herrlichkeit in der ewigen Seligkeit.
Unterdrückt man sie ungerechter Weise, so werden sie mit Christus
die Herrschaft über Alles theilen.   Werden sie unschuldig ange=
klagt, und verurtheilt, so werden sie mit Christus über ihre
Feinde und Verfolger zu Gericht sitzen.   Daher das Wort Christi,
des Herrn: „Selig sind, die Verfolgung leiden um der Gerech=
tigkeit willen; denn ihrer ist das Himmelreich. Selig seid ihr,
wenn euch die Menschen schmähen, und verfolgen, und alles
Böse mit Unwahrheit wider euch reden um meinetwillen. Freuet
euch, und frohlocket, denn euer Lohn ist groß im Himmel!"[2]

---

[1] Loc. cit. ad 4.   [2] Matth. c. V. v. 10. 11. 12.

Viertes Buch.

Die richterliche Gewalt Christi. [1]

Daß Gott jeden Menschen richten, und ihm, je nachdem er in seinem Leben auf Erden Gutes oder Böses gethan hat, vergelten werde, bezeugt die heilige Schrift des alten und des neuen Testamentes. So steht geschrieben: „Lasset uns Alle zusammen das Ziel aller Rede vernehmen: Fürchte Gott, und halte seine Gebote, denn das ist der ganze Mensch; und Alles, was geschieht, sei es Gutes, oder Böses, wird Gott um aller Uebertretungen willen in's Gericht bringen." [2] Und wieder: „So groß seine Barmherzigkeit ist, so groß ist seine Strafe; er richtet den Menschen nach seinen Werken." [3] Der heilige Paulus schreibt: „Es ist für den Menschen bestimmt, einmal zu sterben, darauf folgt das Gericht;" [4] und der Apostelfürst Petrus: „Weil ihr den als Vater anrufet, der ohne Ansehen der Person Jeden richtet; so wandelt in Furcht, so lange ihr hier pilgert." [5]

Selbst die gesunde Vernunft muß die Nothwendigkeit eines göttlichen Gerichtes anerkennen. Denn Gott hat den Menschen als ein vernünftiges, willenfreies, selbstbewußtes Wesen erschaffen, welches das Gute und das Böse als solches erkennt, das Gesetz in sich trägt, das erkannte Gute zu thun, und das erkannte Böse zu meiden, und sich selbst als zurechnungsfähig, und darum

---

[1] Loc. cit. q. 59.   [2] Eccles. c. XII. v. 13. 14.   [3] Eccli. c. XVI. v. 13.   [4] Hebr. c. IX. v. 27.   [5] I. Petr. c. I. v. 17.

als belohnungswürdig oder als strafbar anerkennen muß. Der Mensch erkennt auch), daß es auf Erden Niemanden gibt, der über das Verdienst oder über die Schuld gebührend urtheilen, belohnen, oder strafen könnte, weil die Erkenntniß und die Macht dazu fehlt. Er ist überzeugt, daß es eine ausgleichende Gerech= tigkeit geben müsse, die aber unter den Menschen nicht zu finden sei. Er sieht ein, daß es Gott nicht gleichgiltig sein könne, ob der Mensch gut, oder böse sei, ihn ehre, oder verachte, ihm wohlgefällig, oder mißfällig lebe, ihn darüber zur Rechenschaft ziehen, und ihm nach Gebühr vergelten müsse. Das Gericht ist Gott sich selbst und den Menschen schuldig. Daher lebt der Glaube an ein vergeltendes Gericht Gottes in allen, auch in den wildesten, Völkern. „Es wird aber nicht nur Jeder von uns für sich selbst Rechenschaft geben,"[1] sondern es muß auch ein allgemeines Weltgericht geben.

Der von der Welt verkannte und beleidigte Gott, der von der Welt verleugnete und verachtete Christus, die von der Welt gelästerte und mißhandelte Kirche, die von der Welt verwüstete und zerstörte Unschuld und Tugend, das von der Welt nicht bestrafte und oft belohnte Laster und Verbrechen, die in der Welt nie befriedigte Gerechtigkeit, „die ganze Welt, welche im Argen liegt",[2] fordern ein allgemeines Weltgericht; und obwohl Vieles in der Welt gerichtet, und gesühnt wird, bleibt doch unvergleichlich mehr nicht gerichtet, und nicht gesühnt, und „die Weltgeschichte ist nicht das Weltgericht." Die Gerechtigkeit Gottes ist dieses Weltgericht sich selbst und der ganzen Menschheit schuldig.

Auch dieses allgemeine Gericht ist in den heiligen Schriften klar und bestimmt vorhergesagt, die Zerstörung des Weltalls,[3] die Auferstehung von den Todten,[4] die Versammlung aller Menschen an einem Orte,[5] die Scheidung der Bösen von den Gerechten,[6] die Offenbarung der Gewissen,[7] die Erscheinung des Richters,[8] der Richterspruch und die Vollziehung desselben.[9]

---

[1] Rom. c. XIV. v. 12.	[2] I. Joann. c. V. v. 19.	[3] II. Petr. c. III. v. 10., Matth. c. XXIV. v. 29.	[4] Matth. c. XXIV. v. 31., Joann. c. V. v. 28. 29. I. Cor. c. X. v. 42. et seqq.	[5] Joël. c. III. v. 2.	[6] Matth. c. XIII. v. 49. c. XXV. v. 32. 33.	[7] Ibid. c. X. v. 26., Luc. c. XXIII. v. 30.	[8] Matth. c. XXIV. v. 30.	[9] Ibid. c. XXV. v. 34.—46.

Sowohl dieses allgemeine Gericht am Ende der Welt über die gesammte Menschheit, als auch das besondere Gericht über jeden einzelnen Menschen nach seinem Tode hält Christus, der Herr.

Denn der heilige Apostelfürst Petrus bezeugte von Christus: „Er hat uns geboten, dem Volke zu predigen, und zu bezeugen, daß er es sei, der von Gott verordnet worden ist zum Richter der Lebendigen und der Todten." [1] Der heilige Apostel Paulus schrieb an die Römer: „Dazu ist Christus gestorben, und auf=erstanden, daß er sowohl über die Todten als auch über die Lebendigen herrsche. Denn es steht geschrieben: So wahr ich lebe, spricht der Herr, vor mir werden sich alle Kniee beugen, und alle Zungen werden Gott bekennen. [2] Demnach wird Jeder von uns für sich Rechenschaft geben." [3] Er schrieb an die Corinther: „Wir Alle müssen offenbar werden vor dem Richter=stuhle Christi, damit Jeder empfange, je nachdem er in seinem Leibe Gutes oder Böses gethan hat." Christus, der Herr, selbst hat erklärt: „Der Vater richtet Niemanden, sondern hat das ganze Gericht dem Sohne übergeben; damit Alle den Sohn ehren, wie sie den Vater ehren." [4] Er hat wiederholt erklärt: „Er hat ihm Macht gegeben, auch Gericht zu halten, weil er der Menschensohn ist." [5] Er hat endlich vorhergesagt, daß er das allgemeine Weltgericht halten werde, und alle Umstände, desselben vorausverkündet." [6] Darüber kann also kein Zweifel bestehen, daß jeder Mensch für sich im Besondern, und alle Menschen gemeinschaftlich werden gerichtet werden; daß es ein besonderes Gericht, und ein allgemeines Weltgericht gebe, und daß alles Gericht Christo, dem Herrn, übertragen worden sei. Es fragt sich nun aber vor Allem, warum und wie Christo, dem Herrn, das Richteramt zukomme; und darüber wollen wir den englischen Lehrer hören.

---

[1] Act. Apost. c. X. v. 42.   [2] Isai. c. XLV. v. 24.   [3] Rom. c. XIV. v. 11. 12.   [4] Joann. c. V. v. 22. 23.   [5] Ibid. v. 27.   [6] Matth. c. XXIV. et XXV.

Erster Abschnitt.

Die richterliche Gewalt ist Christo auf eine besondere Weise zuzuschreiben.[1]

Wie alle Werke nach außen, so kommt auch das Gericht über alle Engel und Menschen allen drei göttlichen Personen zu. Denn „um Gericht zu halten, sind drei Dinge erforderlich; und zwar erstens die Macht, die Unterthanen im Zaume zu halten. Deßhalb ist gesagt: Trachte nicht darnach, ein Richter zu sein, wenn du nicht Macht genug hast, dem Unrechte zu steuern.[2] Zweitens wird gerechter Eifer erfordert, daß nämlich Jemand nicht aus Haß, oder aus Mißgunst, sondern aus Liebe zur Gerechtigkeit Urtheile fälle, nach dem Worte: Wen der Herr liebt, den züchtiget er, und hat Wohlgefallen an ihm, wie ein Vater an dem Sohne.[3] Drittens ist Weisheit erforderlich, nach welcher das Urtheil zu bilden ist; weßhalb gesagt ist: Ein weiser Richter spricht Recht seinem Volke.“[4] So der heilige Thomas.[5] Diese drei Vollkommenheiten sind aber allen drei göttlichen Personen eigen: Die Allmacht, die Gerechtigkeit, die Weisheit; die Allmacht, der nichts widerstehen kann; die Gerech=tigkeit, die Niemanden Unrecht thun kann; die Weisheit, der nichts verborgen bleiben, die nicht irren kann. Darin ist nun Christus als Gott dem Vater und dem heiligen Geiste gleich, und steht ihm, wie dem Vater und dem heiligen Geiste, als Gott das Richteramt zu. Es steht ihm das Richteramt auch als Gott, als dem ewigen Sohne des Vaters, auf besondere Weise zu.

Denn die beiden ersteren Vollkommenheiten, die Allmacht nämlich und die Gerechtigkeit, werden als Vorbedingnisse zum Gerichte erfordert; „aber eigentlich ist es das Dritte (nämlich die Weisheit) wornach das Wesen des Gerichtes aufzufassen ist; weil der wesentliche Grund des Gerichtes (des Urtheiles) das Gesetz der Weisheit, oder der Wahrheit ist, nach welchem gerichtet (geurtheilt) wird. Weil nun der Sohn die vom Vater gezeugte

---

[1] Loc. cit. a. 1.   [2] Eccli. c. VII. v. 6.   [3] Prov. c. III. v. 12.
[4] Eccli. c. X. v. 1.   [5] Loc. cit. o.

Weisheit, und die von ihm ausgehende Wahrheit ist, und ihn vollkommen darstellt; deßhalb wird die richterliche Gewalt dem Sohne Gottes eigenthümlich zugeschrieben."[1]

Der englische Lehrer führt auch die Worte des heiligen Augustinus an, welcher sagt: „Diese ist jene unveränderliche Wahrheit, welche mit Recht das Gesetz aller Kunst und Weisheit genannt wird, und die Kunst und Weisheit des allmächtigen Werkmeisters. Wie aber wir und alle vernünftigen Wesen nach der Wahrheit über das, was uns unterworfen ist, recht urtheilen; so urtheilt auch über uns nur die Wahrheit selbst, wenn wir ihr anhangen; über sie aber urtheilt auch der Vater nicht, weil sie nicht geringer ist, als er. Deßhalb richtet der Vater, was er richtet, durch sie. — Der Vater richtet also Niemanden, sondern er hat alles Gericht dem Sohne übergeben."[2] Das Gesetz und die Norm alles Gerichtes ist die Wahrheit und Weisheit; nun aber ist Christus als der wesensgleiche Sohn des ewigen Vaters die persönliche Weisheit desselben; daher kommt ihm als dem Gottessohne alles Gericht, das nach dieser Weisheit geordnet sein muß, eigenthümlich und auf besondere Weise zu. Er selbst aber wird von Niemanden, auch nicht vom Vater, gerichtet; weil er als dessen persönliche Weisheit „ihn vollkommen darstellt", und ihm gleich ist. Gleichwohl aber ist seine Richtergewalt eine übertragene Gewalt, weil er die Weisheit vom Vater, durch die ewige Zeugung von ihm, empfangen hat.

Aber der heilige Paulus sagt: „Wer bist du, der du einen fremden Knecht richtest? Seinem Herrn steht, oder fällt er; er wird aber stehen, denn Gott ist mächtig, ihn stehend zu erhalten."[3] Scheint nach diesen Worten des Apostels das Gericht nicht dem zuzustehen, welcher der Herr eines Andern ist, und scheint der Apostel Gott selbst das Gericht nicht deßhalb zuzueignen, weil er der Herr ist? Diese Herrschaft aber steht allen drei göttlichen Personen gleichmäßig zu nach dem Glaubensbekenntnisse: „Herr ist der Vater, Herr der Sohn, Herr der heilige Geist."[4] Also scheint das Gericht nicht dem Sohne eigenthümlich zugeschrieben werden zu können, sondern allen drei Personen gemeinschaftlich

---

[1]) Ibid.   [2]) De vera Relig. c. 31.   [3]) Rom. c. XIV. v. 4.
[4]) Symbol. Athan.

zuzustehen. Was kann dagegen gesagt werden? Es ist wahr, daß das Richteramt allen drei Personen in Bezug auf die Herrschergewalt, Gerechtigkeit und Weisheit zukommt; aber es ist eben so wahr, daß der zweiten göttlichen Person die Weis= heit, weil sie die wesensgleiche und persönliche Weisheit des Vaters ist, eigenthümlich zukommt, daß die Weisheit der Wesens= grund alles Gerichtes ist, und daß ihr deßhalb auch alles Gericht eigenthümlich und auf eine besondere Weise zusteht, wie wir uns davon bereits überzeugt haben. In Bezug auf die Ober= herrschaft und Gerechtigkeit ist das Gericht dem Sohne mit dem Vater und dem heiligen Geiste gemeinsam, in Bezug auf die Weisheit aber eigenthümlich.[1]

Der Prophet Daniel scheint aber doch das Gericht dem Vater, nicht dem Sohne, eigenthümlich zuzuschreiben, wie ihm dieß in einem himmlischen Gesichte gezeigt worden ist; denn er sagt von dem, was er Wunderbares im Himmel früher gesehen hatte: „Ich schaute auf dasselbe hin, bis Throne gesetzt wurden, und der an Tagen Alte sich setzte; sein Kleid war weiß, wie der Schnee, die Haare seines Hauptes waren, wie reine Wolle, sein Thron Feuerflammen; dessen Räder brennendes Feuer. Ein reißender Feuerstrom ging von seinem Angesichte aus. Tausend= mal tausend dienten ihm, und zehntausendmal hunderttausend standen vor ihm; und das Gericht setzte sich, und die Bücher wurden aufgethan."[2] Unter diesen Sinnbildern ist nach den Schriftauslegern das göttliche Gericht dargestellt; der Alte an Tagen ist der ewige Vater, wie der heilige Hilarius sagt: „Im Vater ist die Ewigkeit;"[3] der Thron und der Feuerstrom bedeuten das Gericht, dem nichts widerstehen, nichts sich entziehen kann. Es scheint daher, daß die Richtergewalt und das Richter= amt vielmehr dem Vater, als dem Sohne, zugeschrieben werden müsse. Hierauf ist jedoch zu erwidern: Dieses Alles verhält sich so, wenn man auf den Ursprung der göttlichen Personen sieht; denn in Bezug auf den Ursprung ist der Vater von keinem Andern, sondern von Ewigkeit her aus und von sich selbst, weßhalb ihm in diesem Sinne die Ewigkeit zugeschrieben wird.

---

[1]) Loc. cit. ad 1.   [2]) Dan. c. VII. v. 9. 10.   [3]) De Trinit. Libr. II. circa princ.

Der Sohn aber ist vom Vater von Ewigkeit her gezeugt, und hat das Ewigsein vom Vater empfangen. Auf gleiche Weise ist die Richtergewalt ursprünglich und von Ewigkeit her im Vater, und dieselbe hat der Sohn vom Vater empfangen. Aber damit ist keineswegs gesagt, daß der Vater auch das Richteramt selbst ausübe; es wird vielmehr an derselben Stelle des Propheten klar angedeutet, daß der Vater das Amt, Gericht zu halten, dem Sohne übertragen habe. Denn der Prophet sagt: „Und ich schaute im Nachtgesichte, und sieh! es kam Einer in den Wolken des Himmels, wie der Sohn eines Menschen, und kam bis zu dem Alten an Tagen, und ward vor dessen Angesicht gebracht. Und (dieser) gab ihm Gewalt, und Ehre und das Reich, und alle Völker, Geschlechter und Zünger werden ihm dienen; seine Gewalt ist eine ewige Gewalt, die nicht genommen, und sein Reich (ein ewiges Reich) das nicht zerstört werden wird."[1] Das Alles aber schließt nothwendig und selbstverständlich auch die Richtergewalt und das Richteramt in sich; weil ohne diese Gewalt und dieses Amt die Macht, und die Ehre, und das Reich des Menschensohnes wirkungslos wäre. Der Vater übt daher die Richtergewalt und das Richteramt nicht durch sich selbst, sondern durch den Sohn aus. Auf diese Propheten= stelle scheint auch Christus, der Herr, hingewiesen zu haben, als er im Hohenrathe der Juden von seiner Ankunft zum Gerichte sprach: „Von nun an werdet ihr den Menschensohn zur Rechten der Kraft Gottes sitzen, und auf den Wolken des Himmels kommen sehen."[2] Es ist also „die Autorität, zu richten, beim Vater, und von ihm hat der Sohn die Gewalt, zu richten."[3]

Diese Gewalt, zu richten, hat aber ja auch der heilige Geist; denn Christus, der Herr, selbst hat vom heiligen Geiste erklärt: „Wenn dieser kommt, wird er die Welt überzeugen (überführen)[4] von der Sünde, und von der Gerechtigkeit, und von dem Gerichte; von der Sünde nämlich, weil sie an mich nicht geglaubt haben; von der Gerechtigkeit aber, weil ich zum Vater gehe, und ihr mich nicht mehr sehen werdet; und von dem Gerichte, weil der Fürst dieser Welt schon gerichtet ist."[5]

---

[1] Dan. c. VII. v. 13. 14.   [2] Matth. c. 26. v. 64.   [3] Loc. cit. ad. 2.   [4] Arguet.   [5] Joann. c. XVI. v. 8.—12.

Dieses Alles jetzt aber sicherlich eine Untersuchung, ein Urtheil, ein Gericht voraus. Muß man daher nicht sagen, daß auch der heilige Geist das Richteramt ausübe, und daß deßhalb dasselbe Christo, dem Herrn, nicht ausschließlich und eigenthümlich zukomme? — Es erhellt aber schon aus den Thatsachen, daß diese Worte Christi nicht so zu verstehen seien, als wenn der heilige Geist selbst ein solches Gericht vornähme; denn er hat dieß nie und nirgends gethan. Ferner bedeuten die Worte des Herrn klar und deutlich so viel, als belohnen, überweisen, über-zeugen; und wenn dieß auch in Bezug auf Schuld und Strafe geschieht, so heißt dieß noch nicht, Gericht halten; weil da kein Urtheil gefällt, und keine Strafe verhängt, sondern Thatsachen bezeugt werden. Endlich hat der heilige Geist selbst dieß nicht unmittelbar, sondern vermittelst der Gesandten Gottes, durch die Apostel ausgeführt, denen er Erleuchtung, Muth und Kraft dazu verliehen hat, wie der heilige Augustinus bemerkt: „So hat Christus, gesprochen, daß der heilige Geist die Welt von der Sünde überzeugen werde, als wenn er gesagt hätte: Er wird in euren Herzen die Liebe ausgießen; denn so werdet ihr mit Beseitigung aller Furcht die Freiheit besitzen, zu über-weisen.“[1] Uebrigens ist hier nicht davon die Rede, daß der heilige Geist ein Gericht halten, sondern bezeugen werde, daß das Gericht schon gehalten sei. Somit übt nicht der Vater, nicht der heilige Geist, sondern der Sohn das Richteramt aus, und ist dieß dem Sohne eigenthümlich. Es ist also die Lehre des heiligen Bonaventura festzuhalten, die er in den Worten niedergelegt hat: „Zu richten mit Autorität und mit Fällung des Urtheils, ist der ganzen Dreifaltigkeit eigen; zu richten mit dem Ausspruche des Urtheils und in offener Form, oder amts-halber, ist die Sache des Menschensohnes.“[2]

Der Glaube, daß Christus gesetzt ist zum Richter über die Lebendigen und über die Todten, über die Gerechten und über die Ungerechten, und daß er Jedem vergelten wird nach seinen Werken, „vor dem nichts verheimlichet, nichts geläugnet werden kann, und nicht aus der Ferne und anderswoher, sondern von innen heraus der Ankläger und der Zeuge erscheinen wird,“[3]

---

[1] Tract. 95. in Joann.   [2] Super Joann. c. V. v. 27.   [3] Euseb. Emissen. Homil. 8. ad Monachos.

ist wohl geeignet, das Wort des Apostels befolgen zu machen: „Wirket euer Heil mit Furcht und Zittern;"[1] und seinem Wunsche nachzustreben: „Er aber, der Gott des Friedens, heilige euch vollkommen, damit euer ganzer Geist, und Seele und Leib tabellos aufbewahrt werde für die Ankunft unsers Herrn Jesu Christi."[2]

Zweiter Abschnitt.

Die richterliche Gewalt kommt Christo auch als Menschen zu.[3]

Diese Wahrheit hat Christus, der Herr, selbst der Welt verkündet, und zugleich begründet. Denn er hat erklärt: „Gleich= wie der Vater das Leben in sich selbst hat, so hat er auch dem Sohne gegeben, das Leben in sich selbst zu haben; und er hat ihm Macht gegeben, Gericht zu halten, weil er der Menschen= sohn ist."[4] Als Sohn Gottes hat Christus mit der göttlichen Natur und Wesenheit auch das göttliche Leben vom Vater empfangen; denn diese Natur und Wesenheit ist das göttliche Leben, und das göttliche Leben ist die göttliche Natur und Wesenheit. Da ferner die göttliche Natur und Wesenheit im Sohne und im Vater die eine und dieselbe ist, so hat der Sohn, wie der Vater, diese Natur und Wesenheit in sich selbst; und da diese Natur und Wesenheit das Leben ist, so hat der Sohn, wie der Vater, auch das Leben in sich selbst. Das gilt nun von Christus, in wie fern er der Sohn Gottes, und mit dem Vater der gleiche Gott ist. Daher beweist auch der heilige Chrysostomus aus eben diesen Worten die Gottheit Christi.[5] Doch hat der Vater dieses Leben von sich, der Sohn aber vom Vater, und zwar so, daß sowohl der Vater als auch der Sohn dasselbe in sich selbst haben, „damit der Sohn", bemerkt der heilige Augustinus, „kein dürftiges Leben hätte, damit man nicht meine, er habe das Leben nur durch Theilnahme. Denn

---

[1] Philipp. c. II. v. 12.　[2] I. Thessal. c. V. v. 23.　[3] Loc. cit. a. 2.　[4] Joann. c. V. v. 26. 27.　[5] Homil. 39. in Joann.

wenn er das Leben nur durch Theilnahme hätte, so könnte er
es verlieren, und dadurch ohne das Leben sein; das nimm vom
Sohne nicht an, denke nicht, glaube nicht. Es bleibt also der
Vater das Leben, es bleibt auch der Sohn das Leben; der
Vater das Leben in sich selbst, nicht vom Sohne; der Sohn
das Leben in sich selbst, aber vom Vater."[1]

Da nun der Sohn, wie der Vater, in seiner Natur und Wesen=
heit, das Leben in sich selbst hat, „so ist dieses Leben auch die Quelle
alles Lebens in den Engeln, Menschen, Thieren und Pflanzen,
und es kann kein Leben geben, das nicht aus dieser reichhaltigsten
und lebendigen Quelle ausfließt. Daraus ergibt sich auch, daß,
das Leben in sich selbst haben, so viel ist, als, der Herr alles
Lebens sein; über Alles, was Leben hat, herrschen, das Leben
geben, erhalten, nehmen können nach Belieben."[2] Christus ist
also als Sohn Gottes die Quelle und der Herr alles Lebens.
Er ist dieß aber auch als Menschensohn.

Denn Gott wirkt durch das, was mit ihm unmittelbar
und zunächst verbunden ist, auf das, was ihm ferner steht;[3]
unmittelbar und zunächst verbunden ist ihm aber die Menschheit
Christi; und daher ist Christus auch als Menschensohn die
Quelle und der Herr alles Lebens, vor der Menschwerdung in
seiner Vorherbestimmung als die hervorbringende, vorbildliche
und Endursache von Allem: „Aus ihm, und durch ihn, und
in ihm (für ihn) ist Alles"[4]: „Um dessen willen, und durch
welchen Alles ist;"[5] und: „Alles besteht in ihm;"[6] nach seiner
Menschwerdung aber sagt er von seinem eigenen Leben: „Niemand
nimmt es von mir, sondern ich gebe es von mir selbst hin;
und ich habe Macht, es hinzugeben, und ich habe Macht, es
wieder zu nehmen."[7] Er sagt von dem Leben Anderer: „Ich
bin die Auferstehung und das Leben;"[8] und wir haben gesehen,
daß seine Auferstehung, die er in seiner Menschheit vollbracht
hat, die Ursache der Auferstehung der Todten ist.[9] Er hat
endlich diese Macht und Herrschaft über das Leben und über
den Tod auch in seinem Leben durch die Auferweckung der

---

[1] Tract. 19. in Joann.   [2] Corn. a. Lap. in h. l.   [3] Loc. cit. o.
[4] Rom. c. XI. v. 36.   [5] Hebr. c. II. v. 10.   [6] Coloss. c. I. v. 17.
[7] Joann. c. X. v. 18.   [8] Ibid. c. XI. v. 25.   [9] Buch II. Abschn. 1. 2.

Todten und durch sein Machtwort über den Feigenbaum, der nur Blätter und keine Frucht hatte, bewiesen: „Nimmermehr komme Frucht von dir in Ewigkeit! Und alsbald verdorrte der Feigenbaum."[1] Christus hat ja die Macht, Todte zu er= wecken, auch andern Menschen verliehen,[2] wie es die Apostel= geschichte und das Leben vieler Heiligen bestätiget. Genau so, wie mit dem Leben verhält es sich auch mit dem Gerichte.

Die richterliche Gewalt steht als der obersten Quelle und höchsten Autorität Gott zu, welcher der unumschränkte Herr aller Geschöpfe, der unendlich Heilige und Gerechte, der All= wissende und Allmächtige ist, der allein alles Gute und jedes Verdienst gebührend belohnen, alles Böse und jede Schuld gebührend bestrafen, der folglich, wie der vollberechtigte Gesetz= geber, so auch der angemessenste Richter und Vergelter sein kann. Wie nun Gott der Vater der ewige Ursprung des Sohnes ist, und dem Sohne seine Natur und Wesenheit, und mit dieser, das Leben in sich selbst zu haben, gegeben; so hat er ihm auch, die Richtergewalt und das Vergeltungsrecht in sich selbst zu haben, und auszuüben, gegeben. Daher sagt Christus, daß ihm der Vater „Gewalt gegeben habe, Gericht zu halten."[3]

Da aber Gott in Allem die weiseste Ordnung einhält, und durch die ihm zunächst verbundenen Wesen die ferner stehenden regiert, und die Menschheit Christi unmittelbar und wesentlich mit der Person und mit der Gottheit des Sohes vereiniget ist; so übt dieser seine Macht, Gericht zu halten, und den Gebrauch des Vergeltungsrechtes durch seine Menschheit, als Mensch aus, und deßhalb sagt er: „Er hat ihm Macht gegeben, auch Gericht zu halten, weil er der Menschensohn ist;"[4] das heißt, eben darum, weil diese Menschheit seiner Gottheit zunächst und auf das Innigste vereiniget ist.

Näher erklärt sich der Herr in folgenden Worten: „Ich kann nichts von mir selbst thun. Wie ich höre, so richte ich, und mein Gericht ist gerecht; denn ich suche nicht meinen Willen, sondern den Willen dessen, der mich gesendet hat."[5] Die ersteren Worte: „Ich kann nichts von mir selbst thun;" spricht

---

[1] Matth. c. XXI. v. 19.   [2] Matth. c. X. v. 8.   [3] Joann. c. V. v. 27.   [4] Ibid.   [5] Ibid v. 30.

er als der Sohn Gottes, weil alle Werke nach außen allen drei
göttlichen Personen zugleich zukommen, der Vater und der Sohn
dasselbe thun, und der Sohn nicht ohne den Vater Etwas, oder
etwas Anderes, oder anders thun kann. Die letzteren Worte
aber spricht er als Menschensohn, als Mensch; denn er kann
nicht als Gott, sondern nur als Mensch hören, das ist, den
göttlichen Willen vernehmen, wie er richten soll; und er kann
nur als Mensch nach demselben richten. Ueberdieß unterscheidet
er seinen menschlichen Willen ausdrücklich von dem göttlichen
Willen, welcher in ihm und im Vater der eine und derselbe ist,
und sagt damit, daß er mit seinem menschlichen Willen, als
Mensch, nach dem göttlichen Willen richte, und daher sein Gericht
gerecht sei. Christus ist nach seinen eigenen Worten auch als
Mensch der Richter über die Lebendigen und über die Todten.

Der göttliche Erlöser sagt an einer andern Stelle: „Der
Vater richtet Niemanden, sondern hat alles Gericht dem Sohne
übergeben; damit Alle den Sohn ehren, wie sie den Vater
ehren."[1] Der heilige Augustinus bemerkt, daß diese Worte den=
selben Sinn haben, wie die Worte: „Er hat ihm Macht gegeben,
Gericht zu halten, weil er der Menschensohn ist,"[2] und daß
jene in diesen wiederholt werden, und sagt von Christus: „Wann
hat er denn jene Macht, Gericht zu halten, nicht gehabt? Als
im Anfange das Wort war, und das Wort bei Gott war, und
das Wort Gott war, als Alles durch dasselbe gemacht wurde;
hat er damals die Macht, Gericht zu halten, nicht gehabt? Aber
ich sage demnach: Er hat ihm Macht gegeben, Gericht zu halten,
weil er der Menschensohn ist; in so fern hat er die Macht
empfangen, zu richten, als er der Menschensohn ist. Denn in
wie fern er Gottessohn ist, hat er die Macht immer gehabt.
Der hat sie empfangen, der gekreuziget worden ist."[3] Diese
Wahrheit liegt auch in den Worten des Herrn selbst. Denn
als Gott hat er mit dem Vater, weil dieselbe Natur und Wesen=
heit, auch dieselbe Autorität, Macht, Weisheit, Gerechtigkeit, um
Gericht zu halten; wenn nun der Vater Niemanden richtet, so
richtet auch der Sohn als mit dem Vater gleicher Gott Nieman=
den, und übt er die ihm als Gott zukommende Richtergewalt,

---

[1] Ibid. v. 22. 23.   [2] Loc. cit.   [3] Tract. 22. in Joann.

wie der Vater, nicht aus. Da ihm daher diese Gewalt, wie er sagt, vom Vater übergeben worden ist; so hat er dieselbe als Menschensohn von ihm empfangen, und übt sie als Menschen= sohn aus. Dieß erhellt auch aus den nachfolgenden Worten: „Damit Alle den Sohn ehren, wie sie den Vater ehren,"[1] die er als Grund angibt, warum ihm der Vater die Macht gegeben hat, zu richten. Denn als Gottessohn bedurfte er dieses Grundes nicht, weil ihm als Gott die gleiche Ehre gebührt, wie dem Vater, und Alle, die ihn als Gottessohn erkennen, ihm diese Ehre zollen müssen; als Menschensohn aber erhält er eben aus der Macht, zu richten, vor den Geschöpfen den Beweis, daß er diese göttliche Richtergewalt nur darum ausübe, weil er Gott und Mensch zugleich ist, und daß dem Gottmenschen die gleiche Ehre gebühre, wie dem Vater. Der Herr setzt hinzu: „Wer den Sohn nicht ehrt, der ehrt auch den Vater nicht, der ihn gesendet hat."[2] Er spricht hier von sich als von dem, der vom Vater gesendet worden ist, von sich als von dem Menschensohne, für den er, weil er die Richtergewalt hat, dieselbe Ehre fordert, und erklärt somit ausdrücklich, daß er als Menschensohn die richterliche Gewalt habe, und als Menschensohn richten werde.

Der heilige Thomas stellt die Worte des Herrn: „Wahrlich, wahrlich, sage ich euch, der Sohn kann nichts aus sich thun, wenn er es nicht vom Vater thun sieht;"[3] mit jenen Worten zusammen: „Der Vater richtet Niemanden, sondern hat alles Gericht dem Sohne übergeben;"[4] und schreibt: „Achte auf die wunderbare Verschiedenheit der Worte; denn dort wird uns der Vater als handelnd und der Sohn als ruhend dargestellt, da nämlich gesagt wird: Der Sohn kann nichts thun, wenn er es nicht vom Vater thun sieht; da aber wird uns umgekehrt der Sohn als handelnd, und der Vater als ruhend dargestellt: Denn der Vater richtet Niemanden, sondern hat alles Gericht dem Sohne übergeben. Dadurch wird zu erkennen gegeben, daß er da auf eine andere Weise, und auf eine andere Weise dort redet; denn dort spricht er vom Handeln, welches dem Vater und dem Sohne gemeinsam ist; hier aber spricht er vom Handeln, wodurch der Sohn als Mensch richtet, nicht aber der Vater,

---

[1] Loc. cit.   [2] Ibid. v. 23.   [3] Ibid. v. 19.   [4] Loc. supra cit.

weßhalb er sagt, daß er alles Gericht dem Sohne übergeben habe."[1] Da die Handlungen nach außen von Seite des Sohnes als Gott und die Handlungen nach außen von Seite des Vaters dieselben sind, hier aber gesagt ist, daß der Vater im Gerichte nicht handle, nicht richte, und vom Sohne gesagt ist, daß er im Gerichte handle, und richte; so kann dieses Handeln im Gerichte, dieses Richten vom Sohne nicht, in wie fern er Gott ist, sondern nur, in wie fern er Mensch ist, verstanden werden. Christus ist also als Mensch der Richter über die Lebendigen und über die Todten, und ihm ist als Menschen alles Gericht übergeben.

Dieselbe Lehre haben auch die heiligen Apostelfürsten der Welt verkündet. Denn der heilige Petrus sprach im Hause des Hauptmannes Cornelius zu Cäsarea von Christus: „Er hat uns geboten, dem Volke zu predigen, und zu bezeugen, daß er es sei, der von Gott verordnet worden ist zum Richter der Lebendigen und der Todten."[2] Petrus sprach hier von Christus als dem Menschensohne, wie seine vorausgehenden Worte es beweisen, indem er sagte: „Gott hat ihn, Jesum von Nazareth, mit dem heiligen Geiste und mit Kraft gesalbt, und er ist umhergezogen, hat Gutes gethan, und Alle, die vom Teufel überwältigt waren, geheilt; denn Gott war mit ihm. Und wir sind Zeugen von dem Allen, was er gethan im Lande der Juden und zu Jerusalem, und daß sie ihn getödtet haben, indem sie ihn an's Holz hingen. Diesen hat Gott am dritten Tage auferweckt, und ihn erscheinen lassen, nicht dem ganzen Volke, sondern den von Gott vorherbestimmten Zeugen, uns, die wir mit ihm gegessen, und getrunken haben, nachdem er von den Todten auferstanden war."[3] Hier ist nur vom Menschensohne, und zwar nach allen Seiten hin, die Rede, und von diesem sagt er, daß „er von Gott verordnet worden sei zum Richter der Lebendigen und der Todten." Zudem unterscheidet der Apostelfürst in diesen Worten ausdrücklich zwischen „Gott" und dem, welcher „verordnet worden ist", und bezeichnet damit klar und bestimmt den Menschensohn als den Richter über die Lebendigen

---

[1] In Joann. lect. 4. [2] Act. Apost. c. X. v. 42. [3] Act. Apost. c. X. v. 38.—42.

und über die Todten. Der heilige Paulus sprach vor dem
Areopage zu Athen: „Gott hat einen Tag bestimmt, an welchem
er den Erdkreis richten wird durch einen Mann, den er dazu
bestellt, und Allen als glaubwürdig dargethan, indem er ihn
von den Todten auferweckt hat."[1] Paulus nennt Christum
„den Mann", also den Menschen, dem Gott das Gericht über
den Erdkreis übergeben hat, und bezeichnet ebenfalls Christum
als den Menschensohn, dem von Gott die Richtergewalt und das
Richteramt übertragen worden ist. Dieselbe Wahrheit lehren
uns die Apostel in dem Glaubensbekenntnisse: „Ich glaube —
an Jesum Christum, — der kommen wird, zu richten die Leben=
digen und die Todten."[2]

Nicht anders lehren die heiligen Väter der Kirche. So
sagt der heilige Augustinus von Christus: „In wie fern er der
Sohn Gottes ist, hat der Vater, wie er das Leben in sich selbst
hat, so auch dem Sohne gegeben, das Leben in sich selbst zu
haben; in wie fern er aber des Menschen Sohn ist, hat er ihm
Macht gegeben, Gericht zu halten. — Er hat die Macht, zu
richten, deßhalb empfangen, weil er des Menschen Sohn ist;
denn in wie fern er der Sohn Gottes ist, hat er diese Macht
immer gehabt."[3] Eusebius von Emesa spricht: „Es wird also
derjenige kommen, um uns zu richten, der sich erinnert, daß er
für uns dem Gerichte unterworfen worden sei; es wird derjenige
kommen, um unser Leben zu untersuchen, welcher dasselbe durch
seinen Tod wiederhergestellt hat; jener, sage ich, wird über das
uns anvertraute Heil Rechenschaft von uns fordern, welcher zu
unserer Erlösung verurtheilt worden ist. Der so Vieles geopfert
hat, weiß, wie Vieles er zu fordern habe."[4] Auch der heilige
Chrysostomus schreibt von dem Gottmenschen: „Bedenke, wie
groß die Glorie, wie groß die Ehre, wie herrlich die Krone sein
werde, wenn der Richter sagen wird: Der hat mein Wort
bewahrt: Der hat meinen Glauben verkündiget: Der hat meine
Armen nicht verachtet: Der hat den Geiz mit Füßen getreten,
und ihm die Gerechtigkeit vorgezogen: Der hat die Welt ver=
schmäht, als wenn sie nicht wäre: Der hat mein Wort in Ehren

---

[1] Ibid. c. XVII. v. 31.   [2] Symbol. Apost.   [3] Tract. 19. in
Joann.   [4] Homil. de Symbolo.

gehalten!"[1] Der dieß gelehrt, und befohlen hat, wird darüber auch richten.

Der heilige Thomas führt verschiedene Gründe an, warum Christus als Mensch richtet. Er schreibt: „Der Vater wird im Gerichte nicht erscheinen, weil nach der Gerechtigkeit Gott in der eigenen Natur denen, die gerichtet werden sollen, nicht er= scheinen kann; denn da die Anschauung Gottes unsere Seligkeit ist, so würden die Bösen, wenn sie Gott in seiner eigenen Natur schauten, schon selig sein. Es wird also nur der Sohn erscheinen, weil nur er die angenommene (menschliche) Natur hat. Er wird also allein richten, weil er allein Allen erscheinen wird, jedoch mit der Autorität des Vaters;"[2] weil er vom Vater die Macht empfangen hat, Gericht zu halten. Der englische Lehrer will sagen: Ein ordentliches Gericht fordert, daß die, welche gerichtet werden sollen, ihren Richter sehen; würden nun die Bösen, die auch gerichtet werden müssen, Gott in seiner Natur sehen, so würden sie durch diese Anschauung, in welcher die Seligkeit besteht, schon selig sein. Dieß aber widerstreitet der göttlichen Gerechtigkeit. Daher wird weder der Vater, da er keine mensch= liche Natur hat, noch der Sohn in seiner Gottheit, sondern nur in seiner Menschheit im Gerichte erscheinen, welche auch von den Bösen gesehen werden kann, ohne daß sie dadurch selig werden. Daher schreibt er weiter: „Der Vater hat ihm, nämlich Christo, Macht gegeben, Gericht zu halten, weil er des Menschen Sohn ist, das heißt, nach seiner menschlichen Natur. Diese richterliche Gewalt aber ist Christo gegeben, in wie fern er Mensch ist, wegen Dreierlei. Erstens, damit er von Allen gesehen werde; denn der Richter muß von Allen, die gerichtet werden sollen, gesehen werden. Es werden aber die Guten und die Bösen gerichtet werden; und die Guten werden ihn in seiner Gottheit und Menschheit sehen, die Bösen aber können ihn in seiner Gottheit nicht sehen, weil diese Anschauung die Seligkeit der Heiligen ist, und er nicht angeschaut wird außer von denen, die eines reinen Herzens sind.[3] Damit er also im Gerichte nicht nur von den Guten, sondern auch von den Bösen gesehen werde,

---

[1] Homil. de coelo.   [2] In Joann. c. V. lect. 4.   [3] Matth. c. V. v. 8.

wird er in seiner menschlichen Gestalt richten, wie geschrieben
steht: Es werden ihn sehen alle Augen, und die ihn durch=
stochen haben.[1] Zweitens, weil er durch die Erniedrigung in
seinem Leiden die Herrlichkeit der Erhöhung verdient hat. Wie
daher der, welcher gestorben, auferstanden ist; so wird auch jene
Gestalt richten, welche gerichtet worden ist, und zu Gericht sitzen
der Mensch, der vor dem Menschen zu Gericht gestanden ist; er
wird aber die Schuldigen verdammen, der fälschlich zum Schul=
digen gemacht worden, wie Augustinus sagt,[2] nach dem Worte:
Dein Handel ist wie der eines Gottlosen gerichtet worden; du
wirst den Handel und das Gericht zurückerhalten.[3] Drittens,
um seine Milde anzudeuten. Daß ein Mensch vor Gott gerichtet
werde, scheint sehr schrecklich zu sein; denn schrecklich ist es, in
die Hände des lebendigen Gottes zu fallen;[4] aber daß der Mensch
einen Menschen zum Richter hat, erweckt Vertrauen, und deßhalb
wirst du einen Menschen zum Richter haben, damit du seine
Milde erfahrest. Wir haben keinen Hohenpriester, der mit unseren
Schwachheiten nicht Mitleid haben könnte.[5] So hat er (der
Vater) also Christo Macht gegeben, Gericht zu halten, weil er
des Menschen Sohn ist."[6]

In dem Abschnitte, mit welchem wir uns hier beschäftigen,
gibt der heilige Lehrer noch einen andern Grund an, warum
der Vater Christo als dem Menschensohne alles Gericht über=
tragen hat, und schreibt: „Man muß wissen, daß, obwohl die
erste Autorität, zu richten, Gott verbleibt, doch die richterliche
Gewalt von Gott auch Menschen über jene mitgetheilt wird,
welche der Gerichtsbarkeit derselben unterworfen sind. Deßhalb
ist gesagt: Richtet, wie es recht ist; und nachher wird hinzu=
gefügt: Denn es ist Gottes Gericht.[7] Oben aber[8] ist gesagt
worden, daß Christus auch in seiner menschlichen Natur das
Haupt der ganzen Kirche sei, und daß Gott Alles seinen Füßen
unterworfen habe.[9] Daher gebührt es ihm, daß er auch nach
seiner menschlichen Natur die richterliche Gewalt besitze."[10]

---

[1] Apoc. c. I. v. 7.   [2] De verb. Dom.   [3] Job. c. XXXVI. v. 17.
[4] Hebr. c. X. v. 31.   [5] Ibid. c. IV. v. 15.   [6] In Joann. c. V.
lect. 5.   [7] Deut. c. I. v. 16. 17.   [8] P. III. q. 8. a. 1. et 3.   [9] Ephes.
c. I. v. 22.   [10] Loc. cit. o.

Dem obersten Haupte und höchsten Herrn über Alles steht auch die Macht zu, Alles zu richten.

Was ist denn nun zu jenen Worten des heiligen Augu=
stinus zu sagen, mit welchen er erklärt, „daß das Gericht
dem Sohne zugeschrieben werde, in wie fern er das Gesetz
der ersten Wahrheit selbst ist?"[1] Das ist er aber ja nur
als Gott, und nicht als Mensch. Wie steht ihm denn also
als Menschen das Richteramt zu? Darauf antwortet der eng=
lische Lehrer: „Das Gericht gehört zur Wahrheit wie zur
Regel des Gerichtes; aber zum Menschen, der von der Wahr=
heit erfüllt ist, gehört es, in wie fern er mit der Wahrheit
gleichsam Eins, gleichsam das lebendige Gesetz und die lebendige
Gerechtigkeit ist. Daher führt Augustinus daselbst auch die
Worte an: „Der Geistige beurtheilt Alles.[2] Die Seele Christi
aber ist inniger, als die übrigen Geschöpfe, mit der Wahrheit
vereiniget, und von derselben erfüllt, nach dem Worte: Wir
haben ihn gesehen — voll der Gnade und Wahrheit;[3] und
daher steht es ganz besonders der Seele Christi zu, Alles
zu richten."[4] Wer nach dem Gesetze der Wahrheit und Gerech=
tigkeit richtet, in dem und durch den richtet das Gesetz selbst,
ohne daß er dieses Gesetz zu sein braucht. So verhält es sich
ja auch mit jedem menschlichen Gerichte, in wie fern es wahr
und gerecht ist. Um so mehr gilt es vom Gerichte Christi, dessen
Seele in ihrer Vereinigung mit der Wahrheit und Gerechtigkeit
nicht irrig und ungerecht urtheilen kann.

Aber zum Gerichte Gottes gehört es ja auch, die Gerechten
mit der ewigen Seligkeit zu belohnen; die ewige Seligkeit jedoch
kann nur Gott geben; wie der heilige Augustinus sagt: „Durch
die Theilnahme an Gott wird die Seele selig."[5] Wie kann
also Christus als Mensch dieselbe den Gerechten zusprechen, und
deßhalb ein solches Gericht halten? Hierauf ist zu erwiedern:
Etwas Anderes ist es, Einem die verdiente Belohnung gerichtlich
zuerkennen, und etwas Anderes, die Belohnung überreichen. Das
Erstere ist Sache des Richters, das Letztere Sache des Gebers.
Zum Ersteren wird die Untersuchung, wird der Urtheilsspruch,
wird das Gericht erfordert, zum Letzteren aber ist nichts von

---

[1] De vera Relig. c. 31.　　[2] I. Cor. c. II. v. 15.　　[3] Joann. c.
I. v. 14.　　[4] Loc. cit. ad 1.　　[5] Tract. 23. in Joann.

allem dem erforderlich; sondern es genügt, daß der Geber diese
Belohnung versprochen habe, und der Richter davon wisse, und
darnach sein Urtheil fälle. So verhält es sich auch mit dem
Gerichte, welches Christus als Mensch hält. Christus weiß als
Mensch, daß Gott versprochen habe, die als Gerechte erfunden
werden, mit der ewigen Seligkeit zu belohnen; er hat also nur
zu untersuchen, ob Jemand ein solcher Gerechter sei, und das
Urtheil zu fällen, daß er ein solcher Gerechter sei. Dieß aber
bildet ein wahres und vollkommenes Gericht, wie wir es auch
bei menschlichen Gerichten sehen; und so Gericht halten kann
Christus auch als Mensch, da er auch als Mensch, wie wir
gesehen haben, alle Eigenschaft dazu besitzt. Mit dem Gerichte
Christi hat es aber noch ein anderes Bewandtniß. Denn „ob=
wohl es Gott allein zukommt, die Seele durch die Theilnahme
an sich selig zu machen; so kommt es doch Christo als dem
Haupte und dem Urheber des Heiles der Menschen zu, sie zur
Seligkeit zu führen, nach dem Worte:[1]) Es geziemte sich, daß
der, um dessen willen Alles, und durch welchen Alles ist, da
er viele Kinder zur Herrlichkeit führen wollte, den Urheber ihres
Heiles durch Leiden zur Vollendung brachte."[2]) Christus ist
aber auch als Mensch das Haupt aller Menschen, und hat in
seiner Menschheit ihr Heil gewirkt, wie der heilige Paulus nach
dem obigen Worte hinzusetzt: „Da also die Kinder des Fleisches
und Blutes theilhaftig geworden sind, so hat auch er sich gleich=
falls derselben theilhaftig gemacht; damit er durch den Tod dem
die Macht nähme, welcher des Todes Gewalt hatte, das ist,
dem Teufel, und diejenigen erlösete, welche in der Furcht des
Todes durch das ganze Leben der Knechtschaft unterworfen
waren."[3]) Christus hat als Haupt der Menschen und als
Urheber des Heiles die ewige Seligkeit nicht nur für sich, sondern
auch für seinen Leib und für alle seine Glieder verdient, und
ein Anrecht auf dieselbe nicht nur für sich, sondern auch für
alle Menschen, die sich derselben nicht unwürdig und unfähig
machen, erworben. Es ist daher auch aus diesem Grunde sein
Recht und sein Amt, zu urtheilen, wer der Seligkeit würdig,
wer derselben unwürdig ist, und daher die Lebendigen und die
Todten zu richten. Da ferner sein Gericht dem Gerichte Gottes,

---

[1]) Hebr. c. II. v. 10.   [2]) Loc. cit. ad 2.   [3]) Hebr. c. II. v. 14. 15.

sein Urtheil dem Urtheile Gottes gleichförmig, ja mit ihm eines
und dasselbe ist, wie auch sein Wille dem Willen Gottes gleich=
förmig, und mit ihm einer und derselbe ist; so hat sein Gericht
auch die unfehlbare Wirkung in der Ausführung des Urtheiles,
daß die Gerechten in das ewige Leben, die Bösen aber in die
ewige Pein eingehen werden, wie er dieß selbst vorausgesagt
hat, indem er sich auf seine königliche Macht über alle Menschen,
über die Gerechten und Ungerechten, über alle Geschöpfe berief:
„Alsdann wird der König zu jenen, die zu seiner Rechten sein
werden, sagen: Kommet, ihr Gesegnete meines Vaters! besitzet
das Reich, welches seit der Grundlegung der Welt euch bereitet
ist. — Dann wird er auch zu denen auf der Linken sprechen:
Weichet von mir, ihr Verfluchte! in das ewige Feuer, welches
dem Teufel und seinen Engeln bereitet ist. — Und diese werden
in die ewige Pein eingehen, die Gerechten aber in das ewige
Leben.“[1]) So hat Christus, der Herr, als Mensch auch die
Macht, die Gerechten in die ewige Seligkeit einzuführen, und
die Bösen in die ewige Pein hinabzustürzen, und sein Gericht
wirksam zu machen.

Zum Gerichte gehört aber auch die Kenntniß der Geheim=
nisse der Herzen, der geheimsten und verborgensten Gedanken und
Begierden, wie der heilige Paulus sagt: „Richtet nicht vor der
Zeit, ehe der Herr kommt, welcher auch das im Finstern Ver=
borgene an das Licht bringen, und die Absichten der Herzen
offenbar machen wird; und dann wird Jedem sein Lob werden
von Gott.“[2]) Dieß aber ist die Sache Gottes allein, wie Gott
bei dem Propheten Jeremias spricht: „Das Herz Aller ist böse,
und unerforschlich; wer durchschaut es? Ich, der Herr, erforsche
das Herz, und prüfe die Nieren; ich vergelte Jedem nach seinem
Wandel, und nach den Früchten seiner Anschläge.“[3]) Scheint
es demnach nicht, daß Christus als Mensch nicht Richter sein
könne? Allein, obwohl es wahr ist, daß es Gott allein zustehe,
das Verborgene der Herzen durch sich und unmittelbar zu er=
kennen, und zu richten; so erkennt doch die Seele Christi das=
selbe in dem göttlichen Worte, mit dem sie wesentlich und auf

---

[1]) Matth. c. XXV. v. 34. 41. 46. [2]) I. Cor. c. IV. v. 5. [3]) Jerem.
c. XVII. v. 9. 10.

das Innigste vereiniget ist. Daher sagt der heilige Thomas: „Die Seele Christi erkennt im Worte Alles, wie immer Etwas ist, was immer jetzt ist, oder sein wird, oder gewesen ist, seien es Handlungen, oder Reden, oder Gedanken von wem immer, zu was immer für einer Zeit. Denn der erschaffene Verstand eines Jeden erkennt im Worte, zwar nicht Alles einfachhin, sondern um so Mehreres, je vollkommener er das Wort schaut. Keinem Verstande eines Seligen mangelt im Worte die Erkennt= niß von Allem, was ihn angeht. Auf Christus aber und auf seine Würde bezieht sich gewissermaßen Alles, in wie fern ihm Alles unterworfen ist. — Deßhalb erkennt die Seele Christi im Worte alles Bestehende nach was immer für einer Zeit und auch die Gedanken der Menschen; — so daß, was von ihm gesagt ist: Denn er wußte selbst, was in dem Menschen war;[1] nicht bloß in Bezug auf die göttliche Wissenschaft, sondern auch in Bezug auf die Wissenschaft seiner Seele, die sie im Worte besaß, verstanden werden kann."[2] Kein Geschöpf ist mit dem göttlichen Worte so enge verbunden, und erkennt dasselbe in solcher Klarheit, wie die Seele Christi; sie erkennt daher in dem= selben Alles, was immer ihr die Gottheit mittheilen kann, und sie zu fassen vermag; „vermöge des Ueberströmens der Gottheit auf die Seele Christi kommt es ihr aber auch zu, das Verborgene der Herzen zu erkennen, und zu richten. Daher ist gesagt:[3] Am Tage, wann Gott das Verborgene der Menschen richten wird durch Jesum Christum."[4] Wir richten ja das Gebet unserer Herzen an die Engel und Heiligen des Himmels aus keinem andern Grunde, als weil wir glauben, daß sie in der Anschauung Gottes darum wissen. Um wie viel mehr kennt die Seele Christi alle Geheimnisse unserer Herzen? Daher ist Christus auch als Mensch der Richter über alles Verborgene unserer Herzen. Er hat ja selbst gesagt: „Es ist nichts ver= borgen, was nicht geoffenbart, und nichts geheim, was nicht gewußt werden wird."[5]

Wenn nun Christus auch nur als Mensch uns richten wird, damit seine Erscheinung und sein Gericht selbst nicht so schrecklich

---

[1] Johann. c. II. v. 25.   [2] P. III. q. 13. a. 2. o.   [3] Rom. c. II. v. 16.   [4] Loc. cit. ad 3.   [5] Matth. c. X. v. 26.

sei; so wird sein Anblick und sein Urtheil doch für die Bösen unbeschreiblich furchtbar sein, und der heilige Augustinus sagt: „Eine größere Qual wird es für die Bösen sein, den Zorn des göttlichen Angesichtes zu ertragen, als die Peinen der Hölle zu erdulden."[1] Sein Kreuz und seine Wunden werden ihnen sagen, was er für ihr Heil gethan, gelitten, und geopfert hat; und ihre Sünden werden ihnen sagen, wie sie ihm seine Erbarmungen vergolten haben. „Mit welcher Zuversicht wird der Ausreißer vor seinem Könige, der Verwundete vor seinem Arzte, der Verlorne vor seinem Erlösungspreise erscheinen, woher wird er Barmherzigkeit erflehen, er, der zuerst über die Verachtung der Barmherzigkeit zu richten ist?"[2] und es steht geschrieben: „Sie werden zu den Bergen sagen: Bedecket uns! und zu den Hügeln: Fallet über uns!"[3] Daher die Warnung und Mahnung des heiligen Augustinus: „Es ist uns die schwere Nothwendigkeit auferlegt, gerecht und recht zu leben; da wir Alles vor den Augen des Richters thun, der Alles sieht;"[4] und des heiligen Chrysostomus: „Wollen wir reich werden, wollen wir rauben, wollen wir etwas Unschickliches thun; so soll uns sogleich jener Tag des Gerichtes in die Seele eingeprägt werden, denn dieser Gedanke bezähmt, und zügelt die unschicklichen Begierlichkeiten kräftiger; und wir sollen einander und uns selbst immerdar zurufen: Es wartet unser jenes schreckliche Gericht!"[5]

Dritter Abschnitt.

Christus hat durch seine Verdienste die richterliche Gewalt erlangt.[6]

Die Richtergewalt gebührte Christo, dem Herrn, wegen seiner königlichen Würde, mit welcher sie wesentlich und nothwendig verbunden ist, nach dem Worte: „Ein König, der auf dem Throne des Gerichtes sitzt, zerstreut mit seinem Blicke alles

---

[1] Serm. 120. de temp. [2] Euseb. Emissen. Homil. 2. de Symb. [3] Ose. c. X. v. 8. [4] Soliloq. c. 14. [5] Homil. 4. in Joann. [6] Loc. cit. a. 3.

Böse."[1]) Die königliche Würde aber gebührt Christo, weil er
der Sohn Gottes ist, und sie gebührt ihm auch als dem Men=
schensohne wegen der Erhebung seiner menschlichen Natur zur
persönlichen Vereinigung mit der Gottheit, wie der Erzengel
von ihm zu Maria gesprochen hat: „Dieser wird groß sein, und
der Sohn des Allerhöchsten genannt werden; Gott, der Herr,
wird ihm den Thron seines Vaters David geben, und er wird
herrschen im Hause Jacobs ewiglich, und seines Reiches wird
kein Ende sein."[2]) Die Richtergewalt gebührte also Christo als
dem Sohne Gottes seiner Person nach, seiner menschlichen Natur
nach aber aus Gnade vom Anfange seiner Menschwerdung an;
und in so fern kann da von einem Verdienste noch keine
Rede sein.

Christo, dem Herrn, gebührt die richterliche Gewalt, weil
er das Haupt der Kirche und der ganzen Menschheit ist. Das
Haupt der Kirche und der Menschheit aber ist er vermöge der
persönlichen Vereinigung seiner göttlichen und menschlichen Natur,
welche im ersten Augenblicke seiner Menschwerdung stattgefunden
hat, in welchem er weder Etwas gewirkt, noch verdient hatte.
Es ist also nicht Verdienst, sondern Gnade, daß er das Haupt
der Kirche und der gesammten Menschheit geworden, wie der
heilige Johannes sagt: „Wir haben seine Herrlichkeit gesehen,
als des Eingebornen vom Vater, voll der Gnade und Wahr=
heit. — Und von seiner Fülle haben wir Alle empfangen, Gnade
über Gnade."[3]) Daher hat er die richterliche Gewalt auch aus
diesem Grunde nicht durch sein Verdienst, sondern aus Gnade
erhalten.

Ferner sagt der heilige Apostel Paulus: „Der Geistige
beurtheilt Alles;"[4]) ein geistiger Mensch im Sinne des Apostels
aber wird man durch die Gnade, und nicht durch Verdienst,
wie der Völkerlehrer wieder sagt: „Ist es aber Gnade, so ist
es nicht für Werke; denn sonst ist Gnade nicht mehr Gnade."[5])
Es hat also Christus die Macht, Alles zu beurtheilen, und
über Alles zu richten, schon wegen seiner Gnadenfülle, und
ohne sein Verdienst.

---

[1]) Prov. c. XX. v. 8.   [2]) Luc. c. I. v. 32. 33. Vide Isai. c. IX.
v. 6. 7.   [3]) Joann. c. I. v. 14. 16.   [4]) I. Cor. c. II. v. 15.   [5]) Rom.
c. XI. v. 6.

Wie kann also nach allem dem gesagt werden, daß Christus, der Herr, die richterliche Gewalt durch seine Verdienste erworben habe, da sie ihm doch schon aus Gnade gebührte? Darauf antwortet der heilige Thomas: „Es steht nichts entgegen, daß das Eine und Dasselbe Jemanden aus verschiedenen Ursachen gebühre; wie die Herrlichkeit seines auferstandenen Leibes Christo nicht bloß gemäß seiner Gottheit, sondern auch wegen seines Verdienstes durch die Erniedrigung in seinem Leiden gebührte. Auf gleiche Weise muß man sagen, daß die richterliche Gewalt Christo als Menschen zwar wegen seiner göttlichen Person, und wegen seiner Würde als dem Haupte (der Kirche und der gesammten Menschheit), und wegen der Fülle seiner inwohnen= den Gnade gebühre; aber gleichwohl, daß er dieselbe auch wegen seines Verdienstes erhalten habe; daß er nämlich nach Gottes Gerechtigkeit Richter sei, weil er für die Gerechtigkeit Gottes gekämpft, und gesiegt hat, und ungerecht gerichtet worden ist. Daher sagt er selbst in der geheimen Offenbarung:[1] Ich habe überwunden, und mit meinem Vater mich auf seinen Thron gesetzt. Unter dem Throne aber ist die richterliche Gewalt zu verstehen, nach dem Worte des Psalmisten:[2] Du saßest auf dem Throne, der du mit Gerechtigkeit richtest;"[3] und ferner: „Er richtete zum Gerichte seinen Thron; und er richtet den Erdkreis mit Billigkeit, richtet die Völker mit Gerechtigkeit."[4]

Wie wir gehört haben, hat Christus, der Herr, den Sieg seiner Auferstehung von den Todten durch die Hingabe seines Lebens, den Triumph seiner Himmelfahrt durch seine Erniedrigung bis in das Grab unter der Erde und bis in die Tiefen der Vorhölle, und sein glorreiches und königliches Sitzen zur Rechten des Vaters durch seinen Gehorsam bis in den Tod am Kreuze verdient. Dieses Alles gehört zu seiner Herrlichkeit; und daß diese ganze Verherrlichung Christus durch sein Erlösungswerk verdient habe, bezeugte er selbst mit jenen Worten, die er zu den zwei Jüngern auf dem Wege nach Emmaus gesprochen: „Mußte nicht Christus dieß leiden, und so in seine Herrlichkeit eingehen?"[5] So war es im ewigen Rathschlusse Gottes bestimmt,

---

[1] Apoc. c. III. v. 21.   [2] Psalm. IX. v. 5.   [3] Loc. cit. o.
[4] Psalm. IX. v. 8. 9.   [5] Luc. c. XXIV. v. 26.

so war es von den Propheten vorherverkündet, so sollte Christus durch sein Beispiel zeigen, daß der Kreuzweg zur Herrlichkeit des Himmels führe, und so sollte Christus durch solche Müh= sale und Leiden eine solche Herrlichkeit, die ihm auch sonst gebührte, überdieß als Belohnung für seine Verdienste empfan= gen; damit auch wir ermuthiget würden, in seiner Nachfolge nach einer ähnlichen Belohnung zu streben,[1] wie der heilige Paulus sagt, wir werden Erben Gottes und Miterben Christi sein, „wenn wir anders mit ihm leiden, damit wir auch mit= verherrlichet werden."[2] Wir müssen unsere Mitverherrlichung verdienen, wie Christus seine Verherrlichung verdient hat.

Derselbe Apostel sagt an einer andern Stelle: „Dazu ist Christus gestorben, und auferstanden, daß er sowohl über die Todten als auch über die Lebendigen herrsche."[3] Mit dieser Herrschaft über die Todten und über die Lebendigen ist noth= wendig und wesentlich auch die Richtergewalt verbunden, und der Apostel bezieht sie ausdrücklich auf das Gericht des Herrn. Denn er will vor dem vermessenen Gerichte über den Nächsten warnen, und sagt, daß man dadurch einen fremden Knecht richte, wozu man kein Recht habe, und in das Recht seines Herrn ein= greife, der allein das Recht habe, über ihn zu richten: „Wer bist du, der du einen fremden Knecht richtest? Seinem Herrn steht, oder fällt er."[4] Dann sagt er, dieser Herr sei Christus, der durch seinen Erlösungstod die Herrschaft über alle Menschen verdient, und sich erworben habe: „Dazu ist Christus gestorben, und auferstanden, daß er sowohl über die Todten als auch über die Lebendigen herrsche."[5] Durch die Erlösung hat er sie aus der Knechtschaft des Teufels befreit, für sich erkauft, sie zu seinem Eigenthume, zu seinen Knechten, und sich zu ihrem Herrn gemacht, wie er unmittelbar zuvor gesagt hat: „Keiner von uns lebt sich selbst, und Keiner stirbt sich selbst; denn leben wir, so leben wir dem Herrn, sterben wir, so sterben wir dem Herrn; wir mögen nun leben, oder sterben, so sind wir des Herrn."[6] Endlich sagt der Völkerapostel, daß (Christo) deß= halb auch das Gericht über sie zustehe: „Wir werden ja Alle

---

[1] Vide Corn. a Lap. in h. l.   [2] Rom. c. VIII. v. 17.   [3] Ibid. c. XIV. v. 9.   [4] Ibid. v. 4.   [5] Loc. cit.   [6] Ibid. v. 7. 8.

vor dem Richterstuhle Christi stehen. — Darum lasset uns nicht
mehr einander richten."[1) Wenn also Christus dazu gestorben
ist, daß er unser Herr und Richter sei; so hat er sich diese
Herrschaft und diese Richtergewalt durch das Verdienst seines
Todes erworben.

Der heilige Paulus schreibt an die Philipper von Christus:
„Da er in Gottes Gestalt (Gott) war, hat er es nicht für Raub
gehalten, Gott gleich zu sein; aber er hat sich selbst entäußert,
indem er Knechtesgestalt annahm, den Menschen gleich, und im
Aeußern wie ein Mensch erfunden ward. Er hat sich selbst er=
niedriget, und ist gehorsam geworden bis zum Tode, ja bis zum
Tode am Kreuze. Darum hat ihn Gott auch erhöht, und ihm
einen Namen gegeben, der über alle Namen ist, auf daß sich
im Namen Jesus alle Kniee beugen derer, die im Himmel, auf
der Erde, und unter der Erde sind, und alle Zeugen bekennen,
daß der Herr Jesus Christus in der Herrlichkeit Gottes des
Vaters ist."[2) Mit diesen Worten beschreibt der Apostel gleichsam
den ganzen Christus, seine Gottheit, seine Menschwerdung, sein
Erlösungswerk, seine Aufnahme in den Himmel, seine Herrlich=
keit beim Vater, seine Macht und Herrschaft über alle Geschöpfe
im Himmel, auf Erden und unter der Erde, und lehrt, daß,
weil er sich selbst so erniedriget, und in den Tod hingegeben,
Gott ihn darum so erhöht, und verherrlichet habe. Seine
Erhöhung und Verherrlichung war also die Vergeltung für das
Verdienst seiner Erniedrigung und seines Leidens und Sterbens.
Ist ferner sein Name dadurch und deßwegen ein Name über
alle Namen, daß sich in demselben alle Kniee beugen, alle
Geschöpfe sich ihm unterwerfen müssen; so ist auch diese Macht
und Herrschaft der Lohn seines Verdienstes. Mit dieser Macht
und Herrschaft ist aber auch nothwendig die Richtergewalt ver=
bunden; und der Apostel versteht unter dieser Kniebeugung eben
die Unterwürfigkeit unter sein Gericht. Denn nachdem er gesagt
hatte: „Wir werden Alle vor dem Richterstuhle Christi stehen;"
jetzte er hinzu: „Denn es steht geschrieben: So wahr ich lebe,
spricht der Herr,[3) vor mir werden sich alle Kniee beugen, und
alle Zungen werden Gott bekennen."[4)

[1) Ibid. v. 10. 13.   [2) Philipp. c. II. v. 6.—12.   [3) Isai. c. XLV.
v. 24.   [4) Rom. c. XIV. v. 10. 11.

Es ist der göttlichen Gerechtigkeit nach dem Worte: „Wer sich selbst erniedriget, wird erhöht werden;"[1] angemessen, darin zu erhöhen, worin man sich selbst erniedriget hat. Nun aber hat sich Christus, der Herr, darin selbst erniedriget, daß er, von einem Richterstuhle zum andern geschleppt, allem menschlichen Gerichte unschuldig und freiwillig sich unterwarf. Es war daher billig und gerecht, daß er zum Lohne dafür zum Richter über alle Menschen erhoben ward, wie er auch vor seinen Richtern im Hohenrathe der Juden darauf hingewiesen hat.[2] Daher sagt der heilige Augustinus: „Sie werden den sehen, welchen sie durchstochen haben. Jene Gestalt (jener Mensch) wird Richter sein, welche unter dem Richter gestanden; jene wird richten, die gerichtet worden; sie ist ungerecht gerichtet worden, und wird gerecht richten."[3]

Christo, dem Herrn, ist das Richteramt als dem Erlöser eigen; denn die Erlösung wird erst mit dem letzten Gerichte ihre Vollendung und ihren Abschluß finden, durch welches die gerettete Menschheit, mit ihm, der Leib mit dem Haupte, vereiniget, der letzten Vollendung zugeführt, Gott vollkommen unterworfen, und mit Gott in ewiger Seligkeit vereiniget wird. Wie also die ganze Erlösung die vom Vater ihm übertragene Aufgabe ist, so ist auch dieses Gericht die vom Vater ihm übertragene Schlußhandlung im Erlösungswerke; und wie er das Erlösungswerk in seiner Menschheit vollbracht, und die Erlösung durch dasselbe in Armuth, Schmach und Leiden verdient hat, so ist das Richteramt in göttlicher Macht und Herrlichkeit der Lohn seines Verdienstes: „Der Vater — hat ihm Macht gegeben, auch Gericht zu halten, weil er der Menschensohn ist."[4]

Wir müssen also mit einem berühmten Schriftausleger schließen: „Die Erhöhung Christi (von welcher Paulus spricht[5]) schließt sechs Vorzüge in sich, welche er verdient hat. Der erste ist die Auferstehung; denn weil Christus gehorsam war bis zum Tode, hat er verdient, daß er der Erste von den Todten auferstand, und als Sieger über den Tod denselben in sich und in uns vernichtete. Zweitens hat er die Gaben eines verklärten

---

[1] Matth. c. XIII. v. 12. [2] Ibid. c. XXVI. v. 64. [3] Tract. 19. in Joann. [4] Joann. c. V. v. 26. 27. [5] Philipp. c. II. v. 9. et seqq.

Leibes sich verdient; daß er, weil er seinen Leib in dem Leiden
zur Zerfleischung hingegeben hat, in der Auferstehung zum Lohne
dafür seinen Leib in höchster Herrlichkeit, in gänzlicher Unsterb=
lichkeit, in der Unfähigkeit, zu leiden, im größten Glanze, in
schnellster Behendigkeit und Durchdringlichkeit wieder erhielt.
Drittens hat er die Erhebung über alle Heiligen und Engel
verdient. Viertens hat er das Sitzen zur Rechten Gottes des
Vaters verdient. Fünftens hat er die richterliche Gewalt ver=
dient, um der Richter über die Lebendigen und über die Todten
zu sein. Sechstens hat er das Reich im Himmel und auf Erden
verdient, um als König und Herr der Welt über die Engel,
Menschen und alle Geschöpfe zu herrschen. Es ist aber zu
bemerken, daß, obwohl diese Erhöhung und die eben genannten
sechs Vorzüge, welche diese Erhöhung in sich schließt, Christo
wegen der persönlichen Vereinigung seiner Menschheit mit der
Gottheit (aus Gnade) gebührten, dennoch auch aus einem andern
Rechtstitel, nämlich wegen der Verdienste seiner Erniedrigung
und seines Gehorsams (als Lohn) gegeben worden sind."[1] Damit
aber ist Christo, dem Herrn, nicht nichts gegeben worden; denn
der heilige Bernardus sagt, es sei ehrenvoller, das, was man
als Geschenk besitzt, überdieß als Lohn verdient zu haben: „Die
Demuth in der Ehre ist die Ehre der Ehre selbst und die
Würde der Würde;"[2] und er gibt uns die Lehre: „Was bläsest
du dich auf, o Mensch! Was erhebest du dich ohne Ursache?
Was sinnest du auf Hohes, und blicken deine Augen nach allem
Erhabenen? Erhaben ist zwar der Herr, aber er wird dir nicht
so vorgestellt. Lobwürdig ist seine Größe, aber nicht auch nach=
ahmbar. Erniedrige dich, und du hast ihn erreicht."[3] — „Nur
die Demuth ist es, die erhöht, nur sie, die zum Leben führt.
Sie ist der Weg, und außer diesem gibt es keinen andern. —
Um dir zu folgen, Herr Jesus! kann man kaum Einige finden,
die sich auch nur ziehen ließen, die die Wege deiner Gebote
geführt werden wollten."[4] Alle möchten mit Christus auf dem
Throne der Herrlichkeit sitzen; aber wie Vile wollen mit ihm
den Kreuzweg wandeln? Ohe Arbeit kein Lohn, ohne Kampf
kein Sieg, ohne Sieg keine Krone.

---

[1] Corn. a Lap. in Philipp. c. II. v. 9.　　[2] Serm. 24. in Cant.
[3] Serm. 2. in cap. jejun.　　[4] Serm. 2. de Ascens.

Vierter Abschnitt.

Christo steht die richterliche Gewalt auch über alle menschlichen Angelegenheiten zu.[1]

Wenn wir von Christus in Bezug auf seine göttliche Natur reden, so ist es klar, daß alles Gericht des Vaters dem Sohne zustehe. Denn wie der Vater Alles durch sein Wort (durch den Sohn) thut,[2] so richtet er auch Alles durch sein Wort."[3] Die Richtergewalt Gottes des Vaters aber ist unbeschränkt, und erstreckt sich auf Alles ohne Ausnahme; somit gilt dasselbe auch von Gott dem Sohne. „Wenn wir aber von Christus in Bezug auf seine menschliche Natur reden; so ist es auch darnach klar, daß alle menschlichen Angelegenheiten seinem Gerichte unterworfen seien."[4] Denn die Richtergewalt muß sich über Alles erstrecken, was der königlichen Macht unterworfen ist. Der königlichen Macht Christi ist aber auch in Bezug auf seine menschliche Natur Alles ohne Ausnahme unterworfen.

Christus hat als Menschensohn vor Pilatus gerichtlich er= klärt: „Ich bin König;"[5] und: „Du hättest keine Macht über mich, wenn sie dir nicht von oben herab (vom Vater) gegeben wäre."[6] Christus hat als Menschensohn nach seiner Aufer= stehung zu seinen Jüngern gesprochen: „Mir ist alle Gewalt gegeben im Himmel und auf Erden."[7] In der geheimen Offen= barung ist von ihm zu lesen: „Auf seinem Kleide und auf seiner Hüfte steht geschrieben: König der Könige und Herr der Herrschenden."[8] Daher auch der Jubelruf im Himmel: „Würdig ist das Lamm, das getödtet worden, zu empfangen Kraft, und Gottheit, und Weisheit, und Stärke, und Ehre, und Preis, und Lob."[9]

Der heilige Paulus hat von Christus, dem Menschensohne, an die Ephesier geschrieben, er höre nicht auf, für sie um er= leuchtete Augen zu beten, daß sie erkennen mögen, „welche über=

---

[1] Loc. cit. a. 4.   [2] Joann. c. I. v. 1. 4.   [3] Loc. cit. o.
[4] Loc. cit. o.   [5] Joann. c. XVIII. v. 37.   [6] Ibid. c. XIX. v. 11.
[7] Matth. c. XXVIII. v. 18.   [8] Apoc. c. XIX v. 16.   [9] Ibid.
c. V. v. 12.

schwängliche Größe seiner (nämlich des Vaters) Macht in uns,
die wir glauben, gemäß der Wirkung der Macht seiner Stärke
sei, die er in Christus gewirkt hat, da er ihn von den Todten
auferweckt, und zu seiner Rechten im Himmel gesetzt hat über
jede Fürstlichkeit, und Gewalt, und Macht, und Herrschaft, und
jeden Namen, der nicht nur in dieser Welt, sondern auch in
der zukünftigen genannt wird. Alles hat er unter seine Füße
gelegt."[1]) Da nimmt den Apostel nichts in der ganzen Schöpfung
in der Zeit und Ewigkeit aus, was nicht seiner Gewalt und
Herrschaft unterworfen wäre.

Der Völkerlehrer nennt insbesondere auch die Feinde, und
sagt, daß auch sie ihm, dem Menschensohne, unterworfen seien:
„Er muß herrschen, bis er alle Feinde unter seine Füße gelegt
haben wird. Der letzte Feind aber, der vernichtet wird, ist der
Tod; denn Alles hat er (der Vater) seinen Füßen unterworfen.
— Wenn ihm aber Alles unterworfen sein wird; dann wird
auch der Sohn selbst dem unterworfen sein, der ihm Alles
unterworfen hat, damit Gott Alles im Allem sei."[2]) Der Apostel
sagt anderswo: „Da die Kinder (die Menschen, die Kinder
Gottes) des Fleisches und Blutes theilhaftig geworden sind, hat
auch er sich gleichfalls derselben theilhaftig gemacht; damit er
durch den Tod dem die Macht nähme, der des Todes Gewalt
hatte, das ist dem Teufel, und diejenigen erlösete, welche in der
Furcht des Todes durch das ganze Leben der Knechtschaft unter=
worfen waren."[3]) Er schreibt auch an die Colosser: „Er hat
die Handschrift des Urtheils, die uns entgegen war, ausgelöscht,
sie weggenommen, an's Kreuz geheftet, die Fürstenthümer, und
die Gewalten (die verworfene Teufel geworden sind) entwaffnet,
muthvoll einhergeführt, und über sie öffentlich durch sich selbst
triumphirt."[4]) ·

Wir haben auch gehört, wie der heilige Paulus lehrt,[5])
daß Gott dem Menschensohne einen Namen gegeben, der über
alle Namen ist; daß in dem Namen Jesus sich alle Kniee im
Himmel, auf Erden und unter der Erde beugen müssen; und
daß dieß seine Richtergewalt über Alle und über Alles bedeute.

---

[1]) Ephes. c. I. v. 16.—22.• [2]) I. Cor. c. XV. v. 25.—29. [3]) Hebr.
c. II. v. 14. 15. 16. [4]) Coloss. c. II. v. 14. 15. [5]) Philipp. c. II.
v. 9. et seqq.

In allen diesen Schriftstellen ist nun offenbar von Christus als dem Menschensohne die Rede, und sie alle beweisen, daß seine Macht sich über alle Geschöpfe erstrecke, und daß alle Geschöpfe seiner Gewalt und Botmäßigkeit unterworfen seien. Muß sich daher seine Richtergewalt so weit erstrecken, als seine königliche Macht reicht; so ist es klar, daß Christo auch nach seiner menschlichen Natur die Richtergewalt über Alles, über alle menschlichen Angelegenheiten zukomme.

Was aber die königliche Gewalt betrifft, „besaß Christus als Mensch ein zweifaches Reich, auch während er auf Erden lebte. Das erste war ein geistiges Reich, nämlich die Kirche. Denn diese hat er als einen Staat der Gläubigen im Juden= lande gegründet, und nach bestimmten Gesetzen, Ständen, Sakra= menten u. s. w. geordnet, regiert sie durch den heiligen Petrus und dessen Nachfolger als seine Stellvertreter, und verbreitet sie durch alle Völker. Das ist das Reich, von welchem David und die Propheten vorausgesagt haben, daß es dem Messias gegeben werden sollte.[1] Das zweite Reich Christi ist ein physisches, oder weltliches. Denn Christus besaß vom ersten Augenblicke seiner Empfängniß an eigentlich und geradezu das Reich und die Herrschaft der Welt, wenigstens dem Rechte und der Gewalt nach, daß er alle Könige ihrer Reiche entsetzen, und andere ein= setzen konnte, wiewohl er von dieser Gewalt auf Erden keinen Gebrauch machte. Denn es ist zu bemerken, daß es eine drei= fache Herrscher= und Königsgewalt gebe. Die erste ist die höchste und göttliche, welche Gott über alle Geschöpfe als sein Eigen= thum besitzt. Diese ist Gott allein eigen. Die zweite ist die unterste und menschliche, wie sie die Könige, Kaiser und Fürsten der Erde besitzen. Die dritte und die mittlere zwischen diesen beiden ist die Königs= und Herrschergewalt Christi, in wie fern er Mensch ist, weil sie alle menschliche Königsgewalt und alle Scepter und Rechte der Könige weit überbietet, und übertrifft; erstens dem Ursprunge nach, weil sie (unmittelbar) von Gott ausfließt, und nicht (mittelbar) von Menschen; denn Gott hat sie Christo gegeben,[2] nicht ein Staatswesen der Menschen.

---

[1] Vide S. Aug. Tract. 115. in Joann.   [2] Isai. c. IX. v. 6. 7. Luc. c. I. v. 31. 32. 33.

Zweitens der Stärke nach, weil sie unüberwindlich, immerwährend und ewig ist. Drittens dem Gegenstande nach, weil sie sich auf alle Geschöpfe, auch auf die Engel, erstreckt."[1] Dieß erhellt klar aus den angeführten Schriftstellen; und diese Königs= und Herrschergewalt über die ganze Schöpfung schließt auch die Richter=gewalt über Alles in sich.

Denn sehen wir auf das eigentliche Himmelreich, so ist es Christus, der in seinem Gerichte dasselbe den Gerechten zuspricht, und die Bösen davon ausschließt. Sehen wir auf das Reich seiner Kirche, so ist es Christus, der durch seine Stellvertreter in dasselbe aufnimmt, oder davon ausschließt, alle geistlichen Güter derselben austheilt, oder verweigert, es regiert, vertheidiget, und erhält. Sehen wir auf das Gnadenreich im Innern der Menschen, so ist es Christus, durch dessen Sakramente und Gnaden es hergestellt, gefördert, und vollendet wird. Sehen wir endlich auf das Reich der Natur und auf Alles, was es in sich schließt; so ist es Christus, der den Gebrauch und den Nichtgebrauch davon ordnet, und das Ganze dem Gnadenreiche und dem Himmelreiche dienstbar macht. In allem dem ist sein Urtheil maßgebend und entscheidend, wie „ihm auch Alles unter=worfen ist,"[2] und muß Alles vor sein Gericht zur Vergeltung kommen. „Alles, was geschieht, es sei gut, oder böse, wird Gott um aller Uebertretungen willen in's Gericht bringen."[3] Es darf uns aber auch gar nicht wundern, daß Gott Christo als dem Menschensohne alles Gericht übergeben habe; da sogar die Gerechten mit ihm zu Gericht sitzen werden, wie der heilige Paulus lehrt, indem er an die Corinther schreibt: „Wisset ihr nicht, daß die Heiligen über diese Welt richten werden? — Wisset ihr nicht, daß wir Engel richten werden?"[4] Zu seinen Aposteln hat Christus selbst gesagt: „Wahrlich, sage ich euch, ihr, die ihr mir nachgefolgt seid, werdet bei der Wiedergeburt (bei der Auferstehung), wenn der Menschensohn auf dem Throne seiner Herrlichkeit sitzen wird, auch auf zwölf Thronen sitzen, und die zwölf Stämme Israels richten;"[5] über welche Worte des Herrn der heilige Bernardus bemerkt: „Weil mit der

---

[1] Corn. a Lap. in Matth.* c. XXVIII. v. 11.　　[2] I. Cor. c. XV. v. 25.—29.　　[3] Eccles. c. XII. v. 14.　　[4] I. Cor. c. 2. 3.　　[5] Matth. c. XIX. v. 28.

Zwölfzahl in der Schrift oft die ganze Menge bezeichnet zu
werden pflegt; so wird durch die zwölf Throne der Apostel die
ganze Menge Aller, die richten, und durch die zwölf Stämme
Israels die ganze Menge derer, die gerichtet werden sollen, zu
verstehen gegeben."[1]

Der heilige Thomas gibt drei Gründe an, warum alle
menschlichen Angelegenheiten auch in Ansehung seiner menschlichen
Natur dem Gerichte Christi unterworfen werden, und schreibt:
„Dieß ist klar; erstens in Anbetracht der Beziehung der Seele
Christi zum Worte Gottes. Denn wenn der Geistige Alles
beurtheilt,[2] in wie fern sein Geist dem Worte Gottes anhängt;
so besitzt viel mehr die Seele Christi, welche voll der Wahrheit
des Wortes Gottes ist, das Gericht über Alles. Zweites erhellt
dasselbe aus dem Verdienste seines Todes; weil, wie gesagt ist,[3]
dazu Christus gestorben, und auferstanden ist, daß er sowohl
über die Todten als auch über die Lebendigen herrsche; und
deßhalb besitzt er das Gericht über Alle; darum fügt der Apostel
dort[4] auch hinzu, daß wir Alle vor dem Richterstuhle Christi
stehen werden, und bei Daniel wird gesagt:[5] Er (Gott der
Vater) hat ihm Macht, und Ehre, und das Reich gegeben, daß
alle Völker, Geschlechter und Zungen ihm dieneten. Drittens
geht dieß auch aus dem Zusammenhalte der menschlichen Ange=
legenheiten mit dem Ziele des menschlichen Heiles hervor. Denn
wem das Hauptsächliche übergeben wird, dem wird auch das
Nebensächliche übergeben. Alle menschlichen Angelegenheiten wer=
den aber auf das Ziel der Seligkeit hingeordnet, welche das
ewige Heil ist, zu welchem die Menschen nach dem Gerichte
Christi zugelassen, oder von welchem sie nach demselben zurück=
gestoßen werden.[6] Daher ist es klar, daß alle menschlichen
Angelegenheiten vor die richterliche Gewalt Christi gehören."[7]

Die Beweiskraft des ersten Grundes liegt darin, daß eine
Seele, je inniger sie mit der Person des Wortes Gottes ver=
einiget wird, desto mehr Würde, Autorität, Weisheit, Gerech=
tigkeit und Gewalt von derselben erhält, und dadurch desto
fähiger und berechtigter wird, über Alles zu urtheilen, und zu

---

[1] Serm. de S. Benedicto. [2] I. Cor. c. II. v. 15. [3] Rom. c.
XIV. v. 9. [4] Ibid. v. 10. [5] Dan. c. VII. v. 14. [6] Matt. c. XXV.
[7] Loc. cit. o.

richten. Nun aber ist die Person des Wortes Gottes auch die Person der menschlichen Natur Christi und diese menschliche Natur mit derselben wesentlich vereiniget, wie kein anderes Geschöpf, daher auch befähiget, und berechtiget, über alle Menschen zu richten, wie kein anderer Mensch. Zudem kann Gott nicht als Gott vor den bösen Menschen als Richter erscheinen, weil sie durch diesen Anblick selig würden, was sich mit der Gerechtigkeit Gottes nicht verträgt; er kann es aber durch die Menschheit Christi, und darum hat er Christo auch Gewalt gegeben, Gericht zu halten, „weil er der Menschensohn ist,"[1] und gehören alle menschlichen Angelegenheiten vor den Richterstuhl Christi.

Die Beweiskraft des zweiten Grundes liegt darin, daß Christus den menschlichen Richterstühlen freiwillig und unschuldig sich unterworfen hat, und ungerecht für alle Menschen gerichtet, verurtheilt, und getödtet worden ist. Dadurch hat er es ver dient, der Richter über alle Menschen zu sein. Denn es ist der göttlichen Gerechtigkeit angemessen, die freiwillige Selbsternie drigung mit der Erhöhung zu belohnen: „Wer sich selbst er= niedriget, wird erhöht werden;"[2] und zwar dem gemäß, wie man sich erniedriget hat. Daher sagt auch der heilige Paulus, daß Gott Christum darum über Alles erhöht habe, weil er sich selbst erniedriget hat, und bis zum Tode am Kreuze gehorsam geworden ist;[3] und sagt Christus selbst, daß der Vater ihm alles Gericht deßhalb übergeben habe, „damit Alle den Sohn ehren, wie sie den Vater ehren."[4]

Die Beweiskraft des dritten Grundes liegt darin, daß Alles im Reiche der Natur für den Menschen das ewige Heil zum obersten Zwecke hat, und zur Erreichung dieses Zweckes als Mittel dienen muß. Ist nun Christus der Richter in allen Dingen des Heiles, so ist er folgerichtig auch der Richter in den Mitteln zur Erreichung des Heiles, und somit in allen mensch= lichen Angelegenheiten. Was gibt es in den menschlichen Dingen Geringfügigeres, als ein müßiges Wort? und doch hat Christus erklärt: „Ich sage euch, daß die Menschen über jedes unnütze Wort, das sie reden, am Tage des Gerichtes Rechenschaft geben werden."[5]

---

[1] Joann. c. V. v. 27.   [2] Matth. c. XXIII. v. 12.   [3] Philipp. c. II. v. 8. 9.   [4] Joann. c. V. v. 23.   [5] Matth. c. XII. v. 36.

Wenn nun aber Christus der Richter in allen menschlichen
Angelegenheiten ist, wie kam es denn, daß er im Streite über
die Erbschaft zwischen jenen beiden Brüdern nicht richten wollte,
worüber der heilige Evangelist Lucas berichtet: „Einer aber
aus dem Volke sprach zu ihm: Meister! sage meinem Bruder,
daß er die Erbschaft mit mir theile. Er aber sprach zu ihm:
Mensch! wer hat mich zum Richter oder Erbvertheiler über euch
gesetzt?"[1] Und gehörte diese Angelegenheit nicht auch zum Heile?
Darauf ist Vieles zu erwiedern. Denn für's Erste richtet Christus
solche Angelegenheiten nicht immer unmittelbar selbst, sondern
durch seine Stellvertreter, durch die rechtmäßige Obrigkeit, wie
er anderswo gesagt hat: „Hat dein Bruder wider dich gesün=
diget, so gehe hin, und verweise es ihm zwischen dir und ihm
allein. Gibt er dir Gehör, so hast du deinen Bruder gewonnen;
gibt er dir aber kein Gehör, so nimm noch Einen oder Zwei
zu dir, damit die ganze Sache auf dem Munde zweier oder
dreier Zeugen beruhe. Hört er auch diese nicht, so sage es der
Kirche; wenn er aber die Kirche nicht hört, so sei er dir, wie
ein Heide und öffentlicher Sünder."[2] Dasselbe gilt in welt=
lichen Angelegenheiten auch von der weltlichen Obrigkeit; denn
es steht geschrieben: „Jedermann unterwerfe sich der obrigkeit=
lichen Gewalt; denn es gibt keine Gewalt, außer von Gott, und
die, welche besteht, ist von Gott angeordnet. Wer demnach der
(obrigkeitlichen) Gewalt sich widersetzt, der widersetzt sich der
Anordnung Gottes; und die sich (dieser) widersetzen, ziehen sich
selbst Verdammniß zu."[3] Diese Obrigkeit aber mangelte auch
jenem Bruder nicht. Dann hat ein Richter nicht die Aufgabe,
gelegen oder ungelegen, sogleich, oder zu jeder Zeit zu richten,
sondern wie es die rechte Ordnung fordert; und es muß dem
Herrn überlassen bleiben, wann und wie er richten wolle. Ferner
war der Sohn Gottes in diese Welt gesendet, nicht damit er da
weltliche Händel schlichtete, sondern das Reich Gottes verkündigte,
wie der heilige Thomas in dieser Beziehung sagt: „Die richter=
liche Gewalt ist eine Folge der königlichen Würde. Christus
aber wollte, obwohl er von Gott zum Könige gesetzt war, das

[1] Luc. c. XII. v. 13. 14.   [2] Matth. c. XVIII. v. 15. 16. 17.
[3] Rom. c. XIII. v. 1. 2.

irdische Reich doch nicht, während er auf Erden lebte, zeitlich verwalten, weßhalb er gesagt hat: Mein Reich ist nicht von dieser Welt.[1] Auf gleiche Weise wollte er auch seine richterliche Gewalt über irdische Dinge nicht jetzt in Ausübung bringen, da er gekommen war, um die Menschen zum Himmlischen zu erheben. Daher sagt Ambrosius:[2] Mit Recht weicht er dem Irdischen aus, da er wegen des Himmlischen herabgekommen ist, und würdigt er sich nicht, Richter in Streitigkeiten zu sein, und über Vermögenssachen zu entscheiden, er, der das Richteramt über die Lebendigen und über die Todten, und die Entscheidung über die Verdienste besitzt."[3] Endlich hat jener Bruder sich an Christus gewendet, während der Herr mit der Verkündigung des Evangeliums vor dem Volke beschäftiget war; es geziemte sich aber nicht, daß er diese Aufgabe und das Volk bei Seite setzte, und sich mit diesem Menschen in Vermögensangelegenheiten abgab. Damit aber hat er von seiner Richtergewalt nichts vergeben, der auch beide Brüder wegen eben dieser Sache später unterworfen wurden, und von welcher Jeder sein Recht erhielt.

Christus, der Herr, ist aber erst viertausend Jahre nach der Erschaffung des Menschen Mensch geworden; wie konnten daher alle menschlichen Angelegenheiten während dieses langen Zeitraumes seinem Gerichte als dem Gerichte des Menschensohnes unterworfen sein, da der heilige Augustinus sagt: „Es gehört zum göttlichen Gerichte, daß zuweilen die Guten in dieser Welt Trübsale leiden, und zuweilen glücklich seien, und ähnlicher Weise auch die Bösen;"[4] was auch vor der Menschwerdung Christi der Fall war? Scheint daher nicht die Menschheit wenigstens vor seiner Menschwerdung seiner Gerichtsbarkeit entzogen gewesen zu sein? — Allerdings konnte Christus vor seiner Menschwerdung nicht als Mensch die menschlichen Angelegenheiten richten; aber der englische Lehrer sagt: „Vor der Menschwerdung wurden dergleichen Gerichte durch Christus geübt, in wie fern er das Wort Gottes ist, „und seiner Gewalt ist die Seele durch die Menschwerdung in der persönlichen Vereinigung mit ihm theilhaftig geworden."[5] Alle menschlichen Angelegenheiten mußten

---

[1] Joann. c. XVIII. v. 36.   [2] In Luc. l. c.   [3] Loc. cit. ad. 1.
[4] De civ. Dei Libr. XX. c. 2.   [5] Loc. cit. ad 3.

im alten Bunde, wie im neuen Bunde, auf das ewige Heil hin=
geordnet werden; dieß aber konnte nur durch den Glauben an
den künftigen Erlöser, durch die Hoffnung auf ihn, und ver=
mittelst der Gnaden, welche den Menschen in Ansehung der
zukünftigen Verdienste des Erlösers zum Voraus mitgetheilt
wurden, geschehen. Christus ist der Erlöser aller Menschen.
Wie nun Christus die Erlösung in seiner Menschheit und ver=
mittelst derselben vollbracht hat; so konnte das Wort Gottes im
alten Bunde über alle menschlichen Angelegenheiten nur in
Ansehung der künftigen Erlösungsverdienste, die der Gott=Mensch
erwerben würde, zum Heile der Menschen richten, und in so
fern hatte auch die menschliche Natur des Wortes Gottes ihren
Einfluß auf seine Gerichte im alten Bunde.   Daher muß auch
in Bezug auf den alten Bund gesagt werden: „Der Vater hat
ihm Macht gegeben, Gericht zu halten, weil er der Menschen=
sohn ist."

Der heilige Apostel Paulus sagt von Christus, dem Herrn:
„Jetzt sehen wir wohl noch nicht, daß ihm Alles unterworfen
sei;"[1] um aber über Jemanden Gericht halten zu können, muß
der, welcher gerichtet werden soll, dem Richter unterworfen sein;
also scheint Christo auch noch nicht alles Gericht übergeben zu
sein. Hierauf ist zu erwiedern: Etwas Anderes ist es, die
Richtergewalt besitzen, und etwas Anderes, dieselbe ausüben.
Wenn ein König Jemanden seine Richtergewalt über seine Unter=
thanen überträgt, so besitzt er diese Gewalt, auch wenn er von
derselben keinen Gebrauch macht; er kann sie aber gebrauchen,
so oft und wie die Sache es erfordert, oder es gelegen erscheint;
daher sagt der heilige Thomas: „Christo ist Alles unterworfen
in Bezug auf die Gewalt, welche er vom Vater über Alles
empfangen hat, nach dem Worte: Mir ist alle Gewalt gegeben
im Himmel und auf Erden.[2] Es ist ihm jedoch noch nicht
Alles unterworfen in Bezug auf die Ausübung seiner Gewalt;
dieß wird in der Zukunft geschehen, wann er in Allem seinen
Willen erfüllen wird, indem er die Einen selig macht, die Andern
aber der Strafe übergibt."[3]   Die Menschen müssen zuvor ihr
Leben vollenden, bevor sie über dasselbe gerichtet werden können;

---

[1] Hebr. c. II. v. 8.   [2] Matth. c. XXVIII. v. 18.   [3] Loc. cit. ad 2.

und die Leiber müssen früher auferweckt werden, bevor sie mit ihren Seelen belohnt, oder bestraft werden können. Deßhalb aber kann doch Christo die Gewalt nicht abgesprochen werden, alle Menschen zu richten.

Ist es also eine unleugbare Wahrheit, daß wir Alle vor dem Richterstuhle Christi erscheinen, und über Alles Rechenschaft geben, und gerichtet werden müssen; daß es von diesem Gerichte keine Berufung zu einem andern Gerichte mehr gibt; daß in diesem Gerichte über Himmel oder Hölle entschieden wird für die ganze Ewigkeit; und daß Niemand weiß, zu welcher Stunde der Herr kommen werde: soll nicht unser Leben so geordnet werden, und stets so geordnet bleiben, daß wir gegründete Hoffnung haben dürfen, bestehen zu können? „Wachet also; denn ihr wisset weder den Tag, noch die Stunde!"[1])

Sollen nicht wir uns selbst mit aller Strenge richten, damit dem Herrn nichts mehr zu richten übrig bleibt; und daher das innere und äußere Leben also prüfen, wie es der Herr prüfen wird? „So beobachtet der Herr die Wege eines Jeden, so zählt er die Schritte, daß auch die kleinsten Gedanken und die geringfügigsten Worte in seinem Gerichte nicht ungeprüft bleiben werden."[2])

Sollten wir diese allerwichtigste und unser ganzes Glück oder Unglück auf ewig entscheidende Angelegenheit, in die zeitlichen und vergänglichen Dinge versunken, auf morgen verschieben, und den reichen, einzig um seinen Ueberfluß bekümmerten, Mann vergessen, dem gesagt wurde: „Du Thor! in dieser Nacht wird man deine Seele von dir fordern; was du aber bereitet hast, wessen wird es sein? So geht es dem, der Schätze sammelt, und nicht bei Gott reich ist?"[3])

Sollen wir nicht das Wort des heiligen Augustinus befolgen: „Hier, wo der Ort für die Barmherzigkeit ist, möge die Seele, so lange es Zeit ist, thun, was immer sie kann; hier möge die Seele Buße thun, damit Gott, der Richter, sein Urtheil (das unsere Sünden verdienen) ändern kann."[4] — „Denn wenn

---

[1]) Matth. c. XXV. v. 13.　　[2]) S. Greg. M. Moral. Libr. XXI. c. 1.
[3]) Luc. c. XII. v. 20. 21.　　[4]) De symb. Libr. III. c. 8.

ein Geist, der ein böses Gewissen hat, sieht, daß er keine Strafe leide; so glaubt er, daß Gott nicht richte, und so werden die Gerichte Gottes seinen Augen entrückt, während doch gerade dieß die ärgste Verurtheilung ist."[1]

Fünfter Abschnitt.

Es bleibt außer dem Gerichte, welches in der gegen= wärtigen Zeit vollzogen wird, noch ein anderes Gericht übrig.[2]

Die richterliche Gewalt ist unzertrennlich mit der königlichen Gewalt verbunden. Ist nun Christus der König des Himmels und der Erde, der König der Könige, und ist ihm alle Gewalt gegeben im Himmel und auf Erden; so hat er auch alle Richter= gewalt über Alles im Himmel und auf Erden.

Man muß nun ein dreifaches Gericht, welches von Christus in Ausführung gebracht wird, unterscheiden; ein Gericht, das er in diesem Leben, ein anderes Gericht, das er über jeden Menschen nach dem Tode, und ein Gericht, welches er am Ende der Welt halten wird. Das erste ist ein verborgenes Gericht, das man nur aus seinen Wirkungen erkennt; das zweite ist ein besonderes Gericht, das jeder Einzelne nach seinem Tode zu bestehen hat; das dritte ist ein allgemeines oder Weltgericht, das der Herr über die Guten und Bösen öffentlich am Ende der Zeiten, am letzten Tage vornehmen wird. Alles Gericht aber vollzieht sich durch Belohnungen oder Strafen, welche das Urtheil dem Verdienste zuweist, oder über die Schuld verhängt.

Was das verborgene Gericht anbelangt, ist es ein noth= wendiges Erforderniß der göttlichen Weltregierung. „Man muß durchaus nicht glauben, daß Gott, der nicht nur den Himmel und die Erde, nicht bloß den Engel und den Menschen, sondern nicht einmal das Innere eines kleinen und geringfügigen Thier= chens, das Federchen eines Vogels, die Blüthe einer Blume, das Blatt eines Baumes ohne Zweckmäßigkeit der Theile und gleichsam

---

[1] Idem super Psalm. IX. v. 27.   [2] Loc. cit. a. 5.

ohne Beistand läßt, die Reiche der Menschen und deren Beherr=
scher oder Unterthanen von den Gesetzen seiner Vorsehung ausgenommen wissen will."[1] — „Der Eine und wahre Gott regiert,
und herrscht, wie es ihm gefällt, wiewohl aus verborgenen, doch
niemals aus ungerechten Ursachen."[2] — „Man kann nichts
Ungereimteres denken, als daß die ganze Welt ohne den Wink
und ohne die Leitung der Vorsehung bestehe; da man doch sieht,
wie das Letzte und Kleinste mit solcher Anordnung eingerichtet ist,
daß, wenn man einmal darüber genauer nachdenkt, es einen
unaussprechlichen Schauder von Bewunderung einflößt."[3] —
„Gott beherrscht die ganze Schöpfung durch eine zweifache That
seiner Vorsehung; die Naturen dadurch, daß sie werden; die
Willen aber dadurch, daß sie ohne sein Gebot oder ohne seine
Zulassung nichts unternehmen."[4] — „Die Welt könnte nicht
einen Augenblick bestehen, wenn Gott ihr seine Regierung
entzöge."[5]

Die Weltregierung aber vollzieht die ewige und persönliche
Weisheit Gottes, welche der Sohn Gottes ist. Denn von dieser
Weisheit steht geschrieben: „Sie wirkt von einem Ende zum
andern mächtig fort, und ordnet Alles lieblich an."[6] — „Höret,
ihr Könige! und werdet verständig; lernet, ihr Richter der ganzen
Erde! Neiget die Ohren, die ihr der Völker Menge beherrschet,
und euch gefallet in den Schaaren der Nationen; denn von dem
Herrn ist euch die Herrschaft gegeben, und die Macht von dem
Allerhöchsten, der eure Werke untersuchen, und eure Gedanken
erforschen wird. Denn wenn ihr als Diener seines Reiches nicht
recht gerichtet, das Gesetz der Gerechtigkeit nicht beobachtet, und
nach dem Willen Gottes nicht gehandelt habet; wird er schnell
und schrecklich über euch kommen, weil das strengste Gericht über
die ergeht, welche vorstehen. — Die Mächtigen werden mächtig
gestraft werden."[7] Dieß gehört zu den Strafgerichten, von
welchen auch die allerseligste Jungfrau in ihrem Hochgesange
spricht: „Er übt Macht mit seinem Arme, zerstreut, die hoffärtig
sind im Sinne ihres Herzens. Die Gewaltigen stürzt er vom
Throne, und er erhöht die Niedrigen. Die Hungrigen erfüllt

---

[1] De civ. Dei Libr. V. c. 11.   [2] Ibid. c. 21.   [3] De Gen. ad
litt. Libr. V. c. 22.   [4] Ibid. Libr. VIII. c. 24.   [5] Ibid Libr. IV. c. 12.
[6] Sap. c. VIII. v. 1.   [7] Ibid. c. VI. v. 2.—8.

er mit Gütern, die Reichen läßt er leer ausgehen."[1] Hier ist auch von den Belohnungen die Rede, und von diesen spricht die Weisheit selbst: „Bei mir ist Rath und rechtes Handeln; bei mir ist Klugheit, bei mir ist Stärke. Durch mich regieren die Könige, und verordnen die Gesetzgeber, was recht ist. Durch mich herrschen die Fürsten, und verordnen die Gewaltigen Gerechtigkeit. — Bei mir sind Reichthum und Ehre, überschwängliche Güter und Gerechtigkeit; denn meine Frucht ist besser, als Gold und Edelstein, und mein Einkommen besser, als auserlesenes Silber. Auf den Wegen der Gerechtigkeit wandle ich, mitten auf den Straßen des Rechtes; damit ich reich mache, die mich lieben, und ihre Schätze voll mache."[2] Regierungsgewalt, Gericht und Vergeltungsrecht sind hier bezeichnet; und wenn dieß auch eigentlich von der ewigen Weisheit gesagt ist, so gilt es doch auch von der menschgewordenen Weisheit.

Denn von dieser Weisheit steht in den Psalmen geschrieben: „O Gott! gib dein Gericht dem Könige; um zu richten dein Volk in Gerechtigkeit, und deine Armen im Gerichte. — Er wird richten die Armen des Volkes, und helfen den Kindern der Armen, und demüthigen den Lästerer. Er wird bleiben, so lange Sonne und Mond währen, von Geschlecht zu Geschlecht. — Er wird herrschen von einem Meere zum andern und vom Flusse bis an die Gränzen des Erdbodens. — Es werden ihn anbeten alle Könige der Erde, alle Völker ihm dienen."[3] Der Gottmensch selbst spricht weissagend in einem andern Psalme: „Ich aber bin zum Könige von ihm gesetzt über Sion, seinen heiligen Berg, und verkündige sein Gesetz. Der Herr hat zu mir gesagt: Du bist mein Sohn, heute habe ich dich gezeugt. Begehre von mir, so will ich dir geben die Heiden zu deinem Erbe, und zu deinem Eigenthume die Enden der Erde. Du wirst sie beherrschen (die Feinde) mit eisernem Scepter, und wie Töpfergefäß sie zertrümmern. Und nun; ihr Könige! verstehet; lasset euch weisen, die ihr Richter seid auf Erden! Dienet dem Herrn in Furcht, und frohlocket ihm mit Zittern. Ergreifet die Zucht, daß nicht etwa zürne der Herr, und ihr zum Untergange gehet vom rechten Wege; wenn in Kurzem sein Zorn

---

[1]) Luc. c. I. v. 51.—54. [2]) Prov. c. VIII. v. 14.—22. [3]) Psalm. LXXI.

entbrennt, selig Alle, die auf ihn vertrauen."[1] Ueberall wird der Messias als König, Richter und Vergelter gepriesen. So verkünden ihn auch die Propheten.

Isaias schaute das eingefleischte Wort, und weissagte: „Ein Kind ist uns geboren, ein Sohn ist uns geschenkt, auf dessen Schulter die Herrschaft ruht, und man wird seinen Namen nennen: Wunderbarer, Rechtgeber, Gott, starker Held, Vater der Zukunft, Friedensfürst. Seine Herrschaft wird sich mehren, und des Friedens wird kein Ende sein; auf dem Throne David's, und in seinem Reiche wird er sitzen, daß er es befestige, und stütze durch Recht und Gerechtigkeit von nun an bis in Ewigkeit."[2]

Der Prophet Michäas weissagte vom Reiche des Messias: „Es eilen dahin viele Völker, und sprechen: Kommet, lasset uns hinaufziehen zum Berge des Herrn, und zum Hause des Gottes Jacob's, daß er seine Wege uns lehre, und wir wandeln auf seinen Pfaden; denn von Sion wird ausgehen das Gesetz, und das Wort des Herrn von Jerusalem. Und er wird Richter sein unter vielen Völkern, und strafen die starken Völker in weiter Ferne."[3] Von Bethlehem aber hat er vorhergesagt: „Du, Bethlehem Ephrata! bist zwar klein unter den Tausenden Juda's; aus dir wird mir hervorgehen, der in Israel Herrscher sein soll, dessen Ausgang vom Anbeginne ist, von Ewigkeit her."[4] Auch dieser Prophet bezeichnet den Messias als König, Gesetzgeber, Richter und Vergelter, der aus der Ewigkeit in die Zeit eintritt, die Völker der Erde um sich sammelt, und über sie herrscht.

Diese verborgenen Gerichte, in welchen der göttliche Richter nicht offenbar erscheint, erweisen sich durch unleugbare That=sachen, und bezeugen der Himmel, die Erde und die Hölle. Die Aufnahme der guten Engel in den Himmel und die Verstoßung der bösen Engel in die Hölle, die Freundschaft Gottes mit den unschuldigen Stammeltern der Menschen im Paradiese und die Vertreibung derselben nach der Sünde in dieses Thränenthal der Schmerzen auf der fluchbedeckten Erde, das in der Sünd=fluth ertränkte Menschengeschlecht und die gerettete Familie des

---

[1] Psalm. II. v. 6.—13. Vide etiam Psalm. XLIV. et. XC. XCVI., XCVII. etc. [2] Isai. c. IX. v. 6. 7. [3] Mich. c. IV. v. 2. 3. [4] Ibid. c. V. v. 2.

gerechten Noe in der Arche, das mit zehnfacher Strafe gezüch=
tigte Aegypten und die Befreiung Israels aus dessen Knechtschaft,
die fortlaufenden Strafen und Erbarmungen über das sündige
und bußfertige Israel, dessen endliche Verwerfung und die Er=
wählung der Heidenwelt als Gottesvolk, die Verwerfung und
Ausrottung von Königsgeschlechtern und die Einsetzung anderer
Fürsten an deren Stelle, der Segen und der Fluch über ein=
zelne Familien und Menschen waren göttliche Gerichte mit ihren
vergeltenden Folgen, welche als solche in der Schrift verzeichnet
stehen; und da „der Vater Niemanden richtet", sondern „alles
Gericht dem Sohne übergeben hat", so waren es Gerichte des
göttlichen Wortes, und zwar zugleich, da alles Natürliche zum
Uebernatürlichen in Beziehung steht, Gerichte des Sohnes Gottes
als des Erlösers, von dem alles übernatürliche Heil kommt.
Daher sagt der heilige Augustinus: „Er richtet auch jetzt, und
hat vom Anfange des Menschengeschlechtes gerichtet; indem er
die ersten Menschen, nachdem sie schwer gesündiget hatten, aus
dem Paradiese vertrieben, und vom Baume des Lebens entfernt,
ja als er der sündigen Engel nicht geschont, deren Fürst, nach=
dem er sich selbst zu Grunde gerichtet, aus Neid auch die
Menschen zu Grunde gerichtet hat. Da hat er ohne Zweifel
gerichtet. Es ist auch unter diesem Lufthimmel und auf Erden
das Leben der bösen Geister und der Menschen nicht ohne sein
gütiges und gerechtes Gericht so elend. — Er richtet auch nicht
nur im Allgemeinen über die bösen Geister und über das
Menschengeschlecht, — sondern auch über die eigenen Werke,
welche die Einzelnen aus freier Wahl vollbringen."[1]
    Genau so verhält es sich auch mit den verborgenen Gerichten
im neuen Bunde. Denn die Propheten haben solche Gottes=
gerichte auch in Bezug auf den neuen Bund vorhergesagt, wie
z. B. Daniel die Zerstörung Jerusalems und die Verwerfung
der Juden als Gottesvolk,[2] und Osee[3] den traurigen Zustand
dieses Volkes bis in die letzte Zeit; und Christus hat diese
Strafe ausdrücklich als solche bezeichnet, die darum über das=
selbe verhängt wurde, „weil es die Zeit seiner Heimsuchung
nicht erkannt hat."[4] In der geheimen Offenbarung lesen wir

---

[1] De civ. Dei Libr. XX. c. 1.   [2] Dan. c. IX.   [3] Osc. c. III.
[4] Luc. c. XIX. v. 44.

von vielen solcher Strafgerichte über verschiedene Reiche und über die Menschheit; und die Weltgeschichte ist voll von solchen Beispielen. Es war, und ist immer wahr, auch in Bezug auf einzelne Familien und Menschen, was geschrieben steht: „Erhebet nicht in die Höhe euer Horn (eure Widerspenstigkeit); redet nicht Unrecht wider Gott. Denn weder vom Aufgange, noch vom Untergange, noch von den Bergen der Wüste — (gibt es Schutz und Hilfe wider Gott), weil Gott der Richter ist. Diesen erniedriget er, und jenen erhöht er; denn ein Kelch ist in des Herrn Hand voll starken und gemischten Weines (des Zornes), und er neigt ihn dahin und dorthin; und seine Hefe ist noch darin, und es trinken davon alle Sünder der Erde."[1])

Was die Belohnungen für den Glauben, für die Gerechtigkeit und Treue betrifft, sind im elften Kapitel des Briefes an die Hebräer die Belege zu lesen, wo der heilige Paulus so viele Beispiele aus dem alten Bunde anführt; und daraus können wir schließen, daß es auch im neuen Bunde so sei. Denn Gott bleibt sich immer gleich, und gibt die Weltregierung nicht auf. Es bleibt auch in zeitlicher Beziehung im Allgemeinen und im Besondern das Wort immer wahr: „Gott, der Alles sieht, ist es, der erniedriget, und erhöht;"[2]) und: „Die Gerechtigkeit erhebt ein Volk, elend aber macht die Völker die Sünde."[3])

In Bezug auf die Heilsordnung erzählt die Apostelgeschichte merkwürdige Beispiele. So wurde auf Gottes Befehl den heidnischen Macedoniern das Evangelium gepredigt: „Es zeigte sich dem Paulus in der Nacht ein Gesicht: Ein macedonischer Mann stand da, und sprach: Ziehe hinüber nach Macedonien, und hilf uns! Als er diese Erscheinung gesehen hatte, suchten wir alsbald nach Macedonien zu reisen, überzeugt, daß uns Gott berufen habe, ihnen das Evangelium zu verkünden."[4]) Auch das Gegentheil wird hier vom heiligen Paulus und von seinen Gefährten erzählt: „Als sie aber durch Phrygien und die Gegenden von Galatien zogen, ward ihnen vom heiligen Geiste gewehrt, das Wort Gottes in Asia zu predigen. Und als sie nach Mysien gekommen waren, versuchten sie nach

---

[1]) Psalm. LXXIV. v. 6.—10.　　[2]) Eccli. c. VII. v. 12.　　[3]) Prov. c. XIV. v. 34.　　[4]) Act. Apost. c. XVI. v. 9. 10.

Bithynien zu gehen; aber der Geist Jesu ließ sie nicht."[1]
Von dem Aufenthalte des Apostels zu Corinth wird ferner
berichtet: „Alle Sabbate sprach er in der Synagoge, mischte
den Namen des Herrn Jesus mit ein, und suchte die Juden
und Griechen zu überzeugen. Nachdem aber Silas und Timo=
theus aus Macedonien angekommen waren, predigte Paulus
noch eifriger, und bezeugte den Juden, daß Jesus der Christus
sei. Da sie aber widersprachen, und lästerten, sprach er zu
ihnen, seine Kleider ausschüttelnd: Euer Blut komme über euer
Haupt! ich habe keine Schuld; von nun an werde ich zu den
Heiden gehen. — Crispus aber, der Synagogenvorsteher, glaubte
an den Herrn sammt seinem ganzen Hause; und Viele von den
Corinthern, welche zuhörten, glaubten, und wurden getauft.
Der Herr aber sprach des Nachts in einem Gesichte zu Paulus:
Fürchte dich nicht, sondern rede, und schweige nicht! Darum
weil ich mit dir bin, wird Niemand sich dir nahen, um dir zu
schaden; denn ich habe viel Volk in dieser Stadt. Er blieb
nun ein Jahr und sechs Monate daselbst, und predigte bei ihnen
das Wort Gottes."[2] So entstand die herrliche Christengemeinde
von Corinth, während von einer weiteren Bekehrung von Juden
keine Rede mehr ist. Auf gleiche Weise führte der Geist Christi
den Apostel nach Jerusalem zurück, um dort das heilige Pfingst=
fest zu feiern, ihn von da nach schweren Verfolgungen und
Leiden nach Rom zu bringen, und auch in dieser Weltstadt dem
Evangelium festen Fuß und Verbreitung zu verschaffen, wie er
selbst zu Miletus zu den versammelten Bischöfen und Priestern
von Ephesus gesprochen: „Nun sieh! gebunden vom Geiste, gehe
ich nach Jerusalem, und weiß nicht, was in demselben über
mich kommen werde; außer daß der heilige Geist durch alle
Städte mir bezeugt, und spricht, daß Bande und Trübsale zu
Jerusalem meiner warten."[3]

Da sehen wir die innern Führungen Gottes in der Ver=
breitung des Christenthums, von welchen die Welt nichts wüßte,
wenn sie nicht vom heiligen Geiste geoffenbart worden wären,
und welche äußerlich nur wie menschliche Handlungen auf eigenen

---

[1] Ibid. v. 6. 7.   [2] Ibid. c. XVIII. v. 4.—12.   [3] Ibid. c.
XX. v. 22. 23.

Antrieb erschienen. Die verborgenen Gerichte Gottes sehen wir
auch darin, daß Alle dieselbe Predigt des Evangeliums hörten,
die Einen aber glaubten, und sich bekehrten, die Andern nicht
glaubten, und unbekehrt blieben, nach dem furchtbaren Worte
beim Scheiden des Apostels von denen, welchen er geprediget
hatte: „Es glaubten so Viele, als zum ewigen Leben vorher=
verordnet waren,"[1]) das heißt, von welchen Gott vorhergesehen
hat, daß sie aus freiem Willen die angebotene Gnade benützen,
und glauben würden; wie Gott von den Andern vorhergesehen,
daß sie aus eben so freier Wahl der Gnade widerstehen, und
ungläubig bleiben würden. Daher sprach einst der heilige
Paulus zu den bekehrten Heiden über die abgefallenen und
dem Christenthume feindseligen Juden: „Sieh also die Güte
und Strenge Gottes! die Strenge gegen die Gefallenen, die Güte
Gottes gegen dich, wenn du im Guten verharrest; sonst wirst
auch du ausgehauen werden. — Sie sind zwar in Hinsicht des
Evangeliums Feinde um euretwillen; aber in Hinsicht der Aus=
erwählung sind sie Lieblinge um der Väter willen. Denn
Gottes Gaben und Berufung gereuen (ihn) nicht. Denn gleich=
wie auch ihr einst Gott nicht geglaubt, jetzt aber um ihres
Unglaubens willen Barmherzigkeit erlangt habet (da Gott sich
von ihnen weggewendet, und euch berufen hat); so glauben auch
sie jetzt nicht zu eurer Barmherzigkeit, damit auch sie (in den
letzten Zeiten) Barmherzigkeit erlangen. Denn Gott hat Alles
unter dem Unglauben verschlossen (zugelassen, daß Juden und
Heiden in den Unglauben fielen); damit er sich Aller erbarme.
O Tiefe des Reichthums der Weisheit und Erkenntniß Gottes!
Wie unbegreiflich sind seine Gerichte, und wie unerforschlich seine
Wege! Denn wer hat den Sinn des Herrn erkannt? Oder
wer ist sein Rathgeber gewesen? Oder wer hat ihm zuerst Etwas
gegeben, daß es ihm wieder vergolten werde? Denn von ihm
und durch ihn und in ihm ist Alles. Ihm sei Ehre in Ewig=
keit. Amen."[2])

Dieß und vieles Andere steht von den verborgenen Gerichten
Gottes sammt den betreffenden Belohnungen und Strafen geschrie=
ben, damit wir auch alles Uebrige glauben, was nicht geschrieben

---

[1]) Ibid. c. XIII. v. 48.   [2]) Rom. c. XI. v. 22. 28.—36.

ist. Es gibt aber noch ein besonderes Gericht für jeden ein=
zelnen Menschen, in welchem ihm die ewige Belohnung oder die
ewige Strafe zugemessen wird.

Es ist kein Grund vorhanden, warum den vollkommen
gereinigten Seelen der Gerechten nach dem Tode die Belohnung
des Himmels aufgeschoben werden sollte; kein Grund von Seite
Gottes, da sie vor ihm nichts mehr abzutragen haben; kein
Grund von Seite des Himmels, da er seit der Himmelfahrt
des Herrn geöffnet ist; kein Grund von Seite solcher Seelen,
da sie nichts mehr gutzumachen haben, nichts mehr verdienen,
nichts mehr vervollkommnen können, und am Ziele ihrer Wander=
schaft angelangt sind. Es sprechen im Gegentheile alle Gründe
dafür, daß sie sofort in die ewige Seligkeit aufgenommen werden;
von Seite Gottes, weil sie von Gott geliebt werden, zu diesem
Zwecke erschaffen, gerechtfertigt, geheiliget worden sind, Gott
sie jetzt nicht noch strafen, oder prüfen könnte, und es gewiß
eine große Strafe wäre, wenn sie auf den verdienten Lohn noch
warten müßten, wie der heilige Augustinus bemerkt: „Nicht
im Vaterlande zu sein, wenn das Vaterland geliebt wird, ist
eine große Pein; wenn es nicht geliebt wird, ist die Pein des
Herzens noch ärger. Ein geringes Uebel ist es im Herzen des
Menschen, der die Gesellschaft der Heiligen nicht sucht, der das
Himmelreich nicht wünscht; wünscht er es nicht, so ist es eine
Strafe für seine Verkehrtheit; wünscht er es aber, so ist es eine
Strafe für die betrogene Liebe."[1] Von Seite des Himmels
wünschen alle Engel, daß ihre leeren Plätze ausgefüllt, und das
Lob Gottes vermehrt werde, weßhalb sie sich nach der Auf=
nahme der Heiligen in ihre Reihen sehnen, und Gott unablässig
darum bitten. Von Seite dieser heiligen Seelen wäre es ein
unendlicher Verlust an ihrem verdienten Lohne, wenn der Genuß
der Seligkeit ihnen für so lange auf ewig verloren ginge, als
sie auf denselben warten müßten. Die vom Glauben erleuchtete
Vernunft kann daher nicht anders urtheilen, als daß solche Seelen
nach ihrer Trennung vom Leibe sofort in das ewige Leben eingehen.

Der heilige Apostel Paulus schreibt an die Corinther: „Wir
wissen, daß, wenn dieses unser irdisches Wohnhaus (der Leib)

---

[1] Serm. 14. de verb. Apost.

aufgelöst wird, wir ein Gebäude von Gott empfangen, ein
Haus, nicht mit Händen gemacht, ein ewiges im Himmel."[1]
Er redet da von heiligen Seelen,[2] weiß für sie kein anderes
Wohnhaus, oder Gebäude, und sagt, daß sie, wenn sie das
irdische verlassen, das himmlische erlangen; also nicht anders=
wohin versetzt werden. Er spricht dann noch deutlicher: „Festen
Vertrauens sind wir also immer, indem wir wissen, daß wir
Pilgrimme fern vom Herrn sind, so lange wir im Leibe sind;
denn im Glauben wandeln wir, und nicht im Schauen. Ja,
festen Vertrauens sind wir, und haben gute Lust, vielmehr ab=
wesend vom Leibe, und gegenwärtig bei dem Herrn zu sein."[3]
Würde nun aber solchen Seelen die Seligkeit nach dem Tode
verschoben, so wären sie ja dann noch auf der Wanderschaft,
und nicht am Ziele derselben; sie müßten dann noch im Glauben
wandeln, und befänden sich nicht im Schauen; sie wären dann
noch nicht gegenwärtig bei dem Herrn, sondern noch fern von
ihm; woher dann auch ein solches Vertrauen und eine solche
gute Lust? Der Apostel schreibt auch an die Philipper: „Christus
ist mein Leben, und Sterben mein Gewinn."[4] Was für ein
Gewinn wäre dann aber das Sterben, wenn dann noch nicht die
Seligkeit erfolgte? Daher sagt der heilige Hilarius: „Der
Apostel bezeugt, daß es für ihn besser sei, aufgelöst zu werden,
und bei Christus zu sein; — weil der Tod die Gemeinschaft
mit Christus verschafft;"[5] und der heilige Papst Gregorius:
„Wer also nicht zweifelt, daß Christus im Himmel sei, der
leugnet auch nicht, daß die Seele des Paulus im Himmel sei."[6]

Daher war und ist es der allgemeine und beständige Glaube
der heiligen Kirche, daß solche vollkommen gereinigte Seelen
sofort nach dem Tode in den Himmel kommen, was aus der
Entscheidung des Concils von Florenz erhellt, welches erklärt
hat, und lehrt, „daß die Seelen derjenigen, welche nach dem
Empfange der Taufe keine Makel irgend einer Sünde sich zuge=
zogen haben, und auch jene, welche nach zugezogener Sünden=
makel, entweder, da sie noch in ihren Leibern waren, oder nach=
dem sie von ihren Leibern geschieden worden sind, von derselben

---

[1] II. Cor. c. V. v. 1.　[2] Ibid. v. 2. 3.　[3] Ibid. v. 6. 7. 8.
[4] Philipp. c. I. v. 21.　[5] In Psalm. CXIX.　[6] Dialog. Libr. IV. c. 24.

sich gereiniget haben, alsbald in den Himmel aufgenommen
werden, und die klare Anschauung des dreieinigen Gottes, so
wie er ist, genißen, nach der Verschiedenheit der Verdienste jedoch
der Eine vollkommener, als der Andere."[1] Diesen Ausspruch
hat das Concil von Trient bestätiget."[2] Daß die Heiligen nicht
bis zum Weltgerichte auf ihre Seligkeit warten müssen, beweist
auch die Liturgie, die Heiligsprechung und Verehrung der
Heiligen von Seite der Kirche; und von den heiligen Märtyrern
sagt der heilige Augustinus: „Wenn am Altare der Märtyrer
Erwähnung geschieht; so wird, wie die Gläubigen wissen, für
dieselben nicht gebetet, für die übrigen Verstorbenen aber wird,
wenn ihrer Erwähnung geschieht, gebetet (das ist, für jene, die
nicht heiliggesprochen sind); denn es ist ein Unrecht, für einen
Märtyrer zu beten, da wir der Fürbitte seiner Gebete bedürfen."[3]
     Der heilige Hieronymus schreibt gegen den Irrlehrer Vigi=
lantius: „Du willst Gott Gesetze vorschreiben? Du willst die
Apostel in Fesseln schlagen, um sie bis zum Tage des Gerichtes
in Gewahrsam zu halten; damit sie nicht bei ihrem Herrn seien,
da doch von ihnen geschrieben steht: Sie folgen dem Lamme,
wohin es geht?"[4] Auch der heilige Cyprianus schreibt: „Welche
Ehre und welche Sicherheit liegt darin, freudig von hinnen zu
gehen, glorreich unter Trübsalen und Schwierigkeiten von hinnen
zu gehen, in einem Augenblicke die Augen zu schließen, mit
welchen man die Menschen und die Welt gesehen, und sie sogleich
wieder zu öffnen, um Gott und Christum zu schauen; so schnell
auszuwandern, welche Seligkeit, um plötzlich der Erde entrückt,
und in das Himmelreich versetzt zu werden!"[5]
     Wenn manche heilige Väter und Lehrer, wie die Heiligen
Hilarius, Ambrosius, Augustinus und Bernardus, das Gegen=
theil zu behaupten scheinen, so reden sie entweder von den Ver=
worfenen, oder von den noch nicht gereinigten Seelen, und lehren
in Bezug auf die vollkommen gereinigten Heiligen dasselbe, was
die Kirche lehrt. So sagt der heilige Hilarius: „Es nimmt
uns sogleich die rächende Hölle auf, und nach der Scheidung
vom Leibe gehen wir geraden Weges ohne Aufschub zu Grunde,

---

[1] Concil. Florent. inter Latin. et Graec. unit.   [2] Sess. VI. can.
32. et Sess. XXV. De invoc. et. vener. Sanctor.   [3] Serm. 17. de
verb. Apost.   [4] Libr. contr. Vigilant.   [5] De exhort. Mart.

wenn wir darnach gelebt haben. Zeugen sind der Reiche und
der Arme im Evangelium, von welchen den einen die Engel in
die Wohnungen der Seligen und in den Schooß Abraham's
versetzt haben, den andern sofort der Ort der Strafe aufge=
nommen hat, während dessen Brüder noch auf der Oberwelt
zurückgeblieben waren. Dort gibt es keinen Aufschub, kein Ver=
weilen."[1] Der heilige Ambrosius spricht zum Apostelfürsten
Petrus: „Woher soll ich dich rufen, Petrus! damit du mich
lehrest, was du weinend gedacht habest? Woher soll ich dich
rufen, sage ich? Vom Himmel, wo du schon in den Chor der
Engel eingereiht worden bist."[2] Der heilige Augustinus schreibt
über den Schooß Abrahams: „Der Schooß Abraham's ist die
Ruhe der seligen Armen, deren das Himmelreich ist, in welches
sie nach diesem Leben aufgenommen werden, und zugleich das
Geheimniß des Vaters, in welches (Christus) nach seinem Leiden
und nach seiner Auferstehung aufgenommen worden ist, wo auch
die Heiligen vor der Auferstehung mit Gott leben."[3] Der
heilige Bernardus schreibt über den heiligen Bischof Malachias:
„Die Seele des Malachias wandelt nun nicht mehr im Glauben,
sondern herrscht in der Anschauung;"[4] und anderswo: „Als=
bald frohlocken die Gerechten im Angesichte Gottes, und ergötzen
sich in der Freude; dort, dort, o gütigster Jesus! dort wird
sogleich jeder Heilige von Freude erfüllt vor deinem Angesichte,
wenn er dieser bösen Welt entrückt ist."[5] Wo sollten denn
auch die Seelen der vollkommen gereinigten Gerechten nach dem
Tode sich befinden, wenn nicht im Himmel? Sicher nicht in
der Hölle, was sich von selbst versteht. Auch nicht im Fege=
feuer, da sie nichts abzubüßen haben. Eben so wenig in der
Vorhölle, da die Erlösung vollbracht ist, und der Himmel offen
steht. Endlich an keinem andern Orte, da von einem solchen
nirgends Erwähnung geschieht, und ein solcher ohne jeden Grund
erst erdacht werden müßte, und auf keine Weise bezeichnet werden
könnte. Wir glauben, und bekennen daher mit der heiligen
Kirche, daß die Seelen der vollkommen gereinigten Gerechten
ohne jeden Verzug und Aufschub sofort in den Himmel eingehen;
und daß aus denselben Gründen für das Gegentheil die Bösen

---

[1] In Psalm. II.   [2] Libr. X. in Luc.   [3] Libr. II. Quaest.
evang. c. 38.   [4] Epist. ad. Fratr. Hibern.   [5] Epist. 98.

den ewigen Peinen überantwortet werden; da es auch für sie
keinen andern angemessenen Ort gibt, als die Hölle, deren
Peinen sie mit sich oder an sich tragen müßten, wenn sie nach
Gottes Fügung auch anderswo sich befänden, weil auch sie am
Ziele angelangt sind, und also nicht mehr auf dem Wege nach
demselben sein können.

Treten nun aber Lohn oder Strafe nach dem Tode sogleich
in Wirksamkeit, so muß nothwendig ein Gericht und ein Urtheilsspruch vorangehen, wodurch den Gerechten der verdiente Lohn, den
Bösen aber die verdiente Strafe zuerkannt, und zugemessen wird;
denn wer einen Lohn auszahlt, muß urtheilen, wer den Lohn
verdient, wodurch er den Lohn verdient, und was für einen
Lohn er verdient habe. Dasselbe Bewandtniß hat es auch mit
der Strafe. Es muß der Belohnung und der Strafe ein Gericht
vorangehen. Daher fügt der heilige Paulus dort, wo er von
der Sehnsucht seines Herzens, bei Christus zu sein, spricht,
unmittelbar hinzu: „Darum befleißen wir uns, sei es abwesend,
sei es anwesend, ihm zu gefallen. Denn wir Alle müssen vor
dem Richterstuhle Christi offenbar werden; damit Jeder empfange,
je nachdem er in seinem Leibe Gutes oder Böses gethan hat."[1]
Hieher gehört auch sein anderes Wort: „Es ist für den Menschen
bestimmt, einmal zu sterben, darauf aber folgt das Gericht;"[2]
denn es scheint nicht angenommen werden zu können, daß der
Apostel mit diesem „darauf" den langen Zeitraum bis zum
Ende der Welt, und nur das Weltgericht verstanden habe, da
er nicht von allen Menschen, sondern von jedem einzelnen Menschen spricht, für welchen nach seinem Tode das Gericht folgt.

Uebrigens hat Christus, der Herr, selbst gelehrt, daß nach
dem Tode das vergeltende Gericht erfolgen, und daß er der
Richter sein werde. Denn er hat ermahnt, und erklärt: „Eure
Lenden sollen umgürtet, und brennende Lampen in euren Händen
sein. Seid Menschen ähnlich, welche ihren Herrn erwarten,
wenn er von der Hochzeit zurückkommt; damit, wenn er kommt,
sie ihm sogleich aufthun können."[3] Man gürtet sich aber in
diesem Leben, und man hält in diesem Leben brennende Lampen

---

[1] II. Cor. c. V. v. 9. 10   [2] Hebr. c. IX. v. 27.   [3] Luc. c.
XII. v. 35. 36.

in den Händen, wenn man im keuschen und reinen Wandel mit
der Verrichtung guter Werke beschäftiget ist, was nach dem Tode
nicht mehr sein kann; und so soll man den Herrn erwarten,
wenn er von der himmlischen Hochzeit zu Jedem herabkommen
wird, um bei ihm zu erscheinen. Dann spricht der Herr weiter:
„Selig jene Knechte, welche der Herr wachend findet, wenn er
kommt; wahrlich sage ich euch, er wird sich gürten, und sie zu
Tische setzen, und umhergehen, und sie bedienen. Und wenn er
in der zweiten Nachtwache kommt, oder in der dritten Nacht=
wache kommt, und sie so findet; selig sind diese Knechte!"[1] Der
Herr will sie also in Reinheit und guten Werken wachend und
thätig finden, was nach dem Tode nicht mehr geschehen kann,
und verspricht sofort den Lohn, der unmittelbar erfolgt. Das
Gericht und die Vergeltung treten also mit dem Tode ein.
Endlich setzt der Herr bei: „So seid denn auch ihr bereit; denn
der Menschensohn wird zu einer Stunde kommen, da ihr es
nicht meinet."[2] Es ist also Christus, der dieses Gericht halten,
und die Vergeltung vornehmen wird. Dasselbe hat der Herr
auch in Bezug auf die Bösen gelehrt, indem er in dem Gleich=
nisse von den Talenten von dem Gerichte, von der Vergeltung
bei seiner Ankunft am Ende der Arbeitszeit spricht, und über
den faulen Knecht, der das ihm anvertraute Talent unnütz ver=
graben hatte, das Verdammungsurtheil ankündet: „Den unnützen
Knecht werfet hinaus in die äußerste Finsterniß; da wird Heulen
und Zähneknirschen sein."[3] Es kann daher kein Zweifel sein,
daß Christus, der Herr, über jeden Menschen nach dem Tode
ein besonderes Gericht halte, und unmittelbar darauf die Ver=
geltung folgen lasse. Es gibt aber außer diesem verborgenen
und besondern Gerichte auch noch ein allgemeines Weltgericht,
welches Christus, der Herr, am Ende der Zeiten halten wird.

Dieses Weltgericht haben nicht nur die Propheten voraus=
verkündet,[4] sondern hat auch Christus, der Herr, selbst vorher=
gesagt, wie geschrieben steht: „Alsdann fing er an, den Städten
zu verweisen, in welchen seine meisten Wunder geschehen sind,
weil sie nicht Buße gethan hatten. Wehe dir, Corozain! wehe

---

[1] Ibid. v. 37. 38.   [2] Ibid. v. 40. Vide etiam Marc. c. XIII. v. 33.
et seqq.   [3] Matth. c. XXV. v. 30.   [4] Sophon. c. I., Joel. c. II.,
Isai. c. LXVI.

dir, Bethsaida! Denn wenn zu Tyrus und Sidon die Wunder
geschehen wären, die bei euch geschehen sind, so würden sie längst
in Sack und Asche Buße gethan haben. Allein ich sage euch:
Tyrus und Sidon wird es erträglicher ergehen am Tage des
Gerichtes, als euch. Und du, Capharnaum! wirst du wohl bis
in den Himmel erhoben werden? Du wirst bis in die Hölle
hinunterfahren; denn wenn zu Sodoma die Wunder geschehen
wären, welche in dir geschehen sind, so würde es vielleicht
geblieben sein bis auf den heutigen Tag. Aber ich sage euch,
daß es dem Lande der Sodomiter am Tage des Gerichtes erträg=
licher ergehen werde, als dir."[1]) Der Herr hat zu seinen Jüngern
gesprochen: „Wer immer euch nicht aufnimmt, und eure Reden
nicht anhört, aus dessen Hause oder Stadt gehet hinaus, und
schüttelt den Staub von euren Füßen. Wahrlich, sage ich euch,
es wird dem Lande der Sodomiter und Gomorrhäer erträglicher
ergehen am Tage des Gerichtes, als jener Stadt."[2]) Da redet
der Herr von Einem und demselben, von einem bestimmten,
von einem künftigen, und von einem allgemeinen Gerichtstage,
an welchem alle diese Städte und alle Menschen werden gerichtet
werden. Es gibt also ein allgemeines Weltgericht. Daß aber
dieses Gericht am Ende der Zeiten stattfinden werde, hat der
Herr mit den Worten erklärt: „Wer mich verachtet, und
meine Worte nicht annimmt, der hat Einen, der ihn richtet.
Das Wort, das ich geredet habe, dieses wird ihn richten am
jüngsten Tage."[3])

Der heilige Paulus ermuthiget die Thessalonicher mit dem
Hinblicke auf dieses künftige Weltgericht,[4]) mahnt sie aber, von
von den Gerüchten über die Zeit desselben sich nicht verwirren
zu lassen.[5]) Der heilige Apostelfürst Petrus schreibt, daß dieses
Gericht über die bösen Menschen[6]) und über die verworfenen
Geister ergehen werde.[7]) Daher das Glaubensbekenntniß der
heiligen Kirche: „Er ist aufgefahren in den Himmel, sitzt zur
rechten Hand Gottes, des allmächtigen Vaters; von dort her

---

[1]) Matth. c. XI. v. 20.—25.   [2]) Ibid. c. X. v. 12.—16.   [3]) Joann.
c. XII. v. 48.   [4]) I. Thessal. c. V. v. 1. et seqq.   [5]) II. Thessal. c.
II. v. 1. et seqq.   [6]) II. Petr. c. III. v. 7.   [7]) Ibid. c. II. v. 4. Vide
etiam Jud. v. 6., Rom. c. II. v. 5. Act. Ap. c. II. v. 20., c. XVII. v. 30.,
c. XXIV. v. 25.

wird er kommen, zu richten die Lebendigen und die Todten.
Bei seiner Ankunft müssen alle Menschen auferstehen mit ihren
Leibern, und werden Rechenschaft geben über ihre Werke. Und
die Gutes gethan haben, werden eingehen in das ewige Leben,
die aber Böses (gethan haben), in das ewige Feuer. Das ist
(unter Anderem) der katholische Glaube, und, wer immer ihn
nicht treu und fest glaubt, wird nicht selig werden können."[1]

Der heilige Thomas führt für die Nothwendigkeit des allge=
meinen Weltgerichtes folgende Beweise an. Er schreibt: „Man
kann über eine veränderliche Sache vor ihrer Vollendung kein
vollkommenes Urtheil abgeben; wie man über eine Handlung
nicht vollkommen urtheilen kann, wie sie beschaffen sei, bevor sie
sowohl in sich als auch in ihren Wirkungen vollbracht ist. Auf
gleiche Weise kann man auch von einem Menschen kein voll=
kommenes Urtheil abgeben, bis sein Leben abgeschlossen ist; weil
es vielfach verändert werden kann von einem guten in ein böses,
und umgekehrt, oder von einem guten in ein besseres, oder von
einem bösen in ein schlechteres. Daher sagt der Apostel: den
Menschen ist es bestimmt, einmal zu sterben; darauf aber folgt
das Gericht.[2] Man muß aber wissen, daß das Leben des
Menschen, obwohl es durch den Tod zeitlich in sich abgeschlossen
ist, doch noch von manchem Zukünftigen abhängig bleibt; einer=
seits, weil es im Gedächtnisse der Menschen fortlebt, bei welchen
der gute oder üble Ruf oft gegen die Wahrheit zurückbleibt;
andererseits in den Kindern, welche gleichsam ein Theil des
Vaters sind, nach dem Worte: Stirbt sein Vater, so ist es, als
wäre er nicht gestorben; denn er hat sein Ebenbild hinterlassen;"[3]
wiewohl oft die Kinder der Guten böse sind, und umgekehrt.
Drittens in Bezug auf die Wirkungen ihrer Thaten, wie aus
der Betrügerei des Arius und anderer Verführer der Unglaube
bis an das Ende der Welt fortkeimt, und bis dorthin der
Glaube aus der Predigt der Apostel sich fortpflanzt. Viertens
in Bezug auf den Leib, der oft ehrenvoll begraben wird, und
oft unbegraben bleibt, und endlich völlig in Staub aufgelöst
wird. Fünftens in Bezug auf das, woran der Mensch seine
Anhänglichkeit geknüpft hat, nämlich an manche zeitliche Dinge,

---

[1] Symb. Athanas.   [2] Hebr. c. IX. v. 27.   [3] Eccli. c. XXX. v. 4.

von welchen manche früher enden, manche länger dauern. Das
Alles aber unterliegt dem Urtheile des göttlichen Gerichtes.
Daher kann auch über dieses Alles kein vollkommenes und offen=
bares Gericht gehalten werden, so lange der Lauf dieser Zeit
fortdauert; und deßhalb muß ein Schlußgericht am jüngsten
Tage stattfinden, in welchem Alles, was jeden Menschen auf
was immer für eine Weise betrifft, vollkommen und offenbar
gerichtet werden kann.“[1] Der Mensch lebt auch nach seinem
Tode noch in seinen Werken und Handlungen fort, in wie fern
dieselben fortdauern, und Wirkungen oder Folgen nach sich ziehen,
die ihm ganz oder theilweise zugeschrieben werden können. Er
lebt auch in andern Menschen fort, in wie fern er auf deren
Leben und Handlungen einen Einfluß nimmt, der ihm ange=
rechnet werden kann. Menschen und ganze Völker können durch
Ungerechtigkeiten aus der Welt geschafft werden, ohne daß ihnen
je Gerechtigkeit zu Theil wird; und Böse können mit Ruhm
überhäuft, Gute mit Schmach bedeckt aus diesem Leben scheiden,
ohne daß sie je erlangen, was ihnen gebührt. In dem Allen
können die Menschen Verdienste erwerben, oder Schulden auf
sich laden, und Anspruch auf gerechte Vergeltung haben, ohne
daß im Verlaufe der Zeiten ein Ausgleich stattfindet. Es ist
daher Sache der göttlichen Gerechtigkeit, diesen Ausgleich am
Ende der Zeiten herbeizuführen; und daher muß es am jüngsten
Tage ein Weltgericht geben, in welchem Jeder und alle Menschen
die gebührende Vergeltung erhalten. Ferner verdient der Mensch
als Mensch Lohn oder Strafe, und muß daher auch als Mensch
belohnt, oder bestraft werden; der Mensch besteht aber wesentlich
aus Leib und Seele; daher muß er auch mit Leib und Seele
belohnt, oder bestraft werden, was vor der Auferstehung der
Todten nicht geschehen kann. Ja, der Leib der Gerechten wird
oft im Leben, im Tode und nach dem Tode noch entehrt, und
der Leib des Bösen mit Ehren überhäuft. Es muß also nach
der Auferstehung der Mensch auch dem Leibe nach erhalten, was
ihm gebührt, und darum muß nach der Auferstehung ein Gericht
gehalten werden, in dem dem Menschen als Menschen Gerech=
tigkeit wiederfährt, und er als Mensch dem Leibe und der Seele
nach erhält, was er verdient.

[1] Loc. cit. o.

Es gereicht auch zur Ehre Gottes, daß die Wege der göttlichen
Vorsehung in der Leitung des Menschengeschlechtes und in der
Weltregierung allgemein bekannt werden; da sie jetzt vielfach
verborgen, und verkannt sind.   Dann wird man erkennen, mit
welcher Weisheit, Liebe, Erbarmung, Gerechtigkeit und Kraft
Gott Alles geordnet hat, und einsehen, warum oft die Bösen in
Reichthum, Ehre und Wohlsein, die Gerechten aber in Armuth,
Verachtung und Leiden durch das Leben gegangen seien.   Das
Weltgericht wird Gott auch vor allen seinen Geschöpfen recht=
fertigen.[1]

Endlich fordert das Weltgericht die Ehre Christi, des Herrn,
wie der heilige Augustinus sagt: „Christus wird mit großer
Macht zum Gerichte kommen, weil er mit großer Erniedrigung
gerichtet worden ist. Er wird schrecklich erscheinen, weil er ver=
ächtlich erschienen ist. Er wird seine Macht zeigen, wie er seine
Geduld gezeigt hat."[2] Wie er die Weissagung erfüllt hat: „Ich
aber bin ein Wurm, und kein Mensch, der Leute Spott, und
die Verachtung des Volkes;"[3] und: „Er wird mit Schmach
gesättiget werden:"[4] so muß auch die andere Weissagung erfüllt
werden: „Du hast ihn mit Herrlichkeit und Ehre gekrönt, und
ihn über die Werke deiner Hände gesetzt. Alles hast du seinen
Füßen unterworfen."[5]

Zudem ist das Weltgericht mit allen seinen Umständen klar
und bestimmt vorausgesagt, und wie ein großes Weltschauspiel
in allen seinen Aufzügen und Akten beschrieben. Die Zerstörung
des Weltalls: „Er wird die Geschöpfe zur Rache wider
seine Feinde bewaffnen. — Der Erdkreis wird mit ihm streiten
wider die Unsinnigen:"[6] — „Es werden Zeichen an der Sonne,
an dem Monde, und an den Sternen sein, und auf Erden wird
große Angst unter den Völkern sein wegen des ungestümen
Rauschens des Meeres und der Fluthen, und die Menschen
werden verschmachten vor Furcht und vor Erwartung der Dinge,
die über den ganzen Erdkreis kommen werden:"[7] — „Die Sonne
wird verfinstert werden, und der Mond wird seinen Schein
nicht mehr geben, und die Sterne werden vom Himmel fallen,

---

[1] Vide Catechis. Conc. Trident.   [2] Enarrat. in Psalm. LXXXV.
[3] Psalm. XXI. v. 7.   [4] Thren. c. III. v. 30.   [5] Psalm. VIII. v. 6. 7. 8.
[6] Sap. c. V. v. 18. 21.   [7] Luc. c. XXI. v. 25. 26.

und die Kräfte des Himmels werden erschüttert werden:"[1] —
„Es wird der Tag des Herrn kommen, wie ein Dieb; da werden
die Himmel mit großem Gekrache vergehen, und die Erde sammt
den Werken auf ihr verbrennen."[2] Die Auferstehung der
Todten: „Er wird seine Engel mit der Posaune senden, mit
großem Schalle:"[3] — „Denn es kommt die Stunde, in der
Alle, welche in den Gräbern sind, die Stimme des Sohnes
Gottes hören werden; und es werden hervorgehen, die Gutes
gethan haben, zur Auferstehung des Lebens, die aber Böses
gethan haben, zur Auferstehung des Gerichtes:"[4] — „Plötzlich,
in einem Augenblicke, auf den Schall der letzten Posaune, denn
erschallen wird die Posaune, und die Todten werden unverweslich
auferstehen."[5] Die Versammlung Aller zum Gerichte
und ihre Scheidung: „Es werden alle Völker vor ihm
(dem Menschensohne) versammelt werden, und er wird sie von
einander scheiden, wie ein Hirt die Schafe von den Böcken
scheidet. Die Schafe wird er zu seiner Rechten, die Böcke aber
zu seiner Linken stellen."[6] Die Offenbarung der Gewissen
zur Ehre oder Schmach: „Es ist nichts verborgen, was
nicht offenbar werden wird, und nichts geheim, was nicht gewußt
werden wird;"[7] der Gerechten: „Ihr seid abgewaschen, ihr seid
geheiliget, ihr seid gerechtfertiget:"[8] — „Er wird den Leib
unserer Niedrigkeit umgestalten, daß er dem Leibe seiner Herrlichkeit gleichgestaltet sei:"[9] — „Alsdann werden die Gerechten
leuchten, wie die Sonne;"[10] der Bösen: „Sie werden furchtsam
daher kommen im Andenken an ihre Sünden, und ihre Misse-
thaten werden ihre Ankläger sein:"[11] — „Sie werden mit ihrer
Schmach wie mit einem Mantel bedeckt werden:"[12] — Der
Herr, der Allmächtige, wird sich rächen an ihnen, wird sie heimsuchen am Tage des Gerichtes. Er wird Feuer und Würmer
in ihr Fleisch geben, daß sie brennen, und es fühlen in Ewigkeit:"[13] — „Dann werden sie anfangen, zu den Bergen zu

---

[1] Matth. c. XXIV. v. 29.   [2] II. Petr. c. III. v. 10.   [3] Matth.
c. XXIV. v. 31.   [4] Joann. c. V. v. 28. 29.   [5] I. Cor. c. XV. v. 52.
[6] Matth. c. XXV. v. 32. 33.   [7] Ibid. c. X. v. 26.   [8] I. Cor. c.
VI. v. 11.   [9] Philipp. c. III. v. 21.   [10] Matth. c. XIII. v. 43.
[11] Sap. c. V. v. 20.   [12] Psalm. CVIII. v. 29.   [13] Judith. c. XVI.
v. 20. 21.

rufen: Fallet über uns! und zu den Hügeln: Bedecket uns![1])
Die Anklage und das Bekenntniß: „Wer wird die Aus=
erwählten Gottes anklagen?"[2]) — „Dann werden die Gerechten
mit großer Standhaftigkeit denen gegenüber stehen, von welchen
sie geängstiget, und der Frucht ihrer Arbeiten beraubt worden
sind. Sie (die Bösen) werden es sehen, und von schrecklicher
Furcht verwirrt werden, und sich wundern über das unversehene,
unverhoffte Heil (der Gerechten), und werden bei sich reuevoll
sagen, und vor Angst des Geistes seufzen: Diese sind es, die
wir einst verlachten, und mit schimpflichen Reden verhöhnten.
Wir Thoren hielten ihr Leben für Unsinn, und ihr Ende für
schimpflich! Sieh, wie sie unter die Kinder Gottes gezählt sind,
und ihr Loos unter den Heiligen ist! So haben wir uns also
verirrt vom Wege der Wahrheit, und das Licht der Gerechtigkeit
hat uns nicht geleuchtet, und die Sonne der Erkenntniß ist uns
nicht aufgegangen. Wir sind müde geworden auf dem Wege
der Bosheit und des Verderbens, und wandelten harte Wege;
aber den Weg des Herrn haben wir nicht erkannt!"[3]) Die
Erscheinung des göttlichen Richters: „Dann wird das
Zeichen des Menschensohnes (das Kreuz) am Himmel erscheinen;"[4])
und: „Wenn der Menschensohn in seiner Herrlichkeit kommen
wird, und alle Engel mit ihm; dann wird er auf dem Throne
seiner Herrlichkeit sitzen;"[5]) um Gericht zu halten.[6]) Der Richter=
spruch: „Alsdann wird der König zu denen, die zu seiner
Rechten sein werden, sagen: Kommet, ihr Gesegnete meines
Vaters! besitzet das Reich, welches euch seit der Grundlegung
der Welt bereitet ist."[7]) — „Dann wird er auch zu jenen auf
der Linken sprechen: Weichet von mir, ihr Verfluchte! in das
ewige Feuer, welches dem Teufel und seinen Engeln bereitet
ist."[8]) Die Ausführung des Urtheils: „Diese (die Bösen)
werden eingehen in die ewige Pein, die Gerechten aber in das
ewige Leben."[9]) Die triumphirende Himmelfahrt: „Hebet
eure Thore, ihr Fürsten! hebet euch, ihr ewigen Thore! daß
einziehe der König der Herrlichkeit. Wer ist dieser König der
Herrlichkeit? Der Herr, der starke und mächtige, der Herr,

---

[1]) Luc. c. XXIII. v. 18.   [2]) Apoc. c. VI. v. 16.   [3]) Sap. c. V.
v. 1.—8. [4]) Matth. c. XXIV. v. 30. [5]) Ibid. c. XXV. v. 31. [6]) Ibid.
v. 34.—46. [7]) Ibid. v. 34. [8]) Ibid. v. 41. [9]) Ibid. v. 46.

mächtig im Kriege. Hebet eure Throre, ihr Fürsten! erhebet euch, ihr ewigen Thore! daß einziehe der König der Herrlichkeit. Wer ist dieser König der Herrlichkeit? Der Herr der Heerschaaren, dieser ist der König der Herrlichkeit:"[1] „Die Gerechten werden ewig leben, und bei dem Herrn ist ihr Lohn, und die Sorge für sie bei dem Allerhöchsten. Darum werden sie empfangen ein herrliches Reich und eine zierliche Krone aus der Hand des Herrn:"[2] — „Sie werden trunken werden von dem Ueberflusse deines Hauses, und mit dem Strome deiner Wonne wirst du sie tränken:"[3] — „Die Heiligen werden in Jubel frohlocken."[4] Die schauerliche Höllenfahrt: „Der Sünder wird es sehen, und zürnen, und mit seinen Zähnen knirschen, und vergehen; die Wünsche der Sünder sind verloren."[5] — „Sie werden hinunterfahren in die Tiefen der Erde:"[6] — „Die Hölle wird ihren Schlund aufsperren, und ihren Rachen aufthun ohne Maß:"[7] — „Der Sohn des Menschen wird seine Engel senden, und sie werden aus seinem Reiche alle Aergernisse sammeln, und jene, die da Unrecht thun, und werden sie in den Feuerofen werfen, da wird Heulen und Zähneknirschen sein."[8] Das hat Johannes in der geheimen Offenbarung geschaut, und schreibt: „Und ich sah einen großen, weißen Thron, und den, der darauf saß; vor seinem Angesichte floh die Erde, und der Himmel, und für sie ward keine Stätte gefunden (weil sie von Feuer verzehrt, und umgewandelt werden). Und ich sah die Todten, Groß und Klein, stehend vor dem Throne. Und die Bücher wurden aufgethan, und wieder ein Buch ward aufgethan, das Buch des Lebens; und die Todten wurden gerichtet aus dem, was geschrieben war in den Büchern nach ihren Werken. Und das Meer gab die Todten, die darin waren, und der Tod und das Todtenreich gaben ihre Todten, die darin waren; sie wurden gerichtet, Jeder nach seinen Werken. Und das Todtenreich und der Tod wurden in den Feuerpfuhl geworfen; das ist der zweite Tod. Und wer nicht erfunden ward eingeschrieben in dem Buche des Lebens, der ward in den Feuerpfuhl geworfen."[9] — „Schrecklich ist es, in. die Hände des lebendigen Gottes zu fallen."[10] Das

[1] Psalm. XXIII. v. 7.—10.   [2] Sap. c. V. v. 16. 17.   [3] Psalm. XXXV. v. 9.   [4] Psalm. CXXXI. v. 16.   [5] Psalm. CXI. v. 10.   [6] Psalm. LXII. v. 10.   [7] Isai. c. V. v. 14.   [8] Matth. c. XIII. v. 41. 42. 43.   [9] Apoc. c. XX. v. 11.—15.   [10] Hebr. c. X. v. 31.

Ende. Das ist das ewige Schicksal der geretteten Menschheit, welche die Liebe und Erbarmung ihres göttlichen Erlösers in der Seligkeit des Himmels preisen wird; und das ist das ewige Schicksal der verworfenen Menschheit, welche in den Peinen der Hölle die Gerechtigkeit des göttlichen Erlösers verherrlichen wird: „Erhaben aber wird der Herr der Heerschaaren im Gerichte sein, und der heilige Gott heilig genannt werden in der Gerechtigkeit."[1]

Sechster Abschnitt.

Die richterliche Gewalt Christi erstreckt sich auch auf die Engel.[2]

Christus, der Herr, hat seine Herrschaft und seine richter=liche Gewalt über die gefallenen und verworfenen Engel schon in seinem Leben auf Erden gezeigt. Denn er ist dazu in die Welt gekommen, um das Menschengeschlecht aus der Knechtschaft des Teufels zu befreien, wie er sich selbst mit folgenden Worten darüber im Bilde ausgesprochen hat: „Wenn der Starke bewaffnet seinen Hof bewacht, so ist Alles sicher, was er hat. Wenn aber ein Stärkerer, als er, über ihn kommt, und ihn überwindet; so nimmt er ihm seine ganze Waffenrüstung, auf welche er sich verließ, und vertheilt seine Beute."[3] Das hat Christus in der That bewiesen, indem er den Teufel in der Wüste zu Schanden machte, und von ihm abzulassen zwang,[4] und aus den Leibern der Besessenen die Teufel austrieb, wie geschrieben steht: „Es fuhren auch von Vielen Teufel aus, die riefen, und sprachen: Du bist der Sohn Gottes! Er aber drohte ihnen, und ließ sie nicht reden; denn sie wußten, daß er Christus sei."[5] Die bösen Geister selbst gestanden diese Wahrheit, wie aus jenen zwei Besessenen im Lande der Gerasener, die ihm zuriefen: „Jesus, du Sohn Gottes! was haben wir mit dir? Bist du hieher gekommen, um uns vor der Zeit zu quälen?"[6] Der heilige

---

[1] Isai. c. V. v. 16.   [2] Loc. cit. a. 6.   [3] Luc. c. XI. v. 21. 22.
[4] Matth. c. IV. v. 1.—11.   [5] Luc. c. IV. v. 41. Matth. c. IV. v. 24.
Marc. c. XVI. v. 9.   [6] Matth. c. VIII. v. 29. Sie meinten, er werde schon jetzt über sie Gericht halten, und sie in die Hölle verstoßen.

Evangelist Matthäus berichtet ferner: „Es war aber nicht weit von ihnen eine Heerde vieler Schweine auf der Weide. Und die bösen Geister baten ihn, und sprachen: Wenn du uns von da anstreibest, so laß uns in die Heerde Schweine fahren. Und er sprach zu ihnen: Fahret hin! Sie aber fuhren aus, und fuhren in die Schweine; und sieh! die ganze Heerde stürzte sich mit Ungestüm von dem Abhange in's Meer, und ertrank im Wasser.“[1] Christus hat selbst den Jüngern die Macht gegeben, Teufel auszutreiben,[2] und der heilige Evangelist Lucas sagt: „Es kehrten aber die Zweiundsiebenzig (Jünger) mit Freuden zurück, und sprachen: Herr! auch die Teufel sind uns unterthan in deinem Namen.“[3] Der Herr trieb viele böse Geister zugleich aus, wie aus jenem Menschen in dem Lande der Gerasener, die ihm auf die Frage: Wie heißest du?“ die Antwort gaben: „Legion ist mein Name; denn unser sind viele.“[4] Christus hält fortwährend Gericht über die verworfenen Geister, indem er die Menschen aus ihrer Knechtschaft befreit, die Sünder bekehrt, sie zu Kindern Gottes macht, und so ihrer Gewalt entreißt. In diesem Sinne hat er gesprochen: „Jetzt ergeht das Gericht über die Welt; jetzt wird der Fürst dieser Welt hinausgeworfen;“[5] und vor seinem Leiden und Sterben, durch welches das Erlösungswerk vollbracht, und der Herrschaft des Teufels ein Ende gemacht werden sollte: „Der Fürst dieser Welt ist schon gerichtet.“[6] Ueberdieß aber werden die verworfenen Engel auch im allgemeinen Weltgerichte von ihm öffentlich gerichtet werden, wie dieß ebenfalls die göttliche Offenbarung lehrt.

Schon in der Weissagung ist verkündet, daß die gefallenen Engel und alle bösen Gewalthaber der Erde vor das Weltgericht kommen werden: „An jenem Tage wird der Herr heimsuchen das Heer des Himmels in der Höhe, und die Könige, welche auf Erden sind.“ Man wird sie zusammen in einen Büschel binden zur Grube, und dort in dem Kerker einschließen.“[7] Der heilige Apostelfürst Petrus sagt: „Gott hat der Engel, die gesündiget, nicht geschont, sondern sie mit den Ketten der Hölle in den Abgrund gezogen, um sie zum Gerichte aufzube-

---

[1] Ibid. v. 30. 31. 32.   [2] Marc. c. III. v. 15.   [3] Luc. c. X. v. 17.
[4] Marc. c. V. v. 9.   [5] Joann. c. XII. v. 31.   [6] Ibid. c. XVI. v. 11.
[7] Isai. c. XXIV. v. 21. 22.

wahren."[1] Ebenſo ſchreibt der heilige Apoſtel Judas: „Auch
die Engel, welche ihre Würde nicht bewahrt, ſondern ihre Wohnung
verlaſſen haben, hat er zum großen Gerichtstage mit ewigen
Banden in der Finſterniß aufbehalten."[2] Es werden dort ſelbſt
die Heiligen über ſie zu Gericht ſitzen, wie der heilige Paulus
lehrt: „Wiſſet ihr nicht, daß wir ſelbſt Engel richten werden."[3]
An jenem Tage wird, wie die Erlöſung der Menſchen, ſo auch
der Sieg und Triumph Chriſti, des Herrn, über die Hölle
vollendet werden, und werden die Worte ihre letzte Erfüllung
finden: „Der Urheber des Heiles — hat ſich des Fleiſches und
Blutes der Kinder — theilhaftig gemacht; damit er durch den
Tod dem die Macht nähme, welcher des Todes Gewalt hatte,
das iſt, dem Teufel, und diejenigen erlöſete, welche in der Furcht
des Todes durch das ganze Leben der Knechtſchaft unterworfen
waren."[4] — „Er hat die Handſchrift des Urtheils, die uns
entgegen war, ausgelöſcht, ſie weggenommen, und an's Kreuz
geheftet; und er hat die Fürſtenthümer und Mächte (die Teufel,
welche einſt zu dieſen Chören der Engel gehörten) muthvoll
entwaffnet, und öffentlich durch ſich ſelbſt über ſie triumphirt."[5]
— „Gott hat ihn von den Todten auferweckt, und zu ſeiner
Rechten im Himmel geſetzt, über jedes Fürſtenthum, und jede
Gewalt, und Macht und jede Herrſchaft, und über jeden Namen,
der genannt wird nicht nur in dieſer Welt, ſondern auch in der
zukünftigen. Alles hat er unter ſeine Füße gelegt."[6] Vor ihm
„müſſen ſich alle Kniee beugen derer im Himmel, auf der Erde,
und unter der Erde."[7]

Die böſen Geiſter bekämpfen das Reich Chriſti, und ſtiften
in demſelben unſägliches Unheil und Verderben bis an's Ende
der Welt. Dafür müſſen ſie dem Weltgerichte unterzogen werden.
Sie verderben durch ihre Helfershelfer, durch böſe Menſchen,
unzählige Seelen. Daher müſſen ſie mit denſelben im allgemeinen Gerichte erſcheinen, und verurtheilt werden. Sie haben
mit den Juden und durch ſie vor allen menſchlichen Richter-
ſtühlen gegen Chriſtus ſelbſt gewüthet, wie von Judas geſchrieben
ſteht: „Der Teufel hatte dem Judas Iſcariot, dem Sohne

---

[1] II. Petr. c. II. v. 4.   [2] Jud. v. 6.   [3] I. Cor. c. VI. v. 3.
[4] Hebr. c. II. v. 10.—16.   [5] Coloss. c. II. v. 14. 15.   [6] Ibid.
c. I. v. 20. 21. 22.   [7] Philipp. c. II. v. 10.

Simon's, in's Herz gegeben, ihn zu verrathen. — Nach dem Bissen fuhr der Satan in ihn."[1]) Daher müssen sie vor seinem Richterstuhle gezüchtiget werden. Sie haben ihre Bosheit im Verborgenen geübt. Dafür müssen sie öffentlich zu Schanden werden. Dieses Gericht über die verworfenen Engel ist Christus sich selbst, seiner heiligen Kirche und der göttlichen Vorsehung schuldig, damit deren Walten in Bezug auf das Treiben der Teufel und der gottlosen Menschen vor allen Geschöpfen offenkundig, und gerechtfertiget werde.

So herrscht Christus nicht nur über die bösen, sondern auch über die guten Engel, und übt er seine richterliche Gewalt eben so über diese, wie über jene, und zwar als Mensch. Diese Wahrheit begründet der heilige Thomas auf folgende Weise.

Der englische Lehrer schreibt: „Die Engel unterstehen der richterlichen Gewalt Christi nicht bloß vermöge seiner göttlichen Natur, in wie fern er das Wort Gottes ist, sondern auch vermöge seiner menschlichen Natur. Dieß erhellt aus drei Gründen. Erstens aus der Nähe, in der die menschliche Natur zu Gott steht, weil er, wie gesagt ist,[2]) nirgends um Engel sich annimmt, sondern der Nachkommenschaft Abrahams sich annimmt. Deßhalb ist die Seele Christi von der Kraft des Wortes mehr erfüllt, als irgend Einer von den Engeln; daher erleuchtet sie auch die Engel, wie Dionysius sagt,[3]) und daher hat sie über sie auch zu richten."[4]) Dieser Beweis stützt sich auf die angeführten Worte des heiligen Paulus, welche besagen, daß der Sohn Gottes sich um keinen Engel angenommen, keinem nachgegangen, keinen so erfaßt habe, daß er dessen Natur angenommen hätte; wie er von der Nachkommenschaft Abraham's die menschliche Natur zur wesentlichen Vereinigung mit seiner Person und Gottheit erhoben hat, und Mensch geworden ist. Dieser Sinn ergibt sich aus den folgenden Worten des Apostels: „Da nun die Kinder (Abraham's, nicht dem Fleische, sondern dem Geiste nach, das ist, die Gläubigen) des Fleisches und Blutes theilhaftig geworden sind (das ist, aus Leib und Seele bestehen, Menschen sind); so hat auch er sich derselben theilhaftig gemacht,"[5]) (und

---

[1]) Joann. c. XIII. v. 2. 27.   [2]) Hebr. c. II. v. 16.   [3]) De coelest. Hierarch. c. 7.   [4]) Loc. cit. o.   [5]) Hebr. c. II. v. 14.

ist Mensch geworden). Darnach sagt der heilige Bernardus: „Vom Worte Gottes ist gesagt, daß es sich nicht um Engel angenommen, das ist, keinen sich zu Einer Person aufgenommen habe, sondern die Nachkommenschaft Abraham's. Denn man liest nicht, daß das Wort ein Engel geworden sei; sondern das Wort ist Fleisch geworden, und Fleisch aus dem Fleische Abra= ham's, nach der Verheißung, die ihm zuerst zu Theil geworden ist."[1] Weil nun in Christus die menschliche Natur mit der Person des göttlichen Wortes wesentlich vereiniget ist, wie die Natur keines Engels; so schöpft die menschliche Seele Christi aus dem göttlichen Worte mehr Licht und Kraft, als jeder Engel, erleuchtet, und beherrscht alle Engel und hat deßhalb auch das Recht und die Macht, die Engel zu richten.

Den zweiten Beweis für die Richtergewalt der Seele Christi über die Engel leitet der englische Lehrer von der freiwilligen Erniedrigung Christi her, und sagt: „Weil die menschliche Natur in Christus durch die Erniedrigung im Leiden verdient hat, über die Engel erhoben zu werden, wie gesagt ist,[2] daß im Namen Jesus alle Kniee sich beugen derer, die im Himmel, auf der Erde, und unter der Erde sind; deßhalb besitzt Christus die Richtergewalt über die Engel, sowohl über die guten, als auch über die bösen. Zum Zeichen dessen wird in der geheimen Offenbarung[3] gesagt: Alle Engel standen um den Thron."[4] Denn der Thron bedeutet die Herrscher= und Richtergewalt; und erstreckt sich diese Gewalt auf die guten Engel, so sind ihr um so viel mehr die bösen Engel unterworfen, die unter der Erde vor derselben ihre Kniee beugen müssen.

Als dritten Beweis führt der heilige Thomas das Wirken der guten und der bösen Engel in Bezug auf das Menschen= geschlecht an, und sagt, die Richtergewalt über alle Engel gebühre Christo „auf Grund dessen, was sie in Bezug auf die Menschen thun, deren Haupt Christus auf eine besondere Weise ist. Daher wird gesagt:[5] Sind nicht Alle dienende Geister, zum Dienste jener gesendet, welche die Erbschaft des Heiles erlangen sollen?"[6] Die guten und die bösen Engel nehmen Einfluß auf die Menschen,

---

[1] De grad. humilit.   [2] Philipp. c. II. v. 10.   [3] Apoc. c. VII. v. 11.
[4] Loc. cit. o.   [5] Hebr. c. I. v. 14.   [6] Loc. cit. o.

die ersteren zu deren Heile, die letzteren zu deren Verderben. Wie nun das Haupt für die Glieder zu sorgen hat, so steht es auch dem Haupte zu, über das zu urtheilen, und zu richten, was den Gliedern Gutes erwiesen, oder Böses zugefügt wird, und in Folge dessen gegen die Freunde und Feinde derselben die gehörigen Maßregeln zu ergreifen. Ueberdieß geschieht, was den Gliedern geschieht, dem Haupte selbst. Christus wäre demnach kein geeignetes Haupt der Menschen, wenn er entweder um das, was ihnen von Seite der guten und der bösen Engel geschieht, sich nicht bekümmerte, oder über deren Freunde und Feinde keine Macht und Gerichtsbarkeit besäße. Es müssen daher sowohl die guten als auch die bösen Engel ihm, in wie fern er das Haupt der Menschen ist, unterworfen sein, und unter seiner Richtergewalt stehen.

Der englische Lehrer zeigt ferner, wie die guten und die bösen Engel dem Gerichte Christi unterworfen sind, und sagt: „Erstens in Bezug auf das Walten über das, was durch sie (in Bezug auf die Menschen) geschieht. Dieses Walten wird von Christus auch als Menschen geübt; da ihm die (guten) Engel dienten,[1] und die bösen Geister ihn um die Erlaubniß baten, in die Schweine fahren zu dürfen.[2] Die Dienste der guten Engel standen ihm in seinem ganzen Erlösungswerke zu Gebote: In der Verkündigung seiner Menschwerdung, in der Beruhigung des heiligen Joseph über seine jungfräuliche Mutter, in der Flucht nach Aegypten und in der Rückkehr nach Nazareth, in der Wüste, auf dem Oelberge, in seiner Auferstehung und Himmelfahrt. Die bösen Geister aber mußten auf seinen Befehl aus den Leibern der Besessenen ausfahren, und dorthin sich begeben, wohin sie sein Machtgebot verwies. Die guten und die bösen Geister standen in ihrem Thun und Lassen in Bezug auf ihn selbst und auf die Menschen unter seiner Gewalt und Gerichtsbarkeit.

Dasselbe ist der Fall „zweitens in Bezug auf die unwesentlichen Belohnungen der guten Engel, welche in der Freude bestehen, die sie über das Heil der Menschen haben, nach dem Worte: Es wird Freude sein bei den Engeln Gottes über einen

---

[1] Matth. c. IV. v. 11.   [2] Ibid. c. VIII. v. 31.

einzigen Sünder, welcher Buße thut;[1]) und ebenso in Bezug auf die unwesentlichen Strafen der bösen Geister, mit welchen sie entweder hier gepeiniget werden, oder wenn sie in der Hölle eingeschlossen sind. Deßhalb wird gesagt,[2]) daß jener böse Geist geschrieen habe: Was haben wir mit dir zu schaffen, Jesus von Nazareth! bist du gekommen, uns zu verderben?"[3]) Beloh=nungen und Strafen zu bestimmen, und zuzuerkennen, ist Sache des Richters, und, dieselben zu ertheilen, ist Sache des Gewalt=habers. Christus ist daher auch nach dieser Hinsicht Richter und Herr über die guten und bösen Engel.

Dasselbe gilt „drittens in Bezug auf die wesentliche Beloh=nung der guten Engel, welche die ewige Seligkeit ist, und in Bezug auf die wesentliche Strafe der bösen Engel, welche die ewige Verdammniß ist; diese Thatsache aber hat von Seite Christi stattgefunden, in wie fern er das Wort Gottes ist, am Anfange der Welt."[4]) Die Aufnahme der treugebliebenen Engel in die himmlische Seligkeit und die Verstoßung der rebellischen Engel in die ewigen Peinen der Hölle am Anfange der Welt ist ebenfalls durch den Sohn Gottes geschehen, weil der Vater alles Gericht dem Sohne übergeben hat, und Alles durch den Sohn, durch sein persönliches Wort thut; und obwohl der Sohn Gottes damals noch nicht Mensch geworden war, und als Wort Gottes gehandelt hat, so ist doch die Person eben dieses gött=lichen Wortes in Christus die Eine Person seiner menschlichen Natur, und daher kann, weil die Handlungen der Person zuzu=schreiben sind, mit Fug und Recht gesagt werden, daß auch damals Christus gerichtet habe. Das kann um so mehr behauptet werden, wenn, wie manche Lehrer und Schriftausleger meinen, die Prüfung der Engel darin bestanden hat, daß sie dem künf=tigen Gottmenschen als ihrem Herrn sich unterwerfen, und huldigen, ihn anbeten sollten. Darin lag nun um so mehr Grund, daß Christus als der künftige Gottmensch über sie richtete, und die ihm erwiesene Huldigung belohnte, und die Verweigerung derselben bestrafte.

Nach allem dem kann es keinem Zweifel mehr unterliegen, daß Christo, dem Herrn, alle richterliche Gewalt auch über die

---

[1]) Luc. c. XV. v. 10.　　[2]) Marc. c. I. v. 24.　　[3]) Loc. cit. o.
[4]) Loc. cit. o.

Engel zustehe. Wollte man aber dennoch einwenden, daß ja die guten Engel mit Christus am jüngsten Tage zu Gericht sitzen werden, wie Christus selbst betheuert, „der Menschensohn werde in seiner Herrlichkeit kommen, und alle Engel mit ihm;" [1] es sei aber widersinnig, anzunehmen, daß dieselben richten, und doch gerichtet werden; und somit scheine Christus doch nicht der Richter der Engel zu sein: so antwortet der heilige Thomas: „Augustinus sagt: Obwohl der Geistige über Alles richtet, so wird doch auch er von der Wahrheit selbst gerichtet. [2] Wiewohl daher die Engel, weil sie geistig sind, richten; so werden sie doch von Christus, in wie fern er die Wahrheit ist, gerichtet." [3] Es werden ja selbst die gerechten Menschen, wie wir gesehen haben, mit Christus zu Gericht sitzen, obwohl sie selbst von Christus gerichtet werden; warum sollen die Engel, wenn sie auch selbst von Christus gerichtet werden, nicht auch mit ihm richten können? Welcher Widerspruch liegt denn darin, daß Jemand selbst gerichtet wird, und doch über Andere richtet? Sehen wir dieß nicht auch bei menschlichen Gerichten? Steht da nicht auch der Richter selbst unter andern Richtern? Nur der oberste Richter steht unter keinem andern Richter, und richtet Alle. So steht auch von Christus geschrieben: „Wenn es heißt: [4] Alles ist ihm unterworfen; so ist offenbar der ausge=nommen, welcher ihm Alles unterworfen hat. Wenn ihm aber Alles unterworfen sein wird, dann wird auch der Sohn selbst (seiner menschlichen Natur nach) und als Haupt des Menschen=geschlechtes) dem unterworfen sein, der ihm Alles unterworfen hat; damit Gott Alles in Allem sei." [5] Christus ist als Mensch Richter über alle Geschöpfe, weil ihm auch als Menschen alle Geschöpfe unterworfen sind, aber als Mensch ist er doch Gott unterworfen, dem alles Geschöpfliche unterworfen sein muß.

Aber es steht geschrieben: „Welchen Andern hat er (Gott) über die Erde gesetzt, oder wen hat er über die Welt bestellt, die er gemacht hat?" [6] Somit ist die Welt Niemanden unter=worfen, als Gott allein. Wenn nun Christus als Mensch der Richter nicht nur der Menschen, sondern auch der Engel wäre,

---

[1]) Matth. c. XXV. v. 31.   [2]) De vera Relig. c. 31.   [3]) Loc. cit. ad 2.   [4]) Psalm. VIII. v. 8.   [5]) I. Cor. c. XV. 28.   [6]) Job. c. XXXIV. v. 13.

so würde ihm ja als Menschen die ganze Welt unterworfen sein, was doch gegen diese Schriftstelle zu sein scheint. Was läßt sich darauf erwidern? Allerdings ist Gott allein letztlich der oberste Herr der Schöpfung, und kann diese oberste Herrschaft keinem Geschöpfe abtreten; daher haben wir auch gesehen, daß Christus selbst als Mensch Gott unterworfen ist. Gott hat also damit, daß Christus auch als Mensch über die ganze Welt gesetzt ist, nicht die oberste Herrschaft über die Welt an ihn abgetreten. Zudem ist Christus nicht bloß Mensch, sondern zugleich auch Gott; und somit bleibt auch in Christus die oberste Weltherrschaft bei Gott. Daher sagt der englische Lehrer: „Christus hat das Gericht nicht bloß über die Engel, sondern auch über die Regierung der ganzen Schöpfung. Denn wenn Augustinus sagt: Die unteren Geschöpfe werden von Gott nach einer gewissen Ordnung durch die oberen regiert; so muß man sagen, daß Alles durch die Seele Christi, welche über alle Schöpfung erhaben ist, regiert werde. Deßhalb sagt auch der Apostel: Denn nicht Engeln hat Gott die zukünftige Welt unterworfen, von der wir reden,[1] die ihm, das ist, Christo, unterworfen ist. Und Gott hat deßhalb auch keinen Andern über die Erde gesetzt, weil derselbe Herr Jesus Christus zugleich Gott und Mensch ist."[2] Noch kräftiger spricht der Apostel dieselbe Wahrheit in den darauffolgenden Worten aus: „Da er ihm Alles unterworfen, hat er nichts gelassen, was ihm nicht unterworfen wäre."[3]

Christus, der Herr, besitzt daher nicht nur als Gottessohn, sondern auch als Menschensohn die Herrschaft und Richtergewalt, wie über die Menschen, so auch über die Engel und über die ganze Schöpfung.

„Es gibt also zwei Gerichte Gottes, ein verborgenes und ein offenbares. Ein verborgenes ist die Züchtigung, durch welche jetzt jeder Mensch entweder zur Reinigung bearbeitet, oder zur Bekehrung gemahnt, oder, wenn er den Ruf und die Zucht Gottes verachtet, zur Verdammniß verblendet wird. Ein offenbares ist jenes, zu welchen der Herr kommen wird, um die Lebendigen und die Todten zu richten, wo dann Alle bekennen

---

[1] Hebr. c. II. v. 5.　　[2] Loc. cit. ad 3.　　[3] Hebr. c. II. v. 8.

werden, daß er es sei, von welchem sowohl den Guten die Belohnungen, als auch den Bösen die Strafen zugetheilt wer=den."[1] — „Das Gericht Gottes ist furchtbar und liebenswerth; furchtbar für die Bösen wegen der Strafe, liebenswerth für die Guten wegen der Krone."[2]

Ist nun alles Gericht dem Sohne übergeben, so hat kein Anderer das Recht, zu richten, außer derjenige, welchem dieses Recht von ihm übertragen worden ist, wie den rechtmäßigen Obrigkeiten und Vorgesetzten. Daher die Warnung des Völker=apostels: „Wer bist du, daß du einen fremden Knecht richtest? Seinem Herrn steht, und fällt er. — Du aber, warum richtest du deinen Bruder? Oder du, warum verachtest du deinen Bruder? Wir werden ja Alle vor dem Richterstuhle Christi stehen. — Darum lasset uns nicht mehr einander richten, sondern darauf richtet vielmehr eure Sorge, daß ihr dem Bruder nicht Anstoß oder Aergerniß gebet."[3] Der Herr selbst sagt: „Richtet nicht, so werdet ihr nicht gerichtet werden? verdammt nicht, so werdet ihr nicht verdammt werden."[4] Der heilige Apostel Jacobus schreibt: „Ein Gericht ohne Erbarmung wird über jenen ergehen, der nicht Barmherzigkeit übt."[5] Damit sind Alle gerichtet, welche sich vermessener und freventlicher Urtheile über den Nächsten schuldig machen. Daher müssen wir die Worte des heiligen Bernardus uns zu Herzen nehmen: „Du vermessener Richter! richte nicht deinen Nächsten, sondern entschul=dige ihn vielmehr; entschuldige die Absicht, wenn du das Werk nicht entschuldigen kannst: Glaube, es sei Unwissenheit, glaube, es sei Uebereilung, glaube, es sei Zufall."[6] — „Erhebe dich über Niemanden, und richte Keinen, dessen Absicht du nicht kennst; damit du nicht tiefer, als Alle, fallest. Richte auch dich selber nicht, um dich über Andere zu erheben; da du dich selbst nicht kennst, mußt du um so weniger Andere richten. Siehst du einen Andern auch die schlimmsten Dinge treiben, ziehe dich ihm nicht vor, und urtheile über ihn nicht; weil du nicht weißt, ob er sich nicht am Ende, wie der Schächer, noch bekehren werde. Nimm es dir also nicht heraus, über Jemanden zu richten, und

---

[1] S. Aug. Super Psalm. IX.   [2] Idem Super Psalm. C.   [3] Rom. c. XIV. v. 4. 10. 13.   [4] Luc. c. VI. v. 37.   [5] Jacob. c. II. v. 13. [6] Serm. 40. in Cant.

ziehe dich (auch während du der Beste) einem Andern nicht vor
(wenn er auch der Schlimmste wäre); weil du nicht weißt, welches
dein und sein Ende sein werde."[1]

Nach dem Sündenfalle gibt es für das Menschengeschlecht
kein anderes Rettungsmittel, als den Anschluß an Christus, den
göttlichen Erlöser: „Es ist in keinem Andern Heil. Denn es
ist kein anderer Name unter dem Himmel den Menschen gegeben,
in welchem wir selig werden sollen."[2]

Dieser Anschluß an Christus geschieht durch den Glauben
an seine göttliche Lehre, durch welchen unser Verstand mit seinem
Verstande in der Wahrheit vereiniget wird, daß wir so denken,
und urtheilen, wie er; durch die Beobachtung seines göttlichen
Gesetzes, durch welche unser Wille mit seinem Willen im Guten
vereiniget wird, daß wir dasselbe wollen, und nicht wollen, wie
er; durch den rechtmäßigen Gebrauch seiner göttlichen Heils=
mittel, durch welchen wir mit ihm vereiniget werden, wie die
Glieder mit dem Haupte, wie die Reben mit dem Weinstocke,
daß wir aus ihm die Rechtfertigung, die Heiligung, das über=
natürliche Leben der Kindschaft Gottes schöpfen, und das Anrecht
auf die Erbschaft Gottes erlangen. So geschieht, was Paulus
sagt: „Ihr habet nicht wieder den Geist der Knechtschaft
empfangen, um euch zu fürchten; sondern den Geist der An=
nahme an Kindesstatt habet ihr empfangen, in welchem wir
rufen: Abba (Vater)! Denn der (heilige) Geist selbst gibt Zeugniß
unserm Geiste, daß wir Kinder Gottes sind. Wenn aber Kinder,
so (sind wir) auch Erben, nämlich Erben Gottes und Miterben
Christi."[3] Dann mangelt nur noch Eines, nämlich die Nach=
folge Christi, die Nachahmung Christi, in seinem innern und
äußern Leben; denn derselbe Apostel lehrt: „Die (Gott) vorher=
gesehen (als Auserwählte), hat er auch vorherbestimmt, dem
Bilde seines Sohnes gleichförmig zu werden; damit er der Erst=
geborne unter vielen Brüdern sei."[4]

---

[1] De Passione Dom. c. 29.   [2] Act. Apost. c. IV. v. 12.   [3] Rom.
c. VIII. v. 15. 16. 17.   [4] Ibid. v. 29.

Zu diesem Zwecke hat Christus ein ganzes Menschenleben bis zum vollen Mannesalter auf Erden durchlebt, uns das Vorbild zur Nachahmung gegeben, und erklärt: „Ich bin das Licht der Welt; wer mir nachfolgt, der wandelt nicht in der Finsterniß, sondern wird das Licht des Lebens haben."[1] Er hat aber auch gesagt: „Wer mir nachfolgen will, der verleugne sich selbst, nehme sein Kreuz auf sich, und folge mir nach."[2] Daher schreibt auch der heilige Paulus: „Die aber Christi sind, haben ihr Fleisch sammt den Lastern und Gelüsten gekreuziget;"[3] und nur der Wandel auf diesem Kreuzwege führt zur Gleich=förmigkeit mit Christus. Denn die Grundzüge seines Lebens sind unermüdliche Arbeit, äußerste Armuth, unbeschreibliche Leiden, Sättigung mit aller Schmach und Unbild, beständiger Kampf gegen die Feinde des Heiles und Hinopferung bis in den Tod am Kreuze. Davor aber bebt die menschliche Natur zurück.

Um uns nun zu seiner Nachfolge zu ermuthigen, hat er uns auch seine glorreichen Geheimnisse geoffenbart, und uns die untrügliche Versicherung gegeben, daß auch wir mit ihm den herrlichen Sieg der Auferstehung, den glänzenden Triumph der Himmelfahrt feiern, das Reich der ewigen Herrlichkeit und Selig=keit theilen, und über alle Feinde zu Gericht sitzen werden. Darum sollen wir mit aller Begeisterung die Worte des heiligen Paulus aufnehmen, und befolgen: „Daher, meine geliebten Brüder! seid standhaft und unbeweglich, seid voll des Eifers im Werke des Herrn allzeit, da ihr wisset, daß eure Arbeit nicht vergeblich ist im Herrn."[4]

---

[1] Joann. c. VIII. v. 12.   [2] Matth. c. XVI. v. 24.   [3] Galat. c. V. v. 24.   [4] I. Cor. c. XV. v. 58.

Inhalt.

Viertes Hauptstück.

Die Auferstehung Christi ist die Ursache unserer Auferstehung und Rechtfertigung.

Zweites Buch.

Christus in seiner triumphirenden Himmelfahrt.

Drittes Buch.

Christus sitzt zur Rechten des Vaters im Himmel.